国家社科基金
后期资助项目
GUOJIA SHEKE JIJIN HOUQI ZIZHU XIANGMU

民国时期
汉语国际传播研究

A study on the International Communication of
Chinese during the Republic of China

于锦恩　著

中国社会科学出版社

图书在版编目(CIP)数据

民国时期汉语国际传播研究／于锦恩著 . —北京：中国社会科学出版社，2021. 9
ISBN 978-7-5203-8280-9

Ⅰ.①民…　Ⅱ.①于…　Ⅲ.①汉语—传播学—研究—民国　Ⅳ.①H1-09

中国版本图书馆 CIP 数据核字(2021)第 066860 号

出 版 人	赵剑英
责任编辑	任　明
特约编辑	芮　信
责任校对	周　昊
责任印制	王　超

出　　版	中国社会科学出版社
社　　址	北京鼓楼西大街甲 158 号
邮　　编	100720
网　　址	http：//www.csspw.cn
发 行 部	010-84083685
门 市 部	010-84029450
经　　销	新华书店及其他书店

印刷装订	北京君升印刷有限公司
版　　次	2021 年 9 月第 1 版
印　　次	2021 年 9 月第 1 次印刷

开　　本	710×1000　1/16
印　　张	29.25
插　　页	2
字　　数	509 千字
定　　价	158.00 元

凡购买中国社会科学出版社图书，如有质量问题请与本社营销中心联系调换
电话：010-84083683

国家社科基金后期资助项目

出 版 说 明

后期资助项目是国家社科基金设立的一类重要项目，旨在鼓励广大社科研究者潜心治学，支持基础研究多出优秀成果。它是经过严格评审，从接近完成的科研成果中遴选立项的。为扩大后期资助项目的影响，更好地推动学术发展，促进成果转化，全国哲学社会科学规划办公室按照"统一设计、统一标识、统一版式、形成系列"的总体要求，组织出版国家社科基金后期资助项目成果。

全国哲学社会科学规划办公室

序　言

汉语国际传播断代史研究的开篇之作

张西平

严耕望先生在谈到史学研究时曾说，在中国历史研究中，断代史研究这个环节是个关键，没有很好的断代史研究，通史研究很难写好。这个道理对世界汉语教育史研究来说也是如此，只有做好古代的世界汉语教育史、中古时期的世界汉语教育史、近代的世界汉语教育史，我们才能做好整个的世界汉语教育史。当然，从世界汉语教育史研究的另一个维度来说，还有国别化汉语教育史的研究，没有这个基础，全球汉语教育史的书写也是完不成的。

于锦恩老师的《民国时期汉语国际传播研究》在这两个方面都有突破。首先他在时间上锁定在民国时期，即1911—1949年，显然这是一个断代史的写作框架，但这个断代是从世界汉语教育史的整体来设计的，即这里所说的断代史，是从全球的角度来总结的。因此这本书的地域跨度很大，从东南亚到欧美，到南亚，到北美，只要在这个时段，他都有所涉猎。

从1902年来华传教士内地会在安庆训练所和扬州训练所设立的汉语学习机构，这也是基督新教传教士在中国的第一个汉语培训机构，到美国传教差会在中国所建立的华北协和学校；从马来亚、新加坡、印度尼西亚到谭云山在印度所建立的中国学院；从英国汉学家阿瑟·韦利、李约瑟的汉语学习，到法国汉学沙畹、德国汉学卫礼贤、福兰阁的汉语研读；从1905年日本在中国东北地区的汉语教学，到俄罗斯喀山的汉语教育、直到赵元任在二战期间在美军所做的汉语教学，作者都有所涉猎。这是一个全景式的描述，视野之宏达，涉及国别、人物之多，前所未有。

严格说来，这是一本20世纪上半叶的全球汉语教育史（1900—1950）。

作者所以用"民国"作为断代的标志，在于作者的这种全球视野是立足在中国这个立场之上的，因此，这本书又是中国汉语国际传播史的一个断代史研究，即如书名所写"民国时期汉语国际传播研究"。作者的这个立场使我们看到关于东南亚的华文教育实际上是站在中国的立场上，将其列为华侨的华文教育来展开的。这样，书中才有讨论民国华文教育政策的章节，才有对暨南大学等在华文教育上贡献的评价。只有站在中国的立场上才能有"汉语国际传播"之说，才会将赵元任、谭云山、曹靖华、王际真、王伊同、杨联陞、邓嗣禹、房兆楹等这些在20世纪上半叶在世界各地从事汉语国际教育，传播中华文化的前贤写入书中。

同时，只有站在中国文化的立场，才能对来华传教士中戴德生代表的属灵派和丁韪良代表的自由派（由于传教的指导思想不一样，从而汉语学习的政策也不相同）展开分析。作者认为属灵派重点学习现代汉语的日常口语，为的是方便直接布道，通过运用汉语的听说技能，实现向中国的广大下层百姓传教的目的。自由派重点学习古代汉语书面语，因为该派的传教士不太重视直接布道，而重视文字事工，通过运用汉语的读写技能，利用"孔子加耶稣"的传教策略，传播传教的书面材料，广泛接触中国的知识阶层和官员，实现自上而下传教的目的。

正是从以上两点，笔者认为，此书是在汉语国际传播断代史研究上的一个重大突破，对于今后如何研究汉语国际传播，如何展开世界汉语教育史研究具有极大的启发意义。

国内学术界将过去的对外汉语教育扩展为汉语国际教育，其研究扩展汉语国际传播，研究转变为世界汉语教育史研究，应以2003年张西平、李真主编的国家汉办的1998—2000年科研项目成果《西方人早期汉语学习调查》出版为起点，以2004年在澳门理工学院成立的《世界汉语教育史学会》为基本队伍，以2009年在赵金铭等主编的对外汉语本科教材《世界汉语教育史》为标志。二十余年来这个研究领域得到了快速的发展，特别是伴随着孔子学院在全球的快速发展，从学术上了解和研究汉语在世界各国的传播和研究成为展开国际汉语教育的基础。二十余年来的成绩可以概括为：研究领域日益受到关注，基础性学术研究进展扎实，应用性学术研究实效明显，学术研究队伍逐步扩大，学科建设作用显著。

但是作为一个全新的研究领域，它仍面临着诸多新的问题和挑战，需要我们冷静思考，以保证这个研究领域稳步健康的发展。

首先，研究领域发展不均衡。汉语国际传播或者世界汉语教育史作为一个研究领域，发展并不均衡。这表现在两个方面。从作为对外汉语教育史来看，目前绝大多数的研究集中晚明至晚清这段时间，而对于从汉唐宋元以来的中国对外汉语历史研究明显不足。中国的对外汉语教学应起源于佛教传入中国以后，来自西域的僧人为传播佛教学习汉语。唐宋时期来华僧人较多，内地有了专门培训西域外来僧人学习汉语的机构。特别是在唐代来华官派留学生增加，便有了儒生专门授经，教授汉语和经文。对于这段历史的研究，目前严重不足。从国别化汉语教育史来看，目前的研究大都集中在日本、韩国及欧美几个主要大国的汉语教育史研究上，对世界其他国家的汉语教育史研究明显不足，例如印度的汉语教育。

作为一个具有历史性质的学科，研究没有连续性和全局性是一个较大的问题，不掌握国内对外汉语教学的连续性，便无法从长时段总结出历史经验。没有对世界各国汉语教育的历史研究，就无法总结出汉语在世界各国传播发展的基本的规律。就此而言，世界汉语教育史仍是一个新的待发展的学科领域。

其次，基础文献的收集、整理仍是难点。历史学科的基本特点是依据史料展开研究，史料不足是历史研究之大忌。世界汉语教育史作为一门具有历史属性的研究领域，它的合法性和科学性全部来源于对汉语作为第二语言教学的历史史料的研究。目前在对外汉语教育历史的研究上尚无基础性文献整理，急需编辑《汉语国际教育史料汇编》，将从古代到近代、现代的核心史料加以整理后出版。国别化汉语教育史的基础性文献也待努力，要基本做到像已经出版的日本、韩国汉语教育史料汇编那样。唯有此，这个研究领域方可作为历史支撑起整个对外汉语学科和国际汉语教育学科。

最后，对外汉语教学史研究的理论性与多维性亟待深入研究。汉语作为第二语言教学的历史在世界各国语言中恐怕都是最早的，这是同中华文化的悠久历史与对外文化交流的历史相连接的。目前的二语习得理论只是在英语作为第二语言教学的基础上总结出来的，相比与汉语作为第二语言教学的历史要短得多。如何从汉语作为第二语言教学的漫长历史中汲取智慧和经验，丰富乃至改写目前的第二语言习得的基本理论，这是至今对外汉语理论研究界尚未考虑过的问题。在这个意义上，汉语作为第二语言教学历史的研究对于创建中国特色的二语习得理论具有重要的学术价值，亟待开拓。

汉语作为第二语言习得的历史的多维性表现在汉语本体的发展变化，往往是在作为第二语言习得的历史过程中得到改进和发展的。从佛教传入后汉语的"反切"训音的方法，到明代外国人入华后罗马注音对汉语音韵学的影响都证明了这一点。在王力先生的中国语言史研究中，将中国语言受外部影响最大的两次归于佛教之传入和基督教之传入，而这两次影响均是从西域来的僧人和从欧洲来的传教士学习汉语，将汉语作为第二语言习得开始的。因此，汉语作为第二语言习得的历史即成为汉语教学学科的学科史支撑，同时也成为中国语言学史的一部分。从理论上，语言母语与语言习得之间的互动关系，在汉语作为第二语言习得历史中可以看得十分清楚。但这一点无论是中国语言史界还是对外汉语学术界都尚未深入研究。

今天，我们终于看到于锦恩老师这样突破性著作的完成，在历史研究日益碎片化的今天，我们更需要像于锦恩老师这样的断代性研究著作，将微观研究与宏观研究结合起来，在局部的深入研究之中给我们展现出汉语国际传播恢宏的历史画卷。

张西平

2021 年 2 月 22 日写于北京游心书屋

前　　言

我的国家社科基金后期资助项目"民国时期汉语国际传播研究"结项成果即将出版，我想把自己对本项目的一些想法与读者分享，以便朋友们能比较容易地理解该书的内容。

一　总体框架

汉语国际传播是促进中外文化交流，提高我国国际影响力的重要举措。此项事业要得以顺利进行就应该充分借鉴既往的经验教训，尤其不可忽视离现在最近的民国时期此项事业的利弊得失。但学术界很多人认为民国时期的汉语传播没有什么作为。实际上该时期由于国家政治经济能力所限，汉语不可能大面积被其他民族学习和使用，主要的传播渠道还是在世界各地尤其是东南亚的华侨华人为了传承中华文化而对汉语的广泛学习和使用，其次是汉语在国外异族中的传习。限于两个渠道重要程度和资料的多寡不同，本书对前者研究较多，对后者研究较少。既往的相关研究多以政治学、历史学的视角，从宏观方面着手。而本书的研究则是站在汉语教师的立场上，重点分析政治、经济、民族、文化等宏观背景下，汉语传播的教材、教师和教学法等微观设计问题，为国家制定汉语国际传播的大政方针提供某些借鉴，更为汉语教学提供实实在在的参考。本课题虽名为"民国时期汉语国际传播研究"，但没有深入方方面面，已有研究比较充分的方面，或材料收集困难较大的方面，就没有列为本书的内容。

二　学术创新

（一）选题创新

目前还没有人从华文教育和汉语在国外异族中的传播两大方面对民国时期汉语的国际传播做过整体研究，本研究则是对现有相关研究的有益补充。

（二）材料创新

本课题的材料有的为既往研究较少使用，这包括 300 种教材（国外出版教材 50 余种），国内外相关的档案资料，并运用了东南亚、欧美、日韩保存的 500 种校史校刊。

（三）视角创新

1. 站在中国政府和中华民族的立场上观察汉语的国际传播，也站在外国政府、国外异族的立场上观察。如此，研究结论能在突出中国利益的基础上，为不同的利益方所接受。

2. 对华文教育，引入了继承语（HERITAGE LANGUAGE）理论，跳出既往华文教育到底属于母语教育还是第二语言教育的理论纷扰，从一种全新的角度来全面审视民国时期华文教育的利弊得失。

（四）观点创新

1. 民国时期汉语国际传播的主要方面是华文教育，次要方面是汉语在国外异族中的传播。

2. 汉语国际传播要处理好传播中国语言文化和适应外国主流社会的辩证关系。

（1）政治化色彩应该弱化，民族沙文主义的倾向应该避免，尽量弱化文化扩张倾向，尽可能争取相关政府和主流社会的认可及支持。

（2）汉语教学设计当地化程度较低，当地文化内容太少，不太适应当地商业社会；仍然以读写为主，听说较差，技能训练不全面；没能很好地以学生为教学主体，没有实现教法的当地化。

（3）双语教育、三语教育对提高学生的外语水平必不可少，相关国家的历史、地理等方面的人文教育对华校等汉语传播机构的师生融入国外主流社会必不可少。

3. 汉语国际传播的本土化是语言教学特殊性、实践性和可能性的最集中体现，本土化水平的高低不仅决定汉语教学的成败，而且是由华文教育向国外异族人士学习汉语言文化延伸的基础。

4. 汉学家传播汉语的历史分期其依据是所在国的政治、历史、教育等相关因素，而不能一味依据中国国内的相关因素。

三　不足之处

（一）相关部分研究深度不均衡

汉语在华侨华人中的传播研究比较充分，而汉语在国外异族中的传播研究就有待深入。汉语在世界各地传播的研究其充分程度也不均衡，我们只是选择了一些我们认为是主要国家的代表性汉学家进行了研究。

（二）资料较多，理论提升不够

本人汉语国际传播的相关理论修养不够深厚。在某些情况下，基础资料收集得较多，但继承语理论、认同理论等新学说的运用没有做到游刃有余。

（三）非汉语的文献利用率不高

汉语的相关文献利用得较充分，但很多非汉语的文献未得参阅。英文的材料利用较多，日文次之，但其他语种的资料就多为二手、三手的了，研究视野受到了局限，不能真正做到从世界看中国，研究结论或有失公正客观。

四　真诚致谢

本书得以出版，除了个人的努力之外，诸位朋友的慷慨相助也使我获益匪浅。首先要感谢世界汉语教育史学会会长张西平教授欣然作序，使本书增色不少。我还要非常感谢常州大学的陈林俊老师，他帮我翻译了很多日文资料，有的甚至是整本书。没有林俊的慷慨相助，本书有关日本的部分就写不成。中国矿业大学的孟庆波老师在我项目申报时提供了无私的帮忙。我还要特别感谢我在新加坡访学期间真诚相助的诸位华人朋友，他们是新加坡国家图书馆的王连美、高小行两位女士，南洋理工大学的陈连冬先生、周敏女士、罗必明先生，新加坡国立大学图书馆的李金生先生，还有很多华人也提供了无私的帮助。我还要感谢南京信息工程大学教育部国别与区域研究中心（新加坡研究中心）提供的资助。我还要感谢我的学生们：郭聪颖、潘凤、应慧、杨悦、龙周娜、刘慧珍、李欣、周邱一、刘诗梦、孟慧婷、张璇等，她们帮了我很多忙：写作某节内容，查找相关资料，校对文字版式。在项目进行过程中，国内外还有很多人给我了方方面面的帮助，恕不一一列举，谨以一颗感恩的心真诚致谢！

我现在成了博士，成了教授，虽然一没升大官儿，二没发大财，但我的事业人生应该可以算我家祖坟上冒出的一缕青烟，因为我的家庭曾是最底层的农村老百姓。如果说我的人生轨迹还有一些可称道之处的话，主要靠我自己在人生道路上的不懈追求，而精神动力则来自亲爱的母亲对我的谆谆教诲。因为我小时候家里很穷，穷到有时揭不开锅，所以社会地位很低，倚山山倒，倚庙庙倒。母亲虽然大字不识一个，但经常用那些令她老人家心酸的世态炎凉来教育我，激励我。对我说得最多的一句话就是，"咱们家很穷，你要不蒸馒头蒸（争）口气呀！"这话令我永世不忘。每当听到母亲说这类的话，我首先是对老人家经受的那些屈辱感到特别来气，心跳加速，有时想哭，接下来就是攥紧了拳头，暗下决心。从幼年懂事至今，每当我遇到一次次挫折时，想起母亲对我说过的话，我就又一次次地振作起来。我在事业上不断进取，一方面是为改善我自己的命运，另一方面也是为家庭，尤其是为我亲爱的母亲增光。虽然老人家在我 26 岁的时候就驾鹤西归了，但每当我在人生道路上取得重大进步时，我都会以适当的方式告慰母亲，让老人家含笑九泉。2006 年我的第一本专著出版时，我在后记中说要将那本书献给我亲爱的母亲；现在第二本专著又要出版了，我仍将此书献给母亲，再次告慰老人家的在天之灵。

目　录

上编　汉语在华侨华人中的传播

下编 汉语在外国人中的传播

上编

汉语在华侨华人中的传播

第一章　中外政府对华文教育的态度

第一节　中国政府的华文教学政策

本节以民国时期东南亚华侨汉语教育作为典型，分析民国时期华侨教育政策的利弊得失，因为南洋华侨的汉语教育具有很强的代表性。民国时期的中国侨务委员会委员、著名华侨教育家汪同尘曾说：

> 海外侨胞之感受痛苦者，以在英荷两属之南洋为最。……且南洋华侨为数特众，又以种种关系，对于祖国情怀较深，彼此之间往来亦密。故……大可举一反三，从一斑而窥全豹也。①

需要说明的是，华侨汉语教育是包含在华文教育这个大概念之下的。因为汉语既是华文教育的教学语言，也就是说汉语在华文教育中具有工具性；汉语又是华文教育乃至华侨教育的重要内容之一。所以谈华侨的汉语教育政策势必会牵涉到许多华文教育或华侨教育政策的诸多相关内容。

一　民国时期华侨汉语教育政策：宗旨

（一）民国时期华侨教育的指针

华侨教育的目标、宗旨和教育方针在民国初年只不过是"过去华侨教育的传统，以防止被人同化，保存中国特性为首要目标"。② 1926 年荷

---

① 中国第二历史档案馆：《中华民国史档案资料汇编》第五辑，江苏古籍出版社 1994 年版，第 938 页。

② 林伟然：《试论海外华人教育的方向》，载梁初鸿、郑民《华人华侨史研究集》（二），海洋出版社 1988 年版，第 446 页。

属华侨学务总会召开的荷属华侨教育研究会的决议，开始明确提出荷属侨民教育的宗旨为："养成健全之中华侨外国民，发扬中华民族精神，培植适于南洋之充实生活能力，增进各民族感情。"① 这个宗旨除强调华侨教育的传统外，还要求华侨教育要培养适应当地的生活能力。南京国民政府制定华侨教育的目标、宗旨，或明或暗、或轻或重地体现了这一基本思想。1930 年国民党中央执行委员会第 157 次常务会议上通过的有关华侨教育议决案特别强调："力谋华侨之普通教育、职业教育、师范教育、社会教育，及补习教育之改进和发展。"② 在这个决议的基础上，1931 年 9月，国民党中央训练部制定了《三民主义教育实施原则》，其第七章第一节明确规定华侨教育的目标是：

> 一、根据中国教育宗旨及其实施方针，以谋华侨教育之统一和发展。二、根据华侨之特殊环境，为提高华侨在国际上的地位，促成中外民族间之平等起见，应从教育方面力谋华侨民族意识之增进，华侨自治能力之训练，与华侨生活之改进及生产能力之养成。三、根据华侨教育之实际状况，力谋华侨普通教育、职业师范教育、社会教育及补习教育之改进和发展。③

因而"自民国二十一年侨委会直隶行政院，于是以中华民国教育宗旨为标准，确定根据侨民所在地的特殊环境，按照侨生身心发达的程度，注意培养民族意识，训练自治组织能力，以及改良生活，发展生产的知识技能。"④ 1933 年 4 月《侨民教育实施纲要》再次明确规定了华侨教育的具体方针为："以中华民国教育宗旨及其实施方针为标准"，"依各地之特殊环境，实施方式以不受事实之牵制，务达到培养民族意识，训练自治组织能力及改善生活，增进生产能力为目的"⑤ 我们再看看民国时期的教育方针，以 1929 年 4 月，国民政府公布的《中华民国教育宗旨及其实施

---

① 林伟然：《试论海外华人教育的方向》，载梁初鸿、郑民《华人华侨史研究集》（二），海洋出版社 1988 年版，第 446 页。

② 林伟然：《试论海外华人教育的方向》，载梁初鸿、郑民《华人华侨史研究集》（二），海洋出版社 1988 年版，第 443 页。

③ 中国第二历史档案馆：《中华民国史档案资料汇编》第五辑第一编教育（二），江苏古籍出版社 1997 年版，第 128 页。

④ 秦孝仪：《革命文献第 55 辑》，国民党中央委员会党史委员会 1971 年版，第 125 页。

⑤ 张正藩：《近六十年南洋华侨教育史》，中央文物供应社 1956 年版，第 324 页。

方针》为例：中华民国之教育，根据三民主义，以充实人民生活，扶植社会生存，发展国民生计，延续民族生命为目的，务期民族独立，民权普遍，民生发展，以促进世界大同。① 尽管上述有关华侨教育宗旨的表述不完全一样，但核心内容有两点：一是华侨教育要以三民主义为旨归；二是华侨教育要为改善侨民在居留地的生活环境，提高侨民的自立自强能力服务，也就是说要实现当地化。由此可知，作为华校教育重头戏的国语教育当然也概莫能外。

（二）国民政府在华校施行党化教育的具体措施

1. 向国外华侨的党化教育提供经济支持

戴季陶在第一次华侨教育会议闭幕式上发言有四项内容，筹集华侨教育基金及请政府每年拨发补助费就是其中一项。② 1930 年 5 月 8 日，国民党中央执行委员会发布了《关于补助海外党部经费酌予补助华侨教育事业训令》。③

2. 强调教师要信仰三民主义

（1）选择的教师要信仰三民主义；

（2）对已用教师灌输三民主义，第一次华侨教育会议还通过了"促进华侨学校教师研究党义案"④。

3. 海外党部参与华校的管理

1931 年 8 月 20 日，国民党中央训练部拟订、颁布了《海外各级党部推进华侨教育办法》。⑤ 该办法囊括了华侨学校从招生、教学、训育到资金筹募等的方方面面。

4. 让学生沉浸在党化教育氛围之中

华校小学课本第一册国文的第一课就是："国旗飘飘，党旗飘飘，今天开学了，我们上学校去。"开学第一天，校门口所悬挂的，一面是国

---

① 宋恩荣、章咸：《中华民国教育法规选编》，江苏教育出版社 2005 年版，第 45 页。

② 中国第二历史档案馆：《中华民国史档案资料汇编》第五辑，江苏古籍出版社 1994 年版，第 969 页。

③ 中国第二历史档案馆：《中华民国史档案资料汇编》第五辑，江苏古籍出版社 1994 年版，第 913 页。

④ 中国第二历史档案馆：《中华民国史档案资料汇编》第五辑，江苏古籍出版社 1994 年版，第 967 页。

⑤ 中国第二历史档案馆：《中华民国史档案资料汇编》第五辑，江苏古籍出版社 1994 年版，第 921—922 页。

旗，一面是党旗。①

（三）在华校中施行党化教育的影响

1. 三民主义在师生中扎根

1931 年 12 月 2 日，"国民政府文官处检送海防华侨时习中学请政府补助经费建筑学生设施函"其原呈中有："……年方五六岁之幼稚生能高呼打倒帝国主义，取消不平等条约；其修学较深者均能以党国健儿自许……"②

2. 引起殖民当局的警惕和打击

党化教育使华校严重习染了政党色彩，华校师生与居住地殖民政府不同心同德，这种情况直接威胁殖民地政府的政治利益和经济利益。因此，殖民政府千方百计要将华校的控制权从中国政府手中夺取过来，例如国民政府文官处曾多次就英荷南洋属地政府限制侨校使用党化教科用书、请求交涉的事情，向行政院发函。③

3. 汉语教育逐步受到限制

根据 1923 年的教育报告书，注册的学校可以向当地政府申请津贴金，其原则之一是：以学童的方言作为教学媒介语，如果土生华人本身没有母语，则应以英语作为其语言，直接进入英校。此外鼓励华校操用方言作为教学媒介语，分裂华社。④ 随着殖民政府对华校控制的强化，反对将华语作为教学用语的做法就日益变本加厉了。

二　民国时期华侨汉语教育政策：民族认同

民国时期华文教育一以贯之的指导思想是加强母语教育，而加强母语教育的实质是强化民族文化认同感。认同是获得归属感。这种归属感，在政治学上是国家认同和民族认同，是国家和民族的定位。这种定位首先体现在文化认同上，而文化认同又体现在母语的认同上。民国时期华校的母语教育最主要的目的就是通过贯彻三民主义的教育宗旨，让学生在母语学习中认识自己的民族、自己的祖国，确认自己的民族身份和国家身份，培

---

① 郑良树：《马来西亚华文教育发展简史》，外语教学与研究出版社 2007 年版，第 15 页。

② 中国第二历史档案馆：《中华民国史档案资料汇编》第五辑，江苏古籍出版社 1994 年版，第 999 页。

③ 中国第二历史档案馆：《中华民国史档案资料汇编》第五辑，江苏古籍出版社 1994 年版，第 990 页。

④ 郑良树：《马来西亚华文教育发展简史》，外语教学与研究出版社 2007 年版，第 46 页。

育民族性格和民族精神，确立为中华民族复兴的志向。本文以中华书局1937 年出版的《新编南洋华侨高小国语读本》第四册为例进行说明。

（一）国语教育的民族认同导向

1936 年颁布的小学课程标准指出：根据本党（指国民党）的主义，尽量使教材富有牺牲、互助、奋发、图强的精神。凡含有自私、自利、浪漫、消极、退缩、悲观、封建思想、贵族化（如王子公主……之类）、资本主义化（如发财……之类）等的教材，一律避免。①《新编南洋华侨高小国语读本》在教材内容的编辑方面可以说比较严格地落实了上述要求。

本套教材除了落实国家颁布的小学课程标准之外，尤其注重中华民族的精神复兴，许多选文内容都蕴含着强烈的民族自尊心与自信心，具有强烈的爱国情怀，力图借此激发儿童救国生存的意识与情感，反映了当时特殊的时代背景。而在《小学国语课程标准》中有如下文字：关于下列的教材，尤应积极采用……（2）关于奋发民族精神的，例如：（甲）爱国、兴国和民族革命、民族复兴有关的；（乙）和国耻国难有关的②。

甲、乙两方面的内容如第一册中《岳飞的军人生活》不仅是使儿童知道岳飞的军人生活，且为培养儿童崇拜民族英雄的情绪。再如《诗二首》唤起儿童抗敌救国的情绪。第二册中《世界最大民族》，讲述中华民族是世界上人口最多的民族，但是经济状况不理想，人口总消费太大，但又说要是充分利用人口众多的优势来发展生产，那么中华民族将成为更伟大的民族，建设更好，人们生活水平更高。再如《黄天荡之役》（一）和（二）教学目的中就有：使儿童欣赏一篇民族英雄抗敌的故事，借以培养儿童之爱国热忱。第三册中两则外国民族英雄的故事《死里求生的凯末尔》和《甘地的刻苦生活》教育学生从小懂得艰苦奋斗，奋发图强，实现民族复兴。《宗爷爷》教学目的有：①使儿童明了北宋末年汉族所受的外患——金人侵入；②使儿童知道宗泽抵御金人的功绩，引起儿童们的爱国情绪。《张巡》（一）（二）教学目的：使儿童知道张巡死守孤城的经过，引起他们为国牺牲的决心。

（丙）和中华民族的构成及文化有关的：这方面的课文如第一册中的《咱们都是中国人》教学目的：①使儿童知道凡是生长在中国的人，不论性别、年龄、籍贯、氏族，都是中国的儿女。②使儿童努力做堂堂的中国人。第四册中的，《万里从军》通过哥哥和妹妹的谈话，教导儿童必须具

① 教育部：《1932 年小学课程标准》，http://www.pep.com.cn/xiaoyu/jiaoshi/tbjx/kbjd/。

② 教育部：《1932 年小学课程标准》，http://www.pep.com.cn/xiaoyu/jiaoshi/tbjx/kbjd/。

有爱国之心，并且愿意为之而奋斗。《凿隧道》的教学目的是使儿童养成艰苦卓绝的精神，和服务人群的决心等。

　　本套教材中，内容直接涉及爱国报国振兴中华的课文就有 40 篇之多，约占全套教材课文的 2/7。华文教学不但要教授语言，同时还要传播中华文化，这是华文教育不可忽视的任务，更是它的使命。海外华人在其居住国处于少数民族的地位，只有保持和发扬本民族的特点，才有利于海外华人的生存和发展，这越来越成为海外华人的共识，也是华人经济成功的秘诀所在，可见，传播中华文化是培养华裔学生民族认同感和自豪感的唯一途径，也是我们培养华裔学生认同祖籍国，增进对祖籍国的感情，为中外友好和交流发挥桥梁与纽带作用的唯一途径。

　　(二) 爱国报国思想的表现特点

　　1. 注重具体事实的渲染

　　《小学国语课程标准》在涉及爱国主义教材的编选方面主张：以根据历史事实，不流于感情叫嚣者为限。[①] 本套教材中，除了第一册《国庆日的歌》和《协力同心》，还有第三册《爱国儿子的一封信》和《爱国母亲的一封信》四篇课文因为体裁的原因有些文字比较直白地宣扬了爱国图存的思想之外，其他的课文所表达的爱国情怀都是来源于生动感人的故事情节，学生在学习课文内容和表达技巧的同时潜移默化地接受了爱国主义教育。

　　2. 以认同感为切入点

　　海外华人经过长期不懈的努力，逐步吸收、融合了当地的文化，但他们身上仍保有着中华民族的文化传统，散发着我们伟大的民族精神，他们始终不忘自己是炎黄子孙，"根"的意识并未随着时间的久远而趋淡。他们让子女学习华文，目的之一就是为了让下一代接触、继承中华民族的传统美德。因此，华裔学生有着这样的背景渊源，自然对中国文化有更强烈的亲切感和认同感。

　　该教材以华侨华人对祖国的认同感为切入点，导入中国文化。第一册第一课《咱们都是中国人》的教学目的：使儿童知道凡是生长在中国的人，不论性别、年龄、籍贯、氏族，都是中国的儿女；使儿童努力做堂堂的中国人。第二册第一课《世界上最大的民族》的教学目的：使儿童知道我们中华民族人口之多和与他的利害关系；使儿童明白我们中华民族，只要大家自己努力，自己要好，就有绝大的希望。第三册第一课《张巡》

──────────

　　① 　教育部：《1932 年小学课程标准》，http://www.pep.com.cn/xiaoyu/jiaoshi/tbjx/kbjd/。

的教学目的：使儿童知道张巡死守孤城的经过，引发他们为国牺牲的决心。第四册第一课《斯巴达的国民训练》的教学目的：使儿童知道斯巴达人那种忠勇壮烈的性格、为国战死的事实，培养他们的爱国热忱和牺牲精神。以认同感为切入点，在培养华人子弟汉语交际能力中，既有语言知识的传授，又有继承和发扬中华传统美德的意义。

3. 文化导入侧重点有偏差

语言教育的作用不外两个：掌握工具，实施教化。二者相较，掌握汉语这一交际工具，实现海内外华人的顺畅交流应该和宣传认同中国同等重要。因此，华文教学中的文化导入，应侧重介绍当代社会生活中那些"活"的文化习俗，即"共时文化"，对某些过时的、古代的、传统的或现实生活中少见的有选择地适当加以介绍。语言教学的过程是训练学生掌握目的语及文化的过程，归根结底是要学生能进行交际，因此，只有让学生了解并掌握与当代生活密切相关的共时文化，才能达到教学目的。这本教材这方面做得不太好，中国文化古代介绍的多，现当代介绍的少，不合实用。这可能也跟编者有意避开南洋殖民当局图书检查所关心的一些当时敏感问题有关。

三　民国时期华侨汉语教育政策：本土化

认同是一个开放的系统。民族认同不是狭隘的民族主义情怀，不是排斥外来文化的方式。民族文化应该向所有人类文化开放。母语文化是民族的、国家的，也是人类的，民族文化是在与人类文化的互动中发展起来的。对母语的崇拜，理应包含对人类文化的崇拜，包含对多元文化的尊重与接纳。[1] 民国时期的华校国语教材是将华夏儿女的民族认同的构建作为主要的指导思想的，但是为了使华侨华人尽早适应多元文化，提高生活技能，融入本地社会，有关各方在推动国语教材的本土化方面还是做了一定的尝试性工作。

（一）民国时期个人和书商编辑出版华语教材

民国时期华校的国语教学大部分延续清末的传统，使用大陆中华书局、商务印书馆等出版的教材。1917 年黄炎培考察南洋华侨教育以后。就指出了"现行教列书之不适用于南洋"的问题，倡议各地华侨教育团体应像荷属华侨教育研究会那样，组织教材调查部，由各校教员合力调查当地社会状况，作为编写教科书的参考。此后不久，国内热心华侨教育的

---

[1]　成尚荣：《母语教育与民族文化认同》，《教育研究》2007 年第 2 期。

教育界人士即开始着手编写专门的华侨学校教材。以下我们胪列了一些华校专用的国语教材。

1. 俞焕斗编：《修正课程标准适用：新编南洋华侨高小国语读本》，上海：中华书局 1939 年版。

2. 王志成编：《新编南洋华侨高小国语读本》，新加坡：中华书局 1952 年版。

3. 吴伯匡等：《南洋华侨国语读本教授书》1—6 册，中华书局 1932 年版。

4. 乔砚农编著：《一千字的基本国语话》，北平：国语华侨教育社 1939 年版。

5. 陈抚辰编辑，金衡甫校正，张瑞安校正译法：《南洋华侨国语教科书》（上、下），上海：中华书局 1912 年版。

6. 周肇华、李文渠编辑，柏海翔校阅：《民国华侨初等小学国语教科书》（1—10 册），上海：中华书局 1913 年版。

7. 吕思勉编：《中华民国国文教科书》（1—12 册），上海：民国南洋图书沪局 1913 年版。

8. 《新国文》，文成书局。

9. 王祖廉等著，张国基校阅：《南洋华侨国语读本》（1—8 册），上海：新国民图书社 1933 年版。

10. 庄适编：《南洋国语教科书》（1—4 册），上海：商务印书馆 1933 年版。

11. 朱麟编：《南洋华侨国语读本教授书》（1—4 册），上海：中华书局 1932 年版。

12. 吕伯攸、杨复耀编，朱文书校：《最新南洋华侨小学国语读本教学法》（1—8 册），上海：中华书局 1937—1938 年版。

（二）国家组织的编写出版的华校国语教材

1927 年 9 月同立暨南大学南洋文化教育事业部成立后，编审南洋的书籍与教材就是该部的重要任务之一。1935 年冬，侨务委员会设置"侨民教育编辑委员会"，下设编辑室。从事编辑教本、教学法及补充读物的工作，嗣以抗战爆发、国都西迁而中止。1938 年，成立"侨民教育教材编辑室"，订有"侨民中小学教科书编辑计划"，考其内容；除抄录《三民主义教育实施原则》中的第七章华侨教育部分所列项目之外，未有详细的目标及编纂方法，既不足为工作进行的规范、也不足以为检讨过去的标准。当时虽完成高级小学用书 24 册，初级小学用书 36 册，但由于教材大纲未经缜密的排列，即行着手编纂，故问题甚多，1942 年该室并入"南洋研究所"后，有拟订侨校课题标准的计划，虽曾邀集侨教人士会商数次，但碍于经费而未及进行，使得侨校教科书的编纂由于缺乏课程研究的基础，效果因而不够理想。

"侨民教育教材编辑室"编写出的教材，尽管不尽如人意，但总体上却缓解了华侨小学教本缺乏的问题，而华侨中学的教材仍付阙如。为此，"南洋研究所"建立后，该所教育组搜集侨教人士的多方意见，加以归纳，确定了各级侨民学校教材编写的宏观原则，强调在编辑各级侨民学校教材时，除了注重本身的学科内容外，还应遵循如下原则："国父遗教、总裁言论及祖国国策之阐扬；华侨对祖国之贡献及责任；祖国政治、省地政治及世界政治形势之认识；祖国社会及当地社会之认识；华侨自治训练；居留地自然现象之认识，尤注意当地之资源；生产意识之灌输，及生产方法之改进；各国殖民事业与华侨之关系；华侨对于世界人类之贡献及责任。"[1] 以上述宏观原则为指导，教育部教科用书委员会受教育部与侨务委员会的委托，对华侨初中国文、公民、历史、地理、博物等 5 科的教材进行了编写。据当时编委会的实际负责人李清悚介绍，其编辑标准大部分采自国内初中教本，小部分是根据侨民特殊需要而加入。

（三）国家为华校编写补充国语教材

不论个人、书商和国家编写的华校国语教材名为专为南洋华侨学校编写，实际上并没有脱离大陆通用国语教材的内容和编辑模式。而编辑名副其实的南洋华校国语教材在民国时期又没有足够的条件。权宜之计是再编写一套适合南洋风土人情的国语补充教材。[2] 在这种情况下，南洋国语科补充教材就应运而生了。

1. 该教材的内容安排

章集贤是福建漳州的一个少年。因为他父亲在南洋经商，所以也跟着水客从厦门到南洋来学习商业。他到了南洋便把路上的见闻，写成了一篇游记。从新加坡开始后续的游览地点分别是巴城、茂物和万隆、日惹、梭罗、泗水、三宝垄、井里汶。本教材以地理为经，使学生明白南洋各地的位置、疆域、交通、沿革、物产、商务和土人风俗等。从内容角度看，在一定程度上实现了文化内容的当地化和语料的当地化，基本上达到了本教材的编辑主旨：养成学生应付环境的能力，以达到健全华侨的目的。这也

---

① 张正藩：《近六十年南洋华侨教育史》，中央文物供应社 1956 年版，第 327 页。

② 刘士木：《华侨教育论文集》，暨南大学 1929 年版，第 461 页。

是该国语补充教材做得最成功的地方。

2. 该教材的形式特点

词语和句式都是日常生活中常用的，符合儿童阶段的语言水平，例如第一课：

> 水客带我上了岸，两人便坐了一辆人力车，向大马路走去，看见街道宽平，市面热闹，两边的房屋排列得很整齐，华侨商店竟占了十分之九，来往的人各种都有，真算得一个人种博览会啊![1]

文辞活泼生动，合于儿童心理，间有自然描写，富有文学趣味，以引起儿童的美感。

> 荷属地的市景真觉得清幽，一宅一宅小巧而轩敞的洋房，都给花木环抱着；参天的古树夹道成荫，这是值得赞美的。[2]

行文简单清楚，以利接近实用。

> 回家后接到三宝垄朋友来的信，说道：我知道你也到南洋来了，我心里真觉得欢喜。想你在路上是一定平安的，我希望你来叙叙。[3]

本教材各种文体都有，第一册是游记体、叙述体、书信体和诗；以下各册，还有其他文体。总之，国语补充教材实现了日常语言和文学语言的有机结合，语言表达不仅正确、得体，清楚明白，而且音节和谐，朗朗上口；色彩鲜明，表现强烈；意象优美，意境深邃。

另外，因为该补充教材是以一个从大陆刚到南洋的青年的旅程为线索写的游记，所以课文整体性很突出，无论是语段还是语篇，都是一个完整的整体，因此，无论是遣词造句还是谋篇布局都考虑到了课文的整体性，词语句式正确得体，话语衔接符合逻辑，段落起承转合自然，课文过渡线索清楚。

---

[1]　刘士木：《华侨教育论文集》，暨南大学 1929 年版，第 462 页。
[2]　刘士木：《华侨教育论文集》，暨南大学 1929 年版，第 463 页。
[3]　刘士木：《华侨教育论文集》，暨南大学 1929 年版，第 474 页。

3. 本教材的使用要求

共分四册，供南洋华侨小学国语科前期三、四年级补充使用，每学期用一册。教师可删除教科书里不适用于南洋的课文，而代以该教材。仅供现在补充之用，将来南洋华侨小学教科书编就出版之后，即行废止。①

4. 民国华语教材当地化的不足

尽管民国时期的华语教材在当地化方面做了许多工作，但总体来看还是浅层次的。

（1）本地文化宜增加，生存目标应强化。

民国时期由中国国内编写的南洋国语补充教材在课文内容当地化方面做了一定的努力：

> 本教材注重华侨现状，不论农工商业，和文化设施，社团组织，都有讲到。使学生明白侨界大势，并且记载史迹，表示前人辛苦缔造的不容易，以唤起学生保持和发展的观念。本教材对于开辟南洋的伟大人物，亦都纪入，以为学生感性之资。②

下面是"马来亚华校国语教材编纂原则"中的相关内容：

> 课文中除马来亚景物外，应注意中国文物及各民族间的和谐与互相尊重。课文的分配，应适合于现行学制，而与假日节令及一般的风俗习惯相配合。书中插图，在可能范围内，应以日常所见的景物为内容。关于应用文的阅读及其格式的了解，应包括日常所见的文告及报纸中的广告。③

对比以上两种国语教材的编写原则，我们可以知道，民国时期华侨国语教材内容的当地化还是比较浅层次的、粗线条的，文化内涵基本上只有中华文化。1951年发布的《华校与马来亚华文教育报告书》认为：华校所需要的是编制一套课本，基于最进步的教育原则，迅速而有效地灌输儿童以他的背景与环境的事实，和谋生服务所需的技能，以及能使他成为所

---

① 刘士木：《华侨教育论文集》，暨南大学1929年版，第463页。
② 刘士木：《华侨教育论文集》，暨南大学1929年版，第461页。
③ 叶钟铃、黄佟葆：《新马印华校教科书发展回顾》，新加坡华裔馆2005年版，第109页。

居住的社会的富有创造力及快乐一员的态度与理想。① 在国语的文化认同和培养目标方面，上述意见也是很值得参考的。

（2）仍然以阅读为主，技能训练不全面。

华文教学和语文教学存在着一个教学原则的不同，那就是语文教学是第一语言教学，而华文教学则是作为继承语的汉语教学。我们先看看"马来亚华校国语教材编纂原则"中有关口语等语言技能训练的标准：

　　以标准的中国语音及习用的语法，养成正确的听力、阅读及发表力。

　　口语练习的机会及其正确性，应特别注意，问答应从完整语句入手。

　　课文中之练习，应有全盘的计划，语法与生字难词等，均应不厌重复，尤以虚字的用法，必须适合程度，而继续练习，以求正确的应用。②

再看看中国大陆 1936 年的小学国语课程标准：

　　第一　　目标

　　（一）指导儿童练习运用国语，养成其正确的听力和发表力。

　　（二）指导儿童学习平易的语体文，并欣赏儿童文学，以培养其阅读的能力和兴趣。

　　（三）指导儿童练习作文，以养成其发表情意的能力。

在"作业类别"的"说话"项下有：

　　（1）日常谈话的耳听口说。

　　（2）问答、报告、讲述故事、演说、辩论等的练习。③

通过对比我们会发现，作为第一语言的语文教学，听和说的技能训练，往往被忽视，因为学生已经具备了基本的听说能力，再练习，似乎成

---

① 　叶钟铃、黄佟葆：《新马印华校教科书发展回顾》，新加坡华裔馆 2005 年版，第 110 页。

② 　叶钟铃、黄佟葆：《新马印华校教科书发展回顾》，新加坡华裔馆 2005 年版，第 110 页。

③ 　教育部：《1932 年小学课程标准》，http：//www.pep.com.cn/xiaoyu/jiaoshi/tbjx/kbjd/。

了多余；而作为第二语言教学的华文教学则不同，它所面对的学生是母语非汉语的人，不会说，听不懂，更不会写。因此，华文教学的技能训练十分重要。要教学生从学发音、学说话开始，听、说、读、写，循序渐进。专家们指出，在华校的国语教学中，"必须把语言要素的教学与言语技能的训练有机地结合起来，并且要以技能训练为中心"①。

民国时期华校的国语教材仍然沿用了我国语文课程的重点取向，即：沿袭了古代读经式的文选阅读课程形态，一以贯之地坚持"阅读"重点，语文课主要时间花费在阅读上，强化语文课程对学生的教化功能。"阅读"可以提高学生的阅读能力，对学生的语言表达也可能产生迁移，但是它毕竟不可能直接替代学生听说和写作的训练。通过阅读来学习语言，对形成和提高学生的语言能力，其所能发挥的作用是有限的。阅读能力为学生的说话和写作积累提供语言材料，然而在说话和写作中如何根据具体情境对语言材料进行选择、提取、加工和组织，这些能力不能通过阅读获得，只能通过说话和写作的实践才能不断体验、积累并提高。以文本阅读为主要方式来学习语言，对一门以学习语言为主要目标取向的课程而言，显然是有缺陷的。国内的语文课以文本阅读为主要方式学习语言，尚且是有缺陷的，那么对于以汉语作为第二语言的华文教学来说，就更是不符合华侨华人居留地社会现实的。

（3）教材通用词汇多，专用词汇少。

学者郭熙曾指出："词汇和社会的关系最为密切，各种社会变化、文化积淀都通过词汇表现出来。因此，华文教学当地化中，把词汇作为关注点是自然的。"②"马来亚华校国语教材编纂原则"要求"根据精审选订最适用的字汇，以儿童一般的既得经验为基础，逐渐扩充其经验范围，而与其他各科作有系统的联络"③。而"最适用"的词汇我们觉得除了学习华人世界汉语的通用词汇外，华侨华人生活的本地专用词汇学习也是必不可少的。民国时期华校的国语教材所出现的词汇和大陆用的国语词汇没有什么两样，即使专门为华校编写的国语补充教材除了人名、地名等一些专有名词能体现东南亚本地华人语言的词汇特色外，课文涉及的其他方面的内容所用的词汇就与正式教材没有什么明显的不同。之所以出现这种情况可能与教材内容与东南亚的社会现实仍有较大距离有关。在处理通用词汇

---

① 顾圣皓、金宁：《华文教育教学法研究》，暨南大学出版社 2000 年版，第 232 页。

② 郭熙：《关于华文教学当地化的若干问题》，《世界汉语教学》2008 年第 2 期。

③ 叶钟铃、黄佟葆：《新马印华校教科书发展回顾》，新加坡华裔馆 2005 年版，第 111 页。

和专用词汇的关系方面我们同意郭熙先生的观点：“就理论上来说，基础教育阶段应该多用通用词语；但潜在的问题是如果片面强调通用，可能会出现脱离实际应用的问题。因为对于一些华人社会，尤其是海外华人社会来说，语言环境的缺乏直接影响到华文学习。这时，最好的方法是要他们利用各种机会去练习语言的使用。如果基础阶段只教通用词汇，可能会导致一些当地常用词不能出现，这就形成一个怪圈：学过的词用不上，要用的词又没有学过，影响学生基础阶段的华语交际活动的开展。”[①] 学生是学习的主体，教材必须有主体思想，适于学生学习，利于学生学习。为此，着眼学生主体，利教更应利学，紧密联系学生生活选择课文。

（4）以学生为教学主体，实现教法当地化。

中国老师教、学生听的传统语文教学方法不符合国际母语教学的主流。以此教法为指导思想编辑的国语教材自然不适应东南亚本地的华语教学环境。按照现代教育理念，学生是学习的主体，教材必须有主体思想，适于学生学习，利于学生学习。为此，着眼学生主体，利教更应利学，马来亚的华文教材编写反映了上述理念：

> 课文不仅应生动有趣，适合儿童心理，且须便于表演及其他游戏方式的活动。想象性的教材和现实的教材，须适应儿童智力，使其调和而不芜率，且有助于思考力及进取心之发展。[②]

我们看一下民国时期国语教材课文练习的设计，以修正课程标准适用《新编南洋华侨高小国语读本教学法》第三册《曹刿论战》的教学过程为例。一预习 1. 概览，2. 摘记及检查；二默读及考查 1. 默读，2. 考查；三解释 1. 补充订正，2. 解释疑难；四朗读；五深究；六吟味；七整理；八练习 1. 问题解答，2. 节短，3. 改写，4. 编剧。学生的主体实践活动还不够突出，特别是引导学生到生活实践中去学习和运用语文，激发学生的主动创造精神，还远未得到应有的重视。另外，语文教材的层次性、启发性、趣味性还有待进一步加强，特别是启发性、趣味性还仅是作为对教师教学的要求，而没有作为对教材编写的要求来看待，因而语文教材对于学生来说亲和力、引导力不够。

---

① 郭熙：《关于华文教学当地化的若干问题》，《世界汉语教学》2008 年第 2 期。

② 叶钟铃、黄佟葆：《新马印华校教科书发展回顾》，新加坡华裔馆 2005 年版，第 112 页。

四　民国时期华侨汉语教育政策：国内教育

（一）政府要求国内大学受理侨民教育

暨南大学是国内最早进行华文教育的学校，这早已为世人所知。中山大学、厦门大学等学府也为华侨回国就学提供了比较优越的条件。民国时期，政府先是要求广州、厦门、天津、南京、北京、上海等华侨来往比较多的城市的大学开展华文教育，到第一次华侨教育会议时又提出：

> 顾升学之地过少常令多人望洋，此后国内各大学必须一律开放，国内各大学内应有适合侨胞之课程，以引起来归之兴趣。侨胞之所感困难者，大都在本国言语之不通及本国文字程度之低浅，各大学苟能与以便利，为之开特班以资补习，为之设所需要者而授之，则来者自日多，而其学成者则又能扶祖国文化以远播海外，于吾民族精神之发展，关系至重大也。①

（二）国内高校尽力办好侨民教育

国内高校也的确按照教育部的规定，尽力做好华侨学生在国内就学的各项工作，尤其是汉语文化的补习工作。例如，《教育部公报》第八年第五期，指令第五百五十四号，十年三月十八日，《令北京大学呈一件送附设华侨国文补习科草案及课程单，请核示由》。该命令的原呈中，北京大学将附设华侨国文补习科的类型、机构、经费、膳宿、每学期的课程设置乃至图书的使用都安排得相当周详。②

五　民国时期华侨汉语教育政策：启示

（一）今天我国孔子学院的设立和运行中要尽量彰显汉语作为世界重要交际工具的特点，尽量淡化意识形态的政治色彩，不然会引起有关国家的疑惧甚至抵制。一旦出现那样的局面，我们汉语的国际推广可能不会如愿以偿，甚至会事与愿违。

（二）对外汉语教学的重点由国内转向国外是很正确的，不仅民国华

---

① 中国第二历史档案馆：《中华民国史档案资料汇编》第五辑，江苏古籍出版社 1994 年版，第 986 页。

② 教育部：《令北京大学呈一件送附设华侨国文补习科草案及课程单，请核示由》，《教育部公报》1921 年第 5 期。

文教育的历史证明了这一点，世界上其他语言的国际传播也是这样的。

（三）教材和教师当地化是汉语传播的老问题，又是一个亟待解决的新问题。国内外的汉语教育同中有异，只有落实好当地化，才能使我们的汉语国际推广富有针对性，做到事半功倍。

第二节 民国时期殖民地政府华文教育政策研究

汉语在海外华人华侨中的传播，一方面取决于中国政府的态度和政策，另一方面也取决于居留地殖民地政府对华文教育的态度和政策。随着汉语国际传播的蓬勃开展，汉语国际传播的本土化或当地化势头日趋明显。笔者认为本土化或当地化的内涵千头万绪，但首要之点应该是传播的内容不与相关国家或地区的法律法规相违背，不与其政治经济利益有冲突。本节以英国新马殖民地为视角，以档案等史料为依据，研究民国时期华校教材被查禁的情况，以期对研究民国时期殖民地政府的华文教育政策，也希望对从事汉语国际传播本地化研究的相关人士有所启发。

一 殖民地政府查禁华校教材的两个时期

1911 年辛亥革命之前，华文教科书只是教导要修身、忠君、爱国。辛亥革命之后，民主和自由思想得到了介绍。因为这和马来亚的英国人的利益没有矛盾，从开始到 1925 年在这方面殖民地政府没有注意什么。1925 年海峡殖民地政府教育报告书说在当年的华文教科书中发现了政治的和反外国人的内容。① 根据 1926 年英属海峡殖民地政府颁布的《英属三州府学校注册条例》第十四条之规定，提学司或副提学司，或者视学员有权随时进入注册之华校进行检查。若察觉学校教材、公文等有损于其殖民利益者，即可取出进一步审查。

> 于是有所谓汉务司者，检查各校之教科书，严禁爱国之言论，压迫学生之谈国中政治。而于国民党之三民主义建国方略建国大纲等书，尤不能持之入境。②

---

① Lee Tinghui, *Chinese Schools in British Malaya*：*Policies and Politics*，Singapore：South Seas Society，2006，p. 106.

② 余椿：《南洋教育》，《南洋研究》1928 年第 1 卷第 1 期。

上述条例第二十七条规定：禁用不适宜之书籍。① 然而直到北伐战争发起，相关的麻烦才开始了。有研究者称，"早在 1928 年，英国殖民政府已禁用了一批反英的教科书"，② 但大规模地禁用华校教科书还是开始于1931 年。国民革命胜利极大地鼓舞了海外华侨华人的爱国热情；国民党也加快步伐促进华侨工作尤其是华教。1929 年前后华教的国内政治形势很有利。华教在海外不仅自身发展得蓬蓬勃勃，而且应和国内的大趋势，在所居留的殖民地也开展了反帝反殖的民族、民主运动。这在很大程度上危及了相关殖民地政府的政治和经济利益。华教被大肆限制乃至打压，华教教材被查禁在劫难逃。1933 年到 1942 年日本侵入东南亚，尽管华校教科书禁用的事件时有发生，但频率小了，数量少了。到 1949 年前后，中华人民共和国成立，中华民族受外族压迫的历史一去不复返了，海内外华夏儿女空前振奋，民族向心力大大增强。同时，左派思想更加速向华校进军。在这种情况下，1956 年新加坡和马来亚的英殖民地政府，在反共的大前提下，突然宣布全面禁止中国大陆 53 家出版社所有出版物的进口。

　　这个地毯式的禁书令，把当时市面上将近百分之九十五以上，能销会卖的华文书书种都包括在内了，新、马两地的华文书店，马上面对书源枯竭的前景。③

这就出现了华校教材禁用的第二个高峰。本节研究的只是南洋（东南亚）殖民地查禁华校教科书的第一个高峰，即民国时期殖民地政府对华校教科书的查禁。

二　民国时期华校教材遭查禁的时代背景

见前文第一节第一部分：民国时期华侨汉语教育政策：宗旨。（本书第 3 页）

---

① 耿素丽、张军：《民国文献资料丛编，民国华侨史料汇编》（4），国家图书馆出版社 2011 年版，第 51 页。

② 郑良树：《马来西亚华文教育发展史》第二分册，马来西亚华文教师总会 2003 年版，第 206 页。

③ 陈蒙志：《与上海书局有关的点点滴滴》，http：//blog. sina. com. cn/s/blog_ 69b9182e-0100patj. html，2008 年 4 月 5 日。

三 民国时期殖民地政府对华校教科书查禁的三个阶段

（一）1928—1930 年：开始阶段

北伐之前和当中在中国出现了一种狂热的革命热情，此举席卷了海外。包含上述热情的华文教科书在 1928 年遭到了英殖民地政府的第一次查禁。这一年海峡殖民地政府和马来亚联合邦政府公布了一个查禁的教科书的名单（可惜我们至今没有找到相关文献）。这之后的第二年，中国政府颁布了一个幼稚园和小学课程暂行标准，中文书籍出版商立即着手编辑符合新要求的教材。这些课程新标准的规定之一就是三民主义被置于新编辑的教材中。英国殖民地政府发现新教材是他们所讨厌的，1930 年在马来亚禁止了商务印书馆出版的新时代教科书系列、世界书局出版的新学制系列和新主义教材系列，因为这些课本充满三民主义的意识和思想，是国民党党化教育的一部分。

（二）1931—1932 年：高峰阶段

1930 年和 1931 年在东南亚的华校中国民党的主导地位依然保持，但共产党在华校中的活动也悄然升温。很多华校的师生在国共两党的支持下举行罢课等危害殖民地社会稳定的事件越来越多。1931 年是上述事件爆发最激烈的一年。这一年的 1 月和 3 月，新加坡的新侨学校再次被警察突然检查，一如既往地逮捕了一些人，没收了共产党的文件。还是在这年 1 月，警察突袭新加坡的玉桥学校，并带走了一些青少年学生。[1] 1930 年 2 月，金文泰爵士来到新加坡，成为海峡殖民地的总督和马来邦的高级行政长官。他对中国国民党及其奉行的三民主义素不认可，"1934 年在伦敦的一个公共协会的演说中，金文泰指出，国民党试图使所有的华校都处于其控制之下，并且通过华校教材将反英意识带给所有的学生。"[2] 1927 年大革命失败后，很多落难的共产党人和左派人士来到南洋，国共两党虽然因争夺对华校的控制权而存在矛盾，但两党都在搞反英宣传，并鼓动当地华人放弃对英国政府的忠诚，在这种形势下，金文泰总督决定全面严厉禁止国共两党在殖民地华校的活动，大规模地查禁华校教材便是上述举措的重要内容之一。

---

[1] Lee Tinghui, *Chinese Schools in British Malaya：Policies and Politics*, Singapore：South seas society, 2006, p. 106.

[2] Lee Tinghui, *Chinese Schools in British Malaya：Policies and Politics*, Singapore：South seas society, 2006, p. 106.

（三）1933—1940 年：后续阶段

应该注意到，尽管禁书名单继续公布，但 1932 年的情况出现了变化。海峡殖民地这一年的教育年度报告说：1932 年上海的两家主要出版教材的公司——商务印书馆和中华书局，每个都出版了一系列的分别供国内和海外用的教材。这些教材被政府认定适用，并且在大多数华校使用，或者作为某个完成的系列，或者作为那些被认为没有问题的教材的补充材料。《星洲日报》谈华文教科书历史的文章也说，1931 年之后，教科书的声调变得平和了，尽管它们中的语言教材仍然着意于国家受的欺辱和拯救国家。1932 年，中国政府颁布了正式小学课程标准，从而取代了当时的课程设置。①

在此我们对比了沈百英编写的不同版本的国语教科书，就可看到南洋（东南亚）华校教科书内容的变化轨迹。1931 年商务印书馆就出版了沈百英、张国基编辑的《南洋国语教科书》八册，该书编辑主旨约分左列各点：

1. 灌输南洋特殊知识。

2. 提倡乐观、前进、合作、互助、勇敢、劳动的精神。

3. 扩充想象，启发思想，陶冶情绪，并欣赏儿童文学的能力，增长阅读儿童图书的兴趣。

沈百英 1933 年编辑出版了《复兴国语教科书》，主要供国内小学生使用，其编辑主旨：

注重体格、德性、经济、政治的训练，以养成健全公民。灌输党义，提倡科学。②

1938 年沈百英等又将上述课本改编为南洋华侨小学校初级用《复兴国语教科书》，其编辑大意：本书遵照教育部审定复兴初小国语教科书改编，专备南洋侨民小学应用。③ 一句有关政治教化的语句也没有。

---

① Lee Tinghui, *Chinese Schools in British Malaya: Policies and Politics*, Singapore: South seas society, 2006, p. 122.

② 沈百英、张国基：《南洋国语教科书》，商务印书馆 1931 年版，编辑主旨。

③ 沈百英：《复兴国语教科书》，商务印书馆 1938 年版，编辑大意。

上述两本复兴国语教科书，都是初级小学用，但一套国内用，一套国外用（南洋华校专用），国内用者注重党义教育，国外用者很少有明显的国民党党义色彩。《复兴国语教科书》（大陆版）第四册有《买飞机救国》一文，符合当时中国遭列强侵略，国民义愤填膺的国情①，而这与南洋等国的国情不合，因此，《复兴国语教科书》（南洋版）就将这一课改成了《坐在飞机上》。

四　相关文献和查禁科目

（一）登载查禁教科书目录的政府公报

目前我们看到遭查禁的教科书的记录，其官方文献是《海峡殖民地政府公报》（*Strait Settlement Government Gazette*，SSGG）和《马来联合邦殖民地政府公报》（*Federal Malaya Settlement Government Gazette*，FMS-GG）②。

1. SSGG 1932 年 5 月 16 日，pp. 784—787；

2. SSGG 1932 年 6 月 1 日，pp. 3213—3217；

3. FMSGG 1933 年 8 月 25 日，pp. 2741—2745；

4. FMSGG 1933 年 12 月 1 日，pp. 4056—4061；

5. SSGG 1935 年 8 月 2 日，pp. 1948—1958；

6. FMSGG 1935 年 8 月 23 日，pp. 1888—1897；

7. FMSGG 1937 年 10 月 29 日，pp. 2947—2953；

8. SSGG 1937 年 11 月 19 日，pp. 3464—3469；

9. SSGG 1940 年 1 月 26 日，pp. 2004—2009。

（二）查禁教科书的科目一览

科目	册数（册）	比例（%）
国文国语	260	29. 14
社会	80	9. 14
公民	77	8、8
地理	75	8. 57
历史	77	8. 8

---

①　沈百英：《复兴国语教科书》，商务印书馆 1938 年版，第 45 页。

②　《海峡殖民地政府公报》（SSGG，*Strait Settlement Government Gazette*）和《马来联合邦殖民地政府公报》（FMSGG，*Federal Malaya Settlement Government Gazette*）。

续表

科目	册数（册）	比例（%）
常识	68	7.77
音乐唱歌	53	6.06
尺牍	46	5.26
党化教育	40	4.57
算术	28	3.2
民众识字	22	2.51
美术	6	0.69
给小朋友的信	5	0.57
商业	2	0.23
体育	2	0.23
卫生	2	0.23
其他	32	3.66

总数：875 册，其中小学教材 649 册，占 74.17%；中学和民众教材 226 册，占 25.83%。

1. 国语、国文

其中，国语、国文涵盖的范围最广，包括国文课本，如：上海中华书局出版新课程标准适用课本，初级中学用的《国文读本》第一册；国语课本，如：上海中华书局出版新中华教科书高级小学用《国语》第三册；国语和国文合在一起的课本，如：初级中学用的《国语与国文》第三册；口语教材，如上海商务印书馆出版复兴教科书，高级小学用的《说话范本》第二册、《说话教学法》第二册；作文教材，如：上海商务印书馆出版的《儿童作文指导》、上海世界书局出版初级小学用《应用文课本》；课外读物，如：上海商务印书馆出版《人人读》第四册、上海儿童书局出版《儿童活页文选》第三辑合订本；文学作品，如：上海北新书局出版《我们的诗歌》（全）。明确涉及革命或党化教育内容的国语国文教材，当然全部在查禁之列，如：上海儿童书局出版的《革命的诗歌》（全）、上海大东书局出版的《党化教育适用国文新读本》第一册至第八册。

2. 历史

包括一般的历史，如：上海中华书局出版的新中华教科书高级小学用的《历史》第二册；本国史，如：上海中华书局出版的新中华教科书初

级中学用的《本国史》下册①、上海商务印书馆出版的《中国史话》第
四册、《中国近百年史》上册、下册②；外国史，如：上海中华书局出版
的新中华教科书初级中学用的《外国史》（全）③、上海商务印书馆出版
的新学制教科书，高级中学用《西洋史》下册④；中外交往的史书，如：
上海商务印书馆出版的《中英外交史》⑤，因为这类书籍中含有较多的与
外国列强观点不一致的内容；至于那些专门谈帝国主义国家侵华给我国带
来耻辱的历史书籍更是被全面禁绝，如：上海中华书局出版高级小学用的
《国耻史纲要》⑥，上海文明书局出版高级小学用的《国难读本》第一册、
第二册⑦，长沙商务印书馆出版小学用的《日本侵略我国小史》上册、下
册⑧。国难、国耻类的历史教材共有 7 种被禁。

　　3. 地理

　　包括一般的地理教科书，如上海中华书局出版修正课程标准适用课本
《地理》第三、第四册（初级小学用）⑨；本国地理，如：上海中华书局
出版修正课程标准适用课本《初中本国地理》第四册⑩；外国地理，如：
上海中华书局出版修正课程标准适用课本《初中外国地理》第一册⑪；中
外地图，如：上海世界舆地学社出版的《世界最新形势图》（全）、《中国
最新形势图》（全）⑫；敏感的地理读物，如：上海新中国书局出版的
《我国的商埠》（全）⑬

　　4. 常识

　　包括一般小学使用的常识教材，如：上海中华书局出版的新课程标准
适用课本《春季始业用常识课本》第五册、第六册、第八册（初级小学

---

① SSGG1932 年 5 月 16 日。
② SSGG 1935 年 8 月 2 日。
③ FMSGG1933 年 8 月 25 日。
④ FMSGG1933 年 12 月 1 日。
⑤ SSGG1935 年 8 月 2 日。
⑥ SSGG1937 年 11 月 19 日。
⑦ SSGG1932 年 6 月 1 日。
⑧ SSGG1940 年 1 月 26 日。
⑨ SSGG1940 年 1 月 26 日。
⑩ SSGG1940 年 1 月 26 日。
⑪ SSGG1940 年 1 月 26 日。
⑫ SSGG1935 年 8 月 2 日。
⑬ FMSGG1937 年 10 月 29 日。

用)①；幼稚园常识教材，如：长沙商务印书馆出版的《幼稚园常识》（全）；特殊时期的小学常识教材，如：低、中、高三个年级段使用的《战时常识》（全）；关于南洋（东南亚）的常识教材，如：《南洋常识》（第三册、第四册、第八册)②

5. 音乐唱歌

被查禁的音乐教材包括两大类，一类是音乐唱歌教材，另一类是一般的歌曲集。前者如上海中华书局出版初级小学用的《唱歌读本》第三册③、上海儿童书局出版高级小学用的《儿童音乐教科书》第一册；后者如上海新中国书局出版的《现代学生唱歌集》（全)、上海新亚书局出版的《标准歌曲集》④。

6. 社会

被禁的社会教科书包括小学的社会教科书，如上海中华书局出版中学适用的《社会课本》第一册、《小学社会科教学法》（全)⑤；战争时期的特殊社会科教材，如生活书店出版的《战时读本》（高级小学用）第一册、第二册、第三册、第四册⑥。

7. 公民

被禁的公民教材虽然数量不少，但种类单一，只有小学和中学的公民教材和公民教授书，前者如：上海中华书局出版的《新编高小公民课本》第一册⑦；后者如高级小学用《公民教授书》第三册、第四册⑧。

8. 尺牍

尺牍即书信。白话尺牍居多，如：上海大东书局出版的《学生白话尺牍》第四册；也有一些言文对照的尺牍，如：上海世界书局出版初级小学用的《文言对照初等新尺牍》⑨；因为南洋（东南亚）是商业社会，所以被禁的尺牍中还有一些商业尺牍，如：上海广益书局出版高级小学用

---

① SSGG1937 年 11 月 19 日。

② SSGG1940 年 1 月 26 日。

③ FMSGG1933 年 8 月 25 日。

④ SSGG1935 年 8 月 2 日。

⑤ FMSGG1935 年 8 月 23 日。

⑥ SSGG1940 年 1 月 26 日。

⑦ SSGG1940 年 1 月 26 日。

⑧ SSGG1932 年 6 月 1 日。

⑨ FMSGG1933 年 8 月 25 日。

的《新式商业尺牍》卷一①。

9. 党化教育

国民党党化教育教材意识形态方面的教化色彩偏重，所以一般在被禁之列。这类教材或直接叫党义，如：上海中华书局出版的《党义》（全）②；或冠以三民主义，如：上海三民书店出版小学校用的《三民主义教育书》第一册至第四册③；或冠以中山主义，如：上海世界书局出版高级小学用的《中山主义新国民读本》全部禁用④。

10. 算术

在一般人的印象中，算术的内容是属于自然科学的，不应该被禁绝，但仍有 28 册被禁，占 875 册禁书的 3.2%，可见查禁标准之严。

11. 民众识字

民众识字教材因为其中包含了一些民族主义等党化教育的内容也遭查禁，如：上海中华书局出版的《民众识字课本》第二册、上海大东书局出版的《三民主义千字课暂行本甲种》第一册至第四册⑤。美术、商业、体育、卫生、给小朋友的信等其他种类的被禁教科书因为数量不大，所以就不再说明其范围了。越接近自然科学，查禁的越少。中学的物理、化学、数学就没有查禁的，不论中小学，外语类没有被查禁的。除了这些教材之外，政府还更新了 1930 年禁止的三个教材系列⑥，并宣布一部广为接受的识字课本非法⑦，该书由中华书局出版。1932 年 11 月，马来亚政府颁布了另一个禁书名单，来源于 FMSGG1932.11.18。

五 遭查禁的教科书的相关内容

浪笙在《南洋英荷各属对华侨之文化政策》中，较为恰当地概括了上述禁书的内容：

1 清末以来中英外交的详情；

---

① FMSGG1937 年 10 月 29 日。

② SSGG1937 年 11 月 19 日。

③ FMSGG1933 年 12 月 1 日。

④ FMSGG1933 年 8 月 25 日。

⑤ FMSGG1933 年 8 月 25 日。

⑥ 新时代教科书（商务印书馆）；新学制教科书（世界书局）；新主义教科书（世界书局）

⑦ 《民众识字课本》第二册，中华书局 1937 年版。

2 中国是次殖民地国家的远近原委；

3 觉醒中国民众复兴民族的思想；

4 现代帝国主义所处的阶段及其对付中国的政策；

5 启示中国青年认识本国今日所处的危殆地位。①

下面我们引述被查禁的一些华校教材的内容，来印证上述结论。

被查禁的华校教科书多处向青年学生讲述近代以来中华民族所遭受的来自列强的奇耻大辱，并启发国人奋发图强，反帝救国：

咳，诸君，我们中国人，现在受外国的欺侮，要算是受到极点了，你想和外国人交涉以来，款子一共赔了多少，地方一共割掉几处，条约一共订结几次，有哪一次订结条约，不是我们吃亏的。——咳，诸君，现在有许多懵懵懂懂的人，还当我们中国是个完全无缺的大国，我们中国人是个泱泱大风的国民，要是把对外的情形看起来，我们这国家真是危险极了，我们中国的国民离做人家奴才的时候，也不远了，还不要警醒警醒吗？古人说得好："前车之覆，后车之鉴。"我且把中国自和外国交涉以来种种失败的历史讲几件给诸君听听吧。②

在对列强的控诉中，尤其突出了英国的侵华罪行。束世澂的《中英外交史》的目录如下：

第一章　中英交通之起源

第二章　中英间之战争

第三章　英国与中国不平等条约

第四章　英人对华土地侵略史

第五章　英国对华经济侵略史

第六章　英人在华之惨杀案

第七章　中英外交史势总论

该书总论写道：

---

① 《申报月刊》第四卷第十号，1935 年 10 月 15 日，第 49—51 页。

② 四川省公民训练委员会各市县商人联合公民训练班编：《国耻小史》，成都励进社 1936 年版，第 1—4 页。

自愚观之，以惨案为手段，实帝国主义者技穷之表征，苟国人不为威屈，则彼自绌。观于汉口、九江收回英租界事，可以见之。大中华民国之人乎，汝欲自立于地球之上，此时为最后一战矣。①

既然帝国主义骑在中国人民头上作威作福，那么作为中华民族的一分子就要贯彻国父孙中山先生的三民主义，推行国民党的党化教育，奋起救亡。以《新主义教科书后期小学国语读本》（魏冰心、吕伯攸）为例，该书编辑纲要：本书材料注重含有革命性的故事、史谈、传记、游记、小说、诗歌等，并阐发中国国民党的党义，以期适合于党化教育之用。② 第一册第二课《国父孙中山先生》（一）课文：

中华民国的国父孙中山先生，讳文，字逸仙，号中山，广东中山县人。先生幼时，在广州医学校肄业；见帝国主义的侵略，满清政府的腐败，就立志运动革命，改造中国；结识豪士，鼓吹民族思想。③

第一册38课，有关民族革命的内容至少有19篇，占1/2，如关于孙中山的有7篇。

如果说上述国语课文的反帝色彩还不太明显，那么《新主义教科书的前期小学社会课本》第六册（世界书局）就特别惹人耳目了，其目录如下：立国要素、我国的领土不完全、领事裁判权、我国四大商埠、我国的进出口货、保护税法、关税协定、收回关税自主权、契约、我国的统一和分裂。④ 该书前两课课文的反帝爱国之情跃然纸上：

立国的要素有土地、人民、主权。——有了土地和人民，假使没有主权，仍不能成为国家。国家的主权完全，土地完全，人民的福利也就增进；国家的主权损失，土地割让给别国，人民的痛苦也就不堪言状。

我国的领土已不完全——这些土地都是帝国主义国家用种种威迫

---

① 束世澂：《中英外交史》，商务印书馆1933年版，第211页。
② 魏冰心、吕伯攸：《新主义教科书后期小学国语读本》，世界书局1928年版，编辑纲要。
③ 魏冰心、吕伯攸：《新主义教科书后期小学国语读本》，世界书局1928年版，第2页。
④ 魏冰心、吕伯攸：《新主义教科书后期小学国语读本》，世界书局1928年版，第2页。

欺骗的手段掠夺去的。若不设法收回，领土完全不能恢复；国民的痛苦也就不能解除。独立国家应有完全的主权，管辖领土内的人民。不许外国人在领土内行使领事裁判权。——这个权是他们从不平等条约里明抢暗夺去的。①

六　小结

（一）溯源

民国时期，我们至今见到的中国大陆最早为南洋编写的国语教材是《民国华侨初等小学国语教科书》，1913 年中华书局出版，共十册。编辑大意：

> 本书前四册于饮食起居家庭学校及社会国家之事均根据于道德要旨，以语言之教授尤便领悟，期养成儿童良好之习惯，即以补修身一科之所不备；本书后六册除取材于前项国文外，每册各参以时势上应酬上之语言若干课，以引起儿童国家之思想及交际之智识，即年长失学者亦可取以为补习之用。②

该教材出版时，东南亚的殖民政府对华校的存在还是采取了任其自生自灭的态度，至今我们也没有见到华校教材遭查禁的记载。但上述教材一套十册从第五册开始其内容便或多或少地包含了让华侨华人居留地原住民和殖民地政府不能接受的内容，如：

第五册

第二十五课　平等

> 齐　最蠢的就是马来人，真真是生成的奴隶。
> 鲁　他虽然蠢，也是人类，我们使唤他，也要当怜悯他。若是待他刻薄，就不是我们民国平等的道理了。③

---

① 魏冰心、吕伯攸：《新主义教科书后期小学国语读本》，世界书局 1928 年版，第 1—2 页。

② 周肇华、李文渠：《民国华侨初等小学国语教科书》，中华书局 1913 年版，编辑大意。

③ 周肇华、李文渠：《民国华侨初等小学国语教科书》，中华书局 1913 年版，第 11 页。

第九册

第四十九课　租借割让地二

　　唐　割让是哪些地方？

　　王　鸦片之役割香港与英国，甲午之役割台湾与日本，还有云南西南二千多里让给英法，满洲东北几千里、伊犁西北千多里都割与俄国。最近英国占我片马，俄国争我满洲里，这都是我国民的大耻。

　　王　唉！可叹不知何日才能够收回？①

第十册

第二十九课　鸦片之役

　　城　鸦片是哪里来的？

　　里　是英属印度来的。

　　城　鸦片的害很大，怎么我国从前不禁呢？

　　里　那是满清政府的流毒，从前也禁过一次，英国要同我国开战，满清政府很畏怯，就订约任他来卖，这一次就名为鸦片之役。

　　城　从此以后就不禁了吗？

　　里　现在民国实行禁绝，将来一定没有人吸了。②

（二）启示

　　民国时期东南亚查禁华校教科书的国家不只是英国殖民地，例如泰国就有《暹罗限制教科书条例》，规定：华侨学校所用教科书须经暹罗教育部审查许可，方得教授。如三民主义则绝对不许，盖恐其传播革命思想也。③ 但限于时间和精力，笔者只是较具体地考察了英国管辖的海峡殖民地和马来邦的相关情况，期收以点带面之效。著名华文教育史专家郑良树先生在谈到民国时期华校教科书的情况时指出"这些教科书及参考书的禁用，完全是因为内容涉及反英、过分强调民族意识及党义等敏感课题，而

---

① 周肇华、李文渠：《民国华侨初等小学国语教科书》，中华书局 1913 年版，第 25 页。

② 周肇华、李文渠：《民国华侨初等小学国语教科书》，中华书局 1913 年版，第 15 页。

③ 耿素丽、张军：《民国文献资料丛编，民国华侨史料汇编》（4），国家图书馆出版社 2011 年版，第 255 页。

为英人所忌讳。"① 客观地讲，虽然郑先生的话未必完全符合实际，因为有些教材被查禁很可能是英国殖民地统治者出于维护自身利益的需要过于小题大做，但是大多数被查禁的教材其内容还是被郑先生说中了的。民国时期华校课本中讲述的近代以来列强在华犯下的种种罪行都是板上钉钉的，在那个时代宣传反帝反殖，主张民族独立、国家富强的三民主义都符合国家和民族的根本利益。不论什么时期，我国政府在自己的国土上都可以向国民讲述国家遭受列强欺侮的耻辱史，也都可以通过这个办法激发国民的爱国意识和抵御外侮的应有情怀，但在国外宣传上述内容，即使是面向华侨华人，也是有悖因地制宜的原则的。我国政府在国外任何一处开展包括华文教育在内的汉语国际教育也都是无可厚非的，但必须在既应该做、又能够做，还要做得成的前提下，内外有别，审慎考量和设计此项工作的目的和手段。在域外传播中华民族的文化和价值观，切忌和意识形态挂钩，切勿伤害相关民族和政府的切身利益，切实灵活处理敏感内容，不然相关教材就会出现与本土化或当地化相左的水土不服，我们的汉语国际传播大业也就很可能遭遇事与愿违的种种挫折。

---

① 郑良树：《马来西亚华文教育发展史》第一分册，马来西亚华文教师总会2003年版，第222页。

第二章　华文教学的教材

第一节　华校国语文教材出版及收藏情况
——以新加坡和中国的当代图书收藏为考察对象

随着汉语国际教育事业的蓬勃开展，近年来尤其是国家汉办批准，中山大学国际汉语教材研发与培训基地于 2009 年 5 月正式成立以来，国内对汉语（华语）教材的收集研究工作越来越受到业界的重视。但是据笔者观察，上述工作所涉及的教材绝大多数是新中国成立之后中国大陆编辑出版的，民国时期编辑出版的汉语（华语）教材所占比重甚小，更谈不上系统的收集和研究。众所周知，民国时期的汉语国际教育主要体现为华侨的国语教育，而东南亚（南洋）华校的国语教育又是那个时代世界汉语（华文）教育的最主要阵地。收集、整理并研究民国时期东南亚华校的国语教材，一方面可以有助于完整再现近代以来世界汉语教材的全貌，消除汉语国际教育史研究的一个薄弱环节；另一方面可以扎实推进华文教育史的研究，因为教材是教学内容和方法的集中体现。

一　当代中外对民国时期东南亚华校专用国语教材的收藏比较

要想知道民国时期东南亚华校的国语教材到底有哪些，一个比较现实的途径是考察当代中国和东南亚的各大图书馆收藏了哪些那个时期的相关教材。根据历史地位和现实作用，在中国大陆我们重点考察了中国国家图书馆、北京师范大学图书馆、北京大学图书馆、人民教育出版社图书馆、南京图书馆、南京大学图书馆、上海图书馆、重庆图书馆。在东南亚我们重点考察了新加坡国家图书馆、南洋理工大学图书馆和新加坡国立大学图书馆。新加坡的馆藏之所以成为我们的重点考察对象，一则因为新加坡在民国时期是东南亚的政治、经济、文教中心，华文教育和华文出版在东南亚首屈一指；二则因为作为华人为主的国家，新加坡"主要档案馆与图书馆重视并藏有丰富的海外华人研究资源，特别是新加坡与马来西亚两国的华人研究资料"。中国和新加坡收藏的民国时期国语教材有中国东南亚通用和东南亚专用两大类。

（一）中国大陆和东南亚通用的国语教材

根据我们的调查，新加坡现存的民国时期中国大陆和东南亚通用的国语教材有 80 种。

教材类名称	数量	代表教材			
		教材名称	编著者	出版单位	出版时间
小学通用的国语教材	27 种	《共和国教科书新国文》	庄俞、沈颐	商务印书馆	1912 年
		《高级小学尺牍课本》	刘大白	上海大众书局	1933 年
初中通用国语教材	24 种	教育部审定，《初级中学国文》甲编第一册至第五册	方阜云、羊达之、吴伯威、徐文珊、徐世璜、桑继芬、彭阜午	国定中小学教科书七家联合供应处	1947 年
		《初中中华文选》	宋文翰	中华书局	1929 年
高中通用国语教材	5 种	《新编高中国文》	宋文翰、张文治	中华书局	1946 年
		《开明新编高级国文读本》	朱自清、吕叔湘、李广田、叶圣陶	开明书店	1949 年
师范通用国语教材	22 种	《小学说话科教材和教法》	沈百英	商务印书馆	1948 年
		《中学国文教学概要》	王森然	商务印书馆	1929 年
社会教育通用国语教材	2 种	《老少通千字课》	陶行知、罗珊和、陶宏	商务印书馆	1934 年
		《市民千字课》	中华平民教育促进会总会	中华平民教育促进会总会	1927 年

二　民国时期东南亚华校专用的国语教材

（一）民国时期东南亚华校专用的国语教材的数量

根据我们的调查，新加坡和中国大陆现存的民国时期华校专用国语教材有 53 种。

教材类名称	数量	代表教材			
		教材名称	编校者	出版单位	出版时间
大陆编辑出版的华校国语专用教材	11 种	修正课程标准适用，《最新南洋华侨小学国语读本》（初级小学用）	编者：朱文叔、吕伯攸 校者：孙世庆、鞠承颖、陆费逵	上海：中华书局	1937 年
		遵照修正课程标准编辑，南洋初级中学适用，《复兴初中国文》	沈百英、赵景源	上海：商务印书馆	1940 年
香港或境外出版的华校国语专用教材	42 种	小学校用，《南洋国语教科书》	编辑者：沈百英 校订者：张国基	香港：商务印书馆	1931 年
		《国语新读本》	编纂者：洪文范、张国基；英译者：王崇镐	新加坡：陶华学校	1933 年

（二）　当代中外对民国时期东南亚华校专用国语教材的收藏比较

民国时期中国大陆学校和东南亚华校通用的国语教材，目前在新加坡能找到的一般在国内各大图书馆也能找到。当下对民国时期华校使用的国语教材的收藏，中国和新加坡差别主要还是在那个时期华校专用教材的收藏方面。

中国套数少，新加坡套数多。根据我们对中国国内一些有代表性的图书馆（如中国国家图书馆、北京师范大学图书馆）的调查，目前中国国内收藏的民国时期华校专用国语教材共有 12 套，其中有两套是专门为日本和朝鲜的华校编写的国语教材，其余 10 套是专门为东南亚华校编写的国语教材，在这 10 套教材中，有两套新加坡的图书馆也有收藏，有 8 套是中国图书机构特有的民国时期东南亚华校专用的国语教材。新加坡现今收藏的民国时期东南亚华校专用的国语教材有 44 套。

中国成套性好，新加坡成套性差。中国大陆收藏的民国时期东南亚华校专用国语教材种类虽然比较少，但是一般都是成套的，如：中华书局1913 年出版的《民国华侨初等小学国语教科书》[①] 全书共 10 册，一册也不缺。中国大陆收藏了 12 套民国时期华校专用的国语教材，只有 3 套书不成套，《复兴国语教科书》8 册缺 1 册，《现代国语教学法》8 册缺 4

---

①　周肇华、李文渠：《民国华侨初等小学国语教科书》，中华书局 1913 年版。

册,《南洋国语教学法》8 册缺 2 册,总体看成套率 75%。而新加坡收藏的民国时期东南亚华校专用国语教材虽然种类比较多,但是一般都是不成套的,如:中华书局 1937 年出版的《最新南洋华侨小学国语读本》(初级小学用)[①] 在中国大陆和新加坡都有收藏,但在中国大陆该套教材的 8 册书都是全的,但是在新加坡就少了 3 册。新加坡现今收藏的民国时期东南亚华校专用的 44 套国语教材,成套率不足 30%。上述现象存在的原因可能与中新两国收藏上述历史文献的体制有关。中国很久以来形成的举国体制使得文史资料的收集均由政府有关部门一声令下,相关的史料也就会集中于一处。这样有利于图书的收集和整理,因此成套性就容易好。而新加坡文史资料的收集,如华校早期课本的收藏采取了从民间征集的方式,动员国民将散存在社会各处的图书资料无偿捐献给图书收藏机构。新加坡国家图书馆的成百上千册民国华校课本都是通过上述方式获得的。新加坡收集史料的上述方式的存在就使得资料的来源很广,但是成套性较差。

中国国语教材种类少,新加坡国语教材种类多。从教材的作用来看,中国现存的民国时期东南亚华校专用的国语教材只有综合国语课本及其教学法,而新加坡的相关教材除此之外,还包括写作教材,如《文范》(初级小学用,编著者:席涤尘,新加坡众兴出版社 1938 年版);上海书局出版的《初级尺牍》;说话教材,如南洋书局出版的《说话范本教员用书》;还收藏了练习册之类,如《小学国语读本:测验练习本》[②]。从教材使用的学生层次来看,中国大陆只收藏了民国时期东南亚华校小学阶段专用的国语教材,而新加坡除此之外,还收藏了少量初中、高中的国语专用教材。

三 民国时期东南亚华校国语教材的出版单位

中国大陆和新加坡现存的民国时期中国大陆和东南亚使用的教材共 136 种,通用的 80 种教材中商务印书馆出版了 35 种,中华书局出版了 14 种。中国和东南亚通用的国语教材不是我们研究的重点,而华校专用的 56 种国语教材(其中有两种是专供日本和朝鲜华校使用的国语教材)则是我们重点研究的对象。

（一）中国大陆

根据我们在中国和新加坡的调查,民国时期中国大陆出版的东南亚华

---

① 朱文叔、吕伯攸:《最新南洋华侨小学国语读本》(初级小学用),中华书局 1937 年版。

② 李卓民:《小学国语读本:测验练习本》,新加坡中华书局 1947 年版。

校专用国语教材有 14 种，占现存的民国时期东南亚华校专用国语教材的
25.89%。中国大陆出版东南亚华校国语专用教材的主要是中华书局和商
务印书馆两家。1912 年 12 月，中华书局出版了初等预备班用的《南洋华
侨国语教科书》①，1913 年 2 月中华书局接着出版了周肇华、李文渠编写
的《民国华侨初等小学国语教科书》。我们见到的商务印书馆出版的最早
的该类教材是高级小学用《南洋国语教科书》②。其他出版社如新民国图
书社（上海）1932 年出版了初级小学用《南洋华侨国语读本》。③

（二）香港和海外

民国时期在香港和东南亚本土的华文教材出版机构出版的华校国语专
用教材为 74.11%。而上述出版社又多集中在新加坡本土，如中华书局和
商务印书馆在新加坡的分支机构，还有就是土生土长的新加坡出版社，最
有代表性的是上海书局。抗战期间，中国许多著名的教育家和文人，纷纷
逃亡到香港及南洋一带避难，对海外华人的生活环境，有了较全面的接触
和深入的认识。他们感觉到以往那些以战前中国大陆为背景而编写的中
华、商务版的教科书，对海外的华教并不贴切。为此，一批聚集在香港的
作家和教育家，便有意编写全套包含小学一年级至六年级，以及初中及高
中的教科书，科目包括语文、算术、珠算、常识、自然、历史、地理、公
民、尺牍、英语等。上述出版计划由陈岳书、王叔旸等于 1925 年在新加
坡创办的上海书局承担。这套"现代版"小学教科书，一来是以华人在
海外生活的背景作为编写依据，二来毕竟是出于名家手笔，不论内容和文
笔，都是一时之选。发行后反应热烈，一纸风行，不但在新、马、婆地区
畅销，泰国、印度尼西亚、菲律宾、越南、缅甸、老挝、柬埔寨等国家和
香港地区都纷纷采用。为了适应各地不同的情况，这套教科书的版权也陆
续转让给各地的代理，并配合各地的需要，进而修订为马华版、泰华版、
菲华版、印华版等。上海书局开了成功出版全套本地华校教科书的先例，
世界书局也就成立了联营出版社，出版新、马、婆地区的教科书。另外，
由一批学者和教育部官员创立的南洋书局，也不甘落后，加入了竞争的行

---

① 陈抚辰：《初等预备班用的〈南洋华侨国语教科书〉》，中华书局 1912 年版。

② 庄适：《高级小学用〈南洋国语教科书〉》，商务印书馆 1933 年版。

③ 王祖廉、黎锦晖、黎明：《初级小学用〈南洋华侨国语读本〉》，上海新民国图书社
　1932 年版。

列①。其他出版华校国语教材的出版社还有勤奋书局、众兴出版社等。

民国时期出版东南亚专用华文教材的个人和学校：民国时期东南亚不仅建立了出版华校专用教材的出版社，而且在整个民国时期都由个人或华校独立出版过一些华校专用的国语教材。如：新加坡陶华学校，1933 年出版了《国语新读本》②；新加坡中华国语学校 1940 出版了蒋克秋编辑的《国语进阶》《国语新读本》。《国语新读本》的"编者言"指出："我们中国从提倡统一国语以来，各种读本应时而生的可算是很多了。但是适合于一般识英文而不识中文的侨胞们研究国语的，实在很少。所以他们要学国语均感困难。鄙人觉着这点，特地编辑这书叫着《国语新读本》采用最新标准音，又用罗马注音和英语注解，使读者一目了然。课本由浅而深，由简而繁，可以供给学校做课本，也可以供给个人工余自修研究国语之用。全书四十课，每课有新字，有短句，有课文，有课外作业。材料充实，文法新巧，可算是一班识英文而不识中文研究国语不可多得的读本。"③

附录一：中国和新加坡现存的民国时期华校（主要是东南亚华校）所专用国语教科书④

1. 《修正课程标准适用　最新南洋华侨小学国语读本》（初级小学用，全八册）
       编者：朱文叔、吕伯攸
       校者：孙世庆、鞠承颖、陆费逵
       上海中华书局
       1937 年再版
2. 小学校用 南洋国语教科书
       编辑者：沈百英
       校订者：张国基

---

① 陈蒙志：《与上海书局有关的点点滴滴》，http：//blog. sina. com. cn/s/blog_
　　69b9182e0100patj. html. 2008 年 4 月 5 日。
② 洪文范、张国基：《国语新读本》，新加坡陶华学校 1933 年版。
③ 洪文范、张国基：《国语新读本》，新加坡陶华学校 1933 年版，编者言。
④ 因为新加坡是 1957 年才独立的，在此之前，华语在那里称为国语，所以我们收集的下
　　限是 1957 年，而不是 1949 年。

香港商务印书馆

1931 年初版。

3. 《修正课程标准适用　新编南洋华侨高小国语读本》

编者：朱文叔、徐亚倩、吕伯攸、杨复耀

校者：陆费逵

上海中华书局

发行所：新加坡大马路　中华书局

1937 年初版

4. 《现代小学课本　初级国语》

新加坡上海书局

1949 年

5. 《照修正课程标准编辑　南洋初级中学适用　复兴初中国文》

沈百英、赵景源

香港商务印书馆发行

1940 年初版

6. 《修正课标准适用　新编南洋华侨高小国语读本教学法》

第一册（全四册）

编者：马精武

校者：朱文叔、吕伯攸、徐亚倩

香港中华书局　印行

1949 年第六版

7. 《依照新课程标准编辑　南洋初中国语》

第三册、第五册

巴城上海书局 选辑

（出版时间没有）

8. 《现代小学课本　初级国语教学法》

第六册

修订本

上海书局 印行

上海书局编辑委员会

1950 年

9. 《高级小学校用　南洋国语教学法》

第四册

胡锺瑞 编

　　　　　　沈百英 校

　　　　　　上海商务印书馆

　　　　　　1934 年初版

10. 《高级小学用　国语教科书》

　　　　　　第二册

　　　　　　编辑者：庄适

　　　　　　上海商务印书馆

　　　　　　1933 年初版

11. 《南洋华侨学校适用　小学国语读本》

　　　　　　编者：罗良铸

　　　　　　新加坡中华书局

　　　　　　1935 年

12. 《印尼华侨学校高级小学适用　华高小尺牍课本》

　　　　　　第二册

　　　　　　出版地缺 ：出版社缺

　　　　　　19××年

13. 《小学国语读本教学法》

　　　　　　编者：吕伯攸、杨复耀

　　　　　　校者：朱文叔

　　　　　　Other Title at Head of Title：《修正课程标准适用　最新南洋华侨

小学国语读本教学法》

　　　　　　新加坡中华书局

　　　　　　1940 年

14. 《高级小学用　南洋华侨国语读本》

　　　　　　别名：国语读本

　　　　　　中华书局

　　　　　　19××年

15. 《修正课程标准适用　小学国语读本：初级》

　　　　　　编者：朱文叔等；校者：孙世庆等

　　　　　　别名：《最新南洋华侨小学国语读本》

　　　　　　新加坡中华书局

　　　　　　1948 年

16. 《小学国语读本：测验练习本》

　　　　　　编校者：李卓民

新加坡中华书局

1947 年

（书名上首：最新南洋华侨）

17. 《复兴国语教科书》高级第 3 册

编著者：朱慕周、沈百英；修正者：王承绪、吴志尧

新加坡商务印书馆

1949 年

（本书遵照教育部修正小学课程标准编辑，专备南洋侨民小学应用，全书四册，供小学五六两年之用）

（南洋华侨小学适用）

18. 《复兴国语教科书：初级》

编著者：沈百英、赵景源

修正者：王承绪、吴志尧

新加坡商务印书馆

1949 年

8 册，彩色插图

（南洋华侨小学适用）

（马来亚联合邦新加坡教育部审定）

19. 《复兴国语教科书 ：初级 4 册》

编校者：沈百英、赵景源、韦悫

香港商务印书馆

1948 年

（遵照修正课程标准编辑——封面）

（南洋华侨小学适用——封面）

20. 《国语：初级第一册》

编辑者：新加坡世界书局编译所

新加坡世界书局

1948 年

（修正课程标准适用——封面）

（战后新编南洋华侨小学教科书）

21. 《学校暑假作业：初小四年级》

中华教育研究社编辑

1948 年

（内容：国语书法—国语写作—常识测验—算术练习—英语写作）

22. 《南洋国语教科书》，初小第 2 册
    编校者：南洋编译所
    新加坡南洋书局
    1948 年
    （中华民国教育部暨马拉亚教育部审定——封面）

23. 《高级国语读本》
    蒋克秋编
    别名：（*Advanced Course in Mandarin*）
    新加坡勤奋书局
    1946 年

24. 《尺牍：南洋教科书小学初级用》
    编著者：周逸休、陆宝忠
    第 6 版
    新加坡众兴出版社
    1945 年

25. 《尺牍：南洋教科书小学高级用》
    编著者：段隽原
    新加坡众兴出版社
    1941 年

26. 《文范：高级小学用》
    编著者：席涤尘
    新加坡众兴出版社
    1938 年
    （最新修正课程标准）
    （南洋教科书——封面）

27. 《中国国语教科书》第一册
    编者：Shih Pang Shih
    出版不详

28. 《初级国语：初稿样本》
    出版地缺：上海书局
    19××年

29. 《复兴国语教学法》
    主编：王云五
    编校者：顾志贤、赵景源

香港商务印书馆

1940 年

（南洋华侨小学适用）

30.《复兴国语首册》

编校者：沈百英、赵景源、韦悫

香港商务印书馆

1938 年

（遵照修正课程标准编辑——封面）

（南洋华侨小学适用——封面）

31.《国语》（Chinese Readers）

新加坡南洋书局

19××年

32.《国语新读本》（*Chinese National Language*）

编纂者：洪文范、张国基；英译者：王崇镐

新加坡陶华学校

1933 年

33.《写作课题》

新加坡南洋书局

19××年

（南洋小学假期作业——封面）

（初小二年级用——封面）

34.《初级尺牍》

编者：上海书局编辑委员会

新加坡上海书局

194×年

（现代小学课本——封面）

35.《马来亚适用　国语教科书：初小》（*Malayan Chinese Readers*）

又叫：《南侨初小国语教科书》

新加坡：南洋书局

19××年

36.《书信读本：由白话到文言》

黄资禅编

新加坡华侨国语学校

1950 年

37. 《现代尺牍》
    蒋仲仁等编著
    新加坡上海书局
    1950 年
38. 《文范：初级小学用》
    编著者：席涤尘
    新加坡众兴出版社
    1938 年
    （南洋用书——封面）
39. 《说话范本教员用书》
    新加坡南洋书局
    19××年
40. 《国语进阶》（*Progressive Mandarin Readers for Intermediate Students with a Voc*）
    蒋克秋著
    新加坡中华国语学校
    1940 年
41. 《新编高中华文》第 5 册
    宋文翰、张文治编
    中华书局
    1946 年
42. 《新编高中华文　第三册》
    宋文翰、张文治编
    香港：中华书局
    1952 年
43. 《中学精读国文选》
    主编者：陈昌豪
    再版
    新加坡：世界书局
    1953 年
44. 《初等预备班用　南洋华侨国语教科书》
    巴达维亚老巴杀中华学校校长　陈抚辰编；八茶贯中华学校校长金恒甫校正；译法校正：老巴杀中华学校总理张瑞安
    巴达维亚掌更秀林木秀

　　　　　1912 年
　45.《民国华侨初等小学　国语教科书》
　　　编者：周肇华、李文渠
　　　上海中华书局
　　　1913 年
　46.《初级小学用　南洋华侨国语读本》
　　　王祖廉、黎锦晖、黎明编，张国基校
　　　上海：新民国图书社
　　　1932 年 5 月发行，1933 年 3 月再版
　47.《高级小学用　南洋华侨国语读本》
　　　陆费逵、黎锦晖、易作霖编；张国基校
　　　上海中华书局
　　　1932 年
　48.《日鲜侨民学校适用　复兴国语教科书　高小》
　　　丁毅音编
　　　上海商务印书馆
　　　1937 年初版
　49.《日鲜侨民学校适用　复兴国语教科书　初小》
　　　沈百英编
　　　上海商务印书馆
　　　1937 年
　50.《最新南洋华侨小学　国语读本教学法　初级》
　　　吕伯攸、杨复耀编；朱文叔校
　　　上海中华书局
　　　1937 年
　51.《南洋华侨小学适用　复兴国语教科书　初级》
　　　沈百英、赵景源、韦悫编
　　　香港商务印书馆
　　　1938 年
　52.《南洋华侨小学适用　复兴国语教科书　高级》
　　　沈百英、朱慕周、金云峰、韦悫编
　　　香港商务印书馆
　　　1947 年
　53.《华侨小学适用　现代国语教学法》

主编：宋云彬、孙起孟；编者：方与严　等

新加坡上海书局

1948 年

附录二：中国和新加坡现存的民国时期华校（主要是东南亚华校）和大陆所通用国语教科书

1. 《开明国文讲义》第一册
   夏丏尊、叶圣陶、宋云彬、陈望道合编
   上海开明函授学校出版　开明书店印行
   1940 年第四版
2. 《教育部审定　新学制国语教科书（小学校高级用）》
   编纂者：庄适、吴研因、沈圻
   校订者：朱经农、高梦旦、王岫庐、唐钺
   上海商务印书馆
   1926 年
   版次：二四五版
3. 《初级小学用　普通适用　新国文》
   上海文成书局
   出版时间不详
4. 《共和国教科书　新国文》
   庄俞、沈颐编
   商务印书馆 发行
   1912 年 6 月初版，1926 年 11 月 136 版
5. 《新学制作文教科书　小学高级用》
   编者：叶志中
   校者：朱经农　王云五
   上海商务印书馆
   1926 年初版
   1927 年十五版
6. 《高级小学　尺牍课本》
   刘大白鉴定
   上海大众书局

第一册、第二册

1933 年

7. 《开明文言读本》

朱自清、吕叔湘、叶圣陶合编

上海开明书店印行

1948 年

8. 《开明国文讲义》

夏丏尊、叶圣陶、宋云彬、陈望道合编

上海开明函授学校出版 　　开明书店印行

1934 年初版

1940 年四版

9. 《教育部审定　新学制国语教授书》

第一册 小学校初级用

编纂者：沈圻、计志中

校订者：朱经农、吴研因

上海商务印书馆

1923 年 3 月初版

1926 年 2 月五十版

10. 《开明新编国文读本　注释本甲种》

叶圣陶、郭绍虞、覃必陶合编

上海开明书店

1936 年 11 月初版

1948 年 10 月五版

11. 《小学生补充读物　初级模范日记》

编辑者：董自强

校阅者：诸有人

上海春明书店

1941 年

12. 《教科自修适用　言文对照　古文笔法百篇》

上海世界书局

1934 年 34 版

13. 《开明新编高级国文读本》

朱自清、吕叔湘、李广田、叶圣陶合编

开明书店 印行

1949 年

14. 《小学适用新法会话读本》
   编纂者：范祥善
   校订者：黎锦熙、庄俞
   上海商务印书馆
   1921 年 1 月 初版
   1926 年 11 月 35 版

15. 《高级模范作文》
   编著者：吕明章
   上海国光书店
   1946 年

16. 《标准国语应用会话》
   蒋镜芙编
   上海中华书局
   1947 年

17. 《国语文修辞法》
   宋文翰 著
   上海中华书局
   1947 年

18. 《国文》
   庄适编辑；朱经农校订
   上海商务印书馆
   1926 年

19. 《国文修辞：语文会通》
   谭正璧编著
   上海世界书局
   1947 年

20. 《国文文法》
   谭正璧编著
   上海世界书局
   1948 年

21. 《国文法程　第 2 程》
   傅东华编著
   上海龙门检核书局

1949 年

22. 《国文阶梯》
谭正璧 编著
上海世界书局
1947 年

23. 《国语话匣子》
齐铁恨 著
上海商务印书馆
1933 年

24. 《高级国语精选》
陶梄然编著
上海春明书店
1947 年

25. 《新学制作文教科书　小学校初级用》
编纂者：计志中
上海商务印书馆
1924 年

26. 《新撰国文教科书》
编纂者：缪天绶；校订者：朱经农
上海商务印书馆
1924 年

27. 《实用国语会话》
王璞编纂
上海商务印书馆
1924 年
（1920 年初版）

28. 《复兴说话范本》
编著者：齐铁恨；校订者：何炳松
上海商务印书馆
1946 年

29. 《写字练习本　初级小学》
编校者：顾志贤、沈百英
上海商务印书馆
1938 年

30. 《注释中华普通学生尺牍　上册》
    上海中华书局
    1919 年

31. 《复兴说话范本》
    编著者：王向；校订者：王云五
    长沙：商务印书馆
    1934 年

32. 《开明新编国文读本　乙种第三册》
    叶圣陶 编
    上海开明书店
    1948 年

33. 《基本字汇》（*A Fundamental Vocabulary of Chinese Characters*）
    庄泽宣编
    广州中华书局
    1938 年

34. 《国语注音符号讲习课本》
    陆衣言编
    上海中华书局
    1941 年

35. 《国语会话》
    王璞著
    上海中华书局
    1925 年 15 版
    （1921 年初版）

36. 《国语会话》
    齐铁恨 编
    方毅校
    商务印书馆
    1925 年 7 月初版
    1930 年 4 月十版

37. 《标准国音国语留声片课本》
    白涤洲编
    上海中华书局
    1936 年，7 版，1 册

38. 《国语留声片课本》
赵元任 撰
上海商务印书馆
1924 年 6 版

39. 《共和国教科书 文法要略》
庄庆祥 编
上海商务印书馆
1916 年 2 版

40. 《经学教科书 》
刘师培编
1936 年

41. 《中国文学教科书》
刘师培编
1936 年

42. 《小学文法初阶》
王艺编纂
长沙商务印书馆
1938 年 7 版

43. 《小学作文入门初集》
秦同培编
上海商务印书馆
1927 年

44. 《国文讲义》
徐青甫著
重庆：［出版社不详］
1943 年

45. 《国文模范读本》
曾镜涵 编
广州南中国书供应社
1936 年

46. 《注音符号课本》
蒋镜芙编
中华书局
1936 年

47. 《修改标准国音讲习课本》

齐铁恨 编

上海中华书局

1940 年 8 版

48. 《教育部审定初级中学国文　甲编第一册至第五册》

国定中小学教科书七家联合供应处

编辑者：方阜云、羊达之、吴伯威、徐文珊、徐世璜、桑继芬、彭阜午（国立编译馆）

49. 《初中中华文选　第四册（全六册）》

宋文翰 编

上海中华书局

1929 年

50. 《新学制　国语教科书》

第一册　《初级中学用》（全六册）

编辑者：范祥善、吴研因、周予同

校订者：胡适、王云五、朱经农

（中华民国十七年八月经大学院审定）

上海商务印书馆印行

1930 年第 172 版

51. 中华民国十七年八月经大学院审定

《新学制初级中学教科书　国语》

叶绍钧、顾颉刚 编

胡适、王云五、朱经农 校

上海商务印书馆

1932 年国难后第九版

52. 《教育部审定　初级中学　国文》

甲编 第一到五册（六册）

教育部教科用书编辑委员会编

国定中小学教科书七家联合供应处印行

1945 年初版

1946 年 125 版

53. 《复兴初级中学教科书　国文》

傅东华 编著

国民政府教育部审定

上海商务印书馆 发行

1923 年 5 月初版

1941 年 5 月二三五版

新课程标准适用

54. 《修正课程标准适用 新编 初中国文》

编者：宋文翰

校者：朱文叔

上海中华书局

1941 年 3 月 24 版

55. 《开明中学讲义 开明实用文讲义》

张石樵 编

开明函授学校出版

开明书店发行

1945 年 9 月初版

1947 年 12 月七版

56. 《初中国文分类选读 写景文选》

上海中华书局

胡云翼 编

1937 年

57. 《中学国文补充读本 第一集 弹词选》

赵景深 选注

上海商务印书馆 发行

1937 年

58. 《中学适用 模范文选》

钱基博 选注

上海商务印书馆

1945 年 4 月初版

59. 《初中精读文选》

宋云彬、叶苍岑、操震球、傅彬然 编辑

叶圣陶 校订

香港文化供应社

1947 年

60. 《中学模范作文》

朱平君编

上海国光书店

1947 年

61. 《初中国语文选》

温戴奎编

1936 年

62. 《初中混合国语》

赵景深编

青光书局

上海北新书局发行

1932 年

63. 《国语教科书　第 1 册　初级中学用》

编辑者：范祥善、吴研因、周予同；校订者：胡适、王岫卢、朱

经农

上海商务印书馆

1928 年

（新学制初级中学用国语教科书

初级中学教科书国语）

64. 《中华文选》

宋文翰编

上海中华书局

1947 年 2 版

65. 《复兴高级中学教科书　论理学》

吴士栋 编著

上海商务印书馆

1934 年初版

1938 年九版

66. 《高中进修国文选》

宋云彬、钱闻、曹朴合编

文化供应社

1949 年

67. 《新编高中国文》

宋文翰、张文治编

上海中华书局

1946 年

68. 《新编高中论理学》
   朱章宝编
   上海中华书局
   1946 年

69. 《小学说话科教材和教法》
   沈百英编
   上海商务印书馆
   1948 年

70. 《小学作文科教材和教法》
   张粒民编
   上海商务印书馆
   1948 年

71. 《小学初级国语科教材和教法》
   潘仁 编著
   上海商务印书馆
   1948 年

72. 《国语教学法讲义》
   刘世儒编
   上海商务印书馆
   1926 年

73. 《国语读法教学原论》
   袁哲编撰
   上海商务印书馆
   1936 年

74. 《小学国语科教学法》
   沈荣龄编
   上海中华书局
   1931 年

75. 《新中国教科书师范学校实习指导》
   李伯棠编撰
   上海正中书局
   1946 年 18 版

76. 《中学各科教学法》
   钟鲁斋编

上海商务印书馆

1946 年

77. 《中学国文教学法》

蒋伯潜编

中华书局

1941 年

78. 《小学作文教学法》

徐子长编

上海商务印书馆

1928 年

79. 《中学以上作文教学法 》

梁任公、卫士生、束世澂编

上海中华书局

1925 年

80. 《中学国文教学概要》

王森然著

上海商务印书馆

1929 年

81. 《中学国文述教》

张震南等编

上海商务印书馆

1925 年

82. 《国文教学》

叶圣陶、朱自清合著

上海开明书店

1947 年

83. 《中学国文科教授之商榷》

夏宇众著

北京高等师范学校教育研究会

1918 年

84. 《京师优级师范国文讲义》

陈曾则编

上海商务印务馆

1913 年

85.《小学国语科教学法》
　　赵欲仁著
　　上海商务印书馆
　　19××年

86.《老少通千字课》第 3 册
　　编纂者：陶行知
　　长沙商务印书馆
　　1934 年

87.《市民千字课》
　　编纂者：中华平民教育促进会总会
　　中华平民教育促进会总会
　　1927 年

第二节　国内外通用国语文教材分析

　　民国时期的华文教育构成了中国教育的一环，其行政、学制与课程，都是以中国的为典范。至于教科书，除了 20 世纪 30 年代开始有本地编印出版的少量教科书外，其他都是从中国进口的。而从中国进口的这些教科书绝大多数都是中国大陆学校使用的教材，个别专门为南洋编写的教科书也没有体现出明显的南洋特色。本文试以《新编南洋华侨高小国语读本》为例，进行具体的分析。该教材编者为吕伯攸、徐亚倩等，民国二十六年（1937 年）由上海中华书局出版，民国时期在南洋等华校被广泛使用。

一　编辑主旨

（一）语体文（白话文）占绝大多数
　　《新编南洋华侨高小国语读本》共四册，每册有课文 36 课，在第一、三和四册中，每册只有 1 篇文言文，其他都是语体文（白话文），在第二册中 36 篇课文均为语体文（白话文），并且这几篇未被改写成白话文的文言文都很浅显易懂。许多在其他教材中可能以文言文形式出现的，在本套教材中都改写成语体文（白话文）了。比如：第二册《愚公移山》中愚公对智叟说：

　　　　你的眼光，太短浅了！你要知道：我年纪虽然老，但是我死后，还有我的儿子，继续工作；儿子之后，还有孙子；孙子之后，又有曾孙；曾孙之后又有玄孙：这样的子子孙孙一天一天地继续工作下去，那山便一天一天地小下去，为什么不能削平呢?①

　　同属古事新编的还有根据《新唐书·张巡传》改写的《张巡》（一）、（二），根据《史记·廉颇蔺相如列传》改写的《完璧归赵》、《廉蔺交欢》（一）、《廉蔺交欢》（二）、《廉蔺交欢》（三）等。1932年10月，中国教育部公布《小学课程标准总纲》的"教学通则"规定：文字的教材，应一律用语体文叙述，不得用文言文。② 有学者则认为：编者这样处理是受到了"五四"白话文运动的影响，也考虑到小学生的理解接受能力③。

（二）文体搭配比较切合部颁标准

　　下表是小学国语课程标准各种文体的比例和本教材中各种体裁实际所占比例的对照表

文体		课程标准规定的比例（%）	教材中实际所占的比例（%）
普通文	记叙文	60	78.5
	说明文	10	13.3
	议论文	5	2.6
实用文		12	9.0
诗歌		10	9.0
戏剧		3	3.5

　　通过观察上面的表格，我们认为本教材各种体裁的比例和教育部小学国语课程标准是基本一致的，出现较大差异的地方是有原因的，如普通文中记叙文的比例高了18.5个百分点，可能是因为在本套教材中有好几篇记叙文所讲故事太长，分为了几篇课文来讲，比如第四册中的《凿隧道》就分为四篇课文，《福尔摩斯》则分为两篇，一定程度上加深了记叙文的比重。说明文的比例比课标高了3.3个百分点，戏剧的比例高了0.5个百分点。

---

①　王志成：《新编南洋华侨高小国语读本教学法》第二册，中华书局1939年版，第234页。

②　宋恩荣、章咸：《民国教育法规选编》，江苏教育出版社1990年版，第237页。

③　闫苹、张雯：《民国时期小学语文教科书评介》，语文出版社2009年版，第364页。

二　教材内容

（一）　本套教材总的取材倾向

突出爱国图强民族复兴。1936 年颁布的小学课程标准指出：

> 根据本党（指国民党）的主义，尽量使教材富有牺牲、互助、奋发、图强的精神。凡含有自私、自利、浪漫、消极、退缩、悲观、封建思想、贵族化（如王子公主……之类）、资本主义化（如发财……之类）等的教材，一律避免。①

《新编南洋华侨高小国语读本》在教材内容的编辑方面可以说比较严格地落实了上述要求。

（二）　爱国报国思想的基本情况

本套教材除了落实国家颁布的小学课程标准之外，尤其注重中华民族的精神复兴，许多选文内容都蕴含着强烈的民族自尊心与自信心，具有强烈的爱国情怀，力图借此激发儿童救国生存的意识与情感，反映了当时特殊的时代背景。而在《小学国语课程标准》中有如下文字："关于下列的教材，尤应积极采用……（2）关于奋发民族精神的，例如：（甲）爱国、兴国和民族革命、民族复兴有关的；（乙）和国耻国难有关的。"②

这两方面的课文，如第一册中《岳飞的军人生活》不仅是使儿童知道岳飞的军人生活，且培养儿童崇拜民族英雄的情感。再如《诗二首》唤起儿童抗敌救国的情绪；第二册中《世界最大民族》，讲述中华民族是世界上人口最多的民族，但是经济状况不理想，人口总消费太大，但又转而说要是充分利用人口众多的优势来发展生产，那么中华民族将成为更伟大的民族，建设得更好，人们生活水平更高。本套教材中，内容涉及爱国报国、振兴中华的课文就有 40 篇之多，约占全套教材课文的 2/7。

（三）　爱国报国思想的表现特点

1. 注重具体事实的渲染

《小学国语课程标准》在涉及爱国主义教材的编选方面主张：以根据

---

① 教育部：《1933 年国语课程标准》，http：//www.pep.com.cn/xiaoyu/jiaoshi/tbjx/kbjd/jx-dg/201008/t20100818_663534.htm。

② 教育部：《1933 年国语课程标准》，http：//www.pep.com.cn/xiaoyu/jiaoshi/tbjx/kbjd/jx-dg/201008/t20100818_663534.htm。

历史事实，不流于感情叫嚣者为限①。本套教材中，除了第一册《国庆日的歌》和《协力同心》，还有第三册《爱国儿子的一封信》和《爱国母亲的一封信》四篇课文因为受体裁的原因有些文字比较直白地宣扬了爱国图存的思想之外，其他的课文所表达的爱国情怀都是来源于生动感人的故事情节，学生在学习课文内容和表达技巧的同时潜移默化地接受了爱国主义教育。

2. 以认同感为切入点

海外华人经过长期不懈的努力，逐步吸收、融合了当地的文化，但他们身上仍保有着中华民族的文化传统，散发着我们伟大的民族精神，他们始终不忘自己是炎黄子孙，"根"的意识并未随着时间的久远而趋淡。他们让子女学习华文，目的之一就是为了让下一代接触、继承中华民族的传统美德。因此，华裔学生有着这样的背景渊源，自然对中国文化有更强烈的亲切感和认同感。

该教材以华侨华人对祖国的认同感为切入点，导入中国文化。第一册第一课《咱们都是中国人》的教学目的：使儿童知道凡是生长在中国的人，不论性别、年龄、籍贯、氏族，都是中国的儿女；使儿童努力做堂堂的中国人。以认同感为切入点，在培养华人子弟汉语交际能力中，既有语言知识的传授，又有继承和发扬中华传统美德的意义。

3. 文化导入侧重点有偏差

语言教育的作用不外两个：掌握工具，促进认同。二者相较，掌握汉语这一交际工具，实现海内外华人的顺畅交流应该是第一位的。因此，华文教学中的文化导入应侧重介绍当代社会生活中那些"活"的文化习俗，即"共时文化"，对某些过时的、古代的、传统的或现实生活中少见的则有选择地适当加以介绍。语言教学的过程是训练学生掌握目的语及文化的过程，归根结底是要学生能进行交际，因此，只有让学生了解并掌握与当代生活密切相关的共时文化，才能达到教学目的。本教材这方面做得不太好，中国文化古代介绍得多，现当代介绍得少，不合实用。这可能也跟编者有意避开南洋殖民当局图书检查所关心的一些当时敏感问题有关。

---

① 教育部：《20世纪小学语文课程标准教学大纲汇编》，2006，http：//www.ltsbbs.com/thread-658810-2-1.html。

三　教材特点

（一）注重学生身心的全面发展

1. 小学教育总目标

1932 年 10 月教育部公布的《小学课程标准总纲》的小学教育总目标规定：

> 小学应根据三民主义，遵照中华民国教育宗旨及其实施方针，发展儿童身心，培养国民道德基础及生活所必需的基本知识和技能，以养成知礼知义爱国爱群的国民。①

在这一总的指导思想下，重点突出爱国主义情操的同时，国语教育也注重学生身心的全面发展。

2. 小学国语的教化目标

（1）养成高尚道德，优化人生理念。

如第一册中《父亲的来信》教学目的：①使儿童知道求学做事须有不怕难的精神及交友要用真心和亲热的态度。②使儿童体会父母的爱护和期望其子女之深切，以引起其孝亲和勤学的观念。② 第三册中《公理与私谊》教学目的：养成儿童不得徇私谊而毁公理的观念；养成儿童的公德心；使儿童明了校园内的花草不可采摘。③

（2）传播生活知识，赞美人类劳动。

如第二册中《书籍的故事》使儿童知道书籍的进步和人类文化的关系。《报纸里面究竟是什么》使儿童明了报纸的内容，养成阅读的习惯。《干农事》教学目的：①使儿童明了干农事的条件——辨别土质、划田、选种、下种、施肥浇水等。②使儿童明了"做"是学的中心，干农事是在"做"上用工夫。④

（3）欣赏自然美景，培育研究兴趣。

如第三册中《西湖秋泛》使儿童欣赏西湖的白天和夜晚的美妙景色。《天空的景色》的教育目的：使儿童知道天空的现象和它的变化，引起他

---

① 宋恩荣、章咸：《民国教育法规选编》，江苏教育出版社 1990 年版，第 237—238 页。

② 马精武：《新编南洋华侨高小国语读本教学法》第一册，中华书局 1937 年版，第 68 页。

③ 卢冠六：《新编南洋华侨高小国语读本教学法》第三册，中华书局 1937 年版，第 69 页。

④ 王志成：《新编南洋华侨高小国语教学法》第二册，中华书局 1939 年版，第 27 页。

们研究的兴趣;① 第四册中《冬夜》的教学目的：使儿童欣赏祖国冬夜的景象并学得描写景物的方法。②《南极探险家的报告》的教学目的：使儿童知道南极地方的地理环境；鼓励儿童冒险进取的精神。③

（二）切合儿童心理，提高阅读兴趣

一部好的教材不仅要以教育目标编辑课文，而且要紧密切合儿童心理，以最大限度地提高学生的学习效果为旨归。

1. 内容方面

适合儿童经验和阅读兴趣，初年级喜富于想象性的教材，中年级渐喜现实的教材，高年级喜性质奇特的教材，如战争、探险、英雄伟绩、机械发明等。如高小一年级也就是三年级的学生应该算低年级了。所以这个年级的学生喜欢富于想象性的教材，如第一册的《燕语》和《桀凯斯自述》（一）、（二）、（三），具体而有深切隽永的趣味，有引导儿童动作、思考等的功用。《菊花》使儿童明白菊花的能力，尚能与风霜奋斗，人们岂可屈服于环境，以引起儿童们奋斗的精神。有些课文有着奇警和充分的真实性，尤其是《飞行遇险》（一）（二）（三）和《完璧归赵》，具体而有深切隽永的趣味。

2. 语言方面

确是国语，不杂土语、方音（诗歌韵取国音）。语句明白顺适，合于自然语言，如：第一册《青天白日》中写道：

> 院子里的树木，叶子一动也不动；漫天的云，黑沉沉的压下来。一会儿，刮大风了，树上的蝉，噤声不叫；蜘蛛也缩着身体，从网的中央挂下来，逃走了。
> 隆隆隆，隆隆隆，雷声从远处推过来。电光越闪越急，雷声也越来越响，银箭一般的雨，斜着射下来。沙沙沙，沙沙沙，一阵一阵，打在屋檐上，打在屋背上。④

措辞生动而不呆板，上面的《青天白日》虽然文字平易，但是措辞很生动具体，如"隆隆隆，隆隆隆""沙沙沙，沙沙沙"，拟声词很生动

---

① 卢冠六：《新编南洋华侨高小国语教学法》第三册，中华书局 1937 年版，第 54 页。

② 俞焕斗：《新编南洋华侨高小国语教学法》第四册，中华书局 1939 年版，第 32 页。

③ 俞焕斗：《新编南洋华侨高小国语教学法》第四册，中华书局 1939 年版，第 43 页。

④ 马精武：《新编南洋华侨高小国语读本教学法》第一册，中华书局 1937 年版，第 22 页

地呈现了雷雨时的雷声和雨声。拟声词重复使用也更有音韵感，加深了语义，突出了雷雨时雷声之大和雨势之强。

叙述曲折而不太平直，如第二册中《最早的火车》：

> 马夫却很肯定的说："只需给我们一个机会，就可以证明马车总比火车快。"于是来了一次九英里的竞赛，一方面是特别挑选的快马，一方面是新发明的火车。竞赛开始，起先是马车在前，但渐被火车赶上。在努力的互相追逐中，快马已感到疲乏而落后了，眼望着火车快要到达目的地，出于意外，它忽然停止了。因为火车头后面的吊钩脱落，已和拖车分离，要用人工来衔接。在这一霎时间，竟被快马赶上在前；那马夫的欢呼，盖倒了一切。——可是隔不多时，火车衔接得不会脱钩了，再来一次竞赛，终于夺还前次失去的锦标，镇住了马夫的讥笑。[①]

文章叙述曲折，富有故事性。

描写真切而不浮泛，并且和所叙的事实"一致的和谐"，如第三册中《从上海飞西京》（二）：

> 从郑州西飞的上空俯瞰，黄河一线，蜿蜒于下；首阳山和华山，起伏嵯峨于南。豫陕边境，有些低平的小山，周围都一圈圈的凿满了梯形耕地；民居窑洞，便掘在那地埂之下，只见三三五五的黑洞，东西散布着。洞旁偶然立着几株枫树，确如古诗所谓"霜叶红于二月花"一样地红：不用说，这一点缀成一幅天然图画了。[②]

情节一贯，层次井然。第四册的《南极探险家的报告》：

> 我们的"战胜号"已靠近南极大陆了，只见沿岸尽是白光炫目的冰崖，和蜿蜒下注的冰河。远望海中浮动的冰块，有的平坦，很像一片田；有的高耸，很像一座屏风。海水和冰相互映，变成种种颜色；有紫的，有黄的，有棕榄色的，甚至有成为红色的，较小的海

---

① 王志成：《新编南洋华侨高小国语读本教学法》第二册，中华书局1939年版，第55页。
② 王志成：《新编南洋华侨高小国语读本教学法》第二册，中华书局1939年版，第146页。

燕，在空中自由飞翔；笨拙的鲸鱼，喷着水在传旁游戏；还有几只狡猾的海狗，在浮冰上卧着曝太阳。①

结构严密完整而不疏散畸零。生字依据部颁的儿童字汇，支配大体均衡，语言的深浅比较适中。

3. 插图方面

本套教材各册均有插图，数量虽不多，但却都具有生动形象的特点，这对于学生理解文章内容与了解课外知识有着重要的作用。本书是高小用的教材，之前还有《新编初小国语教材》，这本书有丰富的插图，尤其是低年级的目的是"便于图画引入文字"，类似于看图说话，看图写话，随着年级的升高，插图日益减少，而课文篇幅逐渐加长，这符合小学生阅读心理规律，阅读能力的发展。

4. 编排方面

（1）单元划分倾向。

教材虽没有明确的单元划分，但课文内容却紧密相关，有的甚至是一个故事的连贯；同时，由于教材具有学习指导，一般六七篇文章之后就会有一个学习指导，具有一定的单元划分倾向。

课文联系性较强，文章之间有时探讨的是同一个话题，如第一册中10.《母与子》（一）；11.《母与子》；12.《岳飞的军人生活》；13.《岳飞的私人生活》都是关于宋将岳飞的。

有的文章甚至是同一个故事的拆分。如：第一册24.《桀凯斯自述一——我的田庄生活》；25.《桀凯斯自述二——我在战狗学校里所受的训练》；26.《桀凯斯自述三——我怎样的救主人》等。

（2）附带参考材料。

本套教材每篇课文后都有两个内容，其一是各科联络：如第四册中第一课《斯巴达的国民训练》之后"各科联络"的内容是：斯巴达国民训练的特色和勇敢、尚武、爱国等精神，可与公民教材相联络。斯巴达的地理及历史与历史地理教材联络。其二是参考资料：包括"文字的注释"和"事实的补充"。

（3）儿童及相关人物做主角。

本套教材中，前三册共有22篇课文把儿童及和儿童切近的人物做教材的主角，占20%，第四册中将儿童作为主角的课文比较少。

---

① 　俞焕斗：《新编南洋华侨高小国语教学法》第四册，中华书局1939年版，第43页。

（4）附加了诸多实用内容。

附问题和练习课文，高年级用的并附语法和各种实用文格式。教材每篇课文之后，皆附有练习，包含"词语解释"、"问题解答"和"研究"、"提要"、"列表"、"作文"等项，其中"词语解释"和"问题解答"是每课必备内容，其他内容则是根据具体课文具体分析。本套教材各册均附有"学习指导"，内容主要是教导学生各种实用的阅读法、语法、各种实用作文法及作文格式等。

四　不足之处

本教材的不足之点突出表现为本地化程度偏低。

（一）国民政府部门对华文教材的宏观要求

民国时期小学国语教材的教化目标也存在一些缺失，最突出的一点就是本地化程度偏低，不能较好地满足华人在居留地的实际教学和生活需要。1934 年《教育部与侨务委员会公布修正侨民中小学规程》第一章总则第一条：

> 侨民中小学应遵守中华民国教育宗旨及其实施方针中普通教育原则，根据**侨民特殊环境**，并按照学生身心发育之程序，培养民族意识、自治组织能力及改良生活，发展生产之知识技能。第十五条：侨民中小学教科书……**为适合地方情形起见**，并得由该委员会加以修改或另行编辑。①

国民政府的多次侨务工作会议都强调要为华文教育编写适用的教科书，那么什么适用的呢？也就是要根据侨民特殊环境，适合地方情形，也就是 1932 年教育部公布的《小学课程标准总纲》规定：

> 各科教材的选择应根据各科目标，以适合社会——本地的现时的——需要及儿童经验为最紧要的原则。②

---

① 中国第二历史档案馆：《中华民国史档案资料汇编》第五辑第一编教育（二），江苏古籍出版社 1994 年版，第 928—933 页。

② 宋恩荣、章咸：《中华民国教育法规选编》，江苏教育出版社 1990 年版，第 239—240 页。

（二）小学国语本地化程度低的表现

我们认为当时的小学国语教材大致存在以下问题：充斥古代内容，今人不好理解。国内器物过多，国外很少接触。文字偏古偏俗，解释相当困难。印刷水平偏低，儿童阅读生厌。风俗习惯不通，人情物理相隔。缺乏外文译注，教学存在不便。总之小学国语教材的针对性不强。这里的关键是教师要比较熟悉中国和学生居住国的文化，有个比较，哪些是一致的，哪些是有别的，哪些是学生熟知的，哪些是陌生的。大陆当时主编该教材的人因为没有在南洋教学和生活的经历，是很难实现上述比较的。在这一点上就远远比不上那些在南洋工作的华文教师。

五　总结

该教材在一定程度上地体现了语言课程的综合性。一般能力的训练如观察力、注意力、想象力等在该教材中均有所体现。情感、意志、兴趣、性格等非智力因素在该教材中也得到了反映。教材的内容和编写体现了明显的人文性。着力培养小学生高尚的道德情操和健康的审美情趣，形成正确的价值观和积极的人生态度。注重熏陶感染，潜移默化，将厚重的人文内涵贯穿于整个教材的编写之中。从教材内容而言，该教材入选了各种体裁，反映了比较多的生活领域、知识领域。该教材在教学内容方面，包括了字、词、句、篇、语、修、文，但是逻辑的内容就没有具体体现。从语文所要掌握的技能来看，包括了识字、阅读、写作等能力，但是听话、说话等的能力训练就没有体现，语文教学所应达到的特殊能力训练不全面。本教材是给南洋华侨学校使用的，华侨子弟的国语教学不同于国内小学生的国语教学，因为前者是一种准第二语言教学，后者是纯粹的第一语言教学。华侨子弟的国语训练应该在听说读写全面发展的前提下，突出听说等日常生活语言交际能力的培养，而本教材恰恰在上述方面存在严重问题，彰显人文性有余，体现工具性不足，不能很好地满足华侨子女国语学习的基本需求，在一定程度上背离了华文教材本土化的基本要求。这是我们后人在编写华文教材乃至对外汉语教材时所应汲取的教训。

第三节　国内所编华校专用国语教材分析
——以沈百英所编华校国语文教材为例

目前华文教育史对民国时期大陆学人编写东南亚华校专用国语教材的

研究几近空白。著名东南亚华文教育史专家郑良树先生认为民国时期东南亚的华文教材有三个特点：中国文化、党国意识、北国风光。① 如果作者理解不错的话，郑先生上述论断就是说民国时期东南亚的华侨教材就是原封不动地使用了中国大陆的有关教材。但事实是否真如郑先生所言呢？在此我们以民国时期沈百英先生②所编华侨学校专用国语文教材为例对上述问题进行讨论。根据我们的统计，沈百英是专门为南洋华校编纂教材最多的大陆教育家，其中国文、国语教材居多。研究沈百英编辑华校国语文教材的贡献，不仅有助于学术界全面地认识作为教育家的沈百英，而且更可以深入地探究民国时期中国大陆学人为推进东南亚华校国语教学，使华文教育更好满足华侨华人受教育的实际需要所做出的不朽贡献。

一　稳妥处理敏感话题

我们对比一下沈百英编辑 1939 年由香港商务印书馆出版的《复兴国语教科书》（南洋侨校使用本）③ 和同年新加坡世界书局出版的《南洋国语读本》④。沈本的一个显著特点是编辑大意只字未提通过国语科教学进行政治教育的内容。可见在处理文以载道方面，沈百英编辑的华侨学校国语教科书与其他编者存在的明显不同是，在一定程度上淡化政治灌输。

他的这一指导思想的形成是酝酿了一些年的。《南洋国语教科书》是我们见到的民国时期沈百英最早为南洋编纂的国语教材，该书在谈到教化作用时也只是说一种具有普世价值的话"提倡乐观、前进、合作、互助、勇敢、劳动的精神。"⑤ 1933 年沈百英编辑的在中国大陆使用的《复兴国语教科书》由上海的商务印书馆出版，该书的编辑主旨也有突出政治灌输的话：注重体格、德性、经济、政治的训练，以养成健全公民。灌输党义，提倡科学。⑥ 根据该书改编的《复兴国语教科书》（日本朝鲜侨校使

---

① 郑良树：《马来西亚华文教育发展史》第一分册，马来西亚华文教师总会 2003 年版，第 353—368 页。

② 沈百英（1896—1992）：江苏吴县人。我国著名小学教育家，曾长期任职于商务印书馆，编辑了大量小学教科书。详情参见郭红的硕士毕业论文《一生心系儿童——中国现代小学教育家沈百英》（2008）。

③ 沈百英：《复兴国语教科书》，香港商务印书馆 1939 年版。

④ 廉行：《南洋国语读本》，新加坡世界书局 1939 年版。

⑤ 沈百英：《南洋国语教科书》，上海商务印书馆 1932 年版，编辑大意。

⑥ 沈百英：《复兴国语教科书》，上海商务印书馆 1933 年版，编辑大意。

用本，1937)① 和《复兴国语教科书》（南洋侨校使用本，1938)② 都重复上述大陆课本的政治教化内容。而到 1939 年出版该书时上述内容就删掉了。③

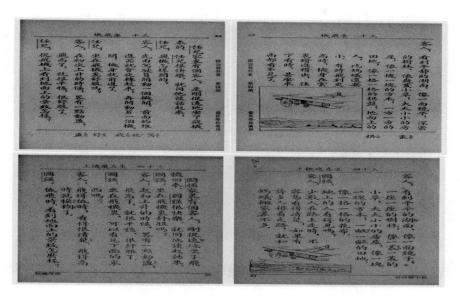

　　某种教材，合于儿童需要的，我们应该首先教他；某种教材，合于儿童需要，而不合于社会需要的，还以不教为是；某种教材，仅合于社会需要，而不合于儿童需要的，也以不教为是。——不妨留作中学以后去教；某种教材合于社会需要的，我们应该教他；某种教材，既不合于儿童需要，又不合社会需要，应该绝对不教。④

在他看来，适合儿童需要和适合社会需要是教科书选材的最重要标准，二者地位同等重要，缺一不可，如果缺乏其中一点都以不教为好。因为该书用于殖民地的南洋华校，进行灌输党义，启发学生民族意识的政治

① 沈百英：《复兴国语教科书》，上海商务印书馆 1937 年版，编辑大意。
② 沈百英：《复兴国语教科书》，上海商务印书馆 1938 年版，编辑大意。
③ 沈百英：《复兴国语教科书》，上海商务印书馆 1939 年版，编辑大意。
④ 沈百英：《小学教科书的改革》，上海商务印书馆 1948 年版，第 23 页。

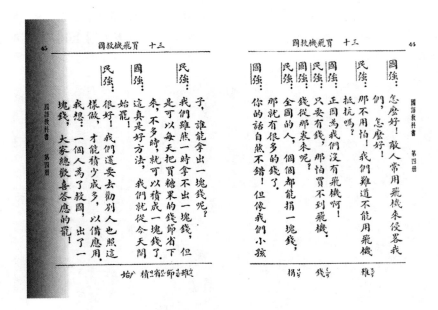

教育是不合乎华侨居留地的社会环境的。《复兴国语教科书》（大陆）第四册有《买飞机救国》一文，符合当时中国遭列强侵略，国民义愤填膺的国情①，而这与日本、南洋等国的国情不合，因此，《复兴国语教科书》（南洋）就将这一课分别改成了《坐飞机》和《坐在飞机上》。②

《1936年小学国语课程标准》：

> 指导儿童从阅读有关国家民族等的文艺中，激发其救国求生存的意识和情绪。读书教材编选的注意点：（一）根据本党的主义，尽量使教材富有牺牲、互助、奋发、图强的精神。关于下列的教材，尤应积极采用：（1）关于国民革命的，（2）关于奋发民族精神的。③

《复兴国语教科书》（沈百英，1938）考虑了南洋华校使用该教材的实际，并没有严格按照上述课程标准去编辑。此书前四册176篇课文只有下面8篇反映了上述内容，如：《我买中国货》（第一册）、《大家都穿中

---

① 沈百英：《复兴国语教科书》，上海商务印书馆1933年版，第45页。
② 沈百英：《复兴国语教科书》，上海商务印书馆1938年版，第45页。
③ 教育部：《1936年小学国语课程标准》，http：//www.pep.com.cn/peixun/xkpx/xiaoyu/kbjd/jxdg/201008/t20100818_ 663536. htm。

国货》、《孙中山帮助做工》、《孙中山敢问老先生》（第二册）、《国旗歌》、《努力救中国》、《不敢欺侮中山先生》（第三册）、《中山先生不怕海盗》（第四册），占全部课文总数的 4.55%。在此我们用 1939 年新加坡中华书局出版的《最新南洋华侨小学国语读本》（初级）（朱文叔、吕伯攸，1939)[1] 进行对比。该书的第八册有关国家民族，激发学生救国求存意识和情绪的课文如下：《国庆的阅兵礼》，《孙中山先生的廉洁》（一）、（二）、（三），《苏武》（一）、（二），《楚虽三户亡秦必楚》，占全部 40 篇课文的 17.5%。《复兴国语教科书》更多地考虑了南洋的实际。妥善处理政治敏感话题很重要，民国时期大量国内编辑出版的华校教材因为被认为存在煽动华侨居住地华侨和华人的民族意识、党派意识，鼓动侨民与殖民政府离心离德而遭到销毁和拒绝入境。

二　选材符合地方实际

沈百英主张必须选取让儿童真正懂得的内容，取材力求切合儿童的生活，他认为，"可以根据儿童生活选材，从家庭生活到社会生活，依次编辑，多以儿童文学描写儿童生活。"[2]《南洋国语教科书》（小学校用）的编辑大意第一条就是"本书依照南洋当地情形编辑"，其后又将"灌输南洋特殊知识"列为编辑主旨第一条[3]，这些主张实际上就是实现教材内容的本地化。沈百英单独或参与编写的华校其他国语文教科书虽然没有在编辑大意中明确申述上述内容，但在具体的编写实践中都始终坚持了上述编写原则。在此我们以《复兴国语教科书》的不同版本为例，进行说明。该教材是沈百英等人编写，商务印书馆发行的一套小学教科书，分为三个版本：大陆学校适用的"大陆本"（1933 年 5 月）、日本、朝鲜侨民学校适用的"日鲜本"（1937 年 1 月）以及南洋华侨小学适用的"南洋本"（1938 年 6 月）。"南洋本"为了适应南洋华人社会的特殊情形，在"大陆本"、"日鲜本"的基础上做了很多本土化的改进，从而使教材更加适合南洋侨校的教育环境。比较分析"南洋本"与"大陆本""日鲜本"的初级 1—4 册教科书，可以发现"南洋本"教材在"本土化"方面所做的努力。

---

[1]　朱文叔、吕伯攸：《最新南洋华侨小学国语读本》（初级），上海中华书局 1937 年版。

[2]　蒋息岑、沈百英、施颂椒：《新生活教科书国语（初小第一册）》，上海大东书局 1933 年版，编辑大意。

[3]　沈百英：《南洋国语教科书》，上海商务印书馆 1932 年版，编辑大意。

（一）课文内容本土化

1. 整篇课文的本土化改变

为了适应南洋社会的特殊情形，"南洋本"将"大陆本""日鲜本"课文中南洋人不熟悉的叙述主体改成南洋人熟悉的内容，有些完全改变课文内容，有些则不改变课文描述的内容，仅改变被描述的主体。例如："南洋本"第二册共有三篇课文内容在南洋不存在，不适合南洋人学习，就改成了新内容，"椰子树"换掉了"打大麦"，因为"大麦"南洋人不知道，而"椰子树"是尽人皆知的。"杨柳条"中国大陆人和日本、朝鲜人知道，但南洋人不知道，所以就换成了"扇芭蕉"。"南洋本"将"种大豆"换成了"种豆子"，"豆子"比"大豆"范围广，不像"大豆"只是北方的植物，更容易为人了解。这其中《打大麦》是全部内容都换成了新内容《椰子树》，而《杨柳条》和《种大豆》课文描述的内容没有改变，只是被描述的主体由"杨柳条"和"大豆"分别变成了"扇芭蕉"和"豆子"。经过比较统计，1—4册"南洋本"中，这样的情况共出现过 16 次。（沈百英，1933、1937、1938）

2. 部分课文内容的本土化改变

与上述情况不同的是编者并没有完全改变课文的内容和叙述主体，而是将"大陆本"、"日鲜本"中不适合南洋地区的有关事物做了替换。比如："南洋本"第四册第 9 课《白鸡抢吃大黑鸡》中的"老鹰飞来吃白鸡"一句，替换了"大陆本""日鲜本"中的"黄狼跑来拖白鸡"。因为对南洋人来说，"老鹰"比"黄狼"更为人熟知。[①] 再如，"南洋本"第二册第 4 课《老牛吃青草》，分别用"青草""菜叶""树薯"等词替换了"大陆本""日鲜本"中的"干草""大豆""青菜"，一方面，"青草"比"干草"更适合南洋的气候特点；另一方面，换掉了"大豆"这种南洋人不熟悉的植物，代之以南洋人广为种植的"树薯"（又叫"木薯"），使南洋人学习起来有亲近感。[②] 类似的情况在 1—4 册课本中共出现过 11 次。（沈百英，1933、1937、1938）

（二）画面的本土化

针对南洋特殊的气候特点，"南洋本"教材将很多适合中国大陆地区的图换成了适合南洋地区的图。如"南洋本"第一册第 10 课《公鸡啼》，

[①]　沈百英：《复兴国语教科书》第四册，香港商务印书馆 1938 年版，第 25 页。

[②]　沈百英：《复兴国语教科书》第四册，香港商务印书馆 1938 年版，第 27 页。

课文内容没有变化，只是其中的画面根据使用地域不同做了本地化处理。①

　　图片本土化是"南洋本"教材"本土化"改进中做得最到位的一项，在"南洋本"初级1—4册教材的208课（172篇课文＋36个练习）中，161课有图片，其中共有78课的插图进行了图片本土化的改进，约占有插图课文的48.45%。②

　　商务印书馆对华侨教育十分重视，因此就想把国内的教科书改编为华侨小学用书。由于沈百英对南洋的情况不熟悉，商务就特请几位侨民教师作他的顾问，把课本中不合当地风俗习惯、不合当地起居生活的逐一加以批注，并把需用的参考图书寄到上海，由他细细改编，改正后，再寄去复核，认为满意了，才正式出版。③《南洋国语教科书》校订者张国基就是民国时期南洋华侨教育的杰出代表。1920年，为了提高海外华侨的文化

①　沈百英：《复兴国语教科书》第一册，香港商务印书馆1938年版，第11、14页。

②　沈百英：《复兴国语教科书》第一至四册，香港商务印书馆1938年版。

③　郭红：《一生心系儿童——中国现代小学教育家沈百英》，硕士学位论文，华东师范大学，2008年。

水平和社会地位，宣传国内的新文化运动，张国基受新民学会派遣，远渡重洋，前往新加坡道南学校教书，并兼任华侨中学及南洋女中的教学工作，从此开始了他的海外教学生涯，直到1958年回国定居。

三　儿童文学充当主角

民国初十年的国文国语教科书都用杂辑体编制，初小里还没有常识科目，一切知识都从国语读本中得来。而到1923年改了新学制后，初小里另设常识一科，国语书中就不需要再涉及常识课文了。另一方面，又因为受到杜威儿童本位教育思想的影响，教育界主张多以儿童文学作品为国语文教材。从小学语文教学的实际来看，设立语文一科，其目的除了陶冶思想品德以外，还要培养儿童阅读的兴趣。有了兴趣，才能自觉地阅读课内课外的读物，从而可以培养儿童独立阅读的能力。但要达此目的，不采用儿童文学的教材，是很难成功的。1932年小学国语课程标准就要求"指导儿童学习平易的语体文，并欣赏儿童文学，以培养其阅读的能力和兴趣"①，1936年小学国语课程标准也要求"指导儿童由环境事物和当前的活动，认识基本文字，获得自动读书的基本能力，进而欣赏儿童文学，以开拓其阅读的能力和兴趣"②。沈百英在国语教材的编写中都较好地贯彻了上述原则，屡次申明："指导儿童学习平易的语体文，并欣赏儿童文学，以培养其阅读的能力与兴趣。"③儿童文学的体裁很多，散文方面有物话、童话、寓言、故事、游记、传记及名人逸事等；韵文方面有儿歌、童谣、民歌、新诗、弹词、鼓词等；剧文方面有话剧、歌剧等。上述儿童文学体裁在小学的各个年级的适用情况是有不同的。我们以《初级小学南洋国语教学法》（沈百英、沈秉廉，1935）的第一、三、五、七册为例具体说明。

	儿歌		故事		诗歌		物话		其他	
	数量（种）	比例（%）	数量（种）	比例（%）	数量（种）	比例（%）	数量（种）	比例（%）	数量（种）	比例（%）
一册	15	37.5	22	55	2	5	0	0	1	2.5

---

① 教育部：《1932年小学国语课程标准》，http://www.pep.com.cn/peixun/xkpx/xiaoyu/kbjd/jxdg/201008/t20100818_663536.htm。

② 教育部：《1936年小学国语课程标准》，http://www.pep.com.cn/peixun/xkpx/xiaoyu/kbjd/jxdg/201008/t20100818_663536.htm。

③ 沈百英：《复兴国语教科书》，香港商务印书馆1937年版，编辑大意。

续表

	儿歌		故事		诗歌		物话		其他	
	数量（种）	比例（%）	数量（种）	比例（%）	数量（种）	比例（%）	数量（种）	比例（%）	数量（种）	比例（%）
三册	4	10	27	67.5	7	17.5	0	0	2	5
五册	0	0	24	60	10	25	0	0	6	15
七册	0	0	14	35	4	10	7	17.5	15	37.5

上表告诉我们，小学一、二年级的国语教材主要是儿歌和故事，分别占 92.5% 和 77.5%。[①] 其他种类的儿童文学作品很少，只有 2.5% 和 22.5%。"用浅显明了的语言，编成可以表演的儿歌，其歌词是描写儿童生活的，语句又合乎儿童的口气，那么教材就受儿童喜欢，而且，他还认为儿童的兴趣都从活动上来，所以，编写儿歌时再加上一些活动的内容，最好是动作活泼而又可以表演的，这样儿童不但感觉有趣，而且容易明了，容易记忆。"[②] 民国十八年（1929 年）的小学国语课程暂行标准中明确提出，"开始用一段故事入手，不用单字单句入手；学过一段故事以后，从故事里认识句子，再从句子里认识单字。后来用完整成段或成篇的文章，更不用零碎的字句"[③]。可见儿歌故事在国语教学中的重要性。

从一年级到四年级，故事在初小四年中总数最多，但随着年级升高，其比例逐渐降低，特别是儿歌，到三、四年级就没有了，其他种类的儿童文学作品其数量反而逐年增加，由第一册的 2.5% 增加到第七册的 37.5%。上述情况说明，小学低年级适用儿歌和故事等更加通俗易懂、儿童喜闻乐见的儿童文学作品，随着年级升高，小学生接触的儿童文学作品就日益多元化，但以故事为主的基调没有改变。虽然每个年级故事所占的比例各不相同，但都是最高的。不过，故事出现的情形随学童理解力的不同而不同。一年级学生对故事趣味性的需求最高，一般故事所占比例最低，只有 13.6%，但以后逐年增加，到四年级增加到 100%；反复故事、演进故事、对白故事等特殊体裁的故事更富趣味，比例高达 86.4%，但

---

① 沈百英、沈秉廉：《初级小学南洋国语教学法》第一、三、五、七册，上海商务印书馆 1935 年版。

② 郭红：《一生心系儿童——中国现代小学教育家沈百英》，硕士学位论文，华东师范大学，2008 年。

③ 教育部：《1936 年小学国语课程标准》，http：//www.pep.com.cn/peixun/xkpx/xiaoyu/kbjd/jxdg/201008/t20100818_ 663536.htm。

以后逐年减少，到四年级减少到 0。[①]

册别	数量	一般故事		特殊故事	
		数量	比例	数量	比例
一	22	3	13.6%	19	86.4%
三	27	8	29.6%	19	70.4%
五	24	20	83.3%	4	16.7%
七	14	14	100%	0	0

四　教给儿童规范国语

语文在属性上是学生学习语言，提高其听说能力的一门学科，小学语文教材的语言一定要用规范的普通话。1932 年的小学国语课程标准就要求，"依据运用标准语学习语体文的原则，文字组织等，以标准语法为准；诗歌押韵等，以标准音韵为准。"[②]

（一）更准确

我们将《复兴国语教科书》的"日鲜本"和"南洋本"进行了比较，发现改编之后的"南洋本"使用语言更准确。

例如：

"日鲜本"：黑羊吃菜，野狗走来，黑羊拖了菜就逃。[③]

"南洋本"：黑羊吃菜，野狗走来，黑羊衔着菜就跑。[④]

"拖"指拉着物体使挨着地面或另一物体的表面移动，"衔"指用嘴含。这里"菜"的体积小，对于"黑羊"的体力来说是可以用嘴衔着的，不需要拖，并且就课文所配插图来看，"黑羊"是把菜含在嘴里的，因此用"衔"比用"拖"更准确。

再如：

"日鲜本"：为了大家怕你吹坏东西，所以我来阻挡你。[⑤]

①　沈百英、沈秉廉：《初级小学南洋国语教学法》第一、三、五、七册，上海商务印书馆 1935 年版。

②　教育部：《1932 年小学国语课程标准》，http：//www.pep.com.cn/peixun/xkpx/xiaoyu/kbjd/jxdg/201008/t20100818_ 663536.htm。

③　沈百英：《复兴国语教科书》第一册，香港商务印书馆 1937 年版，第 23 页。

④　沈百英：《复兴国语教科书》第一册，香港商务印书馆 1938 年版，第 24 页。

⑤　沈百英：《复兴国语教科书》第四册，香港商务印书馆 1937 年版，第 28 页。

"南洋本"：因为大家怕你吹坏东西，所以我来阻挡你。①

这里用"因为"比用"为了"确切，因为，"为了"一般表示目的，不能与"所以"搭配，而"因为"可以与"所以"搭配，引出事情的原因。

"日鲜本"：

> 早上，太阳光射到鸽子窝里，鸽子唱："咕咕咕！太阳上屋。主人快起来，起来喂谷。"太阳光射到公鸡窝里，公鸡唱："喔喔喔！太阳进屋。主人快起来，起来喂谷。"太阳光射到小弟弟床上，小弟弟醒来，听见鸽子公鸡唱歌的声音，他也唱："鸽子不要咕咕咕，公鸡不要喔喔喔，等我穿好了衣裳，就来请你们吃谷。"②

"南洋本"：

> 早晨，太阳光射到公鸡窝里，公鸡唱："ㄛㄛㄛ！太阳进了屋。主人快起来，起来喂点谷。"太阳光射到鸽子窝里，鸽子唱："ㄍㄨㄍㄨㄍㄨ！太阳进了屋。主人快起来，起来喂点谷。"太阳光射到小弟弟床上，小弟弟醒了，听见公鸡鸽子唱歌的声音，他就唱："公鸡不要ㄛㄛㄛ，鸽子不要ㄍㄨㄍㄨㄍㄨ，等我穿好了衣裳，就来请你们吃谷。"③

按照生活常识，公鸡是一天中起得最早的，因此"南洋本"调整了"日鲜本"中太阳照射的顺序，先照到公鸡屋里，再照到鸽子屋里，更符合情理。

（二）更规范

给很多句子加上了动态助词或语气词，使之表意更完整了，例如：

"日鲜本"：黑羊走出去，白羊也走出去了。④

"南洋本"：黑羊出去了，白羊也出去了。⑤

两个分句都用"了"，前后语气更通畅了。不然，后面分句用"也"，"也"表示两事相同，后分句中用"了"表示事态的变化，所以前边也要

---

① 沈百英：《复兴国语教科书》第四册，香港商务印书馆 1938 年版，第 29 页。
② 沈百英：《复兴国语教科书》第三册，香港商务印书馆 1937 年版，第 35 页。
③ 沈百英：《复兴国语教科书》第三册，香港商务印书馆 1938 年版，第 38 页。
④ 沈百英：《复兴国语教科书》第二册，香港商务印书馆 1937 年版，第 15 页。
⑤ 沈百英：《复兴国语教科书》第二册，香港商务印书馆 1938 年版，第 18 页。

用上表示事态变化的语言单位，这就要用"了"，不然就令人感觉前后语气不通畅。

加上了表示某个意思的关联词，使前后分句的语义关系更加明确。例如：

"日鲜本"：针不能敲，刀不能敲，锯不能敲，锤把石块敲成小粒。①

"南洋本"：针不能敲，刀不能敲，锯不能敲，只有锤把石块敲成了小粒。②

"南洋本"中的"只有"进一步说明了锤子是除针、刀、锯以外，唯一能把石块敲成小粒的工具，强调了锤子的"唯一性"。

（三）更口语化

例如：

"日鲜本"：小风吹他便要摇，大风吹他便要倒。③

"南洋本"：小风吹来它就摇，大风吹来它就倒。④

用"就"比"便"口语化，也更通俗。

再如：

"日鲜本"：我要请他笼里来，免得他停在树上苦苦叫。⑤

"南洋本"：我要请他到笼里来，省得他停在树上苦苦叫。⑥

"省得"比"免得"更口语化。

（四）更简单化

"日鲜本"：野猫捉田鼠，老虎看见了，向猫学本领。⑦

"南洋本"：野猫捉田鼠，被老虎看见了，老虎就要跟猫学本领。⑧

"日鲜本"的第二个分句从逻辑意义上说，是"被老虎看见了"，如果说成"老虎看见了"主语就要换成老虎，主语发生了变化，"看见"的主语还要结合第一个分句，这种前后分句的句法语义练习比较复杂，对汉语水平不是很高的南洋学生来说，理解起来可能有难度，第三个分句加上了主语，理解起来就比较平易了。

---

① 沈百英：《复兴国语教科书》第三册，香港商务印书馆 1937 年版，第 35 页。
② 沈百英：《复兴国语教科书》第三册，香港商务印书馆 1938 年版，第 39 页。
③ 沈百英：《复兴国语教科书》第二册，香港商务印书馆 1937 年版，第 45 页。
④ 沈百英：《复兴国语教科书》第二册，香港商务印书馆 1938 年版，第 47 页。
⑤ 沈百英：《复兴国语教科书》第四册，香港商务印书馆 1937 年版，第 24 页。
⑥ 沈百英：《复兴国语教科书》第四册，香港商务印书馆 1938 年版，第 23 页。
⑦ 沈百英：《复兴国语教科书》第二册，香港商务印书馆 1937 年版，第 21 页。
⑧ 沈百英：《复兴国语教科书》第二册，香港商务印书馆 1938 年版，第 22 页。

五　结语

通过分析民国时期沈百英所编华校国语文教材的特点，我们不难看出民国时期以沈百英先生为代表的大陆学人在促进南洋华校国语教育方面进行了不懈的探索，他们一方面努力促进东南亚华校国语教材的本地化，另一方面又尽力使其所编教材为东南亚华校学生所喜闻乐见。他们所取得的成绩应该得到后人的全面挖掘和充分肯定。同时，当今的华文教育界乃至整个汉语传播界都应该向沈百英等老一辈教育家学习，使我们的汉语教材编得既贯彻汉语传播的总体要求，又满足国外的客观环境和实际需要。

附录：沈百英华校教育著述一览

根据我们对新加坡三大图书馆：国家图书馆、新加坡国立大学图书馆和南洋理工大学图书馆①的统计，沈百英为南洋华侨学校编写的教材包括民国时期和民国后共主编华文教材和教学法 12 个系列，如《复兴国语教科书》、《南洋国语教科书》、《初级小学南洋国语教学法》（与沈秉廉合编）、《华文》《华语》（与吕伯攸合编）；还有三套大陆使用的国语文类教学辅助用书也在南洋使用，如《初级小学写字练习本》和《小学说话科教材和教法》等。专门给南洋华校编写的非华文教材 3 套，如《复兴常识教科书》（与宗亮寰、吕金录合编）；在南洋使用的非为华校专门编写的非华文的教材和教学法 10 套，如：算术练习本，初级小学《小学社会科教学法》（编校者：钱企湘、沈百英）等；校阅 1 套。详见下文②：

（一）民国时期的国语（华文）教材

1.《南洋国语教科书》（校订者张国基）（上海：商务印书馆，1932）

2.《初级小学南洋国语教科书》（与沈秉廉合编）（上海：商务印书馆，1935）

3.（日鲜侨民学校适用）《复兴国语教科书》（上海：商务印书馆1937）

4.《复兴国语教科书：初级（南洋）》（香港：商务印书馆1938）

5.《复兴国语教科书：初级（南洋）》（香港：商务印书馆，1939）

6.《复兴国语教科书：高级（南洋）》（香港：商务印书馆，1939）

---

① 新加坡地方虽小，但有史以来就是东南亚华文教育和研究的中心，华文教材的出版和集散重地。所以该国华文图书的收集情况在东南亚乃至全世界有一定的代表性。

② 表中只要是南洋专用的教材一定标有"南洋"两个字。

7. 《复兴初中国文（南洋）》（长沙：商务印书馆，1940）

8. 《复兴国语教科书：初级（南洋）》（香港商务印书馆，1941）

9. 《复兴国语教科书：初级（南洋）》（香港商务印书馆 1945）

10. 《复兴国语教科书：高级（南洋）》（香港商务印书馆，1946）

11. 《复兴国语教科书：初级（南洋）》（香港商务印书馆 1946）

12. 《复兴国语教科书：初级（南洋）》（香港商务印书馆 1947）

13. 《复兴国语教科书：初级（南洋）》（香港商务印书馆 1948）

14. 《复兴国语教科书：初级（南洋）》（香港商务印书馆 1949）

15. 《复兴国语教科书：高级（南洋）》（香港商务印书馆 1947）

16. 《复兴国语教科书：高级（南洋）》（新加坡商务印书馆 1949）

（二）民国时期的国语（华文）教学法

1. 《南洋国语教学法》（胡锺瑞编，沈百英校）（上海商务印书馆，1934）

2. 《初级小学南洋国语教学法》（与沈秉廉合编）（上海商务印书馆，1935）

（三）民国后的国语（华文）教材

1. 《华文》（与吕伯攸合编）（1960）新加坡：中华书局、商务印书馆

2. 《新编新加坡华校初级小学课本　华语》（与吕伯攸合编）（新加坡：中华书局、商务印书馆 1957）

3. 《新编星马华校初级小学课本　国语》（与吕伯攸合编，校阅者：杨复耀，高念修）（新加坡：中华书局、商务印书馆，1956）

（四）民国后的国语（华文）教学法

1. 《华文教学法》新加坡：中华书局、商务印书馆（1960）

2. 《华语教学法》（与吕伯攸合编）（新加坡：中华书局、商务印书馆 1957）

3. 《国语教学法》（与吕伯攸合编，校阅者：杨复耀，高念修）（新加坡：中华书局、商务印书馆，1956）

（五）非国语（华文）教科书及教法

1. 《复兴自然教科书　初小》（编著者：钟亮寰、周建人、沈百英；校订者：王云五、黄绍绪）（上海：商务印书馆，1933）

2. 《复兴卫生教科书　初小》（校订者：王云五）（上海：商务印书馆，1934）

3. 《复兴算术教科书　初级（南洋）》（编校者许用宾、沈百英）

（新加坡：商务印书馆，1938）

4.《复兴常识教科书（南洋）》（编校者：宗亮寰，吕金录、沈百英）（香港商务印书馆，（194—）

5.《珠算课本》（宋文藻、沈百英编校）（上海：商务印书馆，1947）

6.《春季始业复兴珠算课本》（编校者：宋文藻、沈百英）（上海商务印书馆，1948）

7.《新编星马华校初级小学课本　公民》，编著者：沈百英、鲍维湘；校阅者：高念修（新加坡：中华书局、商务印书馆，1956）

8.《公民教学法》，编著者：沈百英、鲍维湘；校阅者：高念修（新加坡：中华书局、商务印书馆，1956）

（六）大陆和侨校通用的教育学专书

1.《设计教学法实施报告》（上海商务印书馆，1925）

2.《小学社会科教学法》（上海商务印书馆，1929）

3.《幼稚园的故事》（沈百英编，张宗麟校）（上海商务印书馆，1933）

4.《幼稚园的自然》（雷震清编，沈百英校）（上海商务印书馆，1935）

5.《作文练习本：初级小学》（与俞焕斗合编）（长沙：商务印书馆，1936）

6.《初级小学写字练习本》（与顾志贤合编）（上海商务印书馆，1938）

7.《教室管理法》（上海商务印书馆，1948）

8.《小学说话科教材和教法》（上海商务印书馆，1948）

第四节　民国时期东南亚人士编写的
国语（华语）教材研究①

新中国成立之前，东南亚地区国语（那个时候还称华语为国语）教

---

① 我们这里所说的民国实际上下延到了1965年，因为1949年之后的华校汉语教学多数仍然继承了1949年之前的传统，仍称呼汉语为国语。也正因此在本文中"汉语、华语、国语"三个概念是通用的。至1965年新加坡独立，这种情况才基本结束。其他东南亚国家的相关情况也基本类似。

材大多数还是中国大陆编写的。该地区专业人士自己编写的教材虽然比例不高，但开启了国语教材本地化的先河，表明该地区专业的华文教育工作者其数量和质量在提高，本地化意识在增强，教学状况在改善。

一 目前能见到的民国时期东南亚人士编写的国语教材

表 1 **现存民国时期东南亚人士所编国语教材一览**

序号	书名	编者	出版者	时间	外译
1	《南洋华侨国语教科书（南洋初等预备班用书）》	巴达维亚老巴刹中华学校校长 陈抚辰编；八茶贯中华学校校长金恒甫校正；老巴刹中华学校总理张瑞安译法校正	［印尼］巴达维亚掌更岸林木秀	1912	词语用马来语翻译
2	《国语新读本》（*Chinese National Language*）	编纂者：洪归范、张国基；英译者：王崇镐	［新加坡］陶华学校	1933	词语用英文翻译
3	《小学国语读本》	罗良铸	［新加坡］中华书局	1935	无
4	《中国国语易解》	蒋克秋	［新加坡］勤奋书局	1938	英译
5	《国语进阶》	蒋克秋	［新加坡］勤奋书局	1940	英译
6	《中国国语教科书》（*Learn and Talk Chinese National Language*）	Shih Pang Shih	［新加坡］H. B. Pang	1946	英译
7	《高级国语读本》	蒋克秋	［新加坡］勤奋书局	1946	英译
8	《国语：初级》	新加坡世界书局编译所，校阅者：司徒赞、张国基、李春鸣	［新加坡］世界书局	1948	无
9①	《初级国语：初稿样本》	不详	［新加坡］上海书局	不详	无
10	《南洋初中国语》	巴城上海书局	［印尼］巴城上海书局	不详	无

---

① 《初级国语：初稿样本》和《南洋初中国语》原书上没有出版时间，但我们推测最早是在 1948 年，根据陈蒙志《与上海书局有关的点点滴滴》（2008），上海书局 1948 年才组织教科书编委会，在此之前，该书局不出版教科书。

续表

序号	书名	编者	出版者	时间	外译
11	《初级国语教学法（现代小学课本）》	上海书局编辑委员会，校阅者：吴研因、叶绍钧、陈君葆、林耀翔	［新加坡］上海书局	1950	无
12	《高级国语》（全四册）	上海书局编辑委员会	［新加坡］上海书局	1956.1初版；1958.1三版	

　　上面 12 种教材中有 10 种是在新加坡出版的，有两种是在印尼出版的。印尼出版的两种其中之一还是由新加坡上海书局在巴城的分店出版的。上述史实说明，民国时期新加坡是东南亚国语教材出版发行的主阵地。上述教材的出版时间是 1912 年到 1956 年。这其中 1947 年之前出版的，或由中华书局在新加坡的分店出版（1935 年），或由印尼或新加坡的教学机构出版，如 1912 年在巴达维亚出版的《南洋华侨国语教科书》（南洋预备班用书），再如 1933 年新加坡陶华学校出版的《国语新读本》。至于勤奋书局只不过是华文教育家蒋克秋所主政学校的附属部门。① 新加坡本土正式出版机构出版的国语教材应该都在 1947 年之后，因为上海书局是新加坡本土最主要的国语教材出版社，而该社 1948 年才开始出版国语教材。②

　　从适用对象来看，上述教材除了蒋克秋编写的《高级国语读本》适用于成人、巴城上海书局出版的《南洋初中国语》适用于初中之外，其他都是针对小学生的。之所以如此，一是因为东南亚本土国语教材的开发起步较晚，经验较少，教材的层次一时也不能达到中学水平；二是当时东南亚华校中学很少。在教材的使用范围方面，上海书局编写出版的国语教材使用面最广，我们在新加坡南洋理工大学华裔馆的"早期课本特藏"看到，上海书局的国语教材曾在东南亚大多数国家的华校使用过，因为华裔馆陈列了诸如上述教材的印华版、泰华版、柬华版、菲华版等。有人

---

① 于锦恩：《民国时期东南亚本地国语教学的开拓者——蒋克秋》，［新加坡］《亚洲文化》2014 年第 38 期。

② 陈蒙志：《与上海书局有关的点点滴滴》，http：//blog. sina. com. cn/s/blog_ 69b9182e-0100patj. html，2008 年 4 月 5 日。

20 世纪 60 年代后期在非洲的华校还见到了上述教材。① 民国时期上海书局出版的国语教材有的到 1965 年还在使用。目前仅见陈蒙志（2008）②、于锦恩（2014）③ 的研究涉及民国时期东南亚本土华文教材，这一领域还有不少拓荒及深耕的工作可做。

二　东南亚人士所编国语教材的内容导向

（一）贴近本土生活实际

教材需要密切联系生活实际尤其是居留地社会的实际情形。蒋克秋编写的《中国国语易解》和《国语进阶》，陈抚辰编写的《南洋华侨国语教科书》（南洋预备班用书），还有《中国国语教科书》等教材内容讲究实用，全部是如何适应社会环境和生存需求的对话。下面是《国语进阶》第 17 课的课文：

（1）近来因为各地常有霍乱病发生，如果搭客们有人得了那种病，那么，我们全体都要到检疫所去消毒。我们有时还要住在那里一两个礼拜呢。

（2）我们统仓的搭客真是很麻烦呀。④

再看《中国国语易解》中的一些词语："做工、光年、反光、处女作、客车、汽灯"，⑤ 这类的词在当年中国大陆出版的国语教科书中是相当少见的。像上述课文中提到的与传染病有关的内容在当年的中国大陆很少看到，但是在当时的东南亚上述词汇在公众中却是司空见惯的。

（二）注重强化民族意识

民国时期东南亚华侨教育工作者编写的国语教材注重强化民族意识的还不多见，在我们见到的 12 套东南亚人自己编写的国语教材中，其代表是《国语·初级》。该教材的"编辑大意"指出："本书选材，注重扩充

---

① 陈蒙志：《与上海书局有关的点点滴滴》，http://blog. sina. com. cn/s/blog_ 69b9182e-0100patj. html，2008 年 4 月 5 日。

② 陈蒙志：《与上海书局有关的点点滴滴》，http://blog. sina. com. cn/s/blog_ 69b9182e-0100patj. html，2008 年 4 月 5 日。

③ 于锦恩：《民国时期东南亚本地国语教学的开拓者——蒋克秋》，［新加坡］《亚洲文化》2014 年第 38 期。

④ 蒋克秋：《国语进阶》，新加坡勤奋书局 1940 年版，第 17 页。

⑤ Shih Pang Shih：《中国国语教科书》，新加坡 H. B. Pang1946 年版，第 56—79 页。

想象，启发思想，陶冶性情，于民族意识，尤所注意。"① 第一册第一课是"中华小学"，插图是学校门口插着中华民国国旗，除了随时在课文中传布中华文化之外，还集中灌输民族意识，如：

第二十一课：国旗 国旗，这是我们的国旗，小朋友一齐向国旗敬礼。（画面是大家在向青天白日旗行礼）

第二十二课：青天白日满地红，大家读书又做工，做工的人要读书，读书的人要做工。

第二十三课：你是中国人，我是中国人，他是中国人，我们大家都是中国人。②

像上述这样密集地安排系列课文，灌输民族意识、弘扬爱国情怀的国语教材，国内编写出版的都很少见。

（三）注重贴近儿童生活

民国时期东南亚华文教育工作者编写的国语教材在这方面一般都做得比较到位，在此我们以《现代小学课本初级国语》为例，予以说明。

此书的"编辑大意"中说："一、本书依照小学国语课程并参照东南亚侨胞儿童生活情况编辑。全书八册，供初级小学四学年国语科教学之用。二、本书内容以儿童生活为中心，取材从儿童周围开始，随着儿童生活的进展，逐渐拓张到广大的社会。与公民、常识等科企图作充分的联络，但本身仍是文学的。三、本书数课成一个单元，数个单元又互相照顾，适合儿童的学习心理。四、本书尽量容纳儿童文学及日常生活上需要的各种文体，词、语、句力求与儿童切近，同时又和标准吻合，适于儿童诵读或吟咏。"③ 例如，第三册的第二十课"南洋真是好地方"（照片见下页）。④ 该教材中以中国风光为内容的课文比中国大陆出版的同类教材少得多了。⑤

三　东南亚人士所编国语教材的语言知识处理及效果

东南亚地区的国语教学基本上按照国内母语教学路径，但由于大的语

① 新加坡世界书局编译所：《国语：初级》，新加坡世界书局 1948 年版，编辑大意。

② 新加坡世界书局编译所：《国语：初级》，新加坡世界书局 1948 年版，第 23—25 页。

③ 新加坡世界书局编译所：《国语：初级》，新加坡世界书局 1948 年版，编辑大意。

④ 新加坡世界书局编译所：《国语：初级》，新加坡世界书局 1948 年版，第 34 页。

⑤ 新加坡现代书局：《现代小学课本初级国语》第三册，新加坡现代书局 1949 年版，第 45 页。

言环境和社会环境都与国内不同，因此这些国语教材也呈现出跟国内母语教材不同的风貌，主要体现在重视语音训练、生词及课文的编写重视交际的现实需要、多以英语作为媒介语帮助学习者等方面。

（一）抓住国语特点进行教学

1. 从最基本的语言知识教起

《国语进阶》先教拼音，包括四个声调和普通话的语音系统：16 个韵母、23 个声母。按序号，先写注音字母，再写威妥玛式拼音。① 《中国国语教科书》开篇就是语音注释，说明课文中每个音标的发音，再说明声调的发音。前几课课文所涉及的都是有关"家庭之中、家庭用物、方向、时间和问路"等方面的常用词汇。② 《国语进阶》开始的课文句子，如：早安、午安、晚安；什么事？有什么贵干？请坐。贵姓？敝姓马。请问大名？小名天送。这位是李先生。③ 这些课文不仅是日常用语，而且结构又

①　蒋克秋：《国语进阶》，新加坡勤奋书局 1940 年版。

②　Shih Pang Shih：《中国国语教科书》，新加坡 H. B. Pang1946 年版。

③　蒋克秋：《高级国语读本》，新加坡勤奋书局 1946 年版。

特别简单。《初等预备班用南洋华侨国语教科书》前几课的课文依次是：我、你；我、你、他、谁；来、去、你来、我去；不来、不去、他不来、我不去；去不去？不去。来不来？不来；要、不要、要不要、我不要。① 这些也都是汉语中由最常用词构成的最基本语法组合。先学肯定句，再学否定句；先学陈述句，再学疑问句；先学是非问句，再学正反问句。从语音到语法，东南亚人士编写的国语教材都很重视语言基础知识的有序教授。

2. 不讲形态，多练搭配

"汉语最大的特点是没有严格意义上的形态变化"②，民国时期新加坡华教人士蒋克秋指出：

> 学习者不必担心数、性、格、人称、语态、语气、时态和比较的级别。例如，在英语中要用好几课去学习如何正确地使用"TO BE"和"TO HAVE"。汉语明显地不用变换单词的发音和形式。汉语是如此的规律和实用乃至于语法完全没必要。构成汉语书面语的单词和风格永不变化。③

他以基督前三千年（本文作者：应该是"三千年前"或公元前一千年"）写成的《易经》和一份现代的报纸为例，尽管其中的名词、短语当然还有思想是不同了，但是文字和风格是一样的。汉语语法完全没有必要学习的话是说得过头了，但是他对汉语语法的认识还是有一定道理的。蒋克秋等人没有在教材中专门讲形态等语法知识，但是在实际做法上却是注重了实词的搭配这一汉语中相当重要的语法问题。蒋克秋的教材每一课都专门有一项：合成词和短语（compound words and phrases），张国基的《国语新读本》也采用了同样的做法，该书第五课学了下面的生字：用、上、看、在、见、话、回、笔、给、纸、听、爸、吃、得、说。接下来的"短句"（Idioms and Phrase）中就列了如下短语：看见、听见、要用、用钱、说话、听说、回说、回去、一回、给我、爸爸、吃人、人吃、上面、天下、纸上、很有用、没有用、不听话、在前面、在后面、了不得、看不

---

① 陈抚辰：（南洋预备班用书）《南洋华侨国语教科书》，印尼巴达维亚掌更岸林木秀1912年版，第1—10页。

② 刘珣：《对外汉语教育学引论》，北京语言大学出版社2007年版，第83页。

③ 蒋克秋：《高级国语读本》，新加坡勤奋书局1946年版，编辑大意。

见、吃东西。① 周清海先生认为以国语作为母语来学习的人和以国语作为外语来学习的人，其语法教学都应该将实词与实词的搭配作为一个重点。②

3. 构词以旧识新

汉语和英语的构词规律不同，很多时候同一个语素被多次用来以不同的构成方式，和其他语素组合，从而构成一系列的合成词，这些合成词在汉语的词汇中占绝大多数。因此只需要明白汉语有限的语素就可以掌握无数的汉语词汇。"汉语在构成新词时，往往不需要增加新的字，而是将已有的语素按一定规则进行组合，'旧字新词'、'见旧知新'正是汉语词汇构成与认知的特点。"③ 蒋克秋先生指出：

在汉语中没必要造新词。一部新的外语辞典需要增补新的条目以与时俱进。汉语不需要这样做，尽管新的条目和俚语被介绍进来，但也只需要把一些新的解释或例子插到那些和过去同样的汉字下边，因为每个汉字都是独立的，因此能够相对于不同的目的而有无数的组合和排列。例如：汉语用两个组合的汉字"电视"表示 television，三个字"进化论"表示 theory of evolution，用四个字"地对空弹"表示 Ground-to-air-missile. ④

蒋克秋在编辑国语教科书中较好地注意了这一点。在他主编的《国语进阶》中，每一课不仅包括一般同类教材都有的词汇、课文两部分，还特别列了一个部分：合成词和短语（compound words and phrases）。他教的第一部分"词汇"实际上都是一些构词能力很强的成词语素，如第二课的生词如下：抽、忙、亡、进、烟、帮、别、随、便（biàn）、便（pián）、条、贵、干、敝、姓、共、试、助、挂、针。在该课的第三部分"48 个合成词和短语"中，就有 23 个是由第一部分中的字通过"组词"形成的，占 47.92%，如：条约、帮事、助教、随便、随时、进来、便利、帮助、进口、条件、便所、敝国、敝友、别针、便衣、试用、抽水、干事、随后、一共、试看、干什么、贵国。第二课课文中出现了"请你给我包起来"一句，第三部分就出现了一些与"起"和"包"相关的词

---

① 蒋克秋：《高级国语读本》，新加坡勤奋书局 1946 年版，第 34 页。

② 周清海：《华文教学应走的路向》，新加坡南洋理工大学中华语言文化中心 1998 年版，第 130—132 页。

③ 周健：《汉字教学理论与方法》，北京大学出版社 2007 年版，第 122 页。

④ 蒋克秋：《高级国语读本》，新加坡勤奋书局 1946 年版，序。

和短语，如：起工、看不起、起草、拾起来、包工、包饭。① 第 9 课中的短语和复合词共有 45 个，其中 35 个短语和复合词由第一部分中的字通过"组词"形成，占 77.78%。② 因为汉语构词存在特有的规律，所以蒋克秋认为汉语不难学，"实际上，学者使用四千左右不同的字及其这些字的知识，运用上面说的各种组合，就能够阅读并理解汉语写的著作。"③

4. 汉字教学突出规律

蒋克秋先生指出："汉语所有的汉字大体上都可以根据其构成方式分为六类。这六类中，有一类特别普遍以至于四分之三的字都是这样构造的，简单说就是，每个汉字都由两部分构成，即形旁和声旁。前一部分给出该字大致的或相关的意思，后一部分给出其声音。" 他在讲到"radicals"（形旁）时指出："大多数的汉字都是表形又表声的，因此在每个这样的汉字中就有一个被认为是汉字分类者的形旁，它指出构成汉字的符号和意义。有关这样的每个汉字的形旁的知识可以帮助学生了解并牢记其结构。"④ 在讲到每课生词时，除了拼音、英语解释外，都包括 Radical（形旁），如抽，手；忙，心；更，日。⑤ 这样学生在学某个生字时就不是机械地死记硬背，而是理性地认识其结构，进而理解其字义，记住其字音，这样一来，东南亚学生学习自认为繁难的众多汉字就有了一条捷径。

（二）利用外文译注，增加学习便利

民国时期的东南亚华侨华人处在本地语和英语、荷兰语等殖民者语言的包围中，国语教材借助外文译注，给教学带来了很大的便利。

1. 贴近了当时的语言实际

曾在民国时期任福建省教育厅厅长的黄琬在蒋克秋所编《高级国语读本》序言中指出：

南洋各地侨生儿童，多有先入英文学校；程序颠倒，至有英文精通，而于本国文字尤为人窃笑目不识丁者，比比皆是。……是书于国

---

① 蒋克秋：《国语进阶》，新加坡勤奋书局 1940 年版，第 6 页。
② 蒋克秋：《国语进阶》，新加坡勤奋书局 1940 年版，第 25 页。
③ 蒋克秋：《中国国语易解》，新加坡勤奋书局 1938 年版，第 58 页。
④ 蒋克秋：《国语进阶》，新加坡勤奋书局 1940 年版，第 2 页。
⑤ 蒋克秋：《高级国语读本》，新加坡勤奋书局 1946 年版，第 5 页。

语注音符号之外兼用英文切音足使曾习英文者，感其便利。①

张国基在《国语新读本》的"编者言"中指出：

> 我们中国从提倡统一国语以来，各种读本应时而生的可算是很多了。但是适合于一般识英文而不识中文的侨胞们研究国语的，实在很少。所以他们要学国语的均感困难。鄙人觉着这点，特地采用最新标准音，又用罗马注音和英语注解，使读者一目了然。……可算是一本让识英文而不识中文的侨胞们研究国语不可多得的读本。②

新马如此，其他地区华社的国语水平也不高，民国政府华侨教育设计委员会委员、华侨教育家汪同尘谈到华侨教育所用教科书非尽量以相当之外国文译注不可的理由时说：

> 就荷属南洋言，华侨多不识华文，不谙国语。不解普通话者尤比比皆是。教师自国内往者，又不通巫语，不解巫文。一旦以汉文教科书授之，岂不困难？尤其是抽象或形容的文辞，无从解释，例如"弱"、"情"、"以为"、"将来"、"本不知"、"无误者"之类，如不以意义相当之马来语译之，虽仲尼复生，恐亦不能施其教也。南洋如此，其他各地又何独不然？故非于教科书中尽量以相当之外国文译注不可，如是则学生持此以归，其父兄亦可课之，或想与研究也。③

2. 译注给学习者带来的便利

《高级国语读本》的序言指出了蒋克秋用英语解释汉语的好处是省却了读者许多学习的麻烦：

> 相对于过去那些干涩的垃圾教法，该书有明确的优点——省掉了携带乏味和落伍的各种字典，这些字典中的多数对其要达到的目的来

---

① 蒋克秋：《高级国语读本》，新加坡勤奋书局1946年版，序。

② 洪文范、张国基：《国语新读本》（*Chinese National Language*），新加坡陶华学校1933年版，编者言。

③ 中国第二历史档案馆：《中华民国史档案资料汇编》第五辑，江苏古籍出版社1991年版，第409—410页。

说已经无用。在这本书中，汉字的下面给出了它们罗马化的等价物，更重要的是汉字的联合隐含了与语言相对应的熟语，这些都被小斜线正确地标示出来，使学生们快速地掌握，这中间运用了翻译，而不用像以前那样浪费时间使用一般的字典在耗费了很多精神和情绪烦扰之后才将一个个汉字和其意义对应上。①

3. 译注扩大了学习者人群

使用外语译注辅助国语教学的另一个好处是扩大了国语学习者人群。《中国国语教科书》的作者指出："中国的国语最近被联合国组织认定为官方语言之一。该语言逐渐会被认为是一种有文化品位的语言，而被全世界的知识界人士学习。""不用说，本书不仅提供给本地生的华人，而且还提供给那些外族人士，他们对最近被广泛使用的这种语言的学习感兴趣。"② 民国时期东南亚地区国语学习者的主体当然是华侨和华人，但也有外族人士，请看华文教育工作者蒋克秋工作的新加坡华侨国语学校从1931 年到 1937 年的学员情况：学员总数，78＋1372＝1450，其中华人1372 人，占 94.62%；外族人 78 人，5.38%，来自 14 个国家，如英国 21人，荷兰 9 人，印度 12 人。③ 这些学习国语的外族人士数量虽少，但通过外文译注帮助他们学习国语，可以促进国语逐渐走向世界。

四　东南亚本土国语教材的编写者

(一)　华文教学经验丰富

民国时期东南亚国语教材编写者都担任过国语教学工作。如：张国基（1894—1992），湖南省益阳县（今资阳区）人，著名华侨教育家。从1920 年开始赴东南亚从事华侨教育 40 年，先后在多个华校任教，担任教师、校长，特别是 1939 年 7 月，他与 5 位同事创办雅加达中华中学，带领全校师生披荆斩棘建校，以优异的师资和纯朴的校风驰名。在半个多世纪的教学生涯中，学生达数万人，其中，印尼之外的学生遍布世界几十个国家和地区，真可谓桃李满天下。陈抚辰（生卒年代不详）是印尼著名侨领和华侨教育家，曾经担任过巴达维亚老巴刹中华学校的校长。因为这

---

① 蒋克秋：《高级国语读本》，新加坡勤奋书局 1946 年版，序。

② Shih Pang Shih：《中国国语教科书》，新加坡 H. B. Pang1946 年版，序言。

③ 新加坡华侨国语学校除了招收华侨华人子弟，还招收愿意学汉语的外族人士。新加坡华侨国语学校：《新加坡华侨国语学校第七周年纪念特刊》1937 年版，第49—59 页。

些教材的编者都曾经是华文教师，所以他们编写的国语教材其针对性就比较强。

（二）有过编写国语教材的实践

陈抚辰和张国基都曾编辑或校订过国语教科书，蒋克秋编写的教科书就更多了，一生共有 22 种著述，其中国语教材三种：《中国国语易解》三卷、《国语进阶》二卷、《高级国语读本》二卷；方言教材五种，如：《粤语易解》三卷；汉语文读物六种，如《中国成语》；汉外辞典六部，如《实用英汉字典》；纯英文读物两种，如《普通英语会话》。直接为汉语教学服务的教材包括国语类和汉语文读物加起来数量很多，影响很广；其他种类的著述，也大都是为汉语教学服务的。

（三）对居住地语言文化相当精通

我们重点考察了三个对象：张国基、陈抚辰和蒋克秋，因为张国基在东南亚华侨教育界德高望重，陈抚辰是我们见到的民国时期最早的国语教材的编者，蒋克秋是那个时期新加坡编写国语教材最大的人，他们都对居住地的语言文化有很深厚的了解。作为老一代华侨，陈抚辰对印尼的语言是很有研究的，他曾在 1926 年编译出版过《新巫华字典》。该字典的例言："本书以新华巫字典作稿，特再参考各书加入巫华荷英通用之字，其页数之多，约较前书多出一倍，易名为新巫华字典。"[1] 我们由此可知，陈抚辰对国语、马来语、英语和荷兰语[2]都至少是比较了解。不仅如此，陈抚辰的字典还有一个附录，很详尽地说明了"巫文发音及变动法"。他对印尼语的诸多方言也很了解，从其字典的标注来看，他了解的印尼语方言至少有 5 种。该字典 1930 年出版第二版，增加了很多内容，如：东南亚回教士人所用之月历名、荷医生之各病科名词、荷国政府各官职名南洋通行之缩写字、荷属邮局火车站，所办之汇票押汇票均用荷文银数的规定、南洋通行之缩写字[3]。由此可见陈抚辰对印尼乃至整个东南亚了解之深。

五　民国时期东南亚人士编写国语教材对今人的启发

回顾分析民国时期东南亚人士自己编写的有数的国语教材，我们可以得到如下启示。

---

[1]　陈抚辰：《新巫华字典》，印尼巴达维亚振林公司 1926 年版，例言。

[2]　印尼当时为荷兰殖民地。

[3]　陈抚辰：《新巫华字典》，印尼巴达维亚振林公司 1926 年版，附录。

（一）在内容导向方面

我们讨论的教材注重传授生存技能，注重贴近儿童生活，注重强化民族意识三者，体现了华文教材保住民族文化认同之根和提高华文教材编写针对性的对立统一。此点可以启发我们有效克服有些华文教材缺乏针对性的问题。

（二）在教学指导思想方面

坚持从最基本的语言知识教起，坚持汉外语言的对比，坚持抓住汉语特点进行教学，此三点与当前有些华文教材存在的如下问题形成鲜明对照："教材生词及课文用词词种少，超纲现象严重"，"不重视汉字的系统教学，未安排专门的生字教学内容"，"用语法术语解释语言点，不符合儿童语言学习的特点"①。

如何提高当代华文教材的编写水平，还是要多从编辑者自身素质的提高方面下功夫，华文教材的编写不是轻而易举就能大功告成的事情，需要编写者不但要有丰富的华文教学经验，相当精通华侨华人所在地的语言文化，而且还要经过多次编辑实践的历练。

第五节　民国南洋中学国文国语教材：
民族化、科学化、现代化②

民国时期东南亚华校的中学比小学出现得晚，数量少。所以至今对民国时期东南亚华校国语文教材的探讨比较少，对那个时期中学国语文教材的探讨就更少。但是由初小到高小，由初中到高中，是那个时期华文教育留下的真实历史轨迹。从小学到中学的教材编制反映出那个时期华文教材发展的民族化、科学化、现代化进程。我们选取那个时期华文教育中的重点学科国语文教材的编制作为论述的对象，以期窥得那个时期华校中学教材发展的全貌。

---

① 蔡丽：《印尼小学华文教材的使用现状分析》，《华文教学与研究》2011 年第 3 期。

② 这里要说明的就是我们截至的时间不是 1949 年 10 月，而是 1965 年，因为到 1965 年东南亚的华文教育和新中国建立前没有什么区别，那时的华校学生绝大多数还是华侨，他们还称呼汉语文为国语文，而 1965 之后他们大都成了所在国的华人公民，汉语文也就顺势变成了华语文。

一 兼顾传统和现代的选文视角

（一）政治倾向不明显

《新标准初中国文》的选文标准有一条是："不含有政治宣传作用者。"① 这是很明智的选择，因为当时是殖民地或者曾经是东南亚国家大多是反共的，在这样的华校宣传共产主义信仰，其教材很有可能被查封。因为存在反帝、反殖、鼓吹民族独立等政治倾向而遭查禁的华校教材案例自清末民国以来是屡见不鲜的。所以该教材确实比较彻底地贯彻了上述编辑原则，不论高中还是初中国文教材，其选文一般都不含明显的政治倾向。这也是其他大多数东南亚华校初中国文、国语教材编制遵守的原则之一。但是个别的教材在这方面就做得不够好，比如《印华现代初中文选》在其"编辑例言"中就明确提出："本书所选读文，力求思想正确，内容充实，符合新民主主义之精神。"② 在具体的选文过程中，许多课文具有明显的共产党政治倾向，比如该教材第四册有两篇文章明显宣传共产党的价值观，一篇是时任中共中央宣传部副部长陈伯达写的文章《青年人的方向》，另一篇是中国主要领导人刘少奇写的《论共产党员的修养》中的《个人和集体》。该教材中其他的一些课文其政治倾向虽然不如上两篇那么明显，但也或多或少地反映了共产党和共产主义的价值观，如：《母亲的回忆》（朱德）、《纽约的贫民窟》（邹韬奋）、《女布尔什维克》（玛利亚）、《丰饶的战斗的南泥湾》（吴伯箫）等十多篇课文，占整个第四册的40%。③

（二）南洋情调很浓郁

大部分华校中学国文国语课本编入了不少记述东南亚风物、先贤立业开埠事迹、侨胞英勇抗敌经过及有关南洋的论著文字，香港大公书局编辑出版的《新标准初中国文》堪为代表，其编辑大意：

> 本书专为切合海外华侨学生，适应海外教学环境与社会情形而编印，内容参酌过去各种国文教科书之短长，再三加以增删订正，并极

---

① 冯明之等：《新标准初中国文》，香港大公书局1953年版，编辑大意。

② 印华联合出版社：《印华现代初中文选》，雅加达：印华联合出版社1950年版，编辑例言。

③ 印华联合出版社：《印华现代初中文选》，雅加达：印华联合出版社1950年版，编辑例言。

力注重海外情调，藉求增强初级中学国文教学之效果，提高海外各地高中学生之国文程度。①

此教材的六册，包括上述内容的课文 40 篇左右，占全部课文的 1/6 之一，如：孙福熙《红海上的一幕（一）》、余思牧《南洋采风录（一）》、郑子瑜《婆罗洲中国英灵记（二）》、苏继顾《英属马来半岛》（二）》、陈言《印尼儿女（三）》、南洋商报《论南洋的研究》（四）、星洲日报《马来亚的经济》（六）、薛福成《观巴黎油画记（一）》。《新标准高中国文》古文较今文略多，但也选了一些带有海外情调的文字，如：冯至《塞纳河畔的无名少女》、连士升《英国的两大学府》、郑子瑜《南洋烈士林谋传》等。比较注重编入海外尤其是东南亚风情的国文国语教材，还有《国文》（王梦鸥主编，正中书局出版）、《最新南洋初中国语》（巴城上海书局出版等）。之所以要这样做，主要是"注重实用文字，由适应学生本身生活，渐及于将来处事酬世之需要。"②

（三）民族文化占主流

当前，为培养学生的多元文化意识，世界各国母语教材普遍加强对世界各民族文化的介绍。但是一套教材中占主流的文化必定是本民族的文化。

1. 认识文学流变，掌握学术脉络

重视文化史和文学史的名家名篇特别是古代名作的选编，是汉语文教材编制的优良传统，东南亚华校高中国文教材的编制较好地继承了上述传统。1932 年《高级中学国文课程标准》：

选文精读选用教材，除适用初中七项标准外；其排列之程序，应语体文言分授。语体文但选纯文艺及有关学术思想之文字；文言文第一学年以体制为纲；第二学年以文学源流为纲；第三学年以学术思想为纲：各授以代表作品，并得酌授文字学纲要及应用文件。③

选读教材之原则应顺文学史发展之次第，由古代以至近代，选取各时代中主要作家之代表作品，使学生对于文学之源流及其发展得一

---

① 冯明之等：《新标准初中国文》，香港大公书局 1953 年版，编辑大意。

② 王梦鸥：《国文》，台北正中书局 1955 年版，编辑大意。

③ 教育部：《1932 年高级中学国文课程标准》，http：//www.pep.com.cn/xiaoyu/yuwenbook/xy_ dsyz/xy20sjzg/201008/t20100820_ 683620.htm。

有系统之概念。①

　　《新标准高中国文》编辑大意的选材标准就包括如下内容："足以窥探中国文学发展之源流者；足以认识中国学术思想之体系者。"② 我们以此教材的1—4册为例加以说明。第一册到第二册、第三册到第四册从中国文学、学术源流的顺序来讲组成两个循环，都是从先秦到清末民国。第一册到第二册中国文学、文化的选文顺序依次是：《檀弓》五则（《礼记》）、《晋公子重耳之亡》（《左传》）、《乐府歌辞》……《新诗六首》、《复林琴南书》；第三册到第四册的选文顺序依次是：《牧誓》（《书经》）、《论语十则》（《论语》）、《谏逐客书》（李斯）……《人间词话》、《"知不可为"与"为而不有"主义》。该书的"编辑大意"指出："本书最大特点，为对于古代各家学术名篇及历代著名作家之代表性作品，均附选现会考范围内之选文，均一律附有现代学者鞭辟入里之剖析，藉便领悟，并以加深学生之印象。"③ 如《宋词选》后面就附上郑振铎的论文《南北宋的词坛》（第四册），指导学生更深切地把握古代名作的文学源流和学术思想的流变。其他东南亚华校的高中国文教材的编制也较好地坚持了上述原则，如《高中文选》"编辑例言"："本书内容依照文学史顺序，由上古至现代，使读者略窥我国文学发展的源流。"④ 1948年香港中华书局出版的《新编高中国文》"编辑大意"：

　　　本书选材，遵照部颁修正课程标准所定之原则，顺文学史发展之次第，由古代以至现代，选取各时代中主要作家之代表作品，使学生对于文学源流及其发展得一系统之概念。其各册教材之支配如次：第一册秦以前，第二册汉至隋，第三册唐五代，第四册宋金，第五册元明，第六册清及现代。⑤

---

①　教育部：《1936年高级中学国文课程标准》，http：//www.pep.com.cn/xiaoyu/yuwenbook/xy_dsyz/xy20sjzg/201008/t20100820_683620.htm。

②　冯明之等：《新标准高中国文》，香港大公书局1954年版，编辑大意。

③　冯明之等：《新标准高中国文》，香港大公书局1954年版，编辑大意。

④　罗之江：《高中文选》，香港侨光出版社1958年版，编辑例言。

⑤　宋文翰等：《新编高中国文》，香港中华书局1948年版，编辑大意。

2. 继承传统文化，弘扬民族精神

民国时期中学国文的部颁标准，一般都以继承传统文化，弘扬民族精神作为选文标准之一，如：1936 年《初级中学国文课程标准》目标是："使学生从本国语言文字上，了解固有文化；使学生从代表民族人物之传记及其作品中，唤起民族意识并发扬民族精神。"① 1948 年《修订初级中学国文课程标准》："从民族辉煌事迹及有助国际了解之优美文字中，唤起爱国思想与民族意识，发挥大同精神。"② 再如：1932 年《高级中学国文课程标准》："使学生能应用本国语言文字，深切了解固有的文化，以期达到民族振兴之目的。"③ 1940 年《修正高级中学国文课程标准》："使学生能应用本国语言文字，深切了解固有文化，并增强其民族意识。"④ "天下兴亡匹夫有责""舍生取义""先天下之忧而忧，后天下之乐而乐""精忠报国"等价值观念和处世态度构成我们伟大民族的文化传统。

国文教材有了这些内容，就拥有了华族的风骨。《新标准初中国文》的选材标准之一就是："可以唤起民族意识和民族精神者。"⑤《复兴初中国文》（第二册）中就有《爱国商人》记述的是春秋时期郑国的一位行商弦高，经常来往于各国之间做生意。在国家危难之时，他机智用计犒师智退秦军，郑国避免了一次灭亡的命运。当郑国君主要奖赏弦高时，他却婉言谢绝："作为商人，忠于国家是理所当然的，如果受奖，岂不是把我当作外人了吗？"为救国做出了很大的贡献。⑥ 依照新课程标准编辑的《最新南洋初中国语》（第三册）就编入了《宋史：岳飞郾城之战》。⑦《新标准高中国文》第一册编入了文天祥的《正气歌》。⑧

---

① 教育部：《1936 年初级中学国文课程标准》，http：//www.pep.com.cn/xiaoyu/yuwenbook/xy_ dsyz/xy20sjzg/201008/t20100820_ 683620.htm。

② 教育部：《1948 年修订初级中学国文课程标准》，http：//www.pep.com.cn/xiaoyu/yuwenbook/xy_ dsyz/xy20sjzg/201008/t20100820_ 683620.htm。

③ 教育部：《1932 年高级中学国文课程标准》，http：//www.pep.com.cn/xiaoyu/yuwenbook/xy_ dsyz/xy20sjzg/201008/t20100820_ 683620.htm。

④ 教育部：《1940 年修正高级中学国文课程标准》，http：//www.pep.cn/xiaoyu/yuwenbook/xy_ dsyz/xy20sjzg/201008/t20100820_ 683620.htm。

⑤ 冯明之等：《新标准初中国文》，香港大公书局 1953 年版，编辑大意。

⑥ 沈百英等：《复兴初中国文》第二册，香港商务印书馆 1940 年版，第 3 页。

⑦ 巴城上海书局：《最新南洋初中国语》第三册，雅加达上海书局 1953 年版，第 143 页。

⑧ 冯明之等：《新标准高中国文》第一册，香港大公书局 1954 年版，第 76 页。

华人的奋斗史在民国时期的华校中学国文教材中是一项重要的宣扬华族民族精神的内容。这方面以《新标准初中国文》最有代表性。这套教材有近六分之一的课文是关于海外华人华侨人物和事物的，例如郑子瑜《婆罗洲中国英灵记》（二）①、林森《南洋开埠英雄传》（六）② 就写他们的勤劳、爱国、勇敢等优秀品质。

3. 教材民族化，符合民族思维习惯

一个民族的形成一般要经历漫长的岁月，在这一历史过程中，这个民族的集体无意识逐渐积淀下来，代代相传，根深蒂固，形成了民族心理。民族心理是一个民族在其历史发展中保持本民族形象和全民族共识的心理基础。③

一个民族的成员无论地域分布多广，总能表现出大致相同的民族心理；其中一部分人即使后来移居异国他乡，生活在其他民族之中，只要仍然使用本民族的语言，那么他们与本民族多数成员的民族心理仍然是一致的。在中学国文、国语课文中，大凡语言、文学、科技、风俗、世态、人情、伦理名胜、建筑、历史、地理，无所不包，它们是民族精神之根，是哺育下一代的精神养料。有些寓言故事就反映了华族的一些共同心理，如柳宗元的《临江之麋》这则寓言尖锐地讽刺了那些倚仗权贵而得意忘形的小人物，指出他们必败的命运。寓言的深层含义却反映了华族的一种共同心理，即贬抑自夸自傲，赞美谦虚内敛。④ 陶渊明的《归园田居》生动地描写了诗人归隐后的生活和感受，抒发了作者辞官归隐后的愉快心情和乡居乐趣，从而表现了他对田园生活的热爱，表现出劳动者的喜悦，同时又隐含了对官场黑暗腐败的生活的厌恶之感。该文反映的华族共同心理就是：穷则独善其身、达则兼济天下的处世态度，反映了中国传统最宝贵的气节观念。这种心理也反映出华人缺少宗教意识，使命感不强，一旦在现实中碰到挫折就容易消极避世，独善其身。⑤ 民歌谚语等民间文学作品较好地反映了华族人的处世哲学，如《现代初级中学课本语文》第一册

---

①　冯明之等：《新标准初中国文》第三册，香港大公书局 1953 年版，第 135 页。

②　冯明之等：《新标准初中国文》第五册，香港大公书局 1953 年版，第 155 页。

③　洪宗礼等：《母语教材研究》卷 9，江苏教育出版社 2011 年版，第 147 页。

④　沈百英等：《复兴初中国文》第二册，香港商务印书馆 1940 年版，第 120 页。

⑤　华秋实、江文：《高中语文选讲》第三册，香港侨光书店 1957 年版，第 64 页。

《民歌三首》中的《一个巧皮匠》："一个巧皮匠，没张好鞋样；两个笨皮匠，彼此有商量；三个臭皮匠，抵个诸葛亮：要想入地有门路，要想升天长翅膀。"① 说明了个人的智慧和力量都是有限的，宣示"众人是圣人"的道理。这首民歌反映了华族轻个体、重集体的处世观念。本教材中《谚语四组》中的"单丝不成线，独木不成林；大家一条心，黄土变成金；人多主意好，柴多火焰高。"② 也都反映了上述民族心理。上述内容进入教材，自然与其他民族的母语教材区别开来，从而拥有了浓郁的民族特色。

二　厚今薄古的文白编排

(一) 具体表现

初中国文国语教材文白比例表

	初一	初二	初三
教育部 20 世纪 30 年代的文白比例标准，后来一直实施	3∶7	4∶6	5∶5③
沈百英、赵景源《复兴初中国文》	1∶9（第二册）④		
《现代初级中学课本语文》	1∶7	1∶3.3	1∶3⑤
初级中学适用《初中语文》			1∶4.5⑥（第五册）
《印华现代初中文选》		1∶10（第四册）	1∶15⑦（第五册）
《新标准初中国文》	1∶8.86	1∶2.89	1∶2.68⑧
《南洋初中国语》		1∶3.75（第三册）	1∶1.5⑨（第五册）

---

① 上海书局：《现代初级中学课本语文》第一册，香港上海书局 1958 年版，第 67 页。

② 上海书局：《现代初级中学课本语文》第一册，香港上海书局 1958 年版，第 67、89 页。

③ 教育部：《1936 年初级中学国文课程标准》，http：//www.pep.com.cn/xiaoyu/yuwenbook/xy_ dsyz/xy20sjzg/201008/t20100820_ 683620.htm。

④ 沈百英、赵景源：《复兴初中国文》第二册，香港商务印书馆 1940 年版。

⑤ 上海书局：《现代初级中学课本语文》第一册—第三册，香港上海书局 1958 年版。

⑥ 中华书局、商务印书馆：《初中语文》第五册，香港中华书局 商务印书馆 1954 年版。

⑦ 印华联合出版社：《印华现代初中文选》第四册、第五册，雅加达：印华联合出版社 1950 年版。

⑧ 冯明之等：《新标准初中国文》，香港大公书局 1954 年版。

⑨ 上海书局：《南洋初中国语》，雅加达上海书局 1953 年版。

续表

	初一	初二	初三
《最新南洋初中国语》		1：5.67① （第三册）	
除了标准之外的平均数	3：24.86	4：13.288	5：26.68
都除了标准之外的平均数，是标准的倍数	3.55	3.322	5.336

　　南洋专用的初中国文、国语教科书语体文和文言文的比例都大大超过了中国教育部的部颁标准，每册课本中语体文的数量大大超过了文言文。初一是标准的 3.55 倍，初二是标准的 3.322 倍，初三是标准的 5.336 倍。平均来看也是标准的 4 倍。

高中国文国语教材文白比例表

	高一	高二	高三
教育部 20 世纪 30 年代的文白比例标准，后来一直实施	6：4	7：3	8：2
《高中语文》第五、六册（中华书局、商务印书馆）			1：1②
《高中语文》第一、二册（雅加达十七出版社）	1：2③		
《新标准高中国文》（香港 大公书局）	1：1.22	1：1.11	1：1.15④

　　离上述教材编辑时间最近的中国国民政府教育部 1948 年《修订高级中学国文课程标准》"选材分配"的相关内容：除适用初中选材分配标准外，第一学年以现代作品为主，唯阅读可采用古代小说名著及浅近语录；精读可采浅易欣赏方面材料，如白居易燕诗等均可酌选。第二、三学年可酌量增选合于学生学习能力之古代作品，其语体与文言约为三与七之比例。东南亚华校高中国文教材我们查考到的比较少，但是通过和民国时期教育部颁行的标准比较，我们也能看到，南洋专用的高中国文教材，白话文的数量大大高过标准规定，高一到高三的语体文的数量都是部颁标准的 2 倍到 4 倍。

---

① 《最新南洋初中国语》第三册，雅加达上海书局 1953 年版。

② 《高中语文》第五、六册，香港中华书局、商务印书馆 1954 年版。

③ 《高中语文》第一、二册，雅加达十七出版社 1965 年版。

④ 冯明之等：《新标准高中国文》，香港大公书局 1954 年版。

（二）相关依据

厚古薄今，注重实用，是国文国语教材编辑应该遵循的原则之一，这是由国文国语学习的目的决定的。著名学者郑子瑜教授介绍《新标准高初中国文课本》时说：

> 一部国文课本的编辑，应该是以使学生学习国语文能得到如所预料的效果，以及培养其阅读并理解今古文的能力为最大的目的。这部教科书对于各类的分配，与所采语体文及文言文的分量，由浅入深，很是得当。又因高中国文原有各旧课本所选的课文，几乎都是清一色的文言文，而这部课本却是文言语体并收，这是很重要的改革。……因为在今日，代表语言以表情达意的工具，文言文已逐渐让位给语体文了。高中学生学古文的目的，应在于欣赏古代文学名著，了解古代的学术思想，与修养阅读古文的能力，而不在于习作文言文，若在高中阶段，只精读古文，而不精读语体文，对于语体文的习作之训练，似乎不相配合。本书文言、语体并选，理由在此。①

《新标准高中国文》的课文编辑顺序和方法，一方面照顾了学生对中国文学源流的学习，文言文阅读水平的提高，另一方面也用现代文对古文进行文学价值和流变的说明和探讨，兼顾了国文教学的传统，又突出了掌握现代语文的学习重点。

编辑国文国语教材坚持厚今薄古原则也与华校学校的华文华语的实际水平有关，因为一般来说，华校学生的华文华语水平比中国大陆是有一定差距的，文牧先生指出了华校学生华文华语水平不高的原因："以中国人本身的生活环境来说，十余岁的孩子到青年期间，耳濡目染，要想增强自己语文的修养，接触和进行的计划极多，可是在海外，其社会环境和生活熏习，就与国内迥异。"②《现代初级中学课本语文》"编者的话"："这套语文课本的课文，以语体文为主，文言文只占小部分，为的是适应学生的程度，使他们在学习时易于有得。"③《高中语文》"出版者的话"就直接指出文言文的目的不是复古拟古，而是古为今用，"选编文言课文，旨在使学生获得一点文言修养，掌握文言工具，提高其现代汉语、文言文的阅

---

① 冯明之等：《新标准初高中国文：样本》，香港大公书局1954年版，第125页。

② 冯明之等：《新标准初高中国文：样本》，香港大公书局1954年版，第145页。

③ 《现代初级中学课本语文》，新加坡上海书局1959年版，编者的话。

读能力及用现代汉语的写作能力，并非要求学生学习用文言文写作，希教师学习注意。"①

三　缺陷较多的教材系统

汉语文的教材模式以文学和语言合编的综合编制为绝对主流，华校中学国语、国文的教材模式也概莫能外。针对教材系统应该包括的五个子系统：知识系统、选文系统、练习系统、导学系统、图像系统②，我们考察了截至 1965 年的 13 套华校中学国文、国语教材。结果如下。

（一）知识系统：长短并存

13 套教材有 11 套包括作家和作品，有两套只有作品，没有介绍作家。有一套介绍了文化常识和文体知识。但所有教材都不包括文字知识、标点符号、基本的汉语语法、常用的修辞组成的语言文字知识和写作知识。我们对照了那个时期国内出版并在国内使用的中学国文、国语教科书，很多还是编有语言文字的相关知识的。比如：1949 年之前在中学国文教学界很有代表性的《新编初中国文》（宋文翰编）和《新编高中国文》（宋文翰、张文治编）（中华书局 1948 年）就都编有语言文字知识，如《新编初中国文》"编者大意"："本书每册之后，附有文章法则，供教者于略读指导时讲授语法、文法、文章体制等之用。第一学年学现代汉语语法，第二三学年训练学生记述、叙述、说明、议论四种文体。"③《新编高中国文》也附文章法则一项，第一学年讲古代汉语特殊语法，第二学年讲文章组织与体式，第三学年讲修辞与辩论术。④

至于华侨中学国文、国语教材的知识系统中为什么没有包含写作知识，我们至今也没有找到令人信服的原因。可能的原因是那个时期华校中学的阅读和作文教材是分编的，但我们又没有找到相关的历史依据。况且，阅读和写作分编既不符合汉语文教材的编写传统，又缺乏充分的科学理据。中国"古代少有专门的写作教材，而主要是通过阅读学习写作，所以阅读教材一般兼具写作教材的功能。"⑤ 清末民初几套代表性教材如吴曾祺编《重订中学国文教科书》"例言"提出"学生至入中学堂，多读

---

①　《高中语文》，雅加达十七出版社 1965 年版，出版者的话。

②　洪宗礼等：《母语教材研究》卷 9，江苏教育出版社 2011 年版，第 148—187 页。

③　宋文翰等：《新编初中国文》，香港中华书局 1939 年版，编辑大意。

④　宋文翰等：《新编高中国文》，香港中华书局 1938 年版，编辑大意。

⑤　洪宗礼等：《母语教材研究》卷 9，江苏教育出版社 2011 年版，第 198 页。

经书，渐悉故事，此时急宜授以作文之法。"① 民国时 1932 年孙俍工的初高中《国文教科书》② 和 1933 年傅东华的初高中《国文》教科书③都是教材读写合编制的代表。按如此观察，阅读和写作分编的华校中学国文国语教材，这样做的结果是背离了汉语文教育读写结合的传统，形成了读写两张皮的局面。而教材的知识系统中不包括语言文字知识，这可能是与汉语文的语言特性有关。汉语和印欧语在类型学上有着本质不同。汉语形式特征不明显，具有很强的意会性、简易性和灵活性。汉语文教材比西文母语教材编制更重视语感培养，"通过阅读逐步熟悉汉语词、语、句的组合关系及其对语义和情味的影响，是培养语感、提高语言素养的重要一环。"④ 著名华文教育家周清海先生就不主张集中向学生讲授语法，以模仿句型为中心，"因为大多数学生在入学前都已经掌握了华语的句子的结构形式。无论他说哪一种方言，其句子的结构形式，有 98% 是与华语相同。如果我们再以句型为重心进行教学，让学生学习他们早已学会了的东西，这将使他们对华语的学习失去兴趣。"⑤ 在新加坡教学华文，又因为"方言与华语之间的差距，并不在语法方面，而是在词汇方面，所以，我主张教学华文，应该以词汇为中心，而不是以句型为中心。"⑥

（二）选文系统：丰富多彩

13 套教材课文包括的体裁有散文、新诗、古诗、说明文、小说、寓言、游记、戏剧、民歌、谚语、科幻故事、谜语、童话，基本上做到了突出传统文化，尊重多元文化。5 套高中教材可能由于贯彻中国教育部的国文课程标准，所选课文中文言文多，这就导致教材突出民族传统过多，其现代化不强，宣传多元文化较差。如《新标准高中国文》六册共 180 篇课文，有 160 篇左右是先秦到民国的文学作品以及与之有关的文史类的文章，占 90%，编入的体现多元文化的文章只有 10%。⑦ 但即便是高中教材，其课文中的语体文比例也比国内通行的高中国文教材高多了（请见

---

① 吴曾祺：《重订中学国文教科书》，上海商务印书馆 1913 年版，例言。

② 孙俍工：《国文教科书》，上海神州国光社 1932 年版，编辑大意。

③ 傅东华：《国文》，上海商务印书馆 1933 年版，编辑例言。

④ 顾黄初：《顾黄初语文教育文集》上册，人民教育出版社 2002 年版，第 87 页。

⑤ 周清海：《华文教学应走的路向》，新加坡南洋理工大学中华语言文化中心 1998 年版，第 114 页。

⑥ 周清海：《华文教学应走的路向》，新加坡南洋理工大学中华语言文化中心 1998 年版，第 115 页。

⑦ 冯明之等：《新标准高中国文》第一至第六册，香港大公书局 1954 年版。

上文文白比例的部分），这就大大提高了上述教材的现代性。

（三）导学系统：详略不均

导学系统应该包括以下内容：导读、注释、旁批、补白和附录等。但是13部国文国语教材有11部有注释（注解、注）的部分，一般是对课文中个别词语的注释。有8部是题解、提示、分析、结构等相当有文章导读的部分。只是有的课本这个部分比较详细，如香港大公书局的《新标准高中国文》①和《新标准初中国文》②；有的就相当简单，只是简单的两句提示，如《现代初级中学课本语文》③。除了注释和导读，其他的内容就没有了。不管是简单的导读，还是详细的导读，注释还算简明，但都没有指出课文的重点难点，用亲切的话语把学生导入学习内容，唤起学习兴趣；提示或失之过简，就是一两句，或失之过繁，思想内容和写作特点，事无巨细，没有给学生留有余地。出现这种状况的原因很可能是那个时期国文国语教材都要配上内容详尽而丰富的教学法专书的，按小学国语国文教材的通例，教学法一般包括教材、教学目的、教学时间、教具准备、教学过程、各科联系和参考资料。教学过程又包括：动机、预习、练习、表演等十项内容。但很可惜至今我们没有搜集到这样的专书。

（四）练习系统：名存实无

练习系统就是作业系统，是学生把语文知识转化为语文能力的重要环节，是学生理解和巩固知识并运用知识练习语言表达的活动内容。但我们收集到的这13套教材都没有这个系统。华侨适用课本《高中语文》课后有一个部分叫"练习"，但内容却不是我们上文练习系统外延的内容，而是如下几个问题：

1. 祥林嫂一生的悲惨遭遇是什么造成的？

2. 作者是怎样从外貌和内心来刻画祥林嫂的？

3. 鲁四老爷是怎样一个人？他是代表着哪些人的？

4. 这篇小说在结构上有什么特点？作者怎样通过景物描写来刻画人物？

5. 朗读这篇课文。④

---

① 　冯明之等：《新标准高中国文》第一至第六册，香港大公书局1954年版。

② 　冯明之等：《新标准初中国文》第一至第六册，香港大公书局1953年版。

③ 　《现代初级中学课本语文》，香港上海书局1958年版。

④ 　《高中语文》，雅加达十七出版社1965年版。

退一步讲，即使我们就承认上面四个问题是练习，这个练习的设计水平也相当低，因为根本谈不到设题的情境化、练习的趣味性和可操作性，更谈不到通过练习培养学生的合作意识，加强专题性作业和课内外相联系的延伸拓展等。这样的练习，只是名义上的，实际上就是课文导读提示。

（五）图表系统：极不完善

13套教材只有南洋初级中学适用的《复兴初中国文》一本书有两幅照片，两张简单地图。[①] 其他各种课本中任何图表都没有。全本教材都是清一色的文字，没有变化，读起来令人感到很沉闷，很难调动学生兴趣。这都是当时教材编制不到位之处。

四　初露端倪的单元组合

（一）没有标志的单元设计

所谓单元组合就是对选文进行集中编排，将一篇篇选文组成相对独立的单元。我们见到的民国时期南洋华侨中学专用的国文国语教材有意按单元组合的很少，15套教材中只有两三套是这样编排的，并且也只是准单元组合。沈百英、赵景源编著的南洋初级中学适用《复兴国文》第二册共40篇课文。编者在编辑的过程中，虽然没有明确在课本上标出哪些课文为一个单元，但是实际的编辑基本上还是按课文涉及的事物进行了大致相当于单元的课文排列。

1—6课可算一个单元，关于"海"。

1.《海燕》（郑振铎）

2.《网眼海滨》（黑婴）

3.《舟中日记》（冰心）

4.《帆》（莱蒙托夫）

5.《红海上的一幕》（孙福熙）

6.《鲸》（贾祖璋）[②]

虽然都是与"海"有关的课文，但是文体不一样，《海燕》《网眼海滨》《舟中日记》和《红海上的一幕》是散文，《帆》是抒情诗，《鲸》是科普性质的说明文。编者把同是具有怀旧情调的《海燕》《网眼海滨》《舟中日记》放在一起。

---

① 沈百英等：《复兴初中国文》第二册，长沙：商务印书馆1940年版。

② 沈百英等：《复兴初中国文》第二册，长沙：商务印书馆1940年版。

虽然基本上是按单元来组合课文，但是又不符合下列真正意义上的单元组合标准：

（1）单元前设置单元学习目标；

（2）课文前配以简短的导读文字；

（3）根据单元教学要求，课文中随机融入相关的语文知识；

（4）单元中的课文应说明其组合的根据；

（5）课文分自读和教读两类，教读者课文前提出学习重点，后设练习，分层次从不同角度进行训练；自读者前设有自读提示，后设自读检测题，单元后设置综合训练，一般包括阅读训练、写作训练和听说训练，并安排相关的语文知识等。①

所以我们说该国文教材采取的是一种准单元组合。

7—15 课可算一个单元，关于"陆地"风景

7.《寄小读者》（冰心）

8.《慰冰湖畔》（冰心）

9.《大明湖》（刘鹗）

10.《自然界的广告》（尤佳章）

11.《鸟的天堂》（巴金）

12.《捉风鸟》（吕金录译）

13.《自然的微笑》（刘大白）

14.《天气》（竺可桢）

15.《冲凉》（李词傭）②

其中关联紧密的课文放在一起，冰心的两篇文章《寄小读者》和《慰冰湖畔》放在一起，《慰冰湖》和《大明湖》都是关于"湖"的，放在一起，前者是美国的湖，后者是中国的湖，中外对照。《自然界的广告》《鸟的天堂》《捉风鸟》因为都是写动植物中鸟类的，所以放在一起，《自然界的广告》是就动植物总体而言的，《鸟的天堂》是写众鸟的，《捉风鸟》是写具体的一种鸟的，视野由大到小，由抽象到具体。《自然的微笑》是抒情诗，是对自然的赞美，《天气》是另一种自然现象，《冲凉》是与天气有关的话题。从一篇课文到另一篇课文，逻辑联系过渡自然。

---

① 洪宗礼等：《母语教材研究》卷 9，江苏教育出版社 2011 年版，第 155—156 页。

② 沈百英等：《复兴初中国文》第二册，长沙：商务印书馆 1940 年版。

（二）文言作品和语体解说

1954 年冯明之、叶讯中、余润棠、潘仲英、区建芝编辑的《新标准高中国文》（香港大公书局）采取了课文和相关文史知识逐一匹配的准单元组合，如第六册第一课是韩愈的《答李翊书》，第二课就是杨荫深的《韩愈及其弟子》；第三课是朱熹的《大学章句序》，第四课就是周予同的《朱熹之经学》……如此下去，第六册的 28 篇课文就自然地形成了 14 个单元。也有一篇文史知识之类的文章上对多篇课文的情况，如该教材第二册，第一课是虞集的《尚志斋说》，第二课是许有壬的《文丞相传》，第三课则是现代文冯明之的《元代的正统文学》；第四课是宋濂的《谢翱传》，第五课是谢翱的《登西台恸哭记》，第六课是刘基的《尚节亭记》，第七课则是与前边几篇文章有关的《明初的两大作家》（冯明之），介绍刘基和宋濂。① 如此编法可以增强学生对于古文的理解，并增进其国学常识。虽然单元前没有设置单元学习目标，但因为是如上编排的，单元与单元之间界限明显，所以学习目标也就非常明确。因为前面一篇课文是文选，后面一篇是其相关的文史知识，所以就根据单元教学要求，课文中随机融入相关的语文知识；课文前虽然没有导读文字，但课文后都有"题解"、"作者传略"、"注释"、"作法分析"和"复习指导"，这也就比较到位地实现了单元组合的基本要求。

---

① 　冯明之等：《新标准高中国文》，香港大公书局 1954 年版。

第三章　民国时期的华文教师

第一节　华校国语文教师的几个来源

一　南来作家与民国时期的华语文教师

在翻检史料的过程中，我们的直觉是，民国时期的华文教师有很多是由中国南来的作家充任的。为了进行一定的量化研究，我们选择了《南来作家研究资料》①，研究了其中中国南来的新马（也有少量的东南亚其他国家）的作家充任教师的情况。之所以选择此书作为研究样本是因为"东南亚特别是新加坡和马来西亚有着为数众多的先期华人移民，华文在海外也得以保留和进一步的发展，再加上新加坡具有良好和便利的交通位置，因此大批华人南下来到此地。"② 学界有一种说法不无道理，在 20 世纪五六十年代之前，新加坡是东南亚（南洋）的文化教育中心。

（一）充任教师的数量

经过查检，我们得知，书中 313 个中国南来作家有 81 人在东南亚（主要是新马）当过华文教师，占 25.88%，1/4 略强。

1. 王秀南 2. 韦晕 3. 温玉 4. 李文彪 5. 吴得先 6. 吴德耀 7. 吴继耀 8. 萧村 9. 萧劲华 10. 邢致中 11. 杏影 12. 许云樵 13. 絮絮 14. 杨嘉 15. 杨骚 16. 许建吾 17. 杨樾 18. 姚楠 19. 姚紫 20. 一梦 21. 汪开竟

---

① 新加坡国家图书馆和新加坡文艺协会：《南来作家研究资料》，新加坡国家图书馆和文艺协会 2003 年版。

② 新加坡国家图书馆和文艺协会：《南来作家研究资料》，新加坡国家图书馆和文艺协会 2003 年版，导论。

22. 以今 23. 陈春德（云里风） 24. 张曙生 25. 郑子瑜 26. 芝青 27. 王恢 28. 张济川 29. 汪金丁 30. 铁抗 31. 谭云山 33. 孙孺 34. 苏宗文 35. 任宇农 36. 邱新民 37. 邱菽园 38. 聂绀弩 39. 杨宗珍 40. 玛戈 41. 马宗芗 42. 马宁 43. 卢涛 44. 柳北岸 45. 刘延陵 46. 刘伯奎 47. 凌叔华 48. 林连玉 49. 梁披云 50. 李铁民 51. 李汝琳 52. 李冰人 53. 许清昌（老蕾） 54. 姜凌 55. 金礼生 56. 黄尧 57. 黄润岳 58. 胡一声 59. 洪丝丝 60. 陈君山 61. 郭史翼 62. 高云览 63. 刘瑜（弗特） 64. 方修 65. 方北方 66. 杜运燮 67. 杜门 68. 东方月 69. 杜边 70. 陈秋舫 71. 陈清华 72. 沉樱 73. 常夫 74. 葛国胜（曹兮） 75. 赵蔚文（白塔） 76. 符红雨（白路） 77. 谢耀辉 78. 巴人 79. 马琳（艾骊） 80. 艾芜 81. 老舍

（二）充任教师的种类

这些充任教师的作家绝大部分是中小学教师，少部分是大学华文教师。如：作家老舍 1929 年在从欧洲回国的途中，在新加坡的华侨中学担任教师，并以新加坡作为题材撰写一部童话小说《小坡的生日》；作家聂绀弩 1922 年 19 岁时来马来亚吉隆坡的任运怀义学担任教员；旅居英国的著名作家和画家凌叔华 1956—1960 年在南洋大学教书，教授中国近代文学史、语法、修辞等课程。

（三）南下的时间和原因

根据《南来作家研究资料》，南下的作家集中于下面三个时间段：

1. 中国内战时期（1920—1930）

如方北方、洪丝丝、胡一声、老舍、杨骚、李铁民、林连玉、柳北岸、谭云山。

2. 日本侵华时期（1931—1945）

如陈清华、东方月、杜边、杜门、方修、高云览、老蕾、李冰人、刘延陵、玛戈、任宇农、铁抗、汪金丁、韦晕、李文彪、吴得先、絮絮、郑子瑜、芝青、张曙生、巴人、许云樵。

3. 日本投降到新马独立（1945—1957）

如常夫、沉樱、杜运燮、弗特、黄尧、李汝琳、凌叔华、刘伯奎、苏宗文、王秀南、萧村、萧劲华、邢致中、杏影、杨樾、姚紫。

从上面的分期看，上述作家南来的原因大致和躲避中国的战乱有关：中国内战时期、日本侵华时期和国共内战时期。如马来亚华校华文教师兼作家任宇农年轻时由于是热血青年又生性刚直，在湖南醴陵女子师范从教时在文字上得罪了一位教育官员，被令从此不得在报刊上发表文章，"加上当时中国政局动荡，便想另谋出路。"①于是便在先到槟城的同乡劝说下，于 1937 年到达槟城，先是办刊不成，后从事教育。但又有些特例，如老舍 1929 年来新加坡就是因为他从欧洲回国，其费用仅够买到从欧洲到新加坡的船票；艾芜南来"一方面以抗婚为外在原因，一方面又以'劳工神圣'的思潮为契机"，② 开始了流浪式的六年海外生活；作家学者汪开竟其父兄都是马来亚钟灵中学的教师，他在华校任国文教师与其家庭影响不无关系。即使都是因为战乱来东南亚，各人的情况也都有所不同，如王任叔 1941 年到南洋是为了协助胡愈之在华侨中进行文化宣传和统战工作。传记作家芝青 1939 年底，随丈夫冯列山受南洋富商胡文虎先生聘请到新加坡编刊《总汇报》。

（四）南来作家任教师的特点

1. 开创了自己的文学事业

在文学创作方面，如 20 世纪 30 年代马来亚最重要的戏剧家杜边当过教师、校长。其创作在二战间达到高峰，反映了马来亚各族人民反抗日本侵略的英勇斗争。在文学研究方面，如：方修，1939 年南来巴生港口，1946 年在新加坡担任小学教师。方修是最先从事马华文学史料研究的人物，同时也是本地人写本地文学史的第一人，其重要贡献是开创了马华文学研究，并使其成为一门独立的学科。他以坚强的毅力，最终编选了《马华新文学大系》这一鸿篇巨制。欧清池博士指出："我们可以把方修称为新马华文文学民族魂的拓荒者，因为他的新马华文文学著作，最全面地呈现了新马汉族的思想与灵魂。"③

2. 长短不一的从教经历

南来作家充任华文教师，从教时间或长或短，最短的几个月，如：老舍 1929 年在新加坡华侨中学教书只有 5 个月。很多南来作家都是短时间做一段教师，得以温饱，然后再干别的；最长的几十年甚至终生，如：王秀南 1949 年南来后，在印尼和新马教课，创办多家华校或担任校长，悉心服务教育界 39 年，终于成为新马著名的学者和教育家。王秀南一生的教育论著甚丰，有十多部，如：《教育学科教学法综论》（台北：华冈出版部，1973）、《东南亚教育史大纲》（新加坡：东南亚教育研究中心，

---

① 王慷鼎：《文采风流的华文老师》，陈荣照编：《槟城钟灵中学校史论集》，新加坡钟灵中学校友会 2007 年版，第 146 页。

② 许燕转：《艾芜的东南亚海外经验与创作》，http://www.docin.com/p-608316002.html。

③ 《南来作家研究资料》，新加坡国家图书馆和文艺协会 2003 年版，导论。

1989）等。一梦（林明心）1927 年南来马来亚，毕生从事教育工作。邱新民是资深的教育家，从事教育超过 50 年，历任中学教师、主任、校长和大专讲师。他是新加坡德高望重的教育家和学者，治学严谨，颇多创见，在东南亚文化界具有一定影响。

3. 促进了华文文学的发展

大部分南来作家充任的教师能够充分发挥其文学才能，帮助其学生提高文学素养和写作能力，如：优秀的华文教育家和协作人苇特（刘瑜）1948 年南来，先后执教于新加坡的中正中学分校、新民中学。长期在教育界工作，长于教育作品创作，在引导学生进行华文创作方面做了大量孜孜不倦的工作，曾编辑学生作品《心花集》达 7 集之多，培育出多位华文作家。新加坡作家刘笔农评论说，"苇特不但勤于写作，而且在她教书生涯的课堂内外都抓紧所有机会把文学写作的方法传授给学生。只要是学生感兴趣，她必定倾心相授，从而使文学爱好者可以逐渐地掌握创作的方法和技巧。而在和她的交往与练习中，学生们也增强了进行文学创作的信心。"[①] 今天活跃在新加坡本地文坛上的一些写作人，包括谢克、陈凡、黄应良和刘笔农等都是苇特当年的文艺学生。所以，她也享有人们赠给她的一个闪光名誉——文学老师。

4. 很多人成为著名学者

其中有的长于研究中华文化，如：吴得先，20 世纪 20 年代毕业于北京师范大学，1939 年南来新加坡，曾任平仪中学校长和南洋女中、华侨中学、中华女中等学府的教员。他具有深厚的国学功底和严谨的治学精神，广泛涉猎中华传统文学和艺术，精于书法，曾创作多部楷帖和行帖作品，其篆刻纯熟老练，勃勃流畅。长于古琴弹奏，新加坡广播电台曾邀他演奏并讲解。他还对印拓、对联、匾额等研究有素。有多部学术著述传世，在新马和中国学术界有一定影响。有的长于东南亚研究，如：许云樵，1931 年南来新加坡，后转入马来亚柔佛州新山任教。他被人们誉为"东南亚研究泰斗和一代学人"。除史学研究之外，许云樵也长于散文、文学评论、小说、诗歌、杂文、戏剧及翻译等多种文学体裁的写作。

5. 不少人干过新闻出版

81 个由南来作家充任的教师中，有 38 人在当教师前后还从事过新闻出版工作，占教师总数的 46.91%，近乎一半。先干教师后干新闻出版的较多，如：杰出泰华报人、著名新闻记者和作家吴继耀，南来后先在印尼

---

① 《南来作家研究资料》，新加坡国家图书馆和文艺协会 2003 年版，第 75 页。

教书，后转往曼谷，任《华侨日报》总编辑。1939 年来新加坡担任《星洲日报》外勤记者，战后返回曼谷并任《东南日报》总编辑。也有的南来的作家先从事新闻出版，后教书，如：著名作家、文艺丛书编辑人李汝琳 20 世纪 40 年代中期南来，先是在印度加尔各答担任《中国周报》和《中国日报》的主编，后来到新加坡的华侨中学、新加坡师范学院和南洋大学任教。

二　国内教育机构为华校培养的教师

因为民国时期东南亚华社自己在本地培养教师的条件和能力有限，所以那个时期的中国大陆，主要是政府承办了很多为东南亚华校培养教师的事情。从华校所设课程来看，国内所培养的华校教师担任国语文课程的应该占有最大比例。

（一）暨南大学的贡献

1. 培养师资是育人重点之一

尽管暨南大学后来发展成了一所以培养华侨子弟为主的综合大学，但在开始阶段却是将为南洋培养教育和商业人才作为两大重点，《暨南学校章程》：

> 本校以召集华侨子弟已在南洋受有初步之教育者，授以适应于南洋需要之知识技能，并发达其爱国思想，俾毕业后从事于华侨教育或实业，冀其事业之改良与发达为宗旨。①

进入民国时期后，暨南恢复时首先设置师范、商业两科。

> 今南洋教员大都来自内地。为教员者苟不明所在地情形，或不谙所在地语言，则教材安能适切，学生家庭又安能联络，故培养适当之教员，自是南洋教育一大问题。②

民国建立后，1918 年 9 月 9 日，暨南学校开学，师范科、商业科、

---

① 暨南大学校史编写组：《暨南校史：1906—1996》，暨南大学出版社 1986 年版，第 10—11 页。

② 暨南大学校史编写组：《暨南校史：1906—1996》，暨南大学出版社 1986 年版，第 13—14 页。

补习科及小学正式上课。侨生 70 人，内地生 40 人，其中师范科 49 人，占 44.55%。师范科分成两个部，一部招收具有小学毕业程度的学生，学习三年毕业，由于报考师范科的部分学生已有中学毕业的程度，为了迅速培养华侨师资，师范科又另设了一个二部，中学毕业生在师范二部学习一年，即派往南洋任教。按照学校的规定，师范科学生免交学、膳费，但"师范学生应在南洋华侨所设高等小学或国民学校服务，其服务年期定为五年，但修业期限增加时，服务年期比例增加。"① 1927 年郑洪年担任校长时，提出要将暨南学校扩充为一所完善大学，办法之一是：

> 暨南学校为辅助华侨归国完成大学教育起见，更应将旧有之中学部极力刷新，力求充实，期与大学部程度衔接，其中尤应注意师范一科，以期为南洋造就师资及教育机关办事人才。②

2. 优待师范侨生

（1）凡曾在本校中学部毕业，在南洋服务 2 年以上的华侨学生，及 1926 年度毕业的师范科学生愿入教育学系者，学膳费全免。

（2）优待南洋小学教员：凡在南洋各埠充当小学教师，愿回国来求学者，经该地学校证明，得免入学考试。③

3. 增加师范生的其他措施

（1）设立女子部。

1922 年《国立暨南学校女子部简章》开办女子部的宗旨：

> 本部招收华侨女子及国内有志海外教育事业者，授以适应于南洋家庭需要之智识技能，以冀普及教育、改进社会与家庭为目的。④

---

① 暨南大学校史编写组：《暨南校史：1906—1996》，暨南大学出版社 1986 年版，第 14 页。

② 暨南大学校史编写组：《暨南校史：1906—1996》，暨南大学出版社 1986 年版，第 30 页。

③ 暨南大学校史编写组：《暨南校史：1906—1996》，暨南大学出版社 1986 年版，第 35 页。

④ 暨南大学校史编写组：《暨南校史：1906—1996》，暨南大学出版社 1986 年版，第 17 页。

照《女子部宣言》，女子部准备先办师范科，以应南侨教育急需，并办补习科。当年初秋，女子部在南京成贤街开学，设师范和补习科各一级。女子师范开的课程：公民须知、教育、国文、英文、算学、家事、手工、图画、音乐、体操等。1923 年夏天，女子部搬进南京薛家巷校舍，增设中学，招收初中一年级学生，并续招师范一级。1925 年，增设高中一年级。

（2）开办侨民师资训练班。

为提高海外侨民学校在职教师的教学水平，受国民政府教育部委托而创办的侨民师资训练班，由暨南大学海外文化事业部主办，1936 年 6 月开始招生，派俞君适赴南洋各地接洽招生事宜。学额 40 人，不分性别，年龄在 20—36 岁，中等学校毕业，并在侨校服务一年以上者方可报名。1937 年 6 月毕业。

（3）兼招内地生。

暨南学校的学生以南洋侨生为主，也招收内地有志于南洋华教的学生。1918 年 5 月暨南学校变通章程，并呈报教育部：

> 凡国内高等小学毕业，其父兄或保护人现在南洋经营商业者，又师范科华侨学生有缺额，而国内学生有赴南洋为教师之志愿，且具有相当资格者，均得适用入学手续，准予入学试验。①

如：1918 年秋，司徒赞得知刚刚恢复的暨南学校办师范科，因华侨学生有缺额，决定招收部分"有赴南洋为教师之志愿，且具有相当资格"的国内生，到南京应考，由于他国学基础较好，又刻苦用功，得以品学兼优而受师范科主任姜琦的青睐，1919 年他作为师范科首届毕业生，由学校推荐到南洋任教。

4. 师范生的数量

清末的暨南学堂 1907 年开办，最后两批侨生 1910 年来校，当时在校学生有 240 人，这当中有不少人后来成为南洋工商业和教育界的知名人士。据《暨南校史》统计，文理商教法五大学院 1924—1937 年合计毕业

---

① 暨南大学校史编写组：《暨南校史：1906—1996》，暨南大学出版社 1986 年版，第 12 页。

本科生 1698 人，1938 年—1948 年合计毕业 1888 人。[①] 这其中肯定有很大一批人到东南亚华校充任了华语文教师。至于暨南建校直到新中国建立后停办，几十年培养的中学生、小学生、短期生肯定也有不少人赴南洋从教，但至今未见相关统计数字。

（二）其他专门学校的师资培养

1. 侨民师范学校

第一国立侨民师范学校，1941 年开办，1949 年停办，招生 13 批，600 人，毕业 519 人；第二国立侨民师范学校，1942 年开办，1949 年停办，毕业学生 12 届，千余人。

2. 国立华侨中学

在云南建立的国立华侨中学第一校，1940 年开办也有四五百人；第二校于 1941 年在重庆开办，到 1944 年有 600 人，大部分为侨生。

上述四个学校的部分毕业生到东南亚各国华校任教。

3. 国内私立侨校

国内私立侨校比较著名的是，陈嘉庚先生出资兴办的集美师范学校。该校 1918 年 3 月 10 日开学到 1936 年停办，毕业生 1076 人，其中的海外侨生师范毕业后回到东南亚各国，在当地华侨创办的中小学担任教师，贡献很大。如师范五组林连玉（采居）毕业后赴吉隆坡，任教尊孔中学，还担任吉隆坡华校教师公会主席和连任八届全马来西亚华校教师总会主席，为当地华文教育竭尽心力，深受新马华校教育界教师、华侨界人士的拥戴。因此，教育部对集美师范学校的肯定意见是："查该校创办多年，著有相当成绩，具所造就之师资尚适合闽南及南洋各地之需要"。[②] 其他如：广州私立华侨大学 1938 年开办，1949 年停办，与华语文教学有关的是中国文学和教育等专业。广州私立岭南学校侨生组，1907 开始招收侨生班，1927 年侨生占该校学生的 1/7。[③]

（三）国内大学服务侨民教育

除暨南大学外，民国时期的很多国内大学也都相应政府的号召，积极为华侨社会培养人才，所招收的学生有些人毕业后就担任了包括华语文教师在内的华校教师。

---

① 暨南大学校史编写组：《暨南校史：1906—1996》，暨南大学出版社 1986 年版，第116 页。

② 佚名：《陈嘉庚与集美师范学校》，http://www.douban.com/group/topic/4492862/。

③ 周南京：《华侨华人百科全书·科技教育卷》，华侨出版社 1999 年版，第 79—81 页。

1. 政府要求国内大学受理侨民教育

暨南大学是国内最早进行华文教育的学校，这早已为世人所知。中山大学、厦门大学等学府也为华侨回国就学提供了比较优越的条件。民国时期，先是要求广州、厦门、天津、南京、北京、上海等华侨来往比较多的城市的大学开展华文教育，到第一次华侨教育会议时又提出：

> 顾升学之地过少常令多人望洋，此后国内各大学必须一律开放，国内个大学内应有适合侨胞之课程，以引起来归之兴趣。侨胞之所感困难者，大都在本国言语之不通及本国文字程度之低浅，各大学苟能与以便利，为之开特班以资补习，为之设所需要者而授之，则来者自日多，而其学成者则又能扶祖国文化以远播海外，于吾民族精神之发展，关系至重大也。①

2. 国内高校尽力办好侨民教育

国内高校也的确按照教育部的规定，尽力做好华侨学生在国内就学的各项工作，尤其是汉语文化的补习工作。例如，《教育部公报》第八年第五期指令第五百五十四号 十年三月十八日，令北京大学呈一件送附设华侨国文补习科草案及课程单，请核示由。该命令的原呈中，北京大学将附设华侨国文补习科的类型、机构、经费、膳宿、每学期的课程设置乃至图书的使用都安排得相当周详。②

三 南洋教师中的革命者

华文教育史研究权威之一的郑良树先生指出："华校涉及政党，恐怕是华族由来已久的'传统'。新式教育的兴办和清朝末年在本区活动的保皇党及革命党很有关系，一些学校真挚于还是他们所创办的，比如，新加坡的中华女校及南洋女中等，为数颇多，一些学校还充斥着与政党有关的教师，比如新加坡端蒙学堂早期十几位教师中，就有八位是维新派人

---

① 中国第二历史档案馆：《中华民国史档案资料汇编》第五辑，江苏古籍出版社 1994 年版，第 986 页。

② 教育部：《令北京大学呈一件送附设华侨国文补习科草案及课程单，请核示由》，《教育部公报》第八年第五期，1921，第 24—27 页。

物。"① 马来西亚培风学校"初创时，曾闻当时有革命党人，为专制政府所不容，只身出走海外者，华侨各学校董事，咸视为奇货可居。辄厚币而争聘之。"② 在此我们重点胪列国民党和共产党涉足南洋华校的一些材料，以此观察南洋革命者充任华校教师的情况。

（一）国民党人在华校担任教师

从 1914 年到 1919 年是中华革命党最鼎盛活跃的时期。根据国民党史料的记载，这个时期新马中华革命党一共有 31 个分部及 16 个支部。国民党将势力伸入华校应该是第二次革命失败的 1913 年，那一年，袁世凯解散国会，诛锄异己。因此国民党同志纷纷亡命南洋，新加坡及马来亚半岛的华校立刻成为他们糊口谋生的托命场所。以新加坡为例，中华革命党新加坡第二分部于民国二年就曾处理过这样的事务：二次革命之失败，该部极量设法收容由国内南来之同志，由邢慧观、黄义华、崔霸东、邢爱群、陈子贤、付兆光同志组织三民公司及救国团。嗣后，又设立华侨工读夜校于报社内，还安插进他们创办的学校，继续宣传革命思想。他们接济过的海南同志有陈岛沧、陈德平、吴伯、洪星南等人。③ 例如，马来西亚百年老校——尊孔中学，建校伊始，就有一群追随中华民国国父孙中山的同盟会会员执教，国文教师罗仲霍是黄花岗 72 烈士之一。同盟会会员张继、田桐、陶成章、苏曼殊到南洋侨校担任教师，传播民主革命思想，增强华侨民族意识，使之更乐意捐助办学经费与送子女入学。新加坡中兴公司主人张诚忠，受荷印邦加、勿里洞各埠华侨之托，代为聘请教员创办华校，张继忠和新加坡中国同盟会负责人陈楚南商议后，通过香港冯自由，代在国内介绍了一些同盟会员或文化人到荷印各地任职。1905 年前后，先后应聘去的人有张继、田桐、易本义、李柱中、时功璧、陈方度、董鸿祎、王嘉、沈钧业、魏兰等 20 多人。后来曾任国民党参议院议长的张继、老同盟会会员田桐、浙江都督陶成章、文学家苏曼殊都曾在泗水、惹班等地任教，宣传中国文化和民主自由思想。④

---

① 郑良树：《马来西亚华文教育发展史》第二分册，吉隆坡马来西亚华文教师总会 2003 年版，第 22 页。

② 《培风特刊　十二周年纪念号》，马六甲培风学校 1925 年版。

③ 郑良树：《马来西亚华文教育发展史》第二分册，马来西亚华文教师总会 2003 年版，第 24 页。

④ 陈国华：《先驱者的脚印——海外华人教育三百年》，加拿大安大略省北约克 Royal Kingsway Inc. 1992 年版，第 72 页。

（二）共产党人在华校担任教师

虽然民国时期国共两党成员到南洋华校任职有不同的背景和目的，但南洋华校是国共两党竞相争夺的阵地，这确是事实。湖南共产党新民学会组织了一批人到南洋教学。1920 年 9 月 7 日马来亚《益群报》报道：

> 湘人之南洋教育运动，教员联袂赴南洋。湘近年来有南洋教育运动之发起，先后来者二十余人，今又有萧君业同及李思安女士往新加坡，黄泳任培智二女士往吉隆坡，均赴彼地教员之约。（昨日）南洋通讯社假楚怡小学开欢送会，到这王季范、方竹雅、彭璜、易礼容、毛泽东……等十余人。①

曾任全国侨联主席的华侨教育家张国基就是其中的代表。张先生1915 年考入湖南省立第一师范学院。1919 年加入毛泽东等创立的新民学会。1920 年，为了提高海外华侨的文化水平和社会地位，宣传国内的新文化运动，受新民学会派遣，远渡重洋，前往新加坡道南学校教书，并兼任华侨中学及南洋女中的教学工作，重要教授国语文，从此开始了他的海外教学生涯。1922 年离开新加坡到印度尼西亚的爪哇，任北加浪岸中华学校校长 5 年。1927 年 1 月回国，并由毛泽东、周以栗介绍加入中国共产党。8 月 1 日参加了南昌起义，任中央独立第一师师长。起义失败后，1929 年再度出洋任教，先后在印度雅加达的广仁学校和八华学校任校长。1939 年 7 月，他与 5 位同事创办雅加达中华中学，带领全校师生披荆斩棘建校，以优异的师资和纯朴的校风驰名。

（三）左派教师因政治活动被打压

1. 20 世纪 20 年代

英国殖民当局发布《1920 年教育条例》规定：学校必须注册，不论现有学校，或新设学校，均须依照本条例中各条件注册；不照以上注册者皆当作不法学校论。不法学校之处罚：①凡在不法学校任职者，即视为违反本条例，经审讯判决有罪后，可罚款至 500 元；②凡学校经监学或副监学或查学员起诉，并得有不法证据后，府官得有权将该校封闭，或颁行其他相当命令。② 根据这一部分的规定，任何学校都必须注册，任何人在

---

① 刘确：《湘人赴南洋》，马来亚《益群报》1920 年 9 月 7 日第四版。

② 郑良树：《马来西亚华文教育发展史》第二分册，马来西亚华文教师总会 2003 年版，第 35 页。

未注册的学校充担任何职务，无论是义务的或受薪的，皆属违法；申请人必须同时申报学校包括教员情况的全部资料，这些规定都不同程度地对左派的华语文教师的正常工作造成影响。然而，从上述法律通过到1925年还是比较平静的，进入1925年情形就变了。至此，国民党的重组完成了，北伐战争即将开始，上海的工人大罢工和广州的沙基惨案激起了民众的爱国情绪。很多华校想要模仿槟城的方式，有意减少招生数量，以避免殖民地政府的检查和控制。这一年修正的教育法首先用来惩罚那些未经注册而仍然上课的教师。同时要求教师在注册时提供更多的信息。这些变化使那些身兼革命工作而又称为教师的人注册更加困难。1925年底有两所华校被宣布非法。1926年2月五个学校的师生以南洋新加坡华侨各界联合会的名义举行会议。该组织是亲国民党，进行反帝宣传，并要建立共产党人政治小组。这样的学校当然不能被注册。此事造成5所学校后来被关闭。1926年共有5所学校被宣布非法，19个教师的从业执照被吊销。教育法被用来防止身兼革命工作的教师重新开设学校或教学。为了避免来自华校的可感知的威胁，海峡殖民地当局1927年又宣布5所华校非法。1928年，13所华校被宣布非法，9所在新加坡，1所在马六甲，3所在槟城。这一年在马来联邦4所华校不被注册，两所学校被认定非法。①

2. 20世纪50年代前后

自1948年英殖民当局实施紧急法令，进行残酷的殖民战争以来，屡次出动大批警察和侦探包围华校，进行大搜查、大逮捕。如1952年12月殖民当局逮捕了马来西亚华校尊孔中学的两位老师和六位学生。教师之一饶小园当年是广受学生喜爱的国文老师，是尊孔中学高一和高二的班主任、华文和历史老师。其学生回忆说他"博览群书，涉猎文、史、哲及经政领域，是饱学之士，且才华横溢，他讲解清楚，视野广阔，高屋建瓴，从容不迫，绘形绘声，妙辞如珠。"② 另一位教师侯聪生1951年毕业于中山大学中文系，

　　　　说得一口流利的标准普通话，教学态度认真，灵活，常自编教

①　Lee Tinghui, *Chinese Schools in British Malaya*：*Policies and Politics*，Singapore：South seas society，2006，pp. 72-82.

②　李业霖：《犹记当年风吹湖上萍——回忆难以忘怀的饶小园老师》，载李方钧《百年尊孔人与事》，吉隆坡尊孔独立中学2007年版，第208页。

材，上课时和林连玉一样，欢迎学生自由发问，有问必答。口才很好，语音清晰。学问和知识很渊博。其演讲词浅易，说来犹如清风拂过水面，自然成文。①

上述两位教师因为秘密组织学生小组活动，向学生宣传进步思想而遭逮捕，饶小园被关押了两个月，侯聪生一去不返，后来被当局驱逐出境。陈君冷，原名欧阳建平，1936 年到 1938 年先在马来西亚尊孔中学任教务主任兼讲授国文、历史和地理，后又受梁披云校长聘请到棉兰苏东中学任教务主任。因开展抗日救国活动被荷兰殖民政府驱逐。1939 年回到吉隆坡，在文良港中华中学任教务主任和国文教员，又积极从事抗日爱国活动，组织师生上街宣传、演讲，组织义卖、义演等，1940 年被英国殖民当局吊销教员执照，驱逐出境。②

3. 教育界人士的警觉

华校中的政党活动在很大程度上影响了正常教育教学活动的开展，专业人士对此有清醒的认识，1948 年教育家郑安伦充任新加坡华侨中学校长，

第一次李先生③约我见面时，所谈的主要是学校和政党的问题。彼此都认为教育是一种神圣的事业，凡献身教育工作者，绝对不能同时作政党的活动。学校为教育的中心，假如有政党参与的话，难免成为政治斗争的场所，这样就无法完成神圣教育的任务。④

四　自愿远赴南洋从教者

和上面几类赴南洋从事华文教育的人士不同，还有很多到南洋从事华文教育的人士都是通过亲友介绍，自愿到华校工作谋生的。

---

① 杨隐侨口述、杨柏志整理：《忆尊孔校友侯聪生老师：故人无恙乎?》，载李方钧《百年尊孔人与事》，吉隆坡尊孔独立中学 2007 年版，第 212—213 页。

② 杨隐侨口述、杨柏志整理：《忆尊孔校友侯聪生老师：故人无恙乎?》，载李方钧《百年尊孔人与事》，吉隆坡尊孔独立中学 2007 年版，第 96 页。

③ 李光前，时任华侨中学董事长。

④ 郑安伦：《半世纪回眸》，载新加坡华侨中学《华中 90 周年校庆纪念特刊》，新加坡华侨中学 2009 年版，第 84 页。

（一）教育界名人的举荐

延聘教员是南洋各埠办学的一大困难，举荐合格教员就成为当时中国教育界名流热心为之的一件大事。江苏教育会会长黄炎培曾多次下南洋各国研究教育问题，对南洋各属之华侨教育详为考察，深知华侨教育关键是缺乏有爱国心又具真才实学、思想开明之教师。黄炎培回国即受陈嘉庚等南洋侨领委托于江浙 30 多所大中学校（主要是中学）延聘华校教师。1918 年 7 月 6 日新加坡中华中学第二次董事会议议决："延聘校长，不拘省界，务取品学兼优，确有经验才干，足为侨生表率者，方克担就重任，但此等资格，诚不易遇，应由陈总理面托上海教育会长黄炎培先生，审慎访聘，苟得其人，则遴选教员，尤所惯熟，可以连带负责，而无所难矣。1918 年 11 月 29 日，陈总理接上海黄炎培先生电话，告以代为聘定校长，同年 12 月 18 日所举行的第五次董事会议记录中，又有有关聘请校长、教员事项的记载：

> 　　校长涂开舆先生，系湖南人，教员李幼泉先生，系安徽人，已于本月七日抵步，另有三教员，下期船可续到，其英文教员，议由本坡选聘，须有师范证书者为合格。[1]

1918 年以黄炎培个人名义或暨南学校名义介绍到南洋担任中小学校校长及男女教员者，就不下 30 余人，如：暨南学校的学监涂开舆和补习科主任许克诚就分别被聘任为新加坡和槟城的华侨中学校长。由于当时南洋各地，只有小学而已，中学校长教师非得到中国延聘不可。再者，当时南洋教育系中国教育之一环，所以南洋设立中学请中国教育当局代为物色师资，是理所当然的事。

（二）乡谊亲属的提携

南洋的华文教师很多有乡谊和亲属关系。南通人李春鸣受黄炎培举荐，于 1918 年 12 月应聘赴新加坡南洋华侨中学任国文教师，最后到雅加达中华中学担任校长。该校早期的教师就有 7 人是南通人，他们是李春鸣、李善基、徐天从、孙守吾、李北昌、李南昌、李道苏。李善基、徐天从、孙守吾和该校校长李善基除了乡谊之外还有什么关系不得而知，但李北昌、李南昌是李春鸣的儿子，李道苏是李春鸣的女儿。据李春鸣的外孙

---

① 邢济众：《华侨中学创办的经过》，载《新加坡南洋华侨中学创校六十周年纪念特刊》，新加坡华侨中学，1979 年版，第 193 页。

女蔡信慧的记述，李春鸣的第二、第三、第四代共有 28 人在中国和印尼也当了教师。宜兴县教师黄冠群携妻赴马来亚应聘任芙蓉中华学校校长。其后，该县和桥镇教师吴雪村、阮春仙夫妇也于民国 21 年（1932）联袂去马来亚，在柔佛地区的三合镇开创了当地第一所华侨子弟学校，夫妻俩分别任学校校长和音乐教师。类此，该县以乡土、亲属关系，相互提携、引荐，相继赴东南亚各地从事华侨教育文化工作的知识分子有数十名之多。与很多华校中闽粤籍教师居多的情况相反，爪哇北加浪岸中华学校的 14 个教员中湖南人就有 9 个，而且 9 人中有 4 个是湖南第一师范毕业，这种状况很可能与时任校长的张国基有关，因为张本人就是湖南第一师范毕业的湖南人。[①]

（三）穷途末路而出洋

无可否认，在南来东南亚华校从事教育的中国人当中，的确也有一些因为能力不强、品行不端而在国内讨不到生活的人。他们跑到东南亚，利用华校缺少教师的机会，采取各种不正当手段而谋得教师的职位。

第二节　华语文教师的基本素质和工作表现

一　华语文教师的出身

（一）南洋培养华文教师的不利条件

东南亚华侨师范教育的先驱是 1906 年成立于槟榔屿的师范传习所，鉴于华校教师缺乏的局面，该地区各国也都在全日制的小学或中学附设师范班或师范专修科，但大多是培养小学教师，如：新加坡从 1917 年到 1938 年，南华学校、南洋女校、静方女学校、养正学校、圣尼格拉女学校陆续开办师范班，但是由于办学规模不大等不利因素的存在，东南亚本地培养的华校师资很有限，如自 1919 年至 1933 年，在东南亚本地师资培养方面比较有名的南洋女学校初级师范班的 12 届毕业生也只培养了 122 名教师。1941 年陈嘉庚发起创办了南洋华侨师范学校，成为新加坡第一

---

① 印尼爪哇北加浪岸中华学校：《印尼爪哇北加浪岸中华学校二十周年纪念册》，1925 年版，第 34 页。

间造就华文师资的学府，唯因太平洋战争爆发，星洲沦陷而停办。[①] 至于中学华文教师，因为条件所限，南洋本地培养的就更少了。

（二）民国时期华校的教师绝大多数来自中国国内[②]

既然南洋自身培养本地华校的能力不足，那么大多数教师就自然而然来自中国国内。根据我们的研究，来自中国国内的华校教师主要有以下几类。

1. 南来作家

分别于中国内战时期（1920—1930）、日本侵华时期（1931—1945）、日本投降到新马独立（1945—1957）三个时间段躲避战乱南来。

2. 国内教育机构为华校培养教师

暨南大学的贡献最大，其他专门学校也培养了一些华校师资，国内大学服务侨民教育。

3. 南洋教师中的革命者

其中既有国民党人，也有共产党人在华校担任教师。他们有的是为了到南洋来以教师身份作掩护继续从事革命工作，有的则是因为在国内革命失败逃到南洋从教糊口。

4. 志愿者远赴南洋从教

有的是教育界名人的举荐；有的是乡谊亲属的提携；有的因穷途末路而出洋。

（三）华校国语文教师素质的总体估价

虽然新加坡华侨中学、马来西亚钟灵学校等东南亚著名华校的教师素质较高，但来自国内的华校教师在数量上远远不能满足实际需要，而且很多南来从教者根本就没有受过专业教育，所以民国时期华校华语文教师的基本素质不高是可以基本认定的事实。现有下列材料佐证。

根据估计，1940 年全南洋华侨学校学校除香港外，总数不下 3000 所，在籍学生不下 27.4 万人，在职教师不下 1.2 万人，就教师而言，大都聘自闽粤二省，其中曾接受专业训练者不及半数，而将教育视为专业者，更不及十分之一。[③] 既然到了 1940 年华校教师的基本素质还如此之

---

① 叶钟铃：《新加坡华文师范教育的起源与演进（1915—1942）》，载新加坡亚洲研究学会《亚洲文化》2011 年第 35 期。

② 参考本章第一节。

③ 叶钟灵：《陈嘉庚创办南洋华侨师范学校及其所引起反响》，载马来西亚陈嘉庚基金工委会《陈嘉庚与南洋华人》，2013 年版，第 197 页。

差，那么其中华语文教师的素质就可想而知了。

二　社会环境对华语文教师的影响

（一）董教关系

1. 董教关系的具体情形

一所学校的优劣，条件虽然很多，但是最重要的先决条件却在于董事部与教师的合作。而这又在于董教双方认清职权，分头工作。当时的实际情形是：

> 各华校均有董事部之设，其职权原为筹措经费，延聘校长，及办理一切对外之事务；而教员之聘请，校政之措施，实非其所宜干预。然亦有董事部干涉校政、越俎代庖，任意更换教员，夺其所憎，予其所爱者。……为校长者，其品学与经验，不足以服人者，固毋足论；间有具优良之品学与丰富之经验，每因董事部之干涉，使其一筹莫展，以致知难而退者，亦不乏人。为教员者每因位置之不安定，存五日京兆之心，或因生活欠佳，未能"乐业"有见异思迁之举。而同事之间，亦有以畛域之见，背景之殊，而彼此攻，尔我敌亲；甚至植党树派，互相倾轧者。①

当时的华校流传着一个笑话：推荐教师的甲乙两派董事势均力敌，便抽签决定。对此有人感叹：教职员至是，已等于彩票。而教育的前景越发不堪问了。② 董事部越权干政，导致学校教师聘任和管理异常。

2. 实现董教关系正常的途径

（1）董事部乐于放权。

处理好董校关系的主动权在董事部。新加坡华侨中学董事长李光前先生曾对该校校长郑安伦说：

> 华中一向好像是一个大家庭，董事长是家长，但是实际上处理校务的还是校长。好像南益公司一样，我虽然是东家，是家长，但是一切业务，都是由经理去处理。所以当校长的一人，就应该操实权，以

---

① 左人：《侨教之我见》，载《森美兰华联中学十二周年纪念特刊》，1949 年版，第 35 页。
② 马来亚吉礁华侨中小学校：《马来亚吉礁华侨中小学校建校纪念刊》，1941 年版，第 57 页。

精明果断的精神，合理地去处理一切校务。至于学校的经费完全由董事会负责，校长不用担心。①

（2）校长教师尽职尽责。

为使董校之间的关系正常化，一方面，董事部要敢于放权；另一方面，校长和教师一心向教，无私奉献。印尼直葛中华校长刘宏谟在《直华最近六七年间复兴工作的总检讨》中认为近年复兴工作颇有进展的原因之一是："直华在最近六七年间，除经济权外，校务进行皆由董事部信任校长听从其主持发展的"。在多数华校校长为董事部所左右的大环境中，该校校长为何能够比较独立地开展工作呢？"尽力为公宜争公理，为理想谋实现，事前不因主张不同而迁就私情，事后不因公务而伤私感，这种良好的从公态度不仅在同事间保持多年，并且和直华的总理及董事部也常拿坚决的意见据理力争，我觉得一个学校最忌的是教员间滥用私情，贻害公务，暗中欺骗，表面奉承。""对于董部从未迁就夤缘，因此才形成直华董部不以苦力雇员看待教职员的习尚。"②

（二）社会对华语文教育的态度

民国时期东南亚华侨社会的环境不利于华语文教学，对此当时的华语文教师深有体会，

　　东南亚一带，素有文化沙漠之称，国文师资非常缺乏，又兼精神食粮的源泉枯竭，文化人或教师在这种环境里，往往会不知不觉地退化下去。回首南洋的华侨社会，不仅对中学生的国文没有助力，反而有一种无形的阻碍，因为南洋的政府机关以至银行商店、文件账目，都用英文为主，华侨社会遂有能通英语、说英语为便利为光荣的观念，有些华校为适应环境，十分注重英文，除国文一科外，其他各科亦有采用英文课本，以提高学生的英文程度。教育的目的要顾及社会的应用，采用此措施原未可厚非，惟以一个国文教师和发扬祖国文化

---

① 郑安伦：《半世纪回眸》，载新加坡华侨中学《华中90周年校庆纪念特刊》，2009年版，第84页。

② 刘宏谟：《直华最近六七年间复兴工作的总检讨》，载《直葛中华中学卅周年纪念册1906—1936》，印尼直葛中华中学1936年版，第175页。

的立场，对此现实不能不感到茫然！①

（三）教师待遇

民国时期的华校教师其生活是比较清苦的，横向比较很显贫困：

欧美各国教师之待遇如何，吾人不必妄谈。当地英文学校教师之待遇如何，吾人不必妄谈。即就马来学校之教师与华校教师之待遇而言，即不觉令人心灰而气短。马来学校助理教员月薪三四十元，教员一百元。马来教师有加薪的规定：任职 20 年则有恩俸也；教师之私家住宅，则由学校供给。产生儿女，则另加薪俸。华校之教师普通月俸不过五六十元，中学教师除外，甚则二三十元，不减薪则已万幸，遑论年工加薪；华校教师任职满二十年者也有，但没有听说有恩俸。华校教师大都住校，有妻室者只好自己解囊，另外租房。倘生儿女自认晦气，甚至有教师之子女也没有免费求学的优待。其地位毫无保障，董事改选，随即更换，社会人士不以为怪；华校教师与董事发生意见的，不问其才德如何，也必遭辞退，社会人士也不以为怪。在这种情形下，谁愿意批董部之逆鳞以自取其祸？于是五日京兆之想，油然而生，纵有改革计划，终不如学金人的闭口，得过且过。敷衍了事的观念，便成了教师的中心思想。②

三　华语文教师的工作情况

（一）工作表现

在上述华社环境中，民国时期的华校的确有少数刁民教师"混迹于教育界，一味讲求'喇叭铜鼓唱歌跳舞'之八字诀，于教学：注入式；于管理：监狱制；于训练：藤鞭主义"。③ 但大多数华校教师还是凭着一颗丹心而为中华民族在海外的教育事业默默奉献，"既然是献身于教育

---

① 吴人俊：《漫谈国文教学》，载福建女学校《福建女学校 30 周年纪念特刊》，1950 年版，第 39 页。
② 庐：《选择优良小学教师之标准的商榷》，载英属马六甲华侨公立培风学校《英属马六甲华侨公立培风学校二十周年纪念刊》，1935 年版，第 89 页。
③ 庐：《选择优良小学教师之标准的商榷》，载英属马六甲华侨公立培风学校《英属马六甲华侨公立培风学校二十周年纪念刊》，1935 年版，第 89 页。

界，做个培植下一代国民的教育工作者，就必须具有埋头苦干的傻劲精神，才不会因面临困难而敷衍塞责，因待遇微薄而减退工作热力，因社会鄙视而中途变节；因为我们所从事的这项事业，关系到整个国家的兴衰和整个社会的发展与停滞。为将来的国家社会着想，为孩子们的前途着想，是我们教育工作者的本职。"环境虽严酷，斗志却坚强，"虽然不合理的社会，藐视了我们，鞭笞了我们；不能使我们无挂无虑地走这条路，不能够给我们起码的生活要求，然而，本身的问题，往往要靠本身去求解决才有效力，我们在这到处受唾弃受泼冷水的境遇下，要更真正做到'吃下去的草，吐出来的乳酪'，加强工作的效率，苦守本身的岗位。用这些，来转移社会的风气，争取别人的同情和支持。"① 吉隆坡尊孔中学的张荃老师"很重视课堂教学，准备工作做得十分充实，讲文言文，引经据典，广征博引，字与句都解释得很清楚明白，文章结构，分析条理分明，绝不含糊带过。同学们在古文的学习上获益良多。"② 沈慕卿回忆五年余在平民之粉笔生涯，"口讲笔划，兼管训育，每日辰起辛止，从无片刻休息，汗流浃背，干湿由之，有类农夫。"他举例说，学校教授不注意笔顺，常写错字失整欠秀，为通常的现象。他教学生字先给学生演示笔顺，第二步则油印每天课本的生字，附有数个字笔顺，给学生在家临印，第二天早晨交来，从无间断，收效甚大。"学生已知笔顺，再而笔迹整秀，三而生字之音义，皆易于记忆。但油印附以笔顺，不易写印，费时很多，每次写印1小时。"③

（二）任课情况

在任课方面，这些华侨学校的小学教师很少只教一门国语课，一般是国语和其他两三门课同时教，如，有的老师教国语、算术、常识和英语，有的老师教国语、音乐和唱游，有的老师教国语、算术、常识、体育和唱游。这些小学教师大部分都有在国内外任教的经历，尤其是在华校任教的经历。印尼苏岛先达中华中学暨附属小学的十一个教员，8 个教国语及其他学科，没有专教国语的，如：

杨映波：校长，高级国语、史地、初级常识；

① 李光仪：《苦守岗位》，载马来西亚和丰《兴中校刊》，1949 年版，第 86 页。

② 毅人：《缅怀张荃老师》，载李芳均《百年尊孔人与事》，吉隆坡尊孔独立中学 2007 年版，第 216 页。

③ 沈慕卿：《平民学校创办初期之经过及教学回忆录》，载马六甲华侨公立平民学校《马六甲华侨公立平民学校第一届高小毕业特刊》1950 年版，第 48 页。

李树人：教员兼教务主任及级任，高级国语、史地、算术、全校艺术；

利天香：教员兼游艺指导及级任，初级国语、算术、音乐、尺牍①；

华校中中学华语文教师任课的情况与小学相似，一般也不单教华文课，新加坡南洋女中国文老师有 9 人，只有 3 个专教国文，其余 6 个还教其他的课，只是所任课的门数一般比小学少一些，如：

谭西池：国文数学教师；

陈瑞兰：国文地理教师；

李今玉：国文历史教师。②

南洋女中在民国时期的东南亚比较有名，办学也相当正规，该校的国文教师尚且还兼任别的课程，至于那些一般华校的中学国文教师就应该更是如此了。

（三）教学媒介语

谈华语文教师的工作表现就不能不谈其教学媒介语——华语的使用水平，因为教授华语是其身份标志和工作目的。民国时期华校开始都是由方言族群建立的，教师和学生讲话都离不开建立者所属的方言，广府人建立的学校讲广府方言，闽南人建立的学校讲闽南话，海南人建立的学校讲海南话。新加坡中华中学 1919 年率先在南洋打破方言界限采用国语教学，之后许多华校也在祖国国语运动的感召下纷纷效法。中国政府教育部也曾命令华校教师要使用国语教学。1934 年 8 月 20 日，教育部与侨务委员会公布《修正侨民中小学规程》，第三十一条规定：侨民中小学教员，以服膺三民主义品性良善（如无不良嗜好等）、学历相当（如国语文教员须国语文通顺等），并且左列资格之一为合格。③ 第十七条规定：侨民中小学除外国语外，一律以国语为教授用语，小学不得采用文言教科书。④。尽管有教育界的提倡和政府的要求，但大多华校的教师讲课还是或多或少地夹杂方言。

1. 创校者籍贯的影响

马来西亚尊孔中学的教师主要来自广东和福建两省，其中客家人比例

---

① 苏岛先达中华中学暨附属小学：《苏岛先达中华中学暨附属小学创校四十三周年纪念特刊》1954 年版，第 76 页。

② 新加坡南洋女子中学：《新加坡南洋女子中学校刊》1948 年版，第 25 页。

③ 中国第二历史档案馆：《中华民国史档案资料汇编》第五辑，江苏古籍出版社 1994 年版，第 930 页。

④ 中国第二历史档案馆：《中华民国史档案资料汇编》第五辑，江苏古籍出版社 1994 年版，第 931 页。

很大。校长余思庆的国语常夹杂客家话口音，他上台讲话喜欢先说："播哥"两字，其实就是华语"报告"两字，同学们就顽皮地叫他"播哥"。① 该校早期毕业生李自洪回忆，1941 年 1 月某日，尊孔初一 A 班开课了。语文第一课：《情景》，由班主任古清复讲授。古老师不讲普通话，用地道的客家话诵读："可惜我不是一个画家，不能用一支毛笔画出许多情景——。"一段未了，同学们多面面相觑，感到失望。原来，同学们来自闽、桂、粤各省，古老师用客家方言描绘的《情景》尽管入木三分，还是因语言不通而曲高和寡，有的同学还显示出埋怨的情绪。②

2. 主要教师的影响

马六甲培风中学的何大愚老师讲的是广西官话，他在培风服务的时间最长，他曾自编会话课本，从低年级教起，所有的学生有如小孩子跟保姆学讲一样的口腔，其声调声韵与何大愚老师同出一辙，于是"何大愚国语"就成为"培风国语"了。这种国语，成了独特的语言，他校和他地都没有。许多毕业校友到外地及中国升学，与人交谈，常被人戏谑。民国二十二年，沈慕羽进入该校执教。翌年，杨仿炉集美师范毕业后也加入该阵容，于是沈慕羽和与杨仿炉及沈慕周毅然决然发起语言革命。无论交谈或教学所发语言，都根据注音符号拼音。各班老师和同学也都纷纷响应，最后连何大愚老师也从善如流学讲标准语，广西官话在培风中学已成绝响了。③

第三节　民国时期东南亚本地汉语教学的开创者之一——蒋克秋

民国时期，尽管华校国语文教师水平一般不高，但也有杰出人士，比如新加坡的华文教师蒋克秋就是一个典型代表。他的国语教学著述在当时的南洋，乃至全世界也是很多的，有自己颇有见地的教学主张。我们探究

---

① 万家安：《李福让访谈录》载万家安《百年尊孔峰与谷》，吉隆坡尊孔独立中学 2007 年版，第 239 页。

② 李自洪：《忆师篇》，载李芳均《百年尊孔人与事》，吉隆坡尊孔独立中学 2007 年版，第 105 页。

③ 廖文辉：《华教历史与人物论集》，策略资讯研究中心，selengor 马来西亚 2007 年版，第 177 页。

其教材，可以有助于了解其人、其事。

蒋克秋先生
Mr.Tsiang Ke Tsiu.

一　蒋克秋其人

（一）生平

蒋克秋（1906—1991），祖籍福建闽侯。他在福州的英中学院接受教育，后来随从其在南洋任教的哥哥南来，先后在新加坡和马来亚的华校教学。1939 年，蒋克秋开办了自己的学校——中华国语学校，坐落在 Short Street（短街）。在 1946 年 10 月 17 日《海峡时报》的一篇文章中，他的学校被认为"可能是马来亚唯一在白天和晚上都上课，教华文也教英文的学校。"1947 年，他的学校招到 1000 名学生，并有 16 位职员。开始他的学校只教普通话，后来该校就多样化了，提供升学院和大学考试的准备课程。教授的课程包括科学、生物和会计。该学校一直运营到 1962 年房主收回了房子为止。在晚年的一次受访中，蒋克秋提到新加坡第一批内阁部长之一的吴庆瑞，就曾在他的学校上过一些课。新加坡首任总理李光耀在其回忆录中也提到，在日本占领时期，他也曾拿着蒋克秋的《国语易解》学华语。蒋克秋的华语入门书至少在 11 所英文学校使用过，这些学校为学生准备剑桥考试服务。他的教材还被普及至海外，伦敦大学的汉语教授 W. Simon 多次写信寻求蒋克秋允许使用其书中的一些材料。①

（二）著述

根据目前我们见到的资料，蒋克秋一生共有 22 种著述，其中国语教

---

① Ang Seow Leng, *Progressive Mandarin readers Selections*：*early titles from the National Library*，Singapore：National Library Board，2013，p. 54.

材三种：《中国国语易解》三卷、《国语进阶》二卷、《高级国语读本》二卷；方言教材五种，如《粤语易解》三卷；汉语文读物六种，如《中国成语》；汉外辞典六部，如《实用英汉字典》；纯英文读物二种，如《普通英语会话》。直接为汉语教学服务的教材包括国语类和汉语文读物加起来数量最多，影响最广；其他种类的著述，也大都是为汉语教学服务的。

（三）强调国语学习

蒋克秋虽然编写了一些方言学习的教科书和词典，但更重视国语的学习。在《高级国语读本》的前面有一篇相当于自序的短文："学习普通话的重要性。"他在其中阐述了下面几层意思。

1. 使用方言的副作用

我国存在众多的方言，使得我们在建设一个强大国家的过程中不能做到具有实质意义的平安、和谐、和睦。

　　　　原因在于过时的方言是令人迷糊的系统，当人们遇到这些方言时，或多或少地在普通话之上就多了一些不规范的东西。在国家以正常的规模发展时，对整个工作体系而言，这些就成为不断发展的烦扰和障碍，导致不断的争吵、失误、彼此不关心和低效。可贵的一个个小时直至整天整天都在迷糊的翻译和解释中被没必要地浪费了，然而这些本应是精确的、做得很好的，但在拥有不同的心理状态和不同的思维模式的大众之间永不能在总体上令人满意。[1]

2. 从国家的高度强调学习普通话的重要性

从国家的角度来看，最根本的一点是，共和国的每个成员都应该坚持获得标准语的基本够用的知识，如果在这个国家内有这么一种标准语的话，它的成员又因组织得很好而步调一致、互相合作、体现集体主义，那么前面讲的全中国每个成员都应正确学习的国语就是普通话。思想上、感情上和行动上团结一致，于是整个国家就将能够与其他国家保持密切合作，而大踏步前进，并且与世界的进步保持一致。[2]

3. 在资讯发达的时代更不能使用方言

蒋克秋站在当时世界发展的潮头，认为特别是当今，最紧迫的是，普

---

① 蒋克秋：《高级国语读本》，新加坡勤奋书局 1946 年版，序。

② 蒋克秋：《高级国语读本》，新加坡勤奋书局 1946 年版，序。

通话应该成为中国人的一种普通语言，因为他看到"大众正通过无线的系统向其他人传递新闻和其他信息被发展到一种效率很高的状态，并且更密集，随着时间的过去，进入了一种更完美的境地"。如果所有的中国人都接受了普通话作为一种一般的语言，"将使他们阅读并懂得每天的报纸、杂志及国家的其他文献，而这些适合国家作为一个整体的思想和感情，也适合这个国家的每个成员，最大限度地贡献于国人之间的团结、和睦和相互理解，不只是在中国，而是贯穿于全世界，不管他们在哪里。"①

二　蒋克秋国语教学的特点

（一）突出汉语作为继承语教学的特性

早期的海外国语（华语）教学比较明显的误区是没有明确意识到海外的国语（华语）教学不同于大陆的国语教学，前者是继承语教学，而后者是真正的母语教学。因此在教学方法上就没有把"培养学习者具有在现实生活中自由用汉语进行交际的能力，而且要在最短的时间内取得最佳的学习效果"作为教学的终极目标。② 所以还是沿用国内国语教学以提高阅读能力为主的老路子，上课注重知识的满堂灌，而轻视能力的培养。这就在语言教学的根本思想上存在重大缺陷。John Erskine Thomson 博士1938 年 4 月 1 日给蒋克秋《中国国语易解》所做的序言指出了以前海外汉语教学的短处：

> 该书明显地最有趣，也最容易，比以前所有的书都高明。其他所有所谓的体系都在一个方面失败了，因为他们让学生学习这门课程的太多知识，立即向学生介绍大量的汉字，对这些汉字学生没有什么认识，也不向学生解释构成该语言熟语的汉字组合，学习者因为不懂意思就像挣扎于没有确定性的海上。在研读了各种词典和其他书之后，学习者仍然不能获得他们要求的途径之任何帮助。最后，他变得无助无心而放弃了学习。

Thomson 博士分析了蒋氏的汉语教学与同类人的差别：

> 使用该书的体系，所有令人恼火的根源都移除了，学习的途径变

---

① 蒋克秋：《高级国语读本》，新加坡勤奋书局 1946 年版，序。

② 赵金铭：《汉语作为第二语言教学：理念与模式》，《世界汉语教学》2008 年第 1 期。

得容易了。开始的练习很简单，容易并循序渐进，适合一般的智力水平的人。学生被带着说，好像被牵着手，从最简单的汉字着手，然后是两个汉字的组合，三个汉字的组合，等等。学习路上的每一步都通过大量注释和例证得到清楚的解释。因此学生如果像他本来应该的那样专注于学习，他肯定能快速获得成功。①

(二) 使用英语进行解释

针对性是教学的首要依据，教学质量的高低，很重要的一点就是看针对性的强弱。蒋克秋编写的华语教材具有很强的针对性，用英语讲解华语，应该是其中的重要原因之一。黄琬在蒋氏所编《高级国语读本》序言中指出："南洋各地侨生儿童，多有先入英文学校；程序颠倒，至有英文精通，而于本国文字犹为人窃笑目不识丁者，比比皆是。""是书于国语注音符号之外兼用英文切音足使曾习英文者，感其便利。"② 中国大陆和南洋通用的国语文教材固然没有编者用英文讲解华语，就是大陆学者专门为南洋编写的华语文教材，如大陆著名教育家沈百英为南洋编写了十来种国语教材，也没有一本用英文来讲解华语。而蒋先生的华语文课本不论是方言教材，如《厦语进阶》，还是国语教材，如《高级国语读本》和《国语进阶》都采用英文做辅助手段，具体来讲，给汉字标音有的只用威妥玛拼音，解释也使用了英文，如：贤 hsien^2 virtue virtuous③；有的注音字母和威妥玛拼音兼用，如：量 ㄌㄧㄤ^2，liang^2，To measure amount④。华语的课文都给出了英文的翻译，如下页图所示。④

该书的序言指出了蒋氏如此编写的另一个好处是省却了读者许多学习的麻烦，"相对于过去那些干涩的垃圾教法，该书有明确的优点——省掉了携带乏味和落伍的各种字典，这些字典中的多数对其要达到的目的来说已经无用。在这本书中，汉字的下面给出了它们罗马化的等价物，更重要的是汉字的联合隐含了与语言相对应的熟语，这些都被小斜线正确地标示出来，使学生们快速地掌握，这中间运用了翻译，而不用像以前那样浪费时间使用一般的字典在耗费了很多精神和情绪烦扰之后才将一个个汉字和

①　蒋克秋：《中国国语易解》，新加坡勤奋书局 1938 年版，序言。
②　蒋克秋：《高级国语读本》，新加坡勤奋书局 1946 年版，序。
③　蒋克秋：《高级国语读本》，新加坡勤奋书局 1946 年版，第 5 页。
④　蒋克秋：《高级国语读本》，新加坡勤奋书局 1946 年版，第 7 页。

其意义对应上"①。这里就涉及对翻译法在语言学习中作用的评价。一个时期以来，一些新的教学法（如直接法、视听法、认知法、功能法、任务法）在第二语言教学界纷至沓来，传统的翻译法似乎该寿终正寝了，但是在第二语言教学实践中，直接法和听说法流行时那种绝对排斥母语的理论和做法早已过时，新的认知语言学理论对传统的语法——翻译法做了重新评价，肯定它在第二语言教学中的积极意义。人们越来越意识到，翻译是对比研究的一项重要手段。如果说，只有通过汉语与外语的对比才能更好地了解汉语，那么同样，只有经过将汉语译成外语的研究和实践才能更好地发现汉语的特点和规律。在应用上，一个非常实际的问题是，汉语目前不具有像英语那样的地位：对外英语教材可以做到完全用英语编写而不用任何外语；但对外汉语教材，特别是初级教材，现在还离不开外语尤其是英语的翻译。在某种程度上我们甚至可以说，英语起了帮助汉语走向世界的作用。作为广义的对外汉语教学，其中一个组成部分是中国文化教学，许多外国人对中国和中国文化感兴趣，是他们学习汉语的动机之一。但是，要求他们全都先学好了汉语再来学中国文化，这是不现实的。在这种情况下，利用英语或学生的母语讲授中国文化往往是一套课程的组成

---

① 蒋克秋：《高级国语读本》，新加坡勤奋书局 1946 年版，序。

部分。

（三）紧密配合剑桥考试

民国时期的东南亚，获得剑桥考试证书，那是证明学生学业优秀，升入大学深造或直接进入职场的有效证明，该证书在当时的英属海峡殖民地含金量之高也是尽人皆知的。蒋克秋汉语国语教材的编辑出版就满足了华族学生学习华语的上述愿望。①

　　蒋先生最近的著作名为《高级国语读本》，该书是为那些准备参加剑桥考试的学生而出的，因为普通话——中国国语已经是被包括在剑桥试卷中的一种语言。②

但是华族学生却不能从中国大陆和其他渠道得到与华语（国语）剑桥考试很合拍的教材，在这种情况下，蒋克秋的华语教材就具备了很强的针对性，正如《海峡时报》评论说："使《高级国语读本》有价值的另一个特点是从另外的渠道得到了相近的课本。最近发现从中国得到教材很困难，蒋先生的近作应该至少满足了这种需要。然英俊之士，视国语为国人必修之文字，挚挚学习，则亦不乏其人。蒋克秋《国语易解》与《国语进阶》二书之出即所以应其需求者也。"③ 我们看到无论在《国语进阶》，还是在《高级国语读本》中，编者都给学习者准备了多套剑桥华语（国语）考试的模拟题，可以设想学生做了书中的模拟题，对通过剑桥华语（国语）就很有帮助了。与之形成对照的是民国时期中国大陆出版的国语教材至今还没有见到有将学和考结合得如此紧密的。

民国时期剑桥华语（国语）考试的试卷是什么样子呢？我们看 1933年 12 月的"剑桥大学的本地考试：初级华语（国语）"：

1. Translate into English

　　一时宝玉来了，宝钗方出去，宝玉便问袭人道：怎么宝姐姐和你说的这么热闹，见我进来就跑了？问一声不答，再问时，袭人方道：你问我么？我那么知道你们的原故？宝玉听了这话，见他脸上气色非

---

① Tan Yap Kwang, Chow Hong Kheng, Christine Goh, *Examinations in Singapore: change and continuity (1891-2007)*, Singapore World Scientific Pub. Co., 2008, p. 34.

② 蒋克秋：《国语进阶》，新加坡勤奋书局 1940 年版，序。

③ 蒋克秋：《高级国语读本》，新加坡勤奋书局 1946 年版，序。

往日可比，便笑道：怎么又动了真气了？

2. Translate into English

　　波斯有老人，倦于事，呼三子至，曰：我一生辛苦，积田若干，屋若干，衣服器皿若干；今老矣，无能为矣，均产为四，授汝曹各一，我留其一以乐余年。三子皆拜受。老人又曰：我有名马十匹，宝剑一双，未知所授；今令汝曹出游，以三月为期，于其归也，各以所为告我，我择其行之惬我心者予之。三子皆诺。

3. Translate into idiomatic Chinese（国语）
六个英语的句子。
另外 Translate into idiomatic Chinese（国语）
一段英语故事。
或者 下面三个题目，选其一，写一篇 100—150 词的短文。①
我们再看看蒋克秋出的模拟试卷：
Test 5（测试五）
（Based on the model of the Cambridge Examination Papers）

1. Translate into English
一段语体文。

2. Translate into English
一段浅易文言。

3. Translate into Chinese（文言或国语）
一段英文②。
　　通过对比，我们就很容易就知道，蒋克秋设置的剑桥国语考试模拟试卷与剑桥国语考试的真题其题型是基本一致的。
　　我们再来看一下，其他学者为南洋华校生设计的国语测试题：

1. 问题（第一课和第二课）
山东省人口的密度和东三省相比怎样？

2. 选择法（第三课和第四课）
阿尔萨斯洛林二州的地位，在法国：

---

① 蒋克秋：《国语进阶》，新加坡勤奋书局 1940 年版，第 31 页。
② 蒋克秋：《高级国语读本》，新加坡勤奋书局 1946 年版，第 61 页。

（1）西境（2）南境　（3）东境　（　　　）

3. 是非法（第五课和第六课）

周慕豪将从北平开拔到边疆，去堵御敌国的侵略。　（　　　）

4. 词句重组

稻田的一方方隐现我的脚下都在。

_____。

5. 填充法

父亲在南洋，来信常说要来，_____总没有来。

6. 辨别用法（总复习）

稠密的（1）土地（2）道路（3）人烟（4）书籍（　　）

7. 改正错字（总复习）

慕杰提起笔来，疑了一个电稿；打给他的哥哥周慕豪。_____

改_____。

8. 辨明是非（总复习）

欧战以后，阿尔萨斯洛林二州，已经被法国人光复了。（　　　）

9. 填入表心情的词语（总复习）

（1）那小孩体格壮健，气概轩昂，笑嘻嘻的站着，很惹人_____。

10. 从反面说的话改做从正面说（总复习）

岂不可惜可叹！_____

11. 改文句的前后次序（总复习）

他们好似鸿雁一般，春季北去，秋季南归。

_____。①

　　通过对比，我们知道李卓民编写的国语练习，考察阅读理解的内容比较多，考察实际语言交际技能的内容比较少，大概是5：5，不仅不符合语言练习的要求，更与剑桥华语（国语）科的考试形式大相径庭；而蒋克秋的模拟考试题就基本上克服了上述不足，"将一种语言翻译成另一种语言是对一个成功的剑桥考试应试者基本的要求。作者在其第一卷下了很大的功夫将每一篇汉语课文翻译成英语，并为学生着想建立了一个测试清单。"②

---

①　李卓民：《最新南洋华侨小学国语读本测验练习本》第八册，新加坡中华书局1947年版，第25—65页。

②　蒋克秋：《国语进阶》，新加坡勤奋书局1940年版，序。

（四）强调国语文的特点

蒋克秋编写的国语教材从汉语文的特点出发，教给学习者一些掌握国语文的捷径：

1. 通过明白语音原理学发音

民国时期绝大部分国语教科书，包括专门给南洋编辑出版的国语教科书讲到汉语的声调时只是单纯告知学生某个字是几声就完了，一般都不理性地讲解四声的发音要领。蒋克秋编写的国语课本讲到四声并不是简单地要学生模仿，而是具体讲解，并图示。他说："第一声就像：——英语字母表中的 A，B，C，D，C，E，等等，一声都是一个连绵不断的声音：——→（连绵不断）。""第二声就像：——What！（一个对无缘无故评论的讽刺或惊奇的回答）：↗（上升的）。"（《国语进阶》第一课）在讲到"ㄗ（ts）"和"ㄘ（ts'）"时告诉学生前者是不送气的（unaspirated），后者是送气的（aspirated）。①

2. 通过认识形声字掌握汉字音义

汉字虽多，但大都是有章可循的形声字。蒋克秋认为："所有的汉字大体上都可以根据其构成方式分为六类。这六类中，有一类特别普遍以至于四分之三的字都是这样构造的，简单说就是，每个汉字都由两部分构成，即形旁和声旁。前一部分给出该字大致的或相关的意思，后一部分给出其声音。所以，如果你学过 214 个左右的形旁和差不多等量的声组，你将明了所有汉字的意思，这些你没必要逐个字学。写汉字的方法更简单。运用任何 50 个左右的汉字，练习其笔画的顺序，直到你把它们记下来，于是它们就能自然便利地形成了。"② 蒋克秋在讲到"radicals"（形旁）时指出：

> 大多数的汉字都是表形又表声的，因此在每个这样的汉字中就有一个被认为是汉字分类者的形旁，它指出构成汉字的符号和意义。有关这样的每个汉字的形旁的知识可以帮助学生了解并牢记其结构。③

在讲到每课生词时，除了拼音、英语解释外，都包括 Radical（形

---

① 蒋克秋：《高级国语读本》，新加坡勤奋书局 1946 年版，第 4 页。
② 蒋克秋：《中国国语易解》，新加坡勤奋书局 1938 年版，第 58 页。
③ 蒋克秋：《国语进阶》，新加坡勤奋书局 1940 年版，第 2 页。

旁），例如：抽，手；忙，心；更，日。^① 这样学生在学某个生字时就不是机械的死记硬背，而是理性地认识其结构，进而理解其字义，记住其字音，这样一来，南洋学生学习自认为繁难的众多汉字就有了一条捷径。

3. 利用汉语构词规律扩大词汇量

汉语和英语的构词规律不同，很多时候同一个语素被多次用来以不同的构成方式，和其他语素组合，从而构成一系列的合成词，这些合成词在汉语的词汇中占绝大多数。因此明白汉语词的意思只需要明白汉语的有限的语素就可以掌握无数的汉语词汇。所以，"汉语在构成新词时，往往不需要增加新的字，而是将已有的语素按一定规则进行组合，'旧字新词'、'见旧知新'正是汉语词汇构成与认知的特点。"^② 比如："起"这个语素就可以和"来、家、身、床、工"等组合成"起来、起家、起身、起床、起工"等众多的合成词。学习者只要掌握了"起"这个语素的基本义，然后再知道一些汉语词义的基本知识，就可以以简驭繁掌握大量含有"起"这个语素的词。认识并运用上述规律，就是对学生进行汉语词汇的语言技能训练。

4. 没有专门的章节讲语法

蒋克秋认为：

> 汉语没有语法屈折，因此学习者不必担心数、性、格、人称、语态、语气、时态和比较的级别。例如，在英语中要用好几课去学习如何正确地使用"TO BE"和"TO HAVE"。汉语明显地不用变换单词的发音和形式。汉语是如此地规律和实用乃至于语法完全没必要。

因为有上述观点，所以蒋克秋的教材尽管比起其他人编的同类教材尤其是同时代的大陆教材现代气息比较浓了，但是没有任何专章讲解语法。从现代语言教学的观点来看，他的做法不无偏颇，但是他对汉语语法的认识还是不落后的。

三　课文内容注重实用

根据我们已经知道的情况，蒋克秋共编辑出版了三套国语教材：《中国国语易解》《国语进阶》和《高级国语读本》。《高级国语读本》"卷

---

① 蒋克秋：《高级国语读本》，新加坡勤奋书局1946年版，第5页。

② 周健：《汉字教学的理论和方法》，北京大学出版社2007年版，第122页。

一"的目录：

    1 匡衡

    2 司马光

    3 文彦博

    4 绣花枕

    5 守株待兔

    6 空快乐

    7 大家同归于尽

    8 自相矛盾

    9 医懒妙药

    10 中国国歌

    11 孙中山先生遗嘱

    12 关于家事者

    13 长安和太阳

    14 少孺子谏吴王

    15 人何可恃乎

    16 富兰克林的少年时代

    17 富兰克林之名祝辞

    18 蒋委员长做事条理

    19 中国格言

    20 外国格言

    21 意义相似之中外格言

    22 西厢记

    23 空城计

    24 荆轲刺秦王[1]

    通过和同时期大陆出版的同类教材（比如沈百英《复兴国语教科书》[2]）比较，其内容没有明显的不同，从教化角度讲都是"指导儿童从阅读有关国家民族等的文艺中，激发其救国求生存的意识和情绪。"[3] 体裁也多为生活故事、历史故事、寓言、传说、笑话、剧本、格言等。但是

---

    ① 蒋克秋：《高级国语读本》，新加坡勤奋书局 1946 年版，目录。

    ② 沈百英主编的《复兴国语教科书》有多个版本，王云五评价说，该书是最成功的教材。

    ③ 教育部：《1936 年小学国语课程标准》，http：//www.pep.com.cn/peixun/xkpx/xiaoyu/kbjd/jxdg/201008/t20100818_ 663536. htm。

《中国国语易解》和《国语进阶》的题材和教化目的就有了很大的改变，其体裁也变成了单一的会话体。教材内容全部变成了适合南洋尤其是新加坡社会环境和生存需求的对话。下面是《国语进阶》第 17 课的课文：

（1）再过一两点钟，我们就可以上岸了。

（2）不能够，因为我们还要经过政府医生的检查，如果我们搭客中有人死了或者有人得了什么传染病，大家是不能上去的。

（3）近来因为各地常有霍乱病发生，如果搭客们有人得了那种病，那么，我们全体都要到检疫所去消毒。我们有时还要住在那里一两个礼拜呢。

（4）我们统仓的搭客真是很麻烦呀。①

再看《中国国语易解》中的一些词语："做工、光年、反光、处女作、客车、汽灯"这类的词在中国大陆出版的国语教科书中也相当少见。

像上述课文中提到的传染病的有关内容在中国大陆编辑出版的南洋国语教材中至今还没有看到过，其中的用词，如"搭客""检疫所""消毒"等在大陆出版的同类教材中也同样没有看到。但是在当时的南洋上述事情和词汇在社会和公众中却是司空见惯的，而在中国大陆这些都是公众见所未见，闻所未闻的事情。

我们这里讲教材的实用性，主要指两方面的内容，其一是，所编写或所选择的教材内容要让学习者明显地感到学了有用。我们认为蒋克秋编写的教材这一点做到了，因为书中的内容让读者了解了南洋尤其是新加坡当时真实的社会环境，让学习者通过学习更加明白在这样的社会为人行事的处事规则。其实，大陆为南洋编写的国语教材也肯定考虑了其实用性。但是正如李泉所说："在教材编写实践中，往往以教师的实用观代替学习者的实用观，这是造成教材实用性差的一个重要因素。事实上，教师认为是实用的未必对学习者就是实用的。"②

大陆编者对南洋的社会实际不熟悉，大多数南洋使用的教材又都是根据大陆使用的教材改编的，所以虽然很多编者尽量在改编时加进南洋特色，但是教材的基本指导思想还是脱不了教育部课程大纲的影子。而南洋的国语教材都是编写者立足当地的社会和教学实际编写的，较少受到中国

① 蒋克秋：《国语进阶》，新加坡勤奋书局 1940 年版，第 17 页。

② 李泉：《论对外汉语教材的实用性》，《语言教学与研究》2008 年第 3 期。

教育部课程大纲之类的官方文件的影响。所编写或所选择的教材要有较强的课堂教学的可操作性，让教师感到便于进行语言知识的传授和交际技能的训练，让学习者感到学起来方便容易。这方面大陆给南洋编写的教材就比较难操作。因为大陆的教材大多数是用于训练学生的阅读能力的，即主要着眼于下面四项：（1）习见文字、注音符号、标点符号等基本工具的熟习和运用；（2）想像性的普通文、实用文、诗歌等的欣赏、理解；（3）现实的普通文、实用文等的精读和略读；（4）补助读物的课外阅读。[①] 由此可见，教学过程中对语言知识的解说和训练不是重点。如果老师硬要将这样的教材当做训练学生语言技能的工具，操作起来那是相当困难的。学生从语言学习角度讲，就更无所适从，举例来说，就是某一篇课文哪些是生词都搞不清楚。蒋克秋编写的国语教材当然也有"载道"的考量，但还是让学习者觉得是语言教材，重点讲的生字、生词、注音、词义、复合词和短语、翻译等语言训练的基本内容。

---

① 教育部：《1936 年小学国语课程标准》，http：//www.pep.com.cn/peixun/xkpx/xiaoyu/kbjd/jxdg/201008/t20100818_ 663536. htm。

第四章 民国时期华校国语文教学研究

第一节 华校国语文课程的编配问题

一 南洋华校国语文教学的社会背景

（一）华语在海外的式微

民国时期著名的侨教工作者黄素封回忆，"1932年我随驻爪哇总领事宋发祥先生到八玛垄演说，我曾举这段故事征求在座听众的意见（由陈良规先生口译为马来语），惹得满堂大笑。"① 由此可见，1932年前后印尼的华人不会讲华语的人已经很多，听演讲，都需要将演讲词翻译成马来语才能懂得。因为华侨居留地社会上不讲华语，学校也不教华语，而是教当地土语和汉语方言，

> 中华学校成立之前夕，塾馆尚有四家……此外有林淼泉、吕庚申、许振卿诸先生所设立之小学会馆，教授巫语及闽语。至此始由林启隆先生接洽全体合并为中华学校第一届学生。"② 学校开设国语课，因学生听不懂要用翻译。当年八月二十日，正式开学，校长林绍义先生，因学生程度不同，编为三级，除正教员两人外，又聘两人任翻译。③

由此观之，当时华侨讲华语的状况非常不乐观，当然国与国有别，区

---

① 《直葛中华中学卅周年纪念册》，1936年版，序言。
② 《直葛中华中学卅周年纪念册》，1936年版，序言。
③ 《直葛中华中学卅周年纪念册》，1936年版，序言。

与区存异，比如，同为东南亚国家，新马华侨能讲华语的人就较多，印尼则较少，所以开设国语，进行国语教学才显得非常必要。

（二）国语运动的促进作用

清末民国时期在中国伴随着新文化运动，兴起了政府主导、社会参与的语言繁荣运动，这就是国语运动，主张语言统一、言文一致。这一文化运动影响到了海外，尤其是华侨聚集的东南亚地区。

1. 华族先贤提倡国语

民国时期中国教育部办的国语讲习班就有南洋的人参加，中国的国语运动鼓吹者也曾到南洋来宣讲语言统一和言文一致的好处。对东南亚华侨教育起过重大作用的黄炎培曾从运用教育之力，保存发展中华国民特性的高度，论证了在侨校推行国语的重要性，"一国之历史与其文字语言实为其国民之所由结合，亦即为其国民特性之所由养成。对于侨商子弟，更宜特别注意此点。况吾国方言个别，号为同胞，亦非传译不能达意，岂非笑柄？"黄炎培认为统一的语言是华人华侨团结的纽带。"在教育上如何养成青年精诚团结，究不失为一个重要问题。我以为南洋华侨的团结，既有语言统一做他的先导，或者今后较为好办些。"他指出，如果学校校长、教师能承认这个问题的重要性，下列方法可以用来增进华侨之间的交流：其一，凡分帮设立的学校，如有集会，彼此互相参加。或更规定每年须有共同举办的几校聚会。其二，此帮与彼帮间，鼓励学生互相通信，互相交友，每一学生，须结交别帮的朋友至少若干。①

清末民国时期东南亚著名华人林文庆是华语教育的坚定鼓吹者，他将开展国语教育看作启发民族意识，加强民族团结的重要途径。1906年他到印尼，"林文庆博士既至，即寓会友馆，会馆总理当晚即在该会所召集侨胞开会欢迎。林博士操闽粤两种语言演讲，纠正当时社会陋习，并于黑板大书'闽粤往来相待如异族'等语，痛论当时侨社病根，又说明民族一体无分畛域之见，最后结论欲打破地域观念及封建思想，以启发民族意识，应提倡国语教育云云。"②

2. 国语运动登陆南洋

"1910年学校尚无正式校舍，而林厥辉先生私宅，已觉不敷应用，遂议迁校。其时杨校长又倡设国语会，鼓励侨胞学习国语，入会者先后达百

---

① 于锦恩、徐品香：《民国时期黄炎培华侨汉语文教育思想探析》，《阅江学刊》2009年第1期。

② 《直葛中华中学卅周年纪念册》，1936年版，第24页。

余人，社会风气为变。"① 1919 年在中国政府公布我国第一个官方拼音方案——注音字母四个月之后，作为海峡殖民地华人最高学府的新加坡华侨中学率先打破方言的族群界限，使用国语教学。1920 年马来亚的吉隆坡紧随其后。1921 年新加坡设华侨注音字母传习所，专门教导注音字母及国语，"来救学者，络绎不绝，大有人满之盛。"② 各地兴起的国语会当时已经是一个有相当规模的组织，有附设的剧团。还可以捐钱，"1922 年 11 月国语会附设华侨义务剧团表演戏剧，代筹得三千余盾。"③ 据统计，20 世纪二三十年代新马华校话剧筹款演出活动达 60 多场。④

（三）民族独立意识觉醒

20 世纪的两次世界大战，大大改变了世界的固有格局，催生了殖民地人民的独立意识，特别是伴随着二战的结束，民族解放、国家独立成为不可逆转的时代潮流。"在国家迈步朝向独立的路途中，殖民地政府急于大转弯，以便将所有教育问题一揽子全部解决，也影响及传递给自治及民选的政府。"殖民地政府和所辖各民族之间，侨居民族和土著民族之间包括语言文化在内的各种矛盾错综复杂，"将教育单语化和国家效忠挂钩，似此无限上纲的超速大转弯，实在无法使华社信服"⑤。华社认识到顺者灭亡，逆者生存，穷当益坚，攻坚克难。如果族人不主动团结一致，传承语言文化，就会被剥夺母语教育的基本人权，逐渐淹没在异族文化的汪洋大海之中，对此，具有五千年悠久历史的华族是无论如何也不会听之任之地置身于这一语言政治之外的。

二　国语在华校课程设置中的地位

南马著名华校宽柔学校的课程编制：
国语科每周占 480 分，28.92%；
英文科每周占 360 分，21.69%；
算术科每周占 270 分，16.27%；

---

① 《直葛中华中学卅周年纪念册》，1936 年版，第 24 页。
② 郑良树：《马来西亚华文教育发展史》第 2 分册，马来西亚华文教师总会 2003 年版，第 385 页。
③ 《直葛中华中学卅周年纪念册》，1936 年版，第 24 页。
④ 郑良树：《马来西亚华文教育发展史》第 2 分册，马来西亚华文教师总会 2003 年版，第 399—404 页。
⑤ 郑良树：《马来西亚华文教育发展史》第 3 分册，马来西亚华文教师总会 2003 年版，序。

常识科每周占 270 分，16.27%；

其他如美术、劳作、音乐、体育等每周占 270 分，16.27%。[①]

课程设置的出发点：①学生就业需要，"课程编配的适当与否，关系学生将来至为重大"；②兼顾部颁标准和当地实际情形，"多是根据部颁课程标准，并参酌当地实际情形。"我们将宽柔学校的学科设置与 1936 年部颁《小学规程》的第五章"课程"（低、中、高三段国语都是 420 学时，国语占总学时的比例为 36%）进行对比，[②] 可得如下结论。

（一）国语科的分量低于部颁标准

国语科占总学时的比例比国内高 7.08 个百分点（36%-28.92%）。低的原因是宽柔学校加进了英文科，并占时 21.69%。部颁标准小学不学英文，但华校不仅有英文科，而且分量居第二。虽然华校国语科占总学时的比例比部颁标准低一些，国语科在华校的重要程度也远远低于部颁标准。部颁标准"国语"一科的学时在整个小学六年在总学时中所占的课时是始终一贯的，其他学科所占的比例是有变化的，例如"算术"，一年级为 60 课时，二年级为 150 课时，三年级为 180 课时，四年级为 210 课时，五、六年级为 180 课时。从国语一科所占总学时的分量来看，占绝对优势，和算术比较，一年级是算术的 7 倍，二年级是 2.8 倍，三年级是 2.33 倍，四年级是 2 倍，五、六年级都是 2.33 倍，六年平均是 3.13 倍。宽柔学校的国语和算术相比，前者所占总学时的比例只是后者的 1.78 倍，这和 3.13 倍相比，相差幅度之大由此可见。之所以出现这种情况还是华校小学加了分量位居第二的英文所致。宽柔学校等华校是从小一就开设英语的，而另一些华校到小学四年级才开设英语，如印尼的直葛学校。国语科的课时大大超过部颁标准，而又同时开设英语课的，在南洋华校中比较少见，如新加坡南洋工商补习学校。该校 1926 年的小学课程表：

	国语	社会	算术	英文	自然	美术	工艺	音乐	合计
周时	15	2	5	5	2	1	1	1	34

对国语、算术、英文明显偏重，该校的补习科对英语的重视就更为明显，普通补习科三年每年每周的英语课时依次是 7、7、9；商业补习科则

---

① 《宽柔校刊》1941 年 6 月版，第 25 页。

② 宽柔学校的课程设置是 1941 年的，1936 年的部颁课程编排距之最近。

为 10、10、12①。这个黄炎培题写校名的华校：

> 采级任制，教授要旨，在授学生以应用于实际之知识和技能，以期养成有独立精神之国民。教授方法取实用主义，注重练习，商业和普通补习科，用自学辅导主义，初级者用启发式之教学法。盖以学问贵乎实际，而不在乎多，若是多读了几本书，而对于书中的意义不能明了，与书橱有何分别，虽多亦无益也。为要求实用起见，故多注重练习。②

由此可知实用主义在华校课程的课程编配中居显著的指导地位，在南洋这个行政语言全部、商业语言大部为英语的社会，对英语的重视自有其不言自明的必要性。

（二）课程设置分重点和非重点

部颁标准不将各学科分重点非重点，而南洋华校一般分，"对于国、英、算、常四科特别注重"，四科相加占了总学时的 83.73%，美术等其他课程只占 16.27%③；部颁标准的美术等相对应的科目却占 31.2%，比南洋华校高 14.93%。而一般的华校只是确定国语文、英语和算术为重点学科。如新加坡南洋女子中学规定：各学科以国文、英文、算学三科为主要科，如国文或其他两主要科不及格，不得升级。④ 有的华校订立的升级标准也较多地突出了重点学科的作用，"小五以上各级以国语、英文、数学为主要科，其余为次要科，小四以下各级以国语、常识、算术为主要科，其余为次要科。""遇有下列情形之一者应令留级：（1）主科二种不及格者；（2）次要科四种不及格或连合主要科四种不及格者。"在直葛学校，小五以上，小四以下重点科目不同，但国语始终都是重点科，都需要师生特别认真对待。⑤ 新加坡启发学校"本校定国英算为主要科，所以学年升降，均以此三科为标准。三科中有一科不及格者，虽总平均分数及格，亦不得升级。"⑥ 有的华校连幼儿园也要区分重点科目与非重点科目，

---

① 南洋工商补习学校：《南洋工商补习学校丛刊》第四集，1926 年版，第 21 页。
② 南洋工商补习学校：《南洋工商补习学校丛刊》第四集，1926 年版，第 27 页。
③ 《宽柔校刊》1941 年版，第 29 页。
④ 《新加坡南洋女子中学校刊》，1948 年版，第 45 页。
⑤ 《直葛中华中学卅周年纪念册》，1936 年版，第 29 页。
⑥ 《新加坡启发学校半年刊》，1932 年版，第 28 页。

"学业分数及格，但国语、算术、英语三科主要科，须有二科及格者；幼稚生无英语，国语、算术二科均须及格。"① 有的学校又对国语文另眼相看，"对国文格外重视，规定具体。本校以国文、英文及数学三科为主要科，各科分数以 60 分为及格，各科分数以每周各该科节数乘之，俾区别其轻重，其总和再以每周节数除之，如总平均分数不及格者须留级；总平均分数虽及格而其三科不及格者，或国文一科在五十分以下者，或国文分数虽在五十分以上，而他一主要科在五十分以下者，均需留级。"② 有的学校招生考试也要考这些重点科目，如钟灵中学。

（三）注重考查平时成绩

作业是算平常分数的，假期作业——由担任教授之国文导师批阅，并予以甲、乙、丙之等级，作为该生全年之额外分数，于学年终结时酌量加分。③

（四）华校国语文设置的依据

1. 社会基础：重视英文

华校学习英文的原因，考虑家庭的需要。华校小学的国语重要程度较部颁标准差了，算术比部颁标准高了，因为部颁标准算术占总学时的比例为 12.67%，而宽柔学校为 16.27%，可见算术在学生及其家长心目中的重要性，曾经有人写文章说，在南洋这个商业社会，因为算术差而算错了账是很麻烦的事情。英文的添设并给予高度重视也是考虑家庭的需要，因为南洋是英国的殖民地，英文的实际效用大于华文。从经济政治角度来讲，课程的技术、观念和结构都要做主动的、积极的和有效的适应。这样办学校才能办得有动力而持久。

2. 文化基础：重视国语

虽然从社会基础角度（家庭、经济和政治）来看，国语文在华校课程设置中并不重要，但从其文化基础来看，就显得相当重要。文化是教育的温床和内容；教育是文化的部分和动力，所以文化成为课程发展的重要基础。就文化内容之一的传统来说，国语应该成为华校必开的课程并且还要作为重点科目，因为语言是一个民族的标志，中国人几千年的办学传统，学生进校就是要学中国话，写中国字，到了近代读书识字之外，又加了一些数学和自然科学的知识，但是国语文在课程设置中仍占重要地位。

---

① 　新加坡应新小学：《应新小学特刊》1938 年版，第 38 页。

② 　马来西亚钟灵中学：《钟灵中学校刊》复兴第四号 1949 年 5 月版，第 49 页。

③ 　马来西亚钟灵中学：《钟灵中学校刊》复兴第五号 1949 年六月版，第 26 页。

传递民族文化，发扬传统精神，也是开设国语文的传统目的。

3. 传统和现实平衡

传统是可以改变的，它只是提供发展的基础，课程在此基础上，要能不拘泥于传统而复兴文化和发扬优良的传统，以善尽课程发展的功能。中国传统课程设置国语文第一重要，但是在异国他乡办华校就要适当对传统适当变通，在继续重视国语文这一传统学科的同时，适当降低其比例也是因地因时制宜的自然选择。随着人类知识的积累和科技的创新，学生是应该多学一些实用性的科目，但是自然、社会和人文三者在课程中应该获得平衡发展，学问中心课程、公民性课程、人文性课程应该随着时代的脚步而达到动态的平衡。文化的另一项内容——价值一方面决定课程的方向与目标；一方面影响课程的内容。民国时期的华社存在中华民族传统价值观和西方现代价值观的冲突，从传统价值观来看，华校要重视国语文；从西方现代价值观来看，华校要抛弃国语文。为了两种价值观的平衡，就要降低一些国语文的地位，但是仍然作为华校的三门或四门主干课程。从上述角度来看，华校对国语文这一人文学科的处理还是符合学理的。

三　国语各分支的课程编配

按照近现代以来中国语文教学的一般做法，国语要分说话、读文、作文和写字四个小项，下面我们分别考察华校对国语各分支的编配情况。

（一）说话教学

1. 不单开设

华校国语文科的教学目的只有"读文"、"作文"和"写字"三项，如宽柔学校①，有的则称作"读法"、"书法"和"作法"，缺少"说话"一项。国语科单列"说话"的比较少见，笔者只是见到了印尼的直葛学校如此安排。1941 年教育部颁布的《小学国语科课程标准》目标第一项就是"教导儿童熟练国语，使其发言正确，说话流畅"②，并且六个学年都要设说话课。在"初级各学年教材内容范围"的附注中进一步明确了"说话课"的存在，"一、第一、二学年说话、读书、作文、写字四项作业，以混合教学为原则，每周教学时间共 420 分钟"；"二、第三、四学年说话、读书、作文、写字四项作业，仍可混合教学，每周教学时间共

---

① 《宽柔校刊》1941 年 6 月，第 21 页。

② 教育部：《1941 年小学国语科课程标准》，http：//www.pep.com.cn/xiaoyu/jiaoshi/tbjx/kbjd/jxdg/201008/t20100818_ 663535.htm。

450 分钟。如分别教学时，说话各 30 分钟，读书各 270 分钟，作文各 90 分钟，写字各 60 分钟"。在该课程标准的"高级各学年教材形式"附注中说："上表说话类各项教材都应注重练习。教育部将编订高级小学'说话教材纲要'，以供参考。"在国语文教学中不包括"说话"的情况，在民国时期的华校中很常见。但可能是国语四分支混合教学的缘故，大多数华校的国语文教学虽然没明确列上"说话"，但教学中还是注意了这方面的训练的，如新加坡工商补习学校的初级小学课程，"国语"项：第一年，简单演进语法和会话的听取与练习；口述童话物话神话的听讲；故事的诵读和表演。①

2. 训练不全

宽柔学校国语文教学目的只有三项，不包括"说话"，但在"教学方法"中提到"在任何课文中，尚未开始教学前，须引起儿童学习之动机，其办法不外下列数种"②其中之一就是"从谈话入手"。然后讲了"谈话的方式"，如"甲、高级段——务求清晰自然多采成语或典句，使儿童对过去所读之文字词句，知所应用。"如果说上面的文字在某种程度上表示宽柔等华校虽然没把"说话"列为教学项目之一，但还有说话训练的意识，那么也只能说，他们进行说话训练的项目很不全面。从"谈话"及"谈话方式"来看，华校国语文课说话训练的内容至多包括三项：日常用语、演进语料和日常会话。而当时小学说话训练的项目一般包括六个：日常用语、演进语料、日常会话、简短故事、普通演说、浅易辩论。从宽柔学校国语文科的教学要点看，他们是将说话、读文、作文、写字混合教学的，但从其"教学方法看"，涉及说话的内容也就只是国音的声韵问题，"高级段之读音，务须注意国音之声韵（根据教育部颁布之标准国音），切忌朗诵每一句中有长短快慢之分别，每一课中，有起承转合之语气，最好读文与谈话无异，使闻其声者……"；"中阶段之读音，亦须注意国音拼音法。"③ 其他说话课应包括的内容，概未涉及。

3. 教法不清

上面提到宽柔学校在教学方法中分甲、乙、丙三级提到了谈话的方式，但是具体怎么教，距离专业的说话训练教法相距甚远，说话的声音、强调、礼貌、技巧、缺点及矫正方法这些有关说话教学总论性的东西和各

---

① 《南洋工商补习学校丛刊》第四集，1936 年 10 月版，第 76 页。

② 《宽柔校刊》，1941 年 6 月，第 25 页。

③ 《宽柔校刊》，1941 年 6 月，第 25 页。

类说话的要求等均不完整、不系统，专业的教科书讲的有关说话训练的内容自然在宽柔华校的国语文教学中难以完全体现，即使和部颁的国语课程标准①比起来，也显得不系统、不专业，请看教育部课程标准的相关章节：

（1）说话的教材，教员应预编案例，作为语言材料。语料分三种如下。

①有组织的演进语料，每套要有一个题目；每句要单说动作的一步，但不可太烦琐；要从一个主位说起，并且要容易看，容易做，每套的句子不可太多。

②会话的语料，要集中在一件有趣味的事情上，而且要有一个有趣味的题目。

③故事的语料，要合于儿童生活，而不违反三民主义及科学精神。

（2）问答、报告等的练习，要就实际生活中选定题材。

（3）演说、辩论等的练习，除由教员规定题材外，亦得由儿童自由选定题目。

（4）国音的分析和拼合，和各种语气、语调的练习，教员应编定进度表，分期实施。②

4. 环境较重视

虽然大部分华校不单开"说话"课，但每个华校每年一般都要至少举行一次国语演讲比赛。有个别的学校要求学生课下用国语交谈，钟灵中学训导处为统一语言公告：

南洋教育之特色厥为语言统一，本校学生有千余之众，来自各地，方言各殊，彼此谈话当然以国文最合。惟以地处英属，对于英语之练习亦关重要，本校有鉴于此，爰规定统一语言办法，凡在校学生限以国语或英语谈话，绝对不得夹用其他方言，以避免同学间之误会，考欧美各国凡二人在人群之中，以不通用之方言讲话者即为最不礼貌。青年学生尤宜学习礼貌，操练上等谈话，养成优良风度，嗣后各级学生有被发觉不履行是项规定者将受申斥并处罚，至若贩夫走卒

---

① 　教育部：《1941 年小学国语科课程标准》，http：//www.pep.com.cn/xiaoyu/jiaoshi/tbjx/kbjd/jxdg/201008/t20100818_ 663535. htm。

② 　教育部：《1941 年小学国语科课程标准》，http：//www.pep.com.cn/xiaoyu/jiaoshi/tbjx/kbjd/jxdg/201008/t20100818_ 663535. htm。

之粗俗口吻与油腔滑调，更非本校学生所当仿效，概在禁止之列，愿全体学生共勉之。①

（二）读文教学

1. 思想内容基本忽略

没有提"培养儿童修己善群、爱护国家民族的意识和情绪"，至于"故事的语料，要合于儿童生活，而不违反三民主义及科学精神"②这类内容方面的具体政治要求，就更没有了，这说明民国华校国语文教学教化意味不明显。部颁课程标准的"教学要点"分"意义、文字、插图和编排"四个方面。最明显的宽柔学校的"教学方法"中也没有包括"意义"的相关内容。③

2. 教学项目相对粗放

宽柔学校的国语文教学的教学目标单独说明，其方法分高级、中级、低级三个阶段分别叙述，如"读文"的高级阶段其教学方法描述是最详尽的，

　　高级段之读音，务须注意国音之声韵（根据教育部颁布之标准国音），切忌朗诵每一句中有长短快慢之分别，每一课中，有起承转合之语气，最好读文与谈话无异，使闻其声者；可以了解词意，鼓励儿童自寻字典，预习功课，课文稍长者，令儿童轮流诵读，如有错误，立即指正；多采默写默读方法，避免随声附和之积习。④

这其中也就是说到了国音之声韵、运用字典预习、诵读、默读等几项内容，但就其中内容看不出各学年的教材形式和教材内容范围，教学要点也没有从意义、文字、插图和编排四个方面去说明，至于读书教材文体的分类和支配如何，文法的组织如何就更无从知晓了。上述内容不明确，实际教学就缺乏可操作性，由此可见，南洋华校国语文的教学是比较粗放的。

---

①　《钟灵中学校刊》复兴第四号，1949 年，第 28 页。

②　教育部：《1941 年小学国语科课程标准》，http：//www.pep.com.cn/xiaoyu/jiaoshi/tbjx/kbjd/jxdg/201008/t20100818_ 663535. htm。

③　《宽柔校刊》，1941 年 6 月，第 38 页。

④　《宽柔校刊》，1941 年 6 月，第 38 页。

3. 教学语言难以标准

（1）国语和方言。

一般的学校要求教学语言用国语，但实际上方言的使用还比较严重，一是有些学校或教师就不用国语教学；二是有的教师的国语水平太差。① 有的校长国语也很差，"他上台讲话喜欢先说：'播哥'两字，华语'报告'两字，同学们顽皮地就叫他'播哥'"。② 新马名校尊孔中学使用国语教学较早，1920 年就开始了。他们的教师国语况且如此差，其他层次较低的学校就更可想而知了；三是读文用国音，解释用方言；四是低年级用方言，高年级用国语，或参用方言。因为学校是以方言帮为基础建立起来，其方言又大都是与国语差异比较大的闽语、粤语、客家话等，教师大都来源于上述方言区，要求他们讲标准的国语的确有难度。

（2）国语和外语。

有些学校为了学生参加剑桥考试的缘故，有些课程的教材用了英文版，但这也存在几个问题：一是哪些科目使用英文版？二是从哪个年级使用英文版？三是教学语言和教材语言是否一致？有的学校是二者一致，有的教材使用英文版，教学使用国语。这些问题比较复杂，另文专论。

（三）写字教学

民国时期南洋国语科的写字教学只有很少的学校单独开课，如印尼的直葛学校，小二、小三共开四个学期，小二每周一节，小三每周两节。而大多数华校都是将读文、作文、写字等放在一起混合教学的。虽然课上对写字似乎关注不够，但课下一般是有硬要求的，一是每周要完成一定页数的大小楷作业，钟灵中学 1949 年 1 月 25 日国文学科会议议决：大小楷每周三页，小楷二页。③ 再一项硬措施就是每学年举行次数不等的中文书法比赛，学生不得无故缺席，并且比赛的结果是要算入平时成绩的。

（四）作文教学

1. 重视作文，加大比重

（1）在国语中分值最重。

钟灵中学 1948 年 1 月 3 日的教研会议决定，国文科批卷定分办法

---

① 李自洪：《忆师篇》，载李芳均《百年尊孔人与事》，吉隆坡尊孔独立中学 2007 年版，第 105 页。

② 林连玉：《全国性学潮》，载李芳均《百年尊孔人与事》，吉隆坡尊孔独立中学 2007 年版，第 239 页。

③ 《钟灵中学校刊》复兴第五号，1949 年 6 月，第 39 页。

如下：

作文占全部分数的 40%；测验 30%；日记 20%；大小楷 10%①。如果将日记也算在作文这一大项中，那么作文占的分值就是 60%。

（2）练习形式比较多样。

以钟灵中学为例，作文训练包括下面 6 项：作文课每两周一次，日记也是作文训练的项目，1949 年 1 月 25 日钟灵中学国文科会议决定："日记每周三篇，如改作阅读报告亦可。"② 尺牍也是作文训练项目之一，"尺牍文字乃为实用文中之最重要者。乡间父老送子弟入学第一目的即为写信记账。良以书信账目实为日常生活所必要者也。然今日小学校中之国文科关于实用文字素少注意。乃至高级小学卒业之学生尚不做一文字清通之便条，为父母者于是叹息学校教育之无用。然岂是尽为学校教育之过哉？小学国语书籍缺少应用文字之教材亦一大原因也。"③ 新加坡工商补习学校普通补习科一至四年级每周 2 节尺牍课。钟灵中学的教材中有《语体新尺牍》（金堪庐，中华书局）。钟灵中学的课程表上，初中一年级每周有一节尺牍课。除了上面的三项教学要求的项目，还有两项课外活动：学校的壁报，"各国文导师应负责指导各班学生关于壁报之一切事宜，以收宏效"；每年两次的全校作文比赛，强调全体学生必须参加，"作文比赛时应通告学生不得任意弃权，违者从严扣分"，④ 这个规定就说明，参加作文比赛，不是自愿的课外行为，而是国语文训练和考查的不可或缺的部分。另外，钟灵中学在招生时，不仅要考国、英、数，而且要进行口试。⑤

2. 目标明确标准恰当

目标：养成儿童有用文字或语言发表之能力。标准："高级段之作文范例，可以思想无误，层次分明，格式恰合之实用文、普通文为主"，（1）思想无误；（2）层次分明；（3）格式恰合。⑥ 俞焕斗论及作文范例的标准时列出了下面四条：（1）程度适合；（2）思想正确；（3）层次清

---

① 《钟灵中学校刊》复兴第四号，1949 年 5 月，第 22 页。

② 《钟灵中学校刊》复兴第五号，1949 年 6 月，第 26 页。

③ 周逸休、陆宝忠：《尺牍：南洋教科书小学初级用》，新加坡众兴出版社 1938 年版，凡例。

④ 《钟灵中学校刊》复兴第五号，1949 年 6 月，第 27 页。

⑤ 《钟灵中学校刊》复兴第四号，1949 年 5 月。第 38 页。

⑥ 《宽柔校刊》，1941 年 6 月，1941 年，第 23 页。

楚；（4）字句适当。① 如果去除第一条范例选择的内容，其他三条与宽柔学校的标准基本重合。选题："命题性质，合于儿童生活，便于儿童发挥，引起作文兴趣"，（1）合于儿童生活；（2）便于儿童发挥；（3）引起作文兴趣（宽柔校刊 三十年六月，1941）；也基本上合乎民国时期国语文教学的权威标准。俞焕斗谈儿童作文"命题法"：（1）利用机会命题；（2）儿童自己命题；（3）多出题目，供选择。②

3. 注意常规教学事项

（1）在生活实际中激发作文热情。宽柔学校在讲作文教学方法时，"应以儿童经验所及，或想象所至为依归，利用时令及环境中已发现之事实为主体"，这就基本合于俞焕斗在讲作文教学时最重要的原则："随时随地指导儿童抓住创作的机会"，俞氏讲："当老师的最好能在课外常常和儿童在一处游息，以便在休闲生活中随时随地指导儿童抓住创作的计划，使能自由发表。照这样办，即使儿童毫无创作天分，但指导的结果也必定有相当的成绩。"③

（2）文体的训练顺序比较合理。写记叙文，"低级段之作文，可令其缀字造句，进而记述故事"，水平高了，再写说明文和议论文，"高级段之作文范例，可以思想无误，层次分明，格式恰合之实用文普通文为主……说明文议论文辅之。"④

（3）"审慎"和"迅速"兼顾。一般学校的作文教学实际状况看来，恐怕只注意了"审慎下笔"的功夫，却没有注意到"迅速"这一个条件。⑤"本学期之学生作文……作文应当堂交卷"，"作文时间，学生须带笔、砚、墨，并当堂书写，以便学校当局临时检查"⑥。

（4）开端和善后接应。有的老师探讨当年作文课的状况："教师轮到作文课时，只在黑板上写了一个文题，学生交卷后，经增删斧削，恒费了一番大力，分发之后，学生也只在文卷中一察其分数或等第，而内容如何，甚少详加研审，教师因时间不足，断不能一一详为解释，相沿如此，可谓两失其益。在教师方面，对批改文簿煞费苦心，而在学生方面，仍未

---

① 俞焕斗：《高小国语科教材和教法》，上海商务印书馆 1948 年版，第 125 页。

② 俞焕斗：《高小国语科教材和教法》，上海商务印书馆 1948 年版，第 122 页。

③ 俞焕斗：《高小国语科教材和教法》，上海商务印书馆 1948 年版，第 123 页。

④ 《宽柔校刊》，1941 年 6 月，第 35 页。

⑤ 俞焕斗：《高小国语科教材和教法》，上海商务印书馆 1948 年版，第 125—126 页。

⑥ 《钟灵中学校刊》复兴第四号，1949 年 5 月，第 36 页。

见有何得益。"① 对这种教师的批阅不起作用的现象，一般是用几种办法解决：一是，文题的选择是不是学生感兴趣的，或者说文题要与学生的生活密切相关；二是，要口述和笔述相结合，先让学生说出来，后让其写出来；三是，不能只给学生一个文题，而不讲怎么做，要结合学生口述的情况，讲讲做此文时要注意的事项，同时给出范例；四是，批阅的作文发下后，不仅要求学生看，而且有的老师要求学生按着批阅的意见重写一遍同一文题的作文。这样开端和善后就照应得很到位了。

（5）作文练习保证数量。1949 年 7 月 19 日，钟灵中学国文科会议决定：本学期作文之篇数规定在秋假前四篇，秋假后四篇，如遇作文时间适值假期，亦须嘱学生补做。②

（6）口述、笔述联络。"中年级之作文，口述笔述并重。"③

四　教学方法

（一）较少使用严格意义的教学法

虽然很多华校校刊上说了很多教法，但实际上都是教学安排之类的内容，新加坡工商补习学校丛刊提到的才是严格意义上的教学法。他们的初级小学的教学采用启发式，这是小学普遍使用的一种教学法。对补习班采用自学辅导法，也就是"自学辅导主义"。因为参加补习班的学生年龄都在普通小学三年级以上，大龄者居多，又因为学生的个体差异较大，所以采用自学辅导法把教学的重心由教师的注入改变为学生的自学，有利于培养自学的能力，养成良好的自学习惯。印尼直葛中华学校其小学的国语教学也采用了类似于新加坡工商补习学校的教学法，"本校对于教学方法曾于各科研究会中屡次提出讨论，惟求划一，尚属困难，大致分别，幼稚园采设计教育，小学部用启发式，中学部启发式兼以自学辅导，助其自动参考及研究之兴趣"④。

（二）加强实用技能的操练

新加坡工商补习学校的课时不论是普通初级小学还是补习班，国语的课时每周 15 节到 12 节不等，比其他华校的国语文课都要多多了，其他华校的国语文课每周超过 10 节的几乎没有。该校国语的教学项目并不复杂，

---

① 《钟灵中学校刊》复兴第四号，1949 年 5 月，第 36 页。

② 《钟灵中学校刊》复兴第五号，1949 年 6 月，第 21 页。

③ 《宽柔校刊》1941 年 6 月，第 29 页。

④ 《直葛中华中学三十周年纪念册》，1936 年，第 27 页。

如普通初级小学第二年：①会话和故事讲演；②字句重复的童话（物话神话）故事的诵读表演；③通常简单语的记录抄写等。补习班的教学项目就更少，只有普通文、应用文。不光比部颁标准要简单好多，就是比同类的华校也不复杂，这可能与其注重实用主义指导下的消化吸收，形成技能有关，"教授要旨，在授学生以应用于实际之知识和技能，以期养成有独立精神之国民。教授方法取实用主义，注重练习，商业和普通补习科，用自学辅导主义，初级者用启发式之教学法。盖以学问贵乎实际，而不在乎多，若是多读了几本书，而对于书中的意义不能明了，与书橱有何分别，虽多亦无益也。为要求实用起见，故多注重练习。"①

五　国语教学的作用

民国时期著名华侨教育家和国际活动家谭云山曾举南洋华侨学校办学成绩最显著者"为祖国观念之发达；为标准国语之通行"。他分析了当时南洋方言的使用情况，"南洋华侨所用闽语和粤语，此两种方言之不同，并非大同而小不同，其相差简直犹如外国。故闽粤华侨接谈，多不能用本国语而用马来语或英语。一有集会，则必交相翻译。国内流行之官话，则完全不通。吾又曾在南洋观闻之：十余年前，新加坡等处，'外江'教员，只要出外买东西，必带学生做通译。及国内标准国语通行，南洋华侨各校一致采用；十数年间，遂大为普遍。现今不但新加坡等通都大市，普遍国语，极为流行；即各山坡小埠，普通国语亦通用无阻"②。1939年广东省政府派曾同春到南洋宣慰华侨，回去发表谈话："查南侨各学校师资缺乏，不甚健全……惟有一良好印象，即南侨各校皆授国语，虽数龄稚童，亦能操极纯正而流利之国语。"③ 谭云山评价学校国语教学带来了深远社会影响，"盖祖国观念不明，则不知亲善团结，易成外人奴隶；普通言语不通，则不能互相来往，以致感情隔膜。如能本此两大成绩，善推广而利用之，以及其他；则南洋华侨教育未来之成就，必更大有希望；而南洋华侨整个之前途，亦必更有无限光明"④。

---

① 《南洋工商补习学校丛刊》，1923年，第12页。
② 谭云山：《二十年来南洋华侨教育之成绩》，载培风学校《英属马六甲华侨公立培风学校二十周年纪念刊》，1935年，第57页。
③ 郑良树：《马来西亚华文教育发展史》第2分册，吉隆坡：马来西亚华文教师总会2003年版，第387页。
④ 郑良树：《马来西亚华文教育发展史》第2分册，吉隆坡：马来西亚华文教师总会2003年版，第387页。

六　国语教学的努力方向

华校国语文教学到底如何进行，以钟灵中学为代表的双语教学代表了时代潮流。

钟灵中学课程表①

年级	国文	英文	数学	尺牍	总学时
高三	6	9	10		36
高二	6	9	10		36
高一	7	9	8		36
初三	9	11	6		36
初二	7	11	6		36
初一	7	11	5	1	36

钟灵中学高中国文占总课时的比例为 17.59%，英文占 25%，英文高于国文 7.41%；初中国文占总课时的比例为 23.15%，英文占 30.56%，英文高于国文 7.05%。从初中到高中英文占的比重越来越大，这是因为参加剑桥考试的需要，"至于所定课程，国英算三科同为注重。但现居英国属地，英文更关主要，程度亦较各华校为优。以故投考国内各大学及剑桥考试，不致名落孙山，且反有列前茅者。"②。

所谓钟灵模式的中英双语教育政策，涵盖两大前提，两个手段。

两大前提：第一，作为一间华文中学，钟灵的华文水平必须维持在正常的华文中学应有的水平，不能割舍；第二，虽然是一所华文中学，但英文水平可以向英校看齐，目的是让学生离校后，多一种语言，多一个谋生的技能，多一只眼睛，容易在社会立足发展。这两个目标旨趣，要平衡共进，不偏不废。

要达到这两个目标，就需要以下两个明确的手段：第一，小学、初中阶段，强调华文，扎实打好华文的基础，并在高中三年通过国文这门功课，继续灌输高深的华文知识和中华文化养分，辅以一个强大的华文教师阵容与浓郁而传统的华校学习环境；第二，高中阶段则强调英文，通过剑

---

① 马来西亚钟灵校友会联合总会：《钟灵中学校史，1917-2011》，*History of Chung Ling High School（1917-2011）*，2012 年版，第 231 页。

② 王慷鼎：《高瞻远瞩的双语政策及其效应》，载陈荣照《槟城钟灵中学校史论集》2007 年版，第 184—185 页。

桥 9 号位文凭考试这个特定目标，把学生的英文水平推展到最高点。

钟灵模式的中英双语教育政策，带来显著的效果。钟灵学生在这个制度下学习六年之后，中英双语能力都有了扎实的基础，毕业离校后，不论是升学，还是就业，就因为具备了中英双语能力，左右逢源，胜人一筹。从 1938 年到 1957 年这 10 届高中和 4 届高中商科 1219 名校友中，有 475人或约 40%继续升学。这当中，一半到中国大陆和台湾、香港地区及新加坡的传统中文大学学习，一半到英、美、新西兰、澳大利亚、新加坡和香港地区的传统英文大学进修。这表示，他们在钟灵 6 年所接受的中英双语教育，有直接的效应，让他们在升学的道路上，得到不少的方便，也得到不少难以估量的好处。

在就业和事业上，钟灵的校友，因为兼通英文的关系，也能够在两种不同的语文世界里，应付自如。他们不但能在传统的华人及华裔社会里，取得发展，同时也能够在新马这个英语商业社会，甚至在英美澳新这些西方国家中得心应手，不管在学术领域、科研机构、专业性行业，或洋行企业，跨国公司及各国政府部门，都能取得立足点，而且游刃有余，表现不俗。①

第二节 华校国语文考试研究

测试具有强烈的后效作用，也是事实上的教学指挥棒。因此我们要认真研究华校国语文考试的相关问题，才能知道华校国语文教学安排的内在逻辑。

一 国语文考核的科目及比重

各华校国语文科的考试考核科目是不同的，如：新加坡启发学校的考核科目是作文、测验、日记和大小楷②；而兴中学校的科目则是读法、作法、和书法③；钟灵中学则是：识字和写字、阅读、作文、口语、综合④；

---

① 王慷鼎：《高瞻远瞩的双语政策及其效应》，载陈荣照《槟城钟灵中学校史论集》2007年版，第 185—202 页。

② 《新加坡启发学校校刊》，1953 年，第 25 页。

③ 《兴中校刊》，1949 年，第 35 页。

④ 《钟灵中学校刊》复兴第四号，1949 年，第 21 页。

昔加末公立中正学校国语文的考试科目为：作文（造句）、考试、书法。①

不仅每个华校国语文考试的科目不同，而且各部分的分值也不相同。如，新加坡启发学校作文占全部分数的40%②，兴中学校作法则占50%。但总体来看，作法和读法所占比重最高，至少占30%，国语文科的其他分支如说话、书法等所占比重较小，如，兴中学校的书法占10%③，说话在巨港中华学校各年级国语文科所占的比例均不超过6%。④

有的华校国语文科考试听说读写各分支所占的比重是始终如一的，但有的就处于变化之中，每个年级都有变化，在这方面，巨港中华学校的设计最为典型。⑤⑥

二　国语文考核的标准

民国时期华校国语文考核标准，有的可能有，但我们没有看到，有的则看到了，如：

一、指导儿童练习国语，熟谙国语之语气语调作用，养成其正确之听力与发表力。

二、指导儿童由环境事物与当前之活动，认识基本文字，获得自动读书之基本能力，进而欣赏儿童文学，以开拓阅读之能力与兴趣。

三、指导学生由阅读有关于国家民族之文艺中，激发其爱国爱群救国求生之意识与情绪。

四、指导学生体会字句之用法，篇章之结构，实用文之格式，习作普通文及实用文，养成发表情意之能力。

五、指导儿童习写范字与应用文字，养成其正确、敏捷之书写能力。

国语文的每个分支也订立了比较明确的标准：

---

① 《昔加末公立中正学校二十三周年纪念特刊》，1941年，第45页。
② 《新加坡启发学校校刊》，1953年，第21页。
③ 《兴中校刊》，1949年，第47页。
④ 《巨港中华学校卅周年纪念刊》，1938年，第23页。
⑤ 《巨港中华学校卅周年纪念刊》，1938年，第24页。
⑥ 《巨港中华学校卅周年纪念刊》，1938年，第24页。

小学部各级科目及授课时数表（附各科成绩计算百分比）

学科	科目	初程时数	初程百分	一年时数	一年百分	二年时数	二年百分	三年时数	三年百分	四年时数	四年百分	五年时数	五年百分	六年时数	六年百分
本国语	读本			15		20		16		16		16		16	
	作法					8		8		8		8		8	
	说话			5		6		4		3		3			
	书法			5		10		6		6		3		3	
	尺牍														
	合计	6	25	4	36	11	36	11	33	11	33	4	27	9	27
	英语							6	18	6	18	6	18	6	18
	巫语													2	6
常识	算术	3	15	4	18	5	18	5	15	5	15	5	15	5	15
	珠算											2	6		
	自然											3	9	3	9
	历史			4	18	6	21	6	18	6	18	2	6	2	6
	地理											2	6	2	6
	工艺	2	10	2	8	2	7	1	3	1	3	1	3	1	3
	美术	2	10	2	8	2	7	1	3	1	3	1	3	1	3
唱游	音乐							1	3	1	3	1	3	1	3
	游戏	6	20	3	12	3	14								
	故事	2	10												
	恩物	3	10												
	图会							1		1		1		1	
	合计	24	100	24	100	29	100	34	100	34	100	34	100	34	100

　　一、说话——日常谈话之耳听口说、问答、报告、讲述故事、演说、辩论等之练习。

　　二、读书——习见文字，注音符号，标点符号等基本工具之熟习与运用，想象性之普通文，实用文及诗歌等之理解与欣赏，现实之普通文及实用文之精读及略读。补助读物之课外阅读。

　　三、作文——应用之普通文、应用文之格式、结构、文法、修辞等之理解及运用，经历、感想、计划之叙述与抒发，普通文与实用文之写作。

　　四、写字——正书、行书之习写，实用文之抄写，通用字行书、草书及简体字之认识。①

---

① 《昔加末公立中正学校二十三周年纪念特刊》，1941年，第23页。

三　国语文考核的题型

民国 21 年（1932 年），新加坡启发学校的部分国语测验题如下：

国语测验：

验题共 50 条，分问答法、改错法、誊充法、是非法、选择法五种，每种各十条，时间限四十分钟，每条作对的作二分计算，兹将高级测验各题举例于下：

问答题：

1. 西门豹为什么要把巫觋除掉？

说明：上面的问答题用简明的文字答出来。

改错题：

2. 尸横偏野，血流成渠。（　　　）

说明：上面的句子里都有一个错字，找出来打上×号，并把改正的字写在括弧里。

誊充题：

1. 静悄悄地，一点—也没有。

说明：上面的句子，每句缺少几个字，把每空填一个适当的字，使句子完整。

是非题：

1. 解放黑奴者是美国总统华盛顿（　　　）。

说明：上面的问题，有的是说得对的，有的是说得错的；说对的就在括弧里记（+）号，错的记（-）号。

选择题

1．"太虚"是指（　　　）（1）大地（2）海外（3）荒岛（4）天空

说明：上面的题目，每题有四个解释，只有一个是对的，把对的号数写在括弧里。

默读测验：

验题系采用商务书馆出版的陈鹤琴编的小学默读测验，题目共十三条，时间限三十分钟，举例如下：

1. 有一麻雀，在羊的背上叫个不休。羊叫他休得如此，如果唤叫，可飞到树上去，不要在我的背上噪闹。再三吩咐，麻雀总不理会他，羊心上恨极，又无法赶他去，叹道："我如变了狗，你就不敢在我身上放肆了。"

（一）你就不敢在我身上放肆了的"你"字是指（1）小羊（2）树（3）狗（4）麻雀

（二）"放肆"两个字的意义是讲（1）循规的（2）有所惧怕的（3）小心的（4）任意的。

（三）麻雀看羊是（1）和善的（2）可怕的（3）凶狠的（4）野蛮的

注音字母比赛：

验题是50个不同的汉字，加上注音字母，并加平上去入的标调。时间限20分钟，每字全对的按2分计算。注音字母对，但标调错的，按1分算。全校六个年级一起比赛。

书法比赛：

分甲、乙两组进行，各写"启发学校"寸楷字各十个，时间限20分钟，试卷只写号码，不写年级姓名，以免评卷人的成见。评定后才公开发表。①

有的学校还有造句、词语解释、词语重组，有的中学国语文考题增加了文白翻译、增长缩短、国学问题等考核形式②，有的学校有抽段默写、听写生字③。至于每种考核形式的要求，有的学校在考试题中便有，如上文新加坡启发学校半年刊的考题；有的则以学校规章的形式给予确定，如马来亚吉礁华侨中小学校考题标准：

国语科（三年级以上至少要五种）

1. 填充——注重用字与句意之正确。

2. 改正——包括字句及意思上之错误。

3. 问答——根据课本或课外读物发问。

4. 摘要——根据读本或课外读物之摘要，使课文由繁而简。

5. 加长——就原文增入修饰或附加形容，使原文由简而繁。

6. 改造——改诗歌为散文，变自述为他述。

7. 解释——包括歉意文句或习用成语。

8. 重组——将混乱的文字排成句子。

9. 句造。

---

①　《新加坡启发学校半年刊》，1932年，第5页。

②　《华联中学十二周年纪念特刊》，1949年，第19页。

③　《吉兰丹中华中小学校增建校舍特刊》，1955年，第16页。

10. 作文（1）命题由学生自由发表（2）照拟定大纲，分层细述。①

四　考试分数的计算

考试一般采百分制，分四等，如："第三十二条 考试记分用百分制，80 分以上为甲等，70 分以上为乙等，60 分以上为丙等，不及 60 分为丁等，丁等即作不及格论。"② 个别的学校分五等，如，考查成绩分超优中下劣五等。90 分以上为超，80 分以上为优，70 分以上为中，60 分以上为下，60 分以下为劣不及格。③ 各个学校学生的国语文成绩都是以一学年为单位平均计算，特别注重平时成绩，如：

第 35 条　各科平时分数平均与月考分数相加，以二除之，为各科月考成绩，月考分数平均以 2 乘之，加入学期考分数，以三除之，为各科学期分数。第 36 条 各科学期分数以该科每周授课时数乘之相加为各科总分数，再以每周授课时数相加，除之为学期各科总平均分数。④丙成绩计算：定期考试占百分之四十，平时考查占百分之三十，学期考试成绩占百分之三十。丁总平均计算法。以各科每周授课节数乘各该科分数，得积数。各科总节数之和，除各科之总节数，得学期总平均。上下学期之平均分数，为学年总平均。⑤

五　校考和会考

民国时期的华校考试多数为校内考试，即校考，个别国家和地区在某些时候还有会考，即华社组织的统一考试和殖民地政府组织的统一考试。对此，我们以新加坡的情形举例说明。

（一）华社组织的会考⑥

1. 会考简况

新加坡华社组织的会考在民国时期一共有三次：第一次会考于 1930

---

①　《马来亚吉礁华侨中小学校建校纪念刊》，1941 年，第 24 页。

②　《新加坡南洋女子中学校刊》，1948 年，第 23 页。

③　《霹雳福建公会附设培南学校复校特刊》，1946 年，第 29 页。

④　《新加坡南洋女子中学校刊》，1935 年，第 47 页。

⑤　《兴中校刊》，1949 年，第 21 页。

⑥　叶钟铃：《新加坡华校会考制度的起源与演进（1930—1934）》，《亚洲文化》第 29 期，2005 年 6 月。

年由福建会馆组织，闽粤共 22 家学校参加，国语、英语、算术、常识，题目由外坡教育局拟定，推举非现任教育当局而富有教育学识之人评阅试卷。国语科 60 分钟，包括：A 是非题、选择题、改正题，每题各得 2 分，合计 30 题，应得 60 分。B. 填充题、问答题，每题各得 4 分，合计 10 题，应得 40 分。评判等第以四科所得分数平均之，采用百分制，80 分以上为甲等，70 分以上为乙等，60 分以上为丙等。

会考测验出题标准如下：

一、测验题目范围，应依参加会考各校，小学六年上下、四年上下之程度，拟定国语、英语、算术、常识各题，不求过深，亦不可过浅。

二、测验题材，应尽量采用各家出版社教材之相同者。

三、测验题目文字，概用白话体裁。

第二次会考 1931 年 12 月举办，有 10 家学校参与。出题标准、评阅标准和会考规则与上年一样。第三次会考于 1934 年举办，由中国驻新加坡总领事主办，有 19 家学校参加。国语科的考试时间和体裁一如既往：国语题 40 个，选择题、是非题、改正题各 10 个，每题答案以二分为满分，填充题和问答题各 5 个（每题答案以四分为满分）。

2. 会考意义

1930 年在第一次会考筹备会上，福建会馆教育科主任林庆年略谓福建会馆教育科自成立以来，有感于新加坡华校散漫不整，各自为政，缺乏统一机构，特发起主办新加坡华校小学会考，以资联系，进而谋求华侨教育的统一。新加坡华侨小学学生会考委员会制定的委员会简章要点之一是："本会以会考华侨小学学生成绩，使其互相观摩鼓励，促进华侨教育为宗旨。"（叶钟铃）会考科目为国语、英语、算术和常识。在会考后颁发证书及奖品的典礼上，陈嘉庚发表讲话将会考比喻为各家商品之展览，各家商品须经过展览及比较，才能明了各家商品的优劣，学校也是如此，必经会考才知道学生的程度如何。所以此次华校小学会考的意义较之创设一间大学、中学更大。办小学是华侨教育的根本，只有办得好，才能谈到其他较高的教育，会考是使华侨教育办得好的一个办法。

（二）1935 年到 1942 年海峡殖民地及马来联邦华文教育当局和中国总领事馆联办的会考

殖民地政府当局担心中国政府利用会考加强对华校的控制，削弱自身对华校的影响力，遂决定自 1935 年开始和中国总领事馆联办会考。此举因日本南侵于 1942 年结束。这方面的详细说明由于史料缺乏，暂付阙如。

（三）当地剑桥考试

该考试在新加坡于 1891 年第一次举行，考试科目包括华语。"蒋先生最近的著作名为《高级国语读本》，该书是为那些准备参加剑桥考试的学生而出的，因为普通话—中国国语已经是被包括在剑桥试卷中的一种语言。"①因为学生一旦获得该考试证书，就会为其谋职和升学提供很大的便利，所以该考试在新加坡乃至整个东南亚信誉度很高。每个华校都把通过当地剑桥考试的人数的多少、级别的高低作为衡量学校办学水平的重要指标。钟灵中学发布了三十八年年度剑桥试验及格学生名录（共 30 名)②，1953 年又将 1952 年剑桥考试合格者的人头像、名字、考试过关级别刊登出来,③ 可见其全校上下的重视程度。

我们看 1933 年 12 月的"剑桥大学的本地考试初级华语（国语）"，便可知道该考试的大致情形：

1. 将一段白话文翻译成英语。
2. 将一段文言文翻译成英语。
3. 将六个英语句子翻译成汉语熟语。
4. 写一篇 100—150 词的汉语短文。④

六　强调过程评价，重视平时成绩

（一）国语文考试的世界趋势

当今世界小学语文教育的先进国家大多比较强调过程评价，注重平时成绩的考查，"美国对儿童英语能力的评价强调强调的是过程性的评价。学生要达到目标，只有靠踏踏实实地读书，平时写好一篇一篇的文章，并且在检测时拿出书目单、读书笔记等实实在在的佐证材料，而不是由一张试卷决定学生的学习成绩。"⑤ "英语成绩的评价重视学生平时成绩的记录，采用的是平时的作业成绩与期终考试成绩综合评价的方法。课程作业提供了关于考生成绩的广泛依据，它证实了典型的作业为考评学生言语技

---

① 蒋克秋：《高级国语读本》，新加坡勤奋书局 1946 年版，序。
② 《钟灵中学校刊》复兴第五号，1949 年，第 28 页。
③ 《钟灵中学高中第十一届高中毕业特刊》，1953 年，第 26 页。
④ 蒋克秋：《高级国语读本》，新加坡勤奋书局 1946 年版，第 61 页。
⑤ 吴忠豪：《外国小学语文教学研究》，上海教育出版社 2009 年版，第 327 页。

能提供了充分的机会，也为评价学生应具备的言语能力提供了极大的灵活性。"① "俄罗斯重视学习过程的评价，平时成绩是评定学业成绩的根据。"② 民国时期华校的国语文测试在注重平时考查方面做得是比较好的。

（二）华校国语文平时成绩的重要性

马来西亚兴中学校"注重平时考绩，学生学业成绩之考核，除严格举行期考及小考外，尤其着重其平时考成，包括平日课间与课外作业及平时测验成绩。各科凡授至相当段落时，必须举行平时测验一次，时间限十分钟、廿分钟，俾学生对于课业，能经常修习准备，保持正常之进度"。该校的学生学业成绩考查规程规定学生各科学业成绩考查，分为：平时考查、定期考试、学期考试三种。平时考查包括平时测验及平时课间及课外作业。平时测验次数国、英、算三科每周至少一次，时间以五分钟至廿分钟为限。全学期平时测验及平时作业之平均分数，作为平时成绩。成绩计算方法为：定期考试占百分之四十，平时考查占百分之三十，学期考试成绩占百分之三十。③ 有的华校平时分数在学期总考核中占的比例更高，新加坡南洋女子中学"考试分期中小考及学期大考两种。期中小考于学期中举行，学期大考于学期末举行。另外，尚有平时试验成绩，特别注重的平时分数占考试分数的一半"。④ 作业也是要算分数的，"假期作业由担任教授之国文导师批阅，并予以甲乙丙之等级，作为该生全年之额外分数，于学年终结时酌量加分"⑤。有的华校学生平时成绩的优劣直接决定了升级与否，"学年升级：学生各科以平均总积分与学年试验分平均满 60 分者为及格得以升级；留级：学生平时总积分与学年试验分平均不及 60 分者当留原级修业；降级：学生平时成绩恶劣，月考试验屡不及格者由校长及主任教员酌量降级"。⑥ 各学校要求相关人员严格管理平时成绩，"每届学期考各级主任应将各级学生平时分数月考分数依照规定计分法计算抄填学生学业成绩表，提交委员会审核然后分填于学生成绩报告表送各学生家长盖印后送回教务主任保存之"⑦。

---

① 吴忠豪：《外国小学语文教学研究》，上海教育出版社 2009 年版，第 328 页。

② 吴忠豪：《外国小学语文教学研究》，上海教育出版社 2009 年版，第 329 页。

③ 《兴中校刊》，1949 年，第 23 页。

④ 《新加坡南洋女子中学校刊》，1948 年，第 48 页。

⑤ 《钟灵中学校刊复兴第五号》，1949 年，第 38 页。

⑥ 《星洲静方女学校八周年纪念刊》，1936 年，第 12 页。

⑦ 《新加坡南洋女子中学校刊》，1935 年，第 25 页。

（三）平时考核的内容

1. 作业

各个学校对作业内容做了具体而严格的限定，如马来西亚华联中学规定：中学及高小的假期作业是每周日记三篇（作文簿）、大楷每日两页（九宫格）、小楷每日一页（作文簿）、课外读物至少读完两本并作札记。在校作业是日记：中学及小学高年级，每周至少一篇；书法：小学课内书法，每周至少两页，课外书法每日一页，大小楷相同。① 新加坡南洋女子中学的国文科"除课内习作外，尚有作文及大小楷练习，中学及高小学生每月作文 3 篇，限课内交卷，由教师逐篇修改，于每月第四周将三篇作文誊抄一次。初小中年级每星期除作短文一篇外，尚须作日记一篇。初小低年级无作文，但每星期则至少做造句练习两次。大小楷则中学、高小及初小中年级学生每日均须写大楷两页，小楷半页。初小低年级生每日写新字帖两页，并抄写国文课内生字，由国文教师指导"②。这样一来，每个学生的作业完成情况就都了可以进行量化处理了，在评判成绩时，很大程度上克服了主观随意性。③

2. 其他项目

平时的考核内容不仅包括作业，还包括其他项目，"平时积分包括口问、笔答（即临时考试）、练习笔记等"④。新加坡应新小学的平时考查为口头问答、笔答、笔记、默读、书法、作文考核。"除各科教材之经常作业外，尚有大小楷、日记、周记及课外书籍阅读报告等，并由校长及教务主部随时抽阅学生作业，统计其平时考，习题次数及批改情形，以期了解学生学习进度，而鼓励学生认真学习。此外，如遇假期，则另行规定假期作业，俾学生不因假期而疏怠。"⑤ 很多华校还将国语文课的课外活动也算进了考查的范围，如马来西亚钟灵中学定期举行国语演说竞赛，其标准如下：思想 30%、结构 20%、发音 30%、姿势 20%。1948 年"为引起学生之兴趣起见，遂有竞赛之举。本学年 1948 国文科曾举行作文比赛两次，国语演说比赛一次，大小楷比赛各一次。"⑥ 该校规定"作文比赛时应通

① 《华联中学十二周年纪念特刊》，1949 年，第 19 页。

② 《新加坡南洋女子中学校刊》，1948 年，第 18 页。

③ 《华联中学十二周年纪念特刊》，1949 年，第 29 页。

④ 《霹雳福建公会附设培南学校复校特刊》，1946 年，第 38 页。

⑤ 《应新小学特刊》，1938 年，第 48 页。

⑥ 《钟灵中学校刊》复兴第四号，1949 年，第 19 页。

告学生不得任意弃权，违者从严扣分。"①

（四）平时考核的严肃性

为了避免批改试卷和作业中可能出现的主观随意性，有的华校制定了相应的防范措施，"批改同年级各组各科平时作业，在各科教学研究会议时，另定统一之评分标准，以免分数相差过甚之弊，如作文、书法等，则由各级中抽出最优最差作文、书法两份，先评定之，然后依此程度而记其他分数，可使学业成绩能获得较准确的评定，同级异组试卷，每种科目，推选一位教员批阅，分数不致参差不齐，此种办法，于本学期由初小部试验实行，如成绩优良，拟普遍施行。"② 新加坡启发学校规定：各科试题，凡系同等程度各班，均由科任教师于事前共同商讨，推举一人拟定，以求试题标准划一。③

七　体现华语文特色的诸方面

（一）突出读写

一般的语言测试必须包括听说读写四个方面，而华校国语文的测试则主要是读写，其次书法，有的华校说话偶有考查，听力没见到涉及。由此可见重读写，轻听说。新加坡华社 1930 年、1931 年、1934 年举行的三次会考都没有考查说话，更没有听力。④ 剑桥本地考试的华语科目也只有读写。⑤ 绝大部分华校自己举行的国语文测试都只包括读写，如新加坡启发学校，读法占总分数的 40%，作法 50%，书法 10%⑥。钟灵中学国文科批卷定分办法如下：作文占全部分数的 40%，测验 30%，日记 20%，大小楷 10%。⑦

重听说的教学和测试模式更适合非华裔，而对于华裔，读写（特别是写）则无论对个人还是对整个华人社会可能都有着至关重要的意义。

（二）加入文化

同为语言的教学、测试对象，外国人、海外华人、少数民族有共性，

---

① 《钟灵中学校刊》复兴第四号，1949 年，第 19 页。

② 《福建女学校三十周年纪念特刊》，1950 年，第 65 页。

③ 《新加坡启发学校校刊》，1953 年，第 24 页。

④ 叶钟铃：《新加坡华校会考制度的起源与演变（1930—1934）》，《亚洲文化》2005 年第 29 期。

⑤ 蒋克秋：《高级国语读本》，新加坡勤奋书局 1946 年版，第 61 页。

⑥ 《新加坡启发学校校刊》，1953 年，第 32 页。

⑦ 马来西亚钟灵中学：《钟灵中学校刊》复兴第四号 1949，第 56 页。

也有明显的差异。学习汉语，外国人更注重语言的工具性，而海外华人和少数民族则是工具性和人文性兼顾。而"华文"对于海外华侨华人不仅是交际工具，更是文化认同和民族认同的工具。华侨华人学习华语是文化寻根，他们不希望下一代失去自己的文化、自己的精神家园。① 一般的语言测试主要测试语言技能，而华校的国语文测试还包括文化的内容。上文1933 年 12 月的"剑桥大学的本地考试初级华语"只是包括汉译英、英译汉、汉语短文写作这些纯技能的题目，而华校自己搞的国语文测试就包括了很多中华民族文化的内容，如：高等科国文测验题目，简答：

（1）唐顺之送安子介嫁女，用何礼物？其意安在？

（2）核工取诗何句？计人几？景几？器具几？人事几？试约言之。

（3）今非无慈善之人，然其效卒鲜，何哉？

辨别正误：

（1）五代时候已经发明了活字版。（　　）

（2）清朝强盛时候的疆域比元朝大得多呢。（　　）

（3）鸦片战争结果，我国割了香港，赔了兵费，开了广州、厦门、福州、宁波和上海作通商口岸。（　　）②

以上题目有的涉及华族的知识文化，有的涉及华族的交际文化，尤其是后者的答案如果由华人和外族人来做，大多会明显不同。

（三）重视汉字

王汉卫认为："民俗文化可算是相对最持久的祖籍国特征，比文化难于保持的是语言，比语言更难于保持的是文字。反过来，华人身份的流失，首先是从汉字开始的。"③ 汉字在华族文化中如此重要，以至于近年来学界有人频呼：

> 不管是过去现在乃至将来，汉字在海外华人社会的存在都不同于非华人社会，是测试特别值得关注的一个方面。而以 HSK 为代表的测试都对汉字的书写要求不高，相比较而言，这种测试显然更适合欧美人。开发对促进汉字读写能力有强力反拨作用的测试，是华文测试

---

① 彭恒利：《华文水平测试研发的路线图及相关问题探讨》，《华文教学与研究》2015 年第 1 期。

② 新加坡南洋工商补习学校：《南洋工商补习学校丛刊》，1926 年，第 34 页。

③ 王汉卫：《华语测试中的阅读研究》，北京大学出版社 2012 年版，第 18 页。

的特征和使命。①

　　民国时期华校的国语文考试对汉字（书法，或叫大小楷）都无一例外地给予了一定的重视。首先华校确立了汉字（书法）的标准，昔加末公立中正学校国语科作业目标之一是："指 导儿童习写范字与应用文字，养成其正确、敏捷之书写能力。"写字的类别包括正书、行书之习写，实用文之抄写，通用字行书、草书及简体字。② 华校多不在考试时测验书法，一般以作业或竞赛的形式来单独完成对汉字的考查，钟灵中学"为引起学生之兴趣起见，遂有竞赛之举。本学年1948国文科曾举行作文比赛两次，国语演说比赛一次，大小楷比赛各一次，英语科亦曾举行演说比赛一次。"③ 新加坡南洋女子中学规定，"大小楷则中学、高小及初小中年级学生每日均须写大楷两页，小楷半页。初小低年级生每日写新字帖两页，并抄写国文课内生字，由国文教师指导。"④ 书法至少占总分数的10%，如华联公学⑤；至多占总分数的20%，如新加坡宏文学校复校十周年纪念特刊所述⑥。民国时期考查汉字主要是针对字形，字义没有见到直接进行过考查，当然还进行了错别字的考查，如：

　　下面有二十个句子，每句之中如有错字，就写在括弧里，如果没有，就不必写。

　　如：元太祖名思吉思汗。（　　　）⑦

第三节　民国时期华社方言和国语关系研究
——以东南亚华社为研究对象

　　汉语不仅通行于中国，而且还随着华侨华人的足迹而遍布世界的各个角落。在中国方言和国语（普通话）的关系不仅在政府层面早成定论，而且在民间绝大多数人也都在公共场合认同国语（普通话）。但是由于历

---

① 王汉卫：《论"华语测试"的三个基石》，《暨南大学华文学院学报》2009 年第 1 期。

② 《昔加末公立中正学校二十三周年纪念特刊》，1941 年，第 21 页。

③ 《钟灵中学校刊》复兴第四号，1949 年，第 21 页。

④ 《新加坡南洋女子中学校刊》，1948 年，第 23 页。

⑤ 《华联公学校刊》第一卷第二集，1938 年，第 56 页。

⑥ 《新加坡宏文学校复校十周年纪念特刊》，1955 年，第 45 页。

⑦ 《南洋工商补习学校丛刊》，1926 年，第 32 页。

史、地理、社会等方面的原因，在华侨华人社区，公共交际的语言媒介还存在种种复杂情况，相关的研究也比较薄弱。本文试图对民国时期华社方言和国语关系的制约因素进行一番探究，以便对加强学术界对华社语言状况的整体研究，就此也可以从国际范围拓展对汉语普通话和方言关系的全方位认识。

一　中国政府处理华社方言和国语关系的相关政策

民国时期政府有关华社方言和国语关系的正式文件始自 1932 年 11 月，侨务委员会公布《侨民学校应一律改用国语教授令》。后来的文件有十多个政策文件涉及上述内容。总的政策导向是要求使用国语，杜绝方言，大致包括以下几个方面。

（一）教学用国语，不用方言

1932 年 11 月，侨委会发布《侨民学校应一律改用国语教授令》规定，

> 查旅外华侨因省界县界之区别，语言隔阂，情感难通，每为团结之障碍，各地侨生回国因语言不一，尤感困难……仍用闽粤乡音或土语教授者，殊乖统一主旨，为此通令各地领事，转饬该辖内华侨学校，其已实施国语教授者，应极力推进，其仍用方言教授者，应恳切劝止。[①]

上述政府令明确指出了方言教授的弊端："情感难通""团结之障碍"，侨生回国"尤感困难""殊乖统一主旨"。1933 年 4 月，《侨民教育实施纲要》重申：各校以国语统一教授。[②] 1934 年 2 月，教育部侨务委员会修正公布《侨民中小学规程》再次强调："侨民中小学，除外国语外，一律以国语为教授用语，小学不得采用文言教科书。"[③] 上面的政策虽然主要是针对外国语和文言的讲的，但是因为强调"一律以国语为教授用语"，那就自然将方言排除在教授用语之外了。民国政府不仅向华校提出

---

① 《侨务法规汇编》，侨务委员会秘书处文书科 1940 年版，第 140—141 页。

② 宋恩荣、阮咸：《中华民国教育法规选编（1912—1949）》，江苏教育出版社 1990 年版，第 617 页。

③ 宋恩荣、阮咸：《中华民国教育法规选编（1912—1949）》，江苏教育出版社 1990 年版，第 620 页。

使用国语，不使用方言作教学用语的要求，而且还订立了相关的督导措施，民国 36 年（1947 年）九月十一日，侨务委员会会令公布《驻外使领馆派员视导辖区侨民文化教育办法》，调查事项的第 11 项就是"教学用语之调查"① 民国三十七年八月十九日侨务委员会会令公布《巡回施教办法》：第六条，巡回教学班之课程，以教授本国国语及史地为原则……②

（二）重注音符号，助国语推广

众所周知，注音符号是扫除文盲、推广国语的利器。从 20 世纪 20 年代开始，国内学校就在国语运动大背景下，推行了小学首宜学习注音字母等语言文字政策。民国时期，作为中国在海外的教育阵地，华校也不例外地贯彻执行了国家的上述语文政策。但由于国外的国语教学环境远不如国内，所以学习注音字母对国语推广的促进作用就更突出。所以国家有关部门在检查督促华校的国语教学时就尤其重视注音字母的传习，民国三十七年八月十九日侨务委员会会令公布《巡回施教办法》第六条：巡回教学班之课程……并特别注意学习注音符号。③ 学校是推行国家语文政策主要阵地。民国时期的华校不仅自身传习注音符号，推行国语，而且参与到了相关的社会教育工作中。民国三十七年十月公布的《侨民社会教育推行委员会组织规程》侨民社会教育推行委员会之任务如左：

> 一、推行注音符号与侨民识字运动事项……四、促进侨民国语普及事项。④ 民国三十七年十月十二日侨务委员会第九次常会通过同年十月三十日会令公布《侨民学校团体兼办社会教育办法》，"侨民中小学，除办理民众学校外，得酌量情形，兼办左列各项工作……三、举办侨民国语演说与写作竞赛。"⑤

---

① 侨务委员会秘书处文书科：《侨务法规汇编》，侨务委员会秘书处文书科 1940 年版，第 71 页。

② 侨务委员会秘书处文书科：《侨务法规汇编》，侨务委员会秘书处文书科 1940 年版，第 72—73 页。

③ 侨务委员会秘书处文书科：《侨务法规汇编》，侨务委员会秘书处文书科 1940 年版，第 72—73 页。

④ 侨务委员会秘书处文书科：《侨务法规汇编》，侨务委员会秘书处文书科 1940 年版，第 90 页。

⑤ 侨务委员会秘书处文书科：《侨务法规汇编》，侨务委员会秘书处文书科 1940 年版，第 91 页。

有关上述政策的文献还有更早的。教育部给驻棉兰领事的命令中说，民国政府在北京开办国语讲习所，南洋华校也要派员参加。其原呈说：

> 查该会自聘徐君式文教授注音字母开课时，领事亲自偕同各埠教员学生按日入所讲习，群知注意，报名日多，从此陆续毕业转相传授，可冀侨界读音统一，悉娴国语，祛除隔阂也。①

(三) 国语教员要国语文通顺

1934 年 2 月 20 日，教育部侨务委员会修正公布《侨民中小学规程》规定："侨民中小学教员，以服膺三民主义，品性良善（如无不良嗜好等），学力相当（如国语教员须国语文通顺等）并具下列资格之一为合格。"② 这条政策要求与上文使用国语进行教授的规定不太一致，因为上文以国语作教授用语的政策是针对所有教师的，而《侨民中小学规程》中的要求就将要求的对象缩小为国语教员。

二　华社领袖处理方言和国语关系的主张

民国时期东南亚的华社游离于中国政府和殖民地政府之间，起到了类乎华侨华人自治政府的作用，华社领袖自然就成为华侨华人各项事业的决策者。林文庆与陈嘉庚在新加坡乃至整个东南亚被视为早期华人创业先贤的代表人物。他们在华社的社会、经济和文化教育等领域都扮演了重要角色，尤其是在教育方面做出了极有价值的贡献。本文重点探讨两位先贤在倡导华语教学方面所做的卓越贡献。

(一) 林文庆

1. 华社领袖林文庆其人

林文庆（1869—1957），字梦琴，原籍福建海澄，新加坡第二代土生华人。新加坡著名华人作家陈育崧评价说：

> 他是个富有传奇性的人物，将他的一生行止写成传记，便是一部东南亚华人现代史。他是一个药到春回、起死回生的再世华佗；一个腰缠十万、长袖善舞的豪商；一个开天辟地、拓荒垦殖的东南

---

① 《教育部公报》，第七年第八期，1920 年，第 34 页。
② 宋恩荣、阮咸：《中华民国教育法规选编（1912—1949）》，江苏教育出版社 1990 年版，第 622 页。

亚富源树胶种植之父；一个摧枯拉朽、移风易俗的社会改革者；一个口若悬河、语惊四座的立法议员；一个谆谆善诱、诲人不倦的一代导师；一个纯朴忠诚的新岛侨生；一个满腔热血、眷恋乡国的海外华裔！①

1932 年，陈嘉庚："南洋数百万华侨中，而能通西洋物质之科学，兼具中国文化之精神者，当首推林文庆博士。"②

2. 华语教学的倡导者

（1）在新加坡。

鉴于不同方言群体开办的华文学校使用自己的方言作为教学媒介，不利于互相沟通，林文庆从英国学成回新加坡后，强调应以华语普通话作为华文教学媒介，以促进华人的文化传承。1897 年 3 月，林文庆和宋旺相在新加坡创设"中国好学会"，鼓励土生华人学习中国语言文字。在《海峡华人杂志》先后刊登了《中国文学选》《侨学的基本原理》等文章，向海峡华人灌输中华民族文化。1899 年，林文庆在自己的寓所成立华语传习班。每逢星期天，他的朋友和学生便聚在一起学习华语。一年后，学生人数增多，就借用威基利俱乐部作为学习场所，后又迁至直落亚逸街的英华义学。因林文庆的教育方法新颖，又以生动语言介绍儒学，因此吸引了许多老幼土生华人前来学习华文。林文庆还在新加坡华人女子学校设立华文科目，其夫人黄瑞琼每周给学生上两次华文课。1901 年和 1902 年，他从《左传》上选择几篇文章，用厦语拼音、英语解释和翻译，分期刊登在《海峡华人杂志》上，作为学习华文的素材。1902 年 1 月，他在立法议会上请求政府为华人开办华文班，可惜不成功。1903 年，在林文庆的指导和几位中国领事馆秘书的热心协助下，"华人体育会"和中国领事馆也开设了华文班。1906 年 4 月，在他的影响下，一些方言学校增设了华文课程，而华语学校也开始成立，在籍男生数百名。

（2）在东南亚其他地区。

在林文庆的影响下，马来亚和印尼也重视华文华语的学习。1904 年，林文庆的连襟伍连德受到鼓励，在槟城组织类似的华语班。在荷属东印度（印尼），1900 年福建侨领潘景赫、陈金山和李金福、李兴濂等人创立巴达维亚（雅加达）中华会馆；翌年，又创设中华学堂（八帝贯中华学校

---

①　陈育崧：《林文庆传》，新加坡印行之林文庆诞生百年纪念刊 1969 年版，书后。

②　陈嘉庚：《辟诬》，新加坡《南洋商报》1924 年 6 月 16 日第 5 版。

前身）——荷印的第一所华文学校，林文庆介绍其私人华文教师、闽籍秀才卢桂舫担任第一任校长。该校首次采用普通话作为教学媒介，推崇孔子及其教育思想和学说，并悬挂一幅"至圣先师孔夫子"像。光绪三十一年（1905）冬，清政府学部聘林文庆为督学，专程赴爪哇劝华侨办学。1906 年，林文庆在爪哇发表了采用华语为共同语的演说，获得热烈的响应。此后，当地中华会馆开始在所有学校教授华语。林文庆鼓励华人学习华语及英文，引起荷兰殖民地政府的不满，但却受到了当地华人的褒扬。巴达维亚中华会馆授予他金牌奖，以表彰其卓越的劳绩。宣统三年（1911）林文庆膺选为"爪哇学会"名誉会员。回顾这段兴学史，林文庆深感欣慰："幸自爪亚（哇）李兴廉，陈金山，不以为缪，倡设中华会馆，以教汉文，传圣道以至今日。凡南洋各地，有华人之居，则有孔子学堂，可喜也。"① 据此，有的学者提出："林文庆可能是海外华人中最早提倡普通话的人。"②

（3）在中国。

林文庆不仅在东南亚推介国语，而且在中国也努力推行国语。20 世纪初，中国推行了训练国内外中英双语人才的计划，许多省份和邻近国家的侨生聚集到南京暨南学堂上课四年，成绩卓著者可以获得官费再到欧美国家深造四年，毕业后在中国各地担任官职。林文庆也受邀参与这项计划，该计划对新马印的华人是一大鼓舞，1906 年和 1907 年，仅爪哇一处已有 60 名侨生获选。从此，东南亚华人子弟学习华文就有了一条宽广的出路。在任厦门大学校长的 16 年期间，他也坚决主张实施国语教育，厦大《学生通则》规定，学生须于本科第三学年以后、毕业以前，通过国语和英语口试及特别国文与英文笔试，方能毕业。③

3. 动机

1930 年 12 月，新加坡华侨学校函请林文庆校长撰写关于提倡华侨研究国语之英文论文。林文庆在英文复函中，强调"华文学校普通话之重要性"；"在马来亚现代华文学校中，很久以来普通话教学已被认为是必不可少的。中国的新文学几乎完全使用白话体。普通话是中国普遍使用的

---

① 林文庆：《孔教大纲》，中华书局 1914 年版，第 40 页。
② 周聿峨：《东南亚华文教育》，暨南大学出版社 1995 年版，第 122 页。
③ 张亚群、张智玲：《林文庆的办学成就与文化贡献》，《湖南师范大学教育科学学报》2014 年第 1 期。

语言媒介，因此，很显然，普通话是没有哪所华文学校所能忽视的科目"① 他论述国学研究的文化目的及其现实价值，强调指出：

> 此次特组织国学研究院，聘请国内名人，从事研究，保存国故，罔使或坠。一方则调查民间风俗言语习惯等。因我国各省，言语不通，如就南方而论，闽有闽语，粤有粤语，甚至县与县殊，乡与乡异，民间动作因之隔阂甚多，如苟不统一使之一致，将来必至四分五裂，其危险有不可言喻者矣。②

　　林文庆提倡华语，阻抑方言的深层用意则在于复兴中华民族的教育和文化。作为海峡侨生，林文庆的文化认同是复杂的，主要包括中华文化、西方文化和马来文化三个方面。这种文化认同又是变化的，随着教育经历、时代与社会的变迁，其重心逐渐从西洋文化回归到以华语汉字为媒介、以儒学为主体的中华文化之中。复兴华语是寻根的最基本步骤。林文庆认为只要是汉族的儿子就得"除却不识父语的污名"。他希望海峡华人向先辈看齐，珍惜汉族的语言。他在许多文章都提到必须掌握华语的理由。综合言之，从医学的角度，人们应先用母语教育儿童；从民族的角度，它是世界上优秀民族的美妙语文，涵盖优良传统。对海峡华人来说，母语的掌握使他们在多元民族之中不至于被淹没，它具有沟通多种方言的功能，更是他们到中国发展的必备条件。从实用角度的角度，它为中国三亿人口和东南亚许多国家所使用。简单说，华语之于海峡华人有三种重要功能，即保存文化、沟通社群和发展经济。③

　　（二）陈嘉庚

　　因为出世和出道时间的差距，林文庆和陈嘉庚在新马，甚至在东南亚华社舞台上发挥光芒的时段，明显地分隔开来。林文庆是 19 世纪末 20 世纪初东南亚华社伟人，陈嘉庚则是 20 世纪上半段东南亚华社的巨星。如果说林文庆是华社国语教育的首倡者，那么陈嘉庚就是最给力的实践者。

---

① 　Lim Boon Keng, "Importance of Mandarin in Chinese Schools"，《厦大周刊》1930 年第 28 期。

② 　严春宝：《大学校长林文庆：一生真伪有谁知》，福建教育出版社 2010 年版，第 277 页。

③ 　李元瑾：《林文庆：中华文化复兴者与现代教育家》，载何国忠《马来西亚华人历史与人物文化篇：承袭与抉择》，华社研究中心 2003 年版，第 17 页。

1. 背景

作为华人社会的核心组织，会馆对华人社会乃至东南亚社会的贡献，主要包括：创立学校、银会、婚丧服务。

> 早期的私塾学堂，甚至民国初年的新式学校，大部分还是以方言教学；这种形式，无疑的对方言会馆造成很大的压力。因此，各帮会馆纷纷争办学校，而且就设址在会馆内，作为自己族群子弟的教育单位，即使人口最少的海南人、客家人，也为族群子弟接受自己方言教育而奋力支持自己的学校。①

由此可见，会馆的"馆内活动"中最值得注意就是学校的创办了。

2. 做法

1907 年成立的闽帮华校道南学堂开始也是只招收讲闽南话的本帮学童，教员招聘广告中谓"教员专操漳泉土音，如有乐育英才、不染烟癖者"可申请。② 但 1910 年，陈嘉庚被选为道南学堂（创立于 1906 年，属于福建帮）第三届总理（即董事会主席）后，所做的一件在华侨教育史上具有深远历史意义的大事便是推动该校率先开放门槛，让其他帮派的子弟入读，并且鼓吹使用国语为教学媒介。"本会馆办学，一向注意普及，所收学童，不分省籍。例如道南学校，本季所收学生，闽籍以外者，即占百分之六十以上。"③ "本会馆鉴于侨教扩大之必需，不得不负责作大规模之提倡。且以同属侨胞，有教无类，更无地域意见，省籍区别。如道南学校本届学生，福帮五百二十人，广帮二百二十四人，潮帮二百零四人，琼帮一百八十二人，客帮九十六人，三江帮七人，共一千二百四十三人，其中福帮学生只四成而已。"④ 经过不懈努力，由陈嘉庚积极倡导、全力推动的新加坡南洋华侨中学于 1919 年 3 月 21 日开学，向上海聘请校长和教师，规定该校用国语教学。这是东南亚华侨的第一所跨帮系的华文正规完全中学。陈嘉庚被选为该校第一届董事长。按理说，在 1910 年道南学堂开始招收福建帮以外的侨生时，该校的教授语言就应该改方言为国语了，

---

① 郑良树：《马来西亚华文教育发展史》第 1 分册，马来西亚华校教师会总会 2003 年版，第 194 页。

② 杨进发：《陈嘉庚研究文集》，中国友谊出版公司 1988 年版，第 131 页。

③ 陈嘉庚：《陈嘉庚自述》，安徽文艺出版社 2013 年版，第 461 页。

④ 陈嘉庚：《陈嘉庚自述》，安徽文艺出版社 2013 年版，第 462 页。

因为不如此，便不能面对各方言帮学生进行教学。但是没有找到有说服力的证据。倒是1919年在道南学校首倡废除方言教学，用普通话教学，有史料依据。①

3. 效果

以国语代替方言教学，打破帮派畛域藩篱，明显的效果是国语在华社的广为流通，其程度甚至超过了国内的许多省份，"加以教师易聘，与民国十年以前大不相同。校内教授则用国语，现下南洋国语到处可以流通，较之祖国某省学校，尚有用方言教授者大不同矣。"② 东南亚国语流行可以马来亚的情形为例，"全南洋华侨有三千余校，学生四十余万人，马来亚约占半数，概用国语教授，故在南洋国语可通行。"③ 陈的上述说法可以给我们两点启示：一是当时有20万之众的侨生接受国语教育，由此对国语在整个华社的流通所带来的影响是广泛而深远的，作为实施族裔语言规划的主阵地，学校的作用是有目共睹的；二是马来亚华校如此之多，讲国语的侨生如此之众，虽然不能说都是陈嘉庚先生的功劳，但与他的首倡应该是密不可分的，因为民国时期陈先生在全球侨界、南洋侨界，尤其是在英属殖民地马来亚，其威望是没有其他华社领袖能够匹敌的。

打破帮派藩篱，教学媒介由方言变为国语，还大大减少了华社办学的经济压力，促进了华校的健康发展。对各帮会馆而言，创办学校本来就是一项大工程，资助学校则更加任重道远。以资助学校最多的福建会馆为例：1930年该会馆每月为所辖8间学校平均每校支出800多元。1928年受政府津贴的学校每家得1400元，1929年为1500元。福建会馆以一个民间团体，每年津贴每校800元，超过政府津贴金半数，不可不谓"数目可观"了。该会馆在新加坡很特殊，会员多，经济条件好，也许尚可应付；对于会员少、经济绌的会馆，恐怕就是一个沉重的负担了。④ 打破帮派方言界限后，华社办学的成本降低了不少，更多的侨生有学可入，已入学的侨生可以有较好的学习条件，如此，华文教育就得以可持续发展。

4. 动力

上述可喜局面的出现源于陈嘉庚民族精神中的团结统一思想。他在论

---

① 陈嘉庚：《陈嘉庚自述》，安徽文艺出版社2013年版，第548页。

② 陈嘉庚：《陈嘉庚自述》，安徽文艺出版社2013年版，第29页。

③ 陈嘉庚：《陈嘉庚自述》，安徽文艺出版社2013年版，第29页。

④ 郑良树：《马来西亚华文教育发展史》第1分册，马来西亚华校教师会总会2003年版，第197页。

及南洋教育之弊端时说："南洋教育既如上述，量数虽略有可观，质的方面不免尚差，其原因不外各自为政，泛而无统……"① 面对华侨教育的散乱情形，陈先生提出："盖所谓团结，空言无补，必当有事实之表现。先语其最明显，最易行者，如各帮学校应统一办理，各帮大小会馆及无数同宗会，亦须减少合并。此两事如能解决．方可进及其他。"② 在筹办东南亚第一所华侨中学时，更明确提出："南洋华侨中学不容不办，不容不亟办，而尤不容不合办"。1918 年 6 月 15 日在新加坡中华总商会召开特别会议，通过创办华文中学的决议案及董事会的章程，公推 55 位董事，以陈嘉庚为正总理，养正学校吴胜鹏为副总理。东南亚华侨第一次打破地域界限和异省帮派的隔阂，全坡华侨在陈嘉庚伟大的爱国主义思想感召下团结起来。③ 要团结，就要消除帮派壁垒办学；要消除帮派壁垒办学，就要使用各帮学童都懂的教学用语——国语，不然，消除帮派壁垒就是一句空话。国语在南洋流通的确促进了南洋华社各帮的团结，"社会上不是今天福建帮和客帮打架，便是明天潮州邦和广帮械斗，种种式式，又腐败又黑暗！这些原因，多半是由于言语不通得来的（各帮用各帮的言语）。自创立学校之后，风气一年一年不同，爱国的热诚，亦一年一年加重。到了现在，各处都通用国语，商人与学生，彼此都能操极流利的普通话，所以各帮的隔阂，从此亦渐渐打破。社会上以同种相残为耻，自然不会再去打架，子弟各以不入学校为羞，故对于祖国典章文物，都乐意研究。"④

　　陈嘉庚先生倡导打破帮派壁垒，加强族群团结的事例不仅是道南学校教学改方言为国语、建立起第一所国语教授的中学两宗，这方面可圈可点者还有很多。仅就办教育而论，1912 年，召集家乡集美社各角房长开会，劝告停办各房私塾，联合筹办"乡立集美两等小学校"。当时的集美几十年来"文化废坠，野俗日甚"，"强弱相陵，无亲无疏，乃至聚房会区分作两界，十余年械斗五七次，死伤数十人"，"同处里村宗族亲派怨恶相寻，甚于异类"。"社中稍无事，即寻衅邻社，甚至有械斗二十年不息者。""其蛮野之狂，想为本省所未有"。该小学是"经许多辛苦方得联络废各房之私塾而成立"的。⑤ 创办厦门大学，规定"大学生不分省界"；

① 陈嘉庚：《陈嘉庚自述》，安徽文艺出版社 2013 年版，第 30 页。
② 陈嘉庚：《陈嘉庚自述》，安徽文艺出版社 2013 年版，第 30、462 页。
③ 傅子玖：《陈嘉庚传》，花山文艺出版社 1999 年版，第 180 页。
④ 梁绍文：《南洋旅行漫记》，上海中华书局 1924 年版，第 32 页。
⑤ 陈碧笙、陈毅明：《陈嘉庚年谱》，福建人民出版社 1986 年版，第 16 页。

当潮州拟办大学时，他更进一步指出："潮州创办大学，非但为潮州之大学，乃中国之大学；不但为中国之大学，将来亦可为东南亚之大学。"① 1938 年 10 月，为统一各地救亡组织，更有力地支援祖国抗战，由陈嘉庚领衔的南侨总会成立。成立大会是南洋华侨空前规模的大集会，华侨的爱国热情空前高涨，而陈嘉庚也被推到了更加崇高的地位上，成了团结千万侨胞、推动抗日救亡运动的旗帜。

三 民国时期殖民地政府对汉语国语和方言关系的政策
——以英属马来亚为例

（一）五四运动之前：国语方言随便

从清末到 1919 年，英国当局一直对华文教育采取放任主义，当时的殖民地政府认为华校只要安分守己，没有扰乱到殖民地的和平，政府也会让它们单独存在，有时还起码在口头上对华文教育表示了支持的态度。颜永成华人学校在 1893 年成立，教授中英文。这间学校由总督史密斯爵士主持开幕，他在开幕词中说：

> 我想，这所学校是在本殖民地由华人创办的教导学生学习此地语文的唯一学校。这所学校将注重英语的教学，但是我也很高兴知道在这里也将教导华文，我认为华人学生有必要受这种教育。学生长大之后，除了有英语的知识之外，还懂得华文，这将证明比较那些只懂得英语的人能成为更好的公民。②

（二）五四运动到 20 世纪 30 年代初：力主方言

由于当时受到中国大变动的影响，华校的师生在 1919 年 6 月间，开始在新加坡发动反日活动，对殖民地产生了不利的行动，威胁到和平。于是殖民地政府立刻采取严厉的措施来对付华校，包括用立法来控制学校，1920 年实施学校注册法令之后，殖民地政府对华校使用国语还是方言给予了高度关注。殖民地政府从 1923 年开始实施对华校所实施的补助办法，该办法实施于已申请补助又接受视察的华校。该年的教育报告书描述这项补助的原则如下：

---

① 潘懋元：《教育事业家陈嘉庚教育思想新探》，载周远清《陈嘉庚教育思想研究论文集》，厦门大学出版社 2008 年版，第 5 页。

② 魏唯贤：《新加坡一百五十年来的教育》，新加坡师资训练学院 1972 年版，第 71 页。

1. 以学童熟悉的方言作为媒介语，鼓励及资助华族学童的教育。若本地出生的华人本身没有母语，则英语应作为其语言并可直接进入英校。

2. 华校可进行华语或英语教学，但不能作为要求补助的科目。

3. 华族学童达到十岁时无意进入英校而继续其母语教育者亦可接受补助。若华族学童十岁时转入英校，则英校将保留一定数目的免费学额以供那已在受承认的华校修习三年以上之适龄而学优的学童。

4. 补助华校的课程安排尽可能成为进入英校的准备，特别是算术和地理二科。①

李廷辉在其未出版的硕士学位论文《1786 年至 1941 年海峡殖民地及马来亚联合邦华校的政革及政治》曾分析这些原则如下：

事实上，这些条例把华文教育视为英文教育的附属。政府的态度认为各族人士如果懂得他们的语文和英文，那是更加有用的。华文教育应该受到鼓励，但是这种教育的媒介语应该是方言而不是华语，殖民地政府认为华语有太多政治含义。②

这方面的典型代表是 1924 年沙捞越英国殖民地政府颁行的《禁止华侨教授国语条例》：

查华侨学校教授国语，与政治之宣传上有密切关系。为此业引起政府之注意，以为此项宣传有碍此邦，似将致久居沙捞越，服从居留政府法律，安守本分，从事各种实业之大多数华侨间发生不安，特禁止华侨教授国语，此令。

一、沙捞越不论何种研究班或学校，一律禁止定国语为学科教授，及以国语教授何种学科。非特政府公报公布，认此时教授国语不复与宣传政治有关，至碍此邦，不得教授。

二、此项命令实施后，如有何人胆敢教授国语，一经查出，地方官得处以 5 元以下罚金或监禁 6 月，或监罚并施，及驱逐出境。

---

① 郑良树：《马来西亚华文教育发展史》第 1 分册，马来西亚华校教师会总会 2003 年版，第 234—238 页。

② 魏唯贤：《新加坡一百五十年来的教育》，新加坡师资训练学院 1972 年版，第 75 页。

三、此项命令实施后，如有学校胆敢教授国语，政府将勒令停办，地方官可处该校总理或校长以 500 元以下罚金。

四、此项命令定 1925 年 1 月 1 日施行，如得拉惹同意在公报公布，得展缓施行。①

如果说 1923 年的华校补助办法等政策法规还没有特别明显地表明殖民地政府支持华校教授方言的真正用心，那么上述条例就将其认为华校教授国语与政治宣传相关的主张显露无遗了。

其后的殖民地政府虽然没有像沙捞越政府那样露骨地反对华校教授国语，但他们将华文教育作为英文教育附属的主张却始终没有改变。1946 年 11 月，新加坡提学司提出一项新加坡未来教育的十年计划。该计划的目的是"提供华、巫、印、英四种语文的小学免费普及教育，家长有权为子女选择语文源流。第三年之后，非英校的优秀学生将被选出参加以英语教学的特别课程训练。这项特别课程在于训练学生使易于转入英文源流继续受教育。"②

（三）1933 年之后：认可国语

著名新马华文教育史专家郑良树先生说：

1933 年以后，在金文泰总督的铁腕统治之下，华社的政党活动开始降温及锐减……国民党在华社里开始失去活力，表示党化教育某种情况下开始从华校退出；而所谓华文教育，也逐步净化为专业性的、学术性的事业了。至于共产党，在殖民地政府严厉的监视及禁绝之下，虽然依旧坚持非法活动，却也无法掀起大风浪。③

在这种情况下，殖民地政府对华校到底教授国语还是方言，已不太在意，在某种程度上说，还认可了华校教授国语的做法。1935 年海峡殖民地和中国领事馆联办华校中小学会考，在此之前新加坡的部分华校已在华社和中国领事馆的主持下举行过统考，而考试内容中就包括国语国文，而

---

① 郑良树：《马来西亚华文教育发展史》第 2 分册，马来西亚华校教师会总会 2003 年版，第 172 页。

② 魏唯贤：《新加坡一百五十年来的教育》，新加坡师资训练学院 1972 年版，第 76 页。

③ 郑良树：《马来西亚华文教育发展史》第 2 分册，马来西亚华校教师会总会 2003 年版，第 218—219 页。

非方言。殖民地政府和中国领事馆联办的华校会考，也应该包括国语，而不是方言。本地剑桥考试也由族群学校出题。下页图是1933年初级华语剑桥本地考试的试卷，不论是英译汉，还是汉译英，涉及汉语之处，使用的都是国语，尽管有的汉语内容是文言，因为那个时代文言还没有在南洋彻底退出历史舞台，但无论如何，绝非方言。试题第三题"Translate into Idiomatic CHINESE（国语）"中"国语"的特别提示就明白昭示和中国领事馆一同主持剑桥地方考试的殖民地政府所认可的CHINESE不是方言，而是国语。①

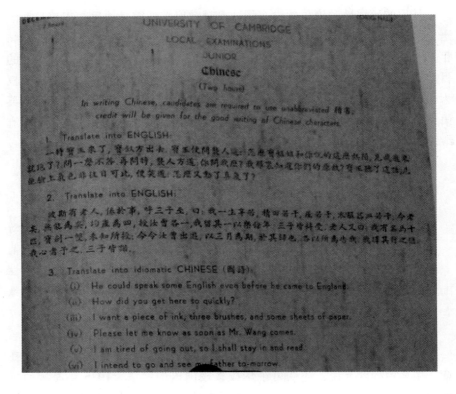

四　华校对国语和方言关系的处理

（一）基本情形

钱鹤②调查了132所华校，其中24所学校的教授语言不详，也就是

---

①　蒋克秋：《高级汉语读本》，新加坡勤奋书局1946年版，第234页。

②　钱鹤：《南洋华侨学校之调查与统计》，上海暨南大学南洋文化事业部1930年版。

说有 108 所华校有关明确的教授用语。其中只有马六甲培风学校初中部用英语外，其他学校的教学用语都用汉语（包括国语和方言）或汉语和外语共用，这说明绝大部分华校是注重民族共同语教学的。54 所学校教授语言纯用国语，占 50%，纯用国语和不纯用国语的华校各半。58 所印尼华校中 31 所纯用国语，占 53.44%；36 所英属马来亚殖民地（32 所马来西亚华校，4 所新加坡华校）21 所纯用国语，占 58.33%；6 所越南华校 1 所纯用国语，占 16.67%；2 所菲律宾华校，一所纯用国语，占 50%（统计样本太小，不足为凭）；泰国统计到的华校都不纯用国语。通过比较可知，民国时期英属马来亚的华校纯用国语的比例在东南亚最高。陈嘉庚先生说"全南洋华侨有三千余校，学生四十余万人，马来亚约占半数，概用国语教授，故在南洋国语可通行。"[①] 虽然陈先生上面的话可能与事实有出入，但是通过和钱鹤的统计数字互相印证，至少也说明马来亚华校国语教学水平最高，由于数量最多的华校的带动，整个东南亚华语教学的正规化还是具有了主导的态势的。马来亚有 4 所华校国语和外语（英语、马来语）并用，占 12 所马来亚不纯用国语的华校的 33.33%；印尼有 15 所华校汉语（包括国语和方言）和外语（马来语、英语、荷兰语）并用，占 27 所不纯用国语的华校的 55.56%。

纯用方言的学校，我们只看到了三家，一家是马来亚马六甲的谦光女校使用广州话，一家是泰国暹京坤德女校"多用广府语"，一家是越南的海防华侨时习初级中学附属高级初级小学用广州话。可见民国时期在东南亚华校中方言的势力是很小的。36 所马来亚华校中，国语和方言混用的有 11 所，占 30.56%；印尼 27 所不纯用国语的华校有 12 所杂用国语和方言，占 44.44%。还有 5 所泰国、越南等国国语和方言混用的华校。华校杂用方言和国语有以下几种情况。

一是低年级或初学用方言，从三年级（个别从二年级）开始使用国语，如：印尼邦加烈港中华学校一二年级用客语，三四五年级用国语；新加坡爱同学校一二年级用方言，三年级参用方言，四年级纯用国语。

二是用国语读，用方言解释，如：印尼棉兰华商学校教授用国语读音，用厦门话解释；新加坡南洋工商补习学校教授用国语，略用闽南语解说；泰国暹京琼侨育民学校以国音读，以琼音解。

三是笼统地混用国语和方言，如：马来西亚堤彭亨育华学校普通话兼客家话；泰国暹京新民学校国语兼潮语；印尼中华醒民学校使用国语和漳

---

① 　陈嘉庚：《陈嘉庚自述》，安徽文艺出版社 2013 年版，第 235 页。

泉语。

四是有少数学校某些科目用国语，另一些科目用方言，如：新加坡兴亚学校国文用福建方言，国语用国音；越南岸崇正学校除国语体育用普通语外，皆用客家话。

（二）宏观环境

1. 民族独立意识觉醒

20 世纪的两次世界大战，大大改变了世界格局，催生了殖民地人民的独立意识，特别是伴随着二战的结束，民族解放、国家独立成为不可逆转的时代潮流。"在国家迈步朝向独立的路途中，殖民地政府急于大转弯，以便将所有教育问题一揽子全部解决，也影响及传递给自治及民选的政府。"① 殖民地政府和所辖各民族之间，侨居民族和土著民族之间包括语言文化在内的各种矛盾错综复杂，"将教育单语化和国家效忠挂钩，似此无限上纲的超速大转弯，实在无法使华社信服"② 华社认识到顺者灭亡，逆者生存，穷当益坚，攻坚克难。如果族人不主动团结一致，传承语言文化，就会被剥夺母语教育的基本人权，逐渐淹没在异族文化的汪洋大海之中，对此，具有五千年悠久历史的华族是无论如何也不会听之任之地置身于这一语言政治之外的。打破方言界限，学习统一的民族共同语——国语，就成为华社凝聚侨心的重要举措之一。

2. 国语运动登陆南洋

南洋的华社尤其是华校和国内的政治、经济、文化有千丝万缕的联系，清末民国时期国内风起云涌的国语运动也深深地影响了南洋，"1910年学校尚无正式校舍，而林厥辉先生私宅，已觉不敷应用，遂议迁校。其时杨校长又倡设国语会，鼓励侨胞学习国语，入会者先后达百余人，社会风气为变。"③ 1919 年在中国政府公布我国第一个官方拼音方案——注音字母四个月之后，作为海峡殖民地华人最高学府的新加坡华侨中学率先打破方言的族群界限，使用国语教学。1920 年马来亚的吉隆坡紧随其后。1921 年新加坡设华侨注音字母传习所，专门教导注音字母及国语，"来救

① 郑良树：《马来西亚华文教育发展史》第 3 分册，马来西亚华校教师会总会 2003 年版，序。

② 郑良树：《马来西亚华文教育发展史》第 3 分册，马来西亚华校教师会总会 2003 年版，序。

③ 《直葛中华中学卅周年纪念册》，1936 年，第 34 页。

学者，络绎不绝，大有人满之盛。"① 各地兴起的国语会当时已经是一个有相当规模的组织，有附设的剧团。还可以捐钱，"1922 年 11 月国语会附设华侨义务剧团表演戏剧，代筹得三千余盾。"② 据统计，20 世纪二三十年代新马华校话剧筹款演出活动达 60 多场。③ 1920 年起华社也响应国内政府的号召，改国文为国语，使用的教材也大都是教育部统一审定的"首宜教授注音字母"的国语教科书，这都是华社国语战胜方言的社会和政策环境。

3. 校内因素

（1）国语课程的开设。

部颁标准不将各学科分重点非重点，而南洋华校一般分，"对于国英算常四科特别注重"，四科相加占了总学时的 83.73%，美术等其他课程只占 16.27%④；部颁标准的美术等相对应的科目却占 31.2%，比南洋华校高 14.93%。而一般的华校只是确定国语文、英语和算术为重点学科。有的学校招生考试也要考这些重点科目，如钟灵中学。有的华校订立的升级标准也较多地突出了重点学科的作用，"小五以上各级以国语、英文、数学为主要科，其余为次要科，小四以下各级以国语、常识、算术为主要科，其余为次要科。""遇有下列情形之一者应令留级：①主科二种不及格者；②次要科四种不及格或连合主要科四种不及格者。"⑤ 在直葛中华学校，小五以上、小四以下重点科目不同，但国语始终都是重点科，都需要师生特别认真对待。

（2）创校者籍贯的作用。

民国时期华校开始都是由方言族群建立的，教师和学生讲话都离不开建立者所属的方言，广府人的建立的学校讲广府方言，闽南人建立的学校讲闽南话，海南人建立的学校讲海南话。马来西亚尊孔中学的创立者主要来自广东和福建两省，其中客家人比例很大。这样的学校其师生多讲客家话。

（3）主要教师的影响。

马六甲培风中学的何大愚老师讲的是广西官话，他在培风服务的时间

---

① 郑良树：《马来西亚华文教育发展史》第 2 分册，吉马来西亚华校教师会总会 2003 年版，第 385 页。

② 《直葛中华中学卅周年纪念册》，1936 年，第 54 页。

③ 郑良树：《马来西亚华文教育发展史》第 2 分册，马来西亚华校教师会总会 2003 年版，第 399—404 页。

④ 《宽柔校刊》1941 年第 6 期。

⑤ 《直葛中华中学卅周年纪念册》，1936 年，第 64 页。

最长，他曾自编会话课本，从低年级教起，所有的学生都有小孩子跟保姆学讲话一样的口腔，其声调声韵与何大愚老师同出一辙，于是"何大愚国语"就成为"培风国语"了。①

（4）校内气氛的营造。

虽然大部分华校不单开"说话"课，但大多数华校每年一般都要至少举行一次国语演讲比赛，每次参赛分数算到国语课成绩之中。有个别的学校要求学生课下用国语交谈，钟灵中学训导处为统一语言告：

> 南洋教育之特色厥为语言统一，本校学生有千余之众，来自各地，方言各殊，彼此谈话当然以国文最合。惟以地处英属，对于英语之练习亦关重要，本校有鉴于此，爰规定统一语言办法，凡在校学生限以国语或英语谈话，绝对不得夹用其他方言，以避免同学间之误会，考欧美各国凡二人在人群之中，以不通用之方言讲话者即为最不礼貌。青年学生尤宜学习礼貌，操练上等谈话，养成优良风度，嗣后各级学生有被发觉不履行是项规定者将受申斥并处罚，至若贩夫走卒之粗俗口吻与油腔滑调，更非本校学生所当仿效，概在禁止之列，愿全体学生共勉之。②

第四节　民国时期东南亚华族对异族语言的学习

研究华文教育的人士一般多研究华人如何学习华文华语和华族的历史文化，而对华人如何在所在国学习当地的语言文化，就很少有人问津了。但是历代华人学习所在国的语言文化却是不争的事实。对此加以研究一方面可以帮助今人了解华族先民如何在异域落地生根；另一方面，也可以使我们对华文教育的内涵有更加全面的认识。本文的研究以新、马、印尼为例。

一　研究范围和资料收集

（一）地域界定

我们知道东南亚不只是新、马、印尼三个国家，但是研究东南亚的历

---

①　廖文辉：《华教历史与人物论集》，吉隆坡策略资讯研究中心2007年版，第177页。

②　《钟灵中学校刊》复兴第四号，1949年，第35页。

史文化就不能缺了印尼，因为该国不论在面积方面，还是在人口方面，都堪称东南亚第一。研究有关印尼的本地语言就不能不首先研究印尼巫语，而要研究印尼巫语就必然要研究马来巫语，因为两种语言同根同源。谈民国时期马来西亚的语言问题又必须涉及新加坡，因为那个时候这两个国家同属于英国殖民地，新加坡最主要的本地语言也是马来语。如此一来，将华族在新、马、印尼三个国家学习本地语言——巫语的情况研究清楚了，就具有典型性地讲清了整个东南亚的此类问题。

（二）时间跨度

"民国时期"是中国史学界尤其是中国大陆史学界确立的历史概念，而以中华人民共和国的建立作为民国时期的最终界限。新中国的建立对东南亚的社会历史生态是有影响，但是对该地区文化教育的影响就不甚直接。以本地区的语言教育而言，1949 年 10 月之前，东南亚的华人，比如新马的华人认同汉语文为国语文，直到 1957 年马来亚联合邦成立之后，汉语文在华族心目中的国语文地位才让位给马来语文。而从苏加诺于1945 年代表印度尼西亚人民宣布印度尼西亚共和国诞生之日起，按照"一个国家，一种语言"的要求，华族已逐渐认同印尼语为国语，尤其是1955 年 4 月 22 日，中国和印度尼西亚签订了《中华人民共和国和印度尼西亚共和国关于双重国籍问题的条约》之后，绝大多数印尼的华族已最终认同印尼语为国语了。为了研究上的便利，我们统一把 1957 年作为本文研究的时间下限。但有些书籍不涉及对汉语是国语还是华语的认知，我们在行文中也会偶有引用。

（三）资料收集

按照上面的地域界定和时间跨度，我们收集到了如下 17 种研究资料：

1. 《新巫华字典》，陈抚辰编译，巴达维亚振林公司，1926；

2. 《福州音马来语汇编》，林开臻，（无出版单位），1930；

3. 《印尼中华大辞典》，李毓恺，椰城国民书局，1931；

4. 《巫来油通话》，星洲正兴书画公司，1926，一说永成书庄，1939；

5. 《巫文百日通》，李毓恺，吧城国民书局，1941；

6. 《巫文模范读本》，李毓恺编译，胡平安校正，吧城国民书局，1948；

7. 《印尼文读本》，陆并培，（无出版单位），1949；

8. 《印度尼西亚语辞典》，包思井，新加坡中南出版公司，1949；

9. 《初级马来语读本》，包思井，马来西亚：印马书店，1951；

10.《印度尼西亚语语法研究》，沙平，人民出版社，1951；

11.《现代印尼语文法》，J. TANNIN，椰城中印文化出版社，1951；

12.《实用华马辞典》，包思井，马来西亚印马书店，1952；

13.《印尼语文》，印尼语文社，1956；

14.《马来语易通》，洪颂南，新加坡世界书局，1956；

15.《罗马化巫语发音简解》，川流，马来联合邦教育部，1956；

16.《中英译解巫文字典》，黄定甫、吴允德，槟城敬丽公司，1957；

17.《马来语入门》，赖群进编，包思井校，新加坡群燕书局，1957。

需要说明的是，在1957年8月31日马来亚联合邦宣布独立前后华族学习马来语的书籍的出版都是因为马来语成为国语之后，华族必须学习马来语。所以1958年甚至到1965年出版的此类书籍和1957年出版的其目的都是一样的，其数量甚至更多，但是因为华族独立前认同汉语文为国语文，独立后认同马来语文为国语文，本文要研究的是华侨，而不是华人、华裔对居留地异族语言的学习，所以收集的资料就以1957年为时间下限。

根据我们迄今收集到的资料，东南亚华侨华人编写学习所在地语言的书籍最早可追溯到19世纪70年代印尼华侨、华人"马来语之父"李金福编写的初级马来语教材《拼写入门课本》（但此书已找不到了）。李金福还著有马来文儿童文学作品《儿童之友》、第一部由华人编著的马来语法《巴达维马来语》和马来文叙事长诗《西蒂·阿克巴莉》（1884）。之后，作为印尼最早的华人马来语作家和记者，李金福除了给一些华人马来文报刊撰稿外，还编写翻译了十多部主要著作。在1912年李金福去世前的几年内，他主要协助雅加达马来文《新报》和《商报》的工作并为之撰稿，其长篇小说和译著也都先后在此两报连载，成为当时最吸引读者的小说之一。① 在民国前后新、马、印尼华族学习巫语文的书籍有一二十部，主要包括三类：一是字典、辞典，如《新巫华字典》，陈抚辰编译，巴达维亚振林公司，1926年出版；二是语言学专书，如（印尼华校及自修适用）《现代印尼语文法》，J. Tannin编著，椰城中印文化出版社，1951年出版；三是教材，如《巫语模范读本》，李毓恺编，雅加达，国民书局1949年出版。还发现了一种当时帮助华侨华人学习当地语言的杂志：《印尼语文》，印尼语文社编辑出版。上述书刊涉及的语种主要是印尼语

---

① 蔡仁龙：《华人"马来语之父"李金福》，载李卓辉《印华先驱人物光辉岁月：印尼华人报刊和独立先贤史话》，雅加达联通华文有限公司2003年版，第217—225页。

和马来语，其他语种的此类书籍还没见到。

二　华族学习异族的语言是现实的需要

（一）方便日常生活需要学习所在国的语言

南洋（东南亚）历来是海外华侨最集中的地区。华侨当初下南洋时的想法是叶落归根，事业有成回归中国。但是后来逐渐适应了当地的社会生活，越来越多的人选择了叶落生根，逐渐和居留地的人民融为了一体。华人陈正祥回忆自己在华校的学习生活，"吴老师、陆老师早年都勉励我们学子们，如在印尼长期居留，就要持有'立足本土，心怀印度尼西亚'理念，学好印度尼西亚语，多学习与认识印尼史地，多深入了解印度尼西亚，这样才能热爱印度尼西亚，这是先见之明。不愧以智慧观察世界，适者生存吧。"① 在这种情况下，居留地的土著语言就成为他们日常生活中重要的交际工具之一。从国家文化交流这种大的方面讲是这样，"印度尼西亚为东亚新兴国家，与我国为最近之善邻，两国文化交流，端赖文字工具为之沟通，为之桥梁。"② 从日常生活这些小的方面讲也是这样，"我在家跟父母讲英语，跟外祖父外祖母讲峇峇马来语（混杂华语词汇和语法的马来语），跟渔民子弟朋友讲马来语掺点福建话。""他们虽然保留了大部分的华族文化，不少人却已经不再讲自己原来的方言，只以峇峇马来语交谈。"③ 为什么马来语在南洋人的日常生活中应用如此之广呢？"由于马来族从古代起以航海为生，更由于马六甲海峡一向是从西方到东方，从印度到中国的贸易要道，马来语因此传播太平洋各岛屿，在爪哇、小巽他群岛、摩鹿加群岛，都普遍地使用马来语。马来语在未经正式规定为印尼民族语之前，事实上早已成为南洋各民族所使用的商业共通语了。"④

（二）所在国的国民就要学习所在国的国语

随着 1955 年《中华人民共和国与印度尼西亚共和国关于双重国籍问题的条约》的签署生效，东南亚的华侨陆续放弃双重国籍而取得所在国的国籍，他们效忠的国家由中国变为所在国。华侨变成了华人、华裔，当然就要学习所在国的国语了。"印度尼西亚联邦共和国已正式宣布印度尼

---

① 陈正祥：《我这一辈子在求知》，http：//www.guojiribao.com/shtml/gjrb/20131002/13384，2013。

② 李毓恺：《印度尼西亚中华大辞典》，椰城国民书局 1931 年版，序。

③ 李光耀：《风雨独立路》，http：//www.sogou.com/websnapshot，1998。

④ 沙平：《印度尼西亚语法研究》，人民出版社 1951 年版，序。

西亚语为国语了。此后官立的各级学校都要以印度尼西亚语为教授用语，同时，无疑将来官厅的一切文告也将以印度尼西亚文为主体。因此，印度尼西亚语文不久将成为 7000 万人民所共有的语文，在世界上将占一重要地位。这种为广大人民所通用的语文，对于吾侨不惟是实用的，而且是需要的。"① "战后印度尼西亚各地华校当局，对于课程方面已逐渐作必要的改革。其中最重要的一点就是加入或加强印度尼西亚语文的学习。这是为了适应个人的、同时也是时代的需要。这种需要以后只有加深加强，是可以想象得到的。"② 华族对马来语的学习也是一样，1957 年出版的《马来语入门》"编者的话"："马来语跟着马来亚自治独立的必然达到而日渐重要起来。这是时会趋向的自然演进，尽人皆知，不必赘谈。"③ 下面的话说得就更清楚，"巫语早已规定为官方语言，而为马来亚的国语"④。

三　新、马、印尼华人学习当地语文的历史

（一）印尼语文学习材料

毋庸置疑，自从华侨华人来到东南亚的第一天起，他们就开始了对当地语言如印尼语和马来语的学习。但是我们至今能见到的最早的专业书刊是《新巫华字典》（陈抚辰编译，巴达维亚振林公司，1926 年）。战前的华侨小学也已经开设了所在地语言的课程，"战前各地的华侨小学校已有印度尼西亚文一科，战后这种趋势更觉显然"，"现在，印度尼西亚群岛的华校鉴于环境的需要，已纷纷教授印度尼西亚文了。"⑤ 尽管如此，但合适的教学材料，尤其是教科书始终是困扰华校的一个难题，"独惜战后四年间，如欲选择一适合于华侨小学校的印度尼西亚文读本，还是遍寻不得，以致教者学者同感困难。"⑥ 即使能找到本地语言教材，但因针对性不强又不便使用。一种情况是有些本地语言教材不是供学校教学使用的，"以前各地华校并非没有印度尼西亚语，各地书局也并非没有印度尼西亚语读本。但那些读本只可以供一般商店学徒自修查考，不适于学校员生教学之用。勉强采用，亦不能收到预期的功效。结果，印度尼西亚语在华校

---

① 陆并培：《印度尼西亚文读本》，雅加达世界出版社 1959 年版，序一。
② 陆并培：《印度尼西亚文读本》，雅加达世界出版社 1959 年版，序二。
③ 赖群进：《马来语入门》，新加坡群燕书局 1957 年版，序。
④ 陈涛：《实用马来文》，新加坡马来亚文化出版社 1958 年版，序。
⑤ 陆并培：《印度尼西亚文读本》，雅加达世界出版社 1959 年版，序一。
⑥ 陆并培：《印度尼西亚文读本》，雅加达世界出版社 1959 年版，序一。

教学上，不过虚应故事而已，这是一件遗憾的事。"① 另一种情况是有些本地语言教材是第一语言教材，是为印尼人学生使用的，用作第二语言的学习不合适，"惟有坊间编印之印度尼西亚课本，以供印度尼西亚人之学校应用，诚善。但用以供应华校作课本则颇不相宜，因华校自小学高年级起加授此科，情形特殊，若不另编华校适用之印度尼西亚语文课本，未易收事半功倍之效。"②

（二）马来语文学习材料

如果说印度尼西亚华校的本地语言——印尼语的学习材料情况不如人意，那么新马的情况就更不理想，"由于过去我未曾来过马来亚，对这里的教育情况还很模糊"，"在我的心目中，总以为马来语在马来亚的发展一定是很普遍，并且如同印度尼西亚的华人懂得印度尼西亚语的情形一样。当地华人对马来语一定也有深入的研究。但事实正与此相反，当我到南大后，首先感到困难的就是教科书的缺乏，尤其是语法之类的东西。""华校高小初中程度适用——巫语补充教材，几乎可以说是没有。"③ 从我们查考到的史料来看，二战之前，新马地区供华族学习巫文用的出版物有《巫来油通话》（星洲正兴书画公司 1926 年，一说永成书庄 1939 年出版）《福州音马来语汇编》（林开臻，1930）。二战之后，我们见到的此类书籍是 1956 年洪颂南编写、新加坡世界书局有限公司出版的《马来语易通》。虽然马来语和印尼语有很深的历史渊源关系，但"或多或少在拼音和语汇上总会有一些的区别，如果勉强采用印度尼西亚的教材，也许在同学的初期学习上会增加一些麻烦。"已有的英文版相关材料对华人来说不适用，"看了马来亚现有的一些用英文写的马来语法之类的书籍之后，觉得其内容不是已太陈旧，便是不适用于华校。"④

（三）华族所用异族语言学习资料的编著者

为华族编著异族语言学习资料的人也都是华人，他们大都是在华族居留地向本族人教授土著语言的华校教学人员，这些人对土著语不仅教学有方，而且研究有素，新编华侨小学适用《印尼文读本》的编写者陆并培就是椰城巴城中学的印尼文教师，"陆并培为当地侨生，对于语文的研究，颇有根底，而于印度尼西亚文尤有心得，巴中高中商科及师范科印度

① 陆并培：《印度尼西亚文读本》，雅加达世界出版社 1959 年版，序二。
② 陆并培：《印度尼西亚文读本》，雅加达世界出版社年版 1959，序三。
③ 李全寿：《马来语法》，新加坡星洲椰风文化社 1959 年版，序。
④ 李全寿：《马来语法》，新加坡星洲椰风文化社 1959 年版，序。

尼西亚文一科由陆君担任。"① 陆先生在印尼教授印尼文堪称专家，"犹记年少时赴巴城求学，我这个邦加勿里洋仔，完全不谙印尼文……幸而在巴中有陆并培老师，这位印尼语专才老师，不但著有印度尼西亚文学作品精选、教材课本，同时在教材上引进了现代印度尼西亚作品选读，让我们精读，就此对印尼语阅读能力就渐渐提高了。"② 陆先生还著有夜校和自修适用的《简易印尼语课本》，并出版了《印尼文文法研究》。为华人编辑土著语文学习资料最多的是南洋大学现代语言文学系教师李毓恺，我们在Google 上搜到他编著的印尼文、马来文辞典、专书和教材就有一二十部。

　　这些编著者有丰富的语言知识，一般掌握至少三种语言，华语、巫语（包括马来语和印尼语）、英语，像李毓恺就掌握中、英、巫、荷四种语言。陈抚辰的《新巫华字典》有一个附录，很详尽地说明了"巫文发音及变动法"，从中可知他对印尼马来语的诸多方言也很了解，如：

坤 婆罗岛，马辰语

泗 爪哇，泗水语

巴 爪哇，巴达维亚语

爪 爪哇语为爪哇中部，东部语

森 森达语，为爪哇中西部

苏 苏门答腊语

哈 哈鲁古语，近昂文岛

摩 摩鲁根语，为马鲁古群岛语。③

　　土著语言学习资料的编著者，对所在国的社会情况也相当了解，《新巫华字典》1930 年出版第二版，增加了很多内容，如：南洋回教土人所用之月历名、荷医生之各病科名词、荷国政府各官职名南洋通行之缩写字、荷属邮局火车站，所办之汇票押汇票均用荷文银数的规定、南洋通行之缩写字。由此可见陈抚辰对印尼乃至整个南洋了解之深。④ 李毓恺《巫华大辞典》附录多达几十个，如最令人头疼的常见印尼文"缩写字汇"便是其中之一。⑤

---

① 　陆并培：《印度尼西亚文读本》，雅加达世界出版社 1959 年版，序二。

② 　陈正祥：《人生风雨路一世巴中情》，http：//blog. sina. com. cn/s/blog_ a21dbd8601017-gqi. html，2013。

③ 　陈抚辰：《新巫华字典》，巴达维亚振林公司 1926 年版，序。

④ 　陈抚辰：《新巫华字典》，巴达维亚振林公司 1930 年版，第 345—356 页。

⑤ 　李毓恺：《华巫大辞典》，吉隆坡国泰出版社 1959 年版，序。

（四）民国时期东南亚华校外族语文教学

1. 技能教学的水平

在听说读写各种语言技能的教学方面，口语教学也发挥了一定作用。在二战之前（1945 年）华族对异族语言的学习很可能多为服务于日常生活交流需要的口语学习，"目前各华校和其他方言学校（非巫文学校）虽有教授巫语（初小四年级起）可是目前所有的巫文课本都是初步的，着重普通会话方面，在使学生学得一些日常会话语言而已。"① 因语法教学水平低，读写有问题。洪颂南在《马来语易通》"编辑大纲"中说："本书不仅想使读者能讲，且想使读者能写马来文，因此我们不仅介绍马来语会话，且介绍马来语的文法，务使读者们达到能够读、能够讲、能够写的程度"②，可见当初华人学习马来语听说尚可，读写不成，这可以从洪颂南下面的话得到印证："本书的另一用意，在于帮助读者们增进读写的能力，使他们能够具有信心，且参加初级文凭考试的马来语（国语）一科而不至于手忙脚乱，不知如何解答。"③ 因为听说教学在土著语的社会环境中是不难做好的，所以战后出版的大部分华族居住地土著语言的教材都是意在加强语法教学，从而提高学习者的读写能力，在这方面陈涛在《实用马来文》中的编者言中说得最清楚，"本书之内容除实用外，可作文法上之举例，此外，并编入文法，分章说明举例，用巫中英文对照，期收学习之效，这是学习马来文最重要的法则，因为大多数的华校同学已懂得普通会话之巫语，所以本书之题材，举例和习题，均系实用，使易于明了，合乎文法上之简则，这是本书出版最大的目的。"④

2. 语言教学的方法

（1）以语言对比为基础。

在讲解巫文文法的过程中，以语言对比为基础——通过巫文与中文、英文的对比确定教学的难点和重点，分析并纠正学习者的错误，如李全寿《马来语法》第七章，作者讲到比较法："在巫文文法上，亦有比较法之别，即为在某一种事物之间相比较之情形，它和英文一样，将分为下列三种之比较法：巫文平等之比较法、比较级的比较法、超级比较法。"⑤ 李

---

① 陈涛：《实用马来文》，新加坡马来亚文化出版社 1958 年版，序。
② 洪颂南：《马来语易通》，星加坡世界书局有限公司 1956 年版，编写大纲。
③ 洪颂南：《马来语易通》，星加坡世界书局有限公司 1956 年版，编写大纲。
④ 陈涛：《实用马来文》，新加坡马来亚文化出版社 1958 年版，编者言。
⑤ 陈涛：《实用马来文》，新加坡马来亚文化出版社 1958 年版，第 58—60。

全寿在《马来语法》中多处将马来语法和中国语法进行对比，如："中国语被动句和马来语被动句的比较"，"马来语的'主动句'，只要'谓语'是含有接头语'mě'的'及物动词'，都可转成'被动句'；这是因为以'mě'为接头语的'及物动词'，都可以转成'被动式动词'的缘故。至于中国语，就比较少用'被动句'，因为在中国语里，有大部分的'及物动词'不能用作'被动式'。因此，咱们把马来语译成中国语时，要特别注意这一点，就是：马来语的'被动句'不一定须直译成中国语的'被动句'，有时候咱们应该把它意译成中国语的'主动句'；例如：

马来语：Anak itu sangat di-chintaï oleh ibu-nya

中国语'直译'：那孩子很被他的母亲爱。（误）

'意译'：那母亲很爱她的孩子。（正）

如用古文的被动式，亦可直译之如下：

那孩子颇为其母所爱。"①

（2）以技能训练为中心。

语言作为技能和能力，只有通过练习、实践才能掌握。因为单读文法是枯燥的，所以陈涛编著的《实用马来文》，课文、文法、习题合编，"为避免读者感到枯燥起见，文法乃用现实的题材举例，以说明文法上之有关问题，课文方面也以此为主，既可作阅读之题材，复有研讨文法之参考，两者兼而有之"，"课文中有文法，文法中有举例，并附上有针对语法知识的习题"②，但是具体考察民国时期华校使用的异族语言教材，我们就发现，其练习不仅数量少，且题型不丰富。九种巫文的学习材料（不包括辞典），四种设计了练习，五种没有。练习的种类包括：中外文句子互译、填写反义词、用指定词造句、搭配选择、完形填空。主干题型很少，机械操练题与灵活运用题、主观题与标准题、单项题和综合题、个人题和互动题缺乏统筹安排，至于分散题型就更谈不到了，令教材使用者感到单调、死板。显然，在民国前后，那些编写华人土著语学习材料的人对练习是不够重视的。而且我们考察的学习材料大都是为读写教学服务的，属于综合课的范畴，练习较少的情况尤其不应该存在，因为"根据外语学习心理学中巩固与遗忘理论和长期的教学实践经验，我们认为综合课课后练习用时与课程教学用时的比例保持在1∶1左右的水平是比较适

---

①　李全寿：《马来语法》，新加坡星洲椰风文化社1959年版，第17页。

②　陈涛：《实用马来文》，新加坡马来亚文化出版社1958年版，编者言。

宜的。"①

3. 语言学习的材料

（1）教材。

先看课文的编排，因为"语言教材一般都是由词汇、句型、课文、练习等部分组成的，其中课文通常作为教材的主体。它为语言教学提供了一个特定的语境，围绕这个语境，语言部件、语言结构、语言功能以及语言所包含的文化因素等融为一体"，"编好课文是编好语言教材的关键。"② 但是，从我们搜集到的 10 种华校所用异族语言学习材料（不包括辞典）来看，课文的编写情况相当不理想。一是有 5 种教材没有课文，就是单纯地讲语法理论，如《马来语法》（李全寿）和《现代印尼语文法》（J. Tannin）。二是课文的选择比较随意，《实用马来文·序》："本书所有的题材系以实用为主，以马来语的现实为题材，使学生们对于马来亚的各种情形，有更深切的认识和了解，也易于学习而增加阅读之兴趣。"该书课文如下：

吉隆坡

火车

致星洲友人书

新加坡的独立桥

致友人贺新年书

复友人书

致移民厅书

致教育部拟求职书

在空中飞翔

祝贺某某先生晋升职位书

致书店购书籍函③

看上述课文实在看不出现实的"各种情形"，倒好像是临时拼凑的杂烩菜，读了这些课文也不会对现实"有更深切的认识和了解。"三是课文的编排不合理。有的课文连着的几课内容上有某种联系，但是这几课和前

---

① 李泉：《对外汉语教学理论研究》，商务印书馆 2006 年版，第 197 页。

② 李泉：《对外汉语教学理论研究》，商务印书馆 2006 年版，第 163 页。

③ 陈涛：《实用马来文》，新加坡马来亚文化出版社 1958 年版，目录。

面、后面的几课就没有什么内容上的关联，如《巫文百日通》第二册第五十一课和第五十二课是一个话题"幽默的会话"，其前的第四十九课和第五十课是一个小的话题"买脚车"第五十三课到第五十六课是一个话题"木兰从军"，前后三个话题，内容上完全不搭界。

《初级马来语读本》（包思井，印马书店，1951 年）和《印尼文读本》教材内容的编排是我们所见的学习材料中比较合理的，在此以《初级马来语读本》为例予以说明。我们说该教材编辑合理，是因为编者运用第二语言教学理论，较好地处理了教材编写中的诸多关键问题：拼音练习和单词合用，教师可以依照具体情形采用两者之一，或者两者同时讲授，这就从语音开始开展语言教学，同时兼顾了注重听说的人和注重读写的人的不同需求；选用"2000 个马来语基本词汇"中的 400 个基本单词，分开编入各课，并使它们作有次序的重复，生词的选择有据可依，生词的控制重点突出，生词的有序复现提高了记忆的效率；选择的题材，注重实用，以马来亚华侨高小学生为对象，包括数目、年月、星期、身体、形状、颜色等必须学习的单词，对于补习学校的青年学生，也很适合；把马来语基本语法编入各课中，使学生打好语法的初步基础，以简驭繁地掌握语言结构规则；采用马华对照式排印，便利初学者及自修者，省去翻查辞典的麻烦。① 可惜，内容编排如此合理的教材仅此一两种。

（2）辞书。

以词解词，难以理解。我们看到的华巫词典或巫华词典却大都是以词解词的，如：Period，时期；② Sintjhia，新年；Sinumpet，闭塞。③ 诸如此类以词解词的解释，如果像"新年"这样的常用词，一般华人学习者还能理解；反之，像"闭塞"这样的不是太常用的词，只有中文水平较高的华人才可以理解；否则，以此来解释 Sinumpet，恐怕很难达到解释的目的。

缺乏例句，不利应用。人们常常把例证比喻为词典的血肉。概括的词义只提供比较抽象的概念，因此难免笼统而不具体．所以必须有例证，所谓"例以明义"，例证是揭示词义的继续。例证不仅补充说明词的意义，使其具体化，而且说明它的用法，包括它的语法特点、搭配范围、修辞色彩等。但我们见到的巫文辞典基本上是某个词条除了意思解释，没有任何例句。在这种情况下，巫文学习者就不知道如何使用某个巫文词语。

---

① 包思井：《初级马来语读本》，马来西亚印马书店 1951 年版，编者序。
② 李毓恺：《印度尼西亚中华大辞典》，椰城国民书局 1931 年版，第 382 页。
③ 李毓恺：《印度尼西亚中华大辞典》，椰城国民书局 1931 年版，第 480 页。

至于同义词、近义词的比较辨析、常见偏误举例等在我们所见到的华巫或巫华辞书中就更少见到了。

（3）期刊。

我们现在知道的 20 世纪 50 年代华人学习巫文的杂志有两种：一种是印尼语文社编辑的《印尼语文》，一种是杨兆骥和陈燕生合办的《印尼语学习》。现在能见到的只有《印尼语文》。该杂志始于 1956 年 1 月，月刊，大 32 开，终止日期不详。其要目一般包括：印尼语文研究、活用印华会话、文学选读、印尼文造句法、中国古代寓言、印尼成语等。办此等期刊"旨在鼓励华人应立足本土，胸怀印度尼西亚，多学习印度尼西亚语文与认识了解印度尼西亚全方位面貌，""俾使能适应印尼环境生存下去。"[1] 该刊一个重要的特点是中文详注，在印尼、中国大陆、香港地区和马来亚都有读者。[2]

---

① 陈正祥：《杨兆骥，我知》，http：//blog. sina. com. cn/s/blog_ a21dbd860101b2y3. htm，2012。

② 印尼语文社：《印尼语文》1956 年第 12 期。

下编

汉语在外国人中的传播

第一章　传教士汉语传播研究

第一节　民国时期传教士在华汉语学习概述

民国时期来华学习汉语的外国人传教士是主体，他们主要为了方便传教而研究汉语、翻译圣经、创制拼音、编写教材，有些人甚至因此而成为当时著名的汉学家，促进了汉语言文化的国际传播。他们当时学习汉语的很多做法、留下来的众多文献都成为民国时期汉语国际传播历史研究的重要方面，给予我们当今的汉语国际传播很多有益的借鉴。要说明的一点是讨论民国时期传教士的汉语学习很多时候都要跟清末联系起来，因为传教士大规模进入中国是从鸦片战争之后开始的，汉语教材、学习环境等清末和民国是一脉相承的。

一　传教士的外延

1912 年中华民国建立，临时约法保障宗教自由，加上当时很多革命人士以及支持者也是教徒（如孙中山、宋教仁、廖仲恺等），特别是 1927年南京国民政府成立，领导人蒋介石成为信奉上帝的中国领导人，因此基督教在中华民国的发展变得相对宽松顺利，政府甚至还给予了某种程度上的鼓励和支援。在这种大背景下，大批欧美的基督教新教、天主教和东正教传教士陆续来到中国。作为具有强烈排他性的普世性宗教，天主教和新教都要使基督福音普降全世界，不能容忍儒教之类的"异端邪说"。但是，基督教在近代中国传播过程中，遇到统治中国数千年的儒家思想文化的强烈挑战。以丁韪良、林乐知等为代表的传教士被迫调整布道方法，承继明清耶稣会士的思路，在策略上向儒家思想作暂时的妥协。丁韪良主张传教士把中国传统文化看成必须重视的一股力量，并设法将其与基督教的优点相协调。他继承和发展了源自耶稣会士的"孔子加耶稣"的思想，主张用西学、教育争取儒教知识分子，改造儒学中与基督教信仰相背离部分，为实现基督教的中国化创造社会环境。同属基督教新教的内地会创始者戴德生要求传教士穿中国人的衣服，说中国人的话，尽量和中国人打成一片。所以新教的大多数传教士都主张要积极学习汉语，吸收中华文化。天主教不太支持传教士对汉语言文化的学习，原因如下：明清之际天主教传入我国时，传教士也曾进行了天主教儒学化的尝试，"合儒"和"补儒"是这种尝试的主要内容，但因此引发了天主教内部不同派别的争执，后诉诸教廷，遭到驳斥，康熙皇帝也龙颜大怒，将教士驱逐。因此，除了教义本身的严格之外，天主教在中国传教活动也因"一朝被蛇咬"而导致灵活程度不如新教；清末的天主教徒入教时被要求放弃许多异教徒习俗，天主教徒在很大程度上成了一个与世隔绝的、孤立的和外在于中国同胞的团体，这样一来，对汉语言文化的学习，天主教传教士就比新教传教士差了很多。① 至于东正教来华传教士，由于民国时期人数更少，学习汉语的资料就更少了。所以，本文讨论传教士的汉语基本上以新教传教士为对象。

二　民国时期传教士学汉语分期

（一）鸦片战争之前

南洋群岛是中西文化的交汇地。欧洲资本主义的兴起促进了新航路的开辟，葡萄牙人沿着非洲西海岸绕过好望角，首航东方，1511 年占领马六甲王国，西班牙、葡萄牙、荷兰、英国等殖民者及其传教士也相继东来，拓展势力，其中西班牙统治菲律宾近三个半世纪（1565—1898）；荷兰 1596 年入侵爪哇岛万丹（在印度尼西亚），先后统治印度尼西亚 330多年，并且在 1641 年入主马六甲王国；英国分别于 1786 年、1819 年占领槟城、新加坡、马六甲。这便使侨居南洋的闽粤人都最早地、近距离且深层次地接触了西方宗教文化。

乾隆年间"礼仪之争"引发禁教令，嘉庆年间禁国人教洋人汉语，禁向洋人提供汉字活字、赠送中国史书，违者处死，"入教者发极边"（1812）；"西人传教，查出论死"，"洋人秘密印刷中文书籍及传教惑众，或满汉人等受洋人委派传教或受洗礼入教，为首者斩。"（1814）在这种境况下，传教士不可能直接在中国传教，便把目光投向侨民众多、海上交

---

① 赵玉华、刘凌霄：《清末天主教和新教在华传教活动的异同》，《山东大学学报》（哲学社会科学版）2003 年第 1 期。

通方便、可以自由传教的南洋。① 另外，由于雍正公布禁教令后，仍允许传教士在澳门存在，所以传教士可以在南洋和澳门学习汉语，并可出版发行相关书籍。如：1817 年麦都思被伦敦会派遣到马六甲，于 1818 年开始向当地华侨学习闽南语，并逐渐对该方言产生了浓厚的兴趣。1820 年他在马六甲刊印了一本以罗马字表音的闽南语小册子，后又依据《十五音》进行增补，命名为《汉语福建方言字典》，1832 年在澳门出版。② 1823 年 John Francis Davis 在澳门出版了（*A Vocabulary, Containing Chinese Words and Peculiar to Canton and Macau and to the Trade of Those Places*）。马礼逊（Robert Morrison）的《广东省土话字汇》（*A Vocabulary of the Canton Dialect*），1828 年由东印度公司在澳门出版。③ 英国伦敦会传教士戴尔（Rev. Samuel Dyer，1804—1843），1835 年发表了关于闽南方言的论文，就闽南方言中书面语与口语的关系、发音规律等问题进行了专门讨论。1838 年，戴尔出版了《福建漳州方言词汇》。该书收录了戴尔在马来西亚槟城、马六甲收集的漳州方言词汇。该书共 132 页，分绪论、正文、索引三个部分，1838 年由 The Anglo-Chinese College 出版社出版。④

（二）鸦片战争—1900 年

1842 年，清朝在与英国的第一次鸦片战争中战败。清政府与英国签署中英《南京条约》，开放广州、厦门、福州、宁波、上海等五处为通商口岸。之后不久美、法等国也取得了与英国一样的特权。鸦片战争时，在中国约有 30 万的地下天主教徒。基督教（新教）没有公开传教，只有 20 名英美传教士在澳门进行一些准备工作，如翻译《圣经》，编写字典。1846 年，道光皇帝明诏弛禁天主教，归还原有教堂，天主教于是转而公开活动。来自英美德三国十余个基督教（新教）差会也纷纷在五口设立教堂、学校、医院。1858 年清政府在第二次鸦片战争中失败，被迫签订《天津条约》，规定各列强的传教士可以到中国内地自由传教。由此，列强的传教士在中国可以无所不在。"为传教的方便，他们（传教士）往往事先或就就地学习当地方言，并且编写出版了大量的记录和研究汉语方言

---

① 张嘉星：《欧洲人汉语辞书编纂始于闽南语辞书说》，《福州大学学报》2013 年第 3 期。

② 游汝杰：《西洋传教士汉语方言学著作书目考述》，黑龙江教育出版社 2002 年版，第 147 页。

③ 游汝杰：《西洋传教士汉语方言学著作书目考述》，黑龙江教育出版社 2002 年版，第 147 页。

④ 马重奇：《英国传教士戴尔〈福建漳州方言词汇〉研究——19 世纪初叶闽南漳州方言音系及其词汇研究》，《古汉语研究》2013 年第 4 期。

的著作。西来的传教士可以分为天主教和基督教（实际上还包括东正教），后者更热衷于用方言翻译《圣经》，直接用方言布道传教，因此对汉语方言的调查、描写和记录也更多。"①。我们看如下事实：根据游汝杰先生方言《圣经》数量分类分地统计，方言《圣经》数量最多的几个地方依次是：广州（146）、福州（97）、上海（60）、汕头（58）宁波（53）、厦门（43）。除了汕头是依据 1858 年《天津条约》开埠通商的之外，其他就都是 1842 年五口通商的所在

吴方言几个主要小方言圣经出版情况表②

方言名称	最早出版的圣经名称	出版时间	出版地点
苏州土白	《四福音书》和《使徒行传》	1879	上海
上海土白	《约翰书》	1847	上海
宁波土白	《路加福音》	1852	宁波
杭州土白	《新约》（部分）	1877	杭州
金华土白	《约翰福音》	1866	上海
台州土白	《马太福音》	1880	台州
温州土白	《马太福音》	1892	台州

闽方言几个主要小方言圣经出版情况表

方言名称	最早出版的圣经名称	出版时间	出版地点
福州土白	《马可福音》	1852	英国
厦门土白	《约翰福音》	1852	广州
兴化土白	《约翰福音》	1892	福州
建阳土白	《马可福音》	1898	福州
邵武土白	《使徒行传》	1874	福州
汕头土白	《路德福音》	1875	未知
海南土白	《马太福音》	1891	上海

　　由此我们得出两点结论：第一，鸦片战争后传教士出版的汉语《圣经》最早都在 1846 年之后，也就是在 1846 年道光皇帝宣布开放教令之后；第二开埠早的城市出版汉语《圣经》的时间就较早，也就说明传教

---

① 　游汝杰：《西洋传教士汉语方言学著作书目考述》，黑龙江教育出版社 2002 年版，第 3 页。

② 　参见游汝杰《西洋传教士汉语方言学著作书目考述》，黑龙江教育出版社 2002 年版。

士到那里传教时间较早。

（三）1900—1949 年

1900 年到 1920 年的 20 年，教会史著述上常将此成为"黄金时代"，因为在华各教会的传教士传教推进之迅速，是历史上前所未有的。一方面，在华各教会团体仍然享有自 19 世纪沿袭下来的条约制度所规定的治外法权的保护，教会仍是欧美人在华规模最大的团体，传教士们一如既往地从沿海通商口岸深入中国内地传播教义。另一方面，教会外部的社会环境发生了迥异于 19 世纪的变化：①庚子事变以后，清政府中最顽固排外的势力已剪除，官绅阶层中对基督教的敌意有所减弱，同时，教会鉴于事变惨痛的教训，对自身的行径也做出了某种反省和检讨，对教会和传教士在政治上的活动做出了限制，教会的社会形象有所改变。②1912 年中华民国成立，政府从法理上肯定了公民信教的自由，这是中国国家与宗教关系史上从未有过的事情，包括孙中山、蒋介石在内的民国领导层很多人就是基督徒，这些都无疑促进了外国宗教的在华传播。①

在 1900 年之后的这个时期，传教士汉译《圣经》的数量大为减少，例如上海土白的《圣经》1900 年之前翻译了 81 个版本，1900 年之后翻译了 54 个版本；福州土白的《圣经》1900 年之前翻译了 69 个版本，1900 年之后翻译了 27 个版本。形成这种状况的原因可能与 1900 年前后基督教的普及程度大不相同有关，请看下表：

基督教在中国的发展②

	1889 年	1906 年	1919 年
外国传教士	1296	3833	6636
中国神职人员	211	345	1065
中国工作人员总数	1657	9961	24732
信徒人数	37287	178751	345853

从上表可见，从 1889 年到 1919 年，外国传教士增加了 4.12 倍，但中国神职人员也增加了 4.04 倍，特别是中国工作人员总数增加了 13.93 倍，信徒增加了 8.27 倍。中国方面，有传教有关的人员和信徒的增长比例都大大超过了外国传教士的增长比例。1900 年之后，尤其是 1912 年民

---

① 顾卫民：《基督教与中国近代社会》，上海人民出版社 2010 年版，第 272 页。

② 顾卫民：《基督教与中国近代社会》，上海人民出版社 2010 年版，第 280 页。

国建立后，中国国内的宗教环境大为改善，这些都使得传教的过程中传教士不必再像鸦片战争前后几十年那样，将《圣经》先翻译为汉文，才便于向百姓传授。

三　传教士学汉语的形式

民国时期传教士学汉语主要是两种形式，一种是个人行为，某个传教士来中国后自己找老师学习，或找先到的传教士学习，如英国传教士戴德生 1853 年到达上海后就先跟伟烈亚力学习汉语，1886 年卜舫济到达上海后被安排在圣公会学习汉语；或跟中国人学习汉语，戴德生后来又在麦都思的帮助下，找了一位中国先生学习汉语。因为上述学习形式的有关资料难以收集，所以我们集中讨论另一种学习形式——某个基督教组织建立的语言训练机构，民国时期这样的机构主要的有以下几个。

（一）南京华言学堂

据《南京华言学堂课本》课文记载：南京华言学堂有 6 个班。学生每天要做礼拜。每天上午 8:45 到 12:00，下午 2:00 到 4:00 上课。上午一个半小时一节课，下午 50 分钟一节课。课本有课内和课外之分。

（二）内地会安庆训练所和扬州训练所①

它们是基督教新教差会内地会分别设在安庆（后迁到镇江）和扬州的专门帮助传教士学习汉语的培训机构。安庆所 1887 年由鲍康宁牧师创办，是新教设在中国的第一个汉语培训机构，专收男生。扬州所 1902 年成立，是基督教新教各个差会在华设立的第一个妇女汉语培训机构。两所的训练期限均为 6 个月。课程以汉语为主，培养听、说、读、写能力，教学工作由中外教师分任。以鲍康宁等的课本为主要教材。

（三）华北协和华语学校②

这是基督教新教差会及外国在华机构联合设立的语言学校。汉语课是主要课程，也开设中国风俗、中国哲学、中国神话、现代中国外交关系、中国贫穷的原因、中国经济学等课程。学制 5 年，每学年分春、秋、冬 3 个学期。暑假期间，学生们在各避暑地跟私人教师学习。1920 年该校作为燕京大学的一部分独立存在，1925 年夏改称为燕京华文学校。除外籍教师外，也聘任中国教师，1921 年时有中国教师 97 人；注册学生总数 147 人。1910 年至 1925 年，共毕业学生 1621 人，其中 1140 人为美国学

---

① 参见本书《内地会汉语学习》。

② 参见李孝迁《北京华文学校述论》，《学术研究》2014 年第 2 期。

生，323 人为英国学生，158 人为其他国家的学生，总共有 24 个国家的学生在校学习过。学校使用的课本并不清楚，但本人见到的《汉字分析》一书就为该校出版，书中还说学校将发给学生此书前 150 个汉字的笔顺表，所以它应该是该校的汉字课本。

（四）金陵大学宣教师训练部①

这是基督教新教差会专为外国来华传教士设立的汉语培训机构。1912 年成立于江苏南京，是金陵大学的附属单位。学制 5 年。第 1 年必须住校，必修课程包括汉字书写、分析与背诵、中国历史、中国地理、中国各宗教等课程，此外学生必须阅读指定的中国书籍至少 1000 页。第 2 年至第 5 年为选修课，多采用函授方式进行。每年考试及格的发给证明书，5 年期满授毕业文凭。学校实行导师制，聘用中外教员近百名。1921 年时，有学生 161 人，分别来自 20 余个差会团体。约 1938 年停办。

（五）成都协和宣教师训练学校

这也是基督教新教差会专为外国来华传教士设立的汉语培训机构。1920 年成立于四川成都，校舍附设于华西协和大学。学制 2 年，以汉字部首、基氏课本和鲍康宁初学课本为基本教材。以汉语课程为主，也开设有关中国历史、现状的其他课程。为培养传教士的布道能力，演讲在教学中占有重要地位，不仅一部分课堂教学以宣教师对学生进行演讲的方法进行，而且学生毕业前还需在中国听众面前做 20 分钟的演说。1950 年左右停办。

（六）苏州东吴大学附属吴语方言学校

这是基督教新教差会为初到中国的外国传教士学习吴方言而设立的语言学校。1919 年 6 月创办于江苏苏州。吴方言为主要课程，也开设有关中国历史、地理、现状、宗教等各类课程，学生毕业以后在吴语地区担任宣教工作。1930 年前后停办。

其他还有巴乐满曾于 1907 年在牯岭办过一个语言学校，华南地区有广州协和华语学校（Canton Union Language School），因为资料缺乏，相关内容暂付阙如。

四 传教士的方言学习问题

（一）研究概况

学界研究传教士乃至外国人对汉语的学习，多将学习的对象确定为普

---

① 参见刘家峰《近代来华传教士的中文学习——以金陵大学华言科为中心》，《上海大学学报》（社会科学版）2008 年第 6 期。

通话。但是依据我们的观察，专门的语言训练机构一般都教授汉语普通话（苏州东吴大学附属吴语方言学校除外），而传教士的个人行为很多都是学习方言的。可我们在中国期刊网上进行了搜索，却没有找到一篇有关传教士如何学习方言的文章，有关传教士方言的整本著作大多也是从方言学等本体的角度来从事研究的，如：

游汝杰：《西洋传教士汉语方言学著作书目考述》，黑龙江教育出版社，2002；

钱乃荣：《西方传教士上海方言著作研究：1847—1950 年的上海话》，上海大学出版社，2014；

陈泽平：《19 世纪以来的福州方言——传教士福州土白文献之语言学研究》，福建人民出版社，2010；

宋莉华：《传教士汉文小说研究》，上海古籍出版社，2010。

在上述文献中，只有游汝杰先生或多或少地讲到了传教士学习汉语方言的动机问题。

（二）传教士学习方言的必然性

我们目前的确没有足够的史实知晓传教士学习汉语时在方言和普通话之间到底主要学习了什么，但是我们可以肯定的是，尽管民国时期的国语运动取得了很大的成绩，不过普通话的普及率远远没有当今这么高，下层老百姓尤其是农村的老百姓讲方言还是当时基本的语言生态。例如麦都思是伦敦会的传教士，东来前曾学官话，初到马来亚后才知道当地绝大多数华侨说的是闽语，而不懂官话，遂从头开始学闽语，后曾编写《福建方言字典》。

清朝末年传教士在中国的合法存在是从 1842 年《南京条约》允许五口通商才开始的。1858 年的《天津条约》增加了外国传教士在中国自由传教的内容，增加的开放口岸也大都在南方方言区，在这种情形下传教士要通过密切和每个国民的关系而将福音传布到全中国的角角落落，学习方言或许比学习普通话更有使用价值。游汝杰先生收集到的《圣经》官话方言最早的几个译本或许也能佐证上述结论：①

方言	圣经名称	译者	出版地	出版时间
直隶话	《路加福音》	英国圣书公会	上海	1925
汉口话	《马可福音》	London Missionary Society	Tsaosih	1921

---

①　参见游汝杰《西洋传教士汉语方言学著作书目考述》，黑龙江教育出版社 2002 年版。

方言	圣经名称	译者	出版地	出版时间
胶东话	《马可福音》	华北浸信会		1918
南京话	《马太福音》	英国圣书公会	上海	1854
山东话	《路加福音》	美国圣经会	上海	1892

除了南京话之外，其他几种官话方言的《圣经》出版都较晚，因为这几种官话的所在地传教士到达一般比沿海要晚。

（三）传教士的方言著述

传教士的汉语方言著述最多的是《圣经》译本，其他还包括语音学论著、词典类著作、课本类著作和语法书四类。上述五类著述涉及吴、闽、赣、粤、客家五大方言，包括以下地点方言：上海、宁波、杭州、温州、苏州、台州；福州、厦门、汕头、海南、潮州；建宁；广州、三江、东莞、澳门、顺德、新会；客家。① 其中土白《圣经》共 609 种，其他四类方言学著作 251 种。上述著述不论是方言译本，还是其他四类方言学的专书，民国时期的数量都明显地少于清末，这其中可能的原因，见上文民国《圣经》比清末少的原因。值得说明的是传教士学汉语的最主要的目的是翻译《圣经》，便于用汉语向中国人传教，其他各项工作语音研究、词典编纂、课本编辑、语法研究都是为最主要的目的服务的；民国时期翻译《圣经》的工作没有清末重要了，其他的四类工作也就随之大大减少了。游汝杰先生搜集的《圣经》方言土白译本是当今国际上搜集最全的。其他对这些文献从语言学本体方面进行研究的学者还有，如马重奇《19世纪 80 年代四部传教士汕头方言著作音系比较》，《古汉语研究》2014 年第 4 期；陈泽平《19 世纪传教士研究福州方言的几种文献资料》，《福建师范大学学报》2003 年第 3 期；庄初升《清末民初西洋人编写的客家方言文献》，《语言研究》2010 年第 1 期；赵峰《西洋传教士的福安方言研究概述》，《湖南工程学院学报》2013 年第 2 期；陈榕烽《近代英汉福建方言字典概述》，《黑龙江生态工程职业学院学报》，2010 年第 5 期。

五　民国时期传教士的汉语教材

清末至民国传教士学习汉语文的教材有两大类：一类是中国传统的蒙学教材；另一类是他们自编的新式课本。

---

① 游汝杰：《西洋传教士汉语方言学著作书目考述》，黑龙江教育出版社 2002 年版，第 3 页。

（一）传统蒙学课本

19世纪上半叶马礼逊、裨治文英译的《三字经》毫不例外地是为教学服务的。19世纪中叶的美部会传教士夏查理（Charles Hartwell，1825—1905）也主张："在初级学校可以教《三字经》、《千字文》和《幼学须知》，在更高的学校可以学习四书、《诗经》、《尚书》和《春秋》等。"① 1859年罗存德（W. Lobscheid，1822—1893）在《香港华人教育与官立学校笔记》一文中，对当时的学校课程内容研究后，发现当时学校课程主要有三点：中国本土课程、外国人编写的中文课本、英文课本，其中"中国本土课程，主要有幼学、《三字经》、《千字文》、四书、五经、古文等"。直到20世纪初，在一册教会学校教育手册中我们还可以找到《三字经》的书名，"在小学或初级教育阶段一般以读《三字经》《幼学群芳》等童蒙读物为主，而在中级和高级阶段则要学习《左传》、《论语》、《孟子》、《大学》、《中庸》、《礼记》等课程"。② 还有一些中国的官话小说被用作中高级汉语教材，禧在明（Walter Hillier，1849—1927）在《汉语，怎样学汉语》中也建议西方人中高级阶段可读《今古奇观》、《儿女英雄传》等小说。③ 进入20世纪，《三字经》等传统汉语文教科书便极少西译外语，这也可以印证新式教科书的冲击，它的识字功能退化之后，国外人很快也就少有问津了。

（二）新式汉语课本

民国时期传教士自编的新式课本包括两种，一种是方言课本，另一种是官话课本。个别人还以《圣经》的汉译本作为教材。

1. 分类

（1）方言课本。

据游汝杰先生的调查，清末民国时期传教士使用的方言课本有105种，其中1900年出版的有47种，民国时期出版的有31种。我们可以这样判断：这31种肯定是民国时期的传教士所使用的，但之前出版的63种也很可能在用。清末出版的方言课本如1850年Benjamin Jenkins编写出版了 *Lessons in the Shanghai dialect*（《上海土白》（游汝杰，2002：158）。民

---

① 罗存德，德国人，德国礼贤会教士，1848年抵香港，后转广州传教行医。引文见夏泉《明清基督教教会教育与粤港澳社会》，广东人民出版社2007年版，第283页。

② 尹文涓：《基督教与中国近代中等教育》，上海人民出版社2007年版，第30页。

③ 史红宇：《从教材看历史上来华外国（族）人的汉语教学》，硕士学位论文，北京语言文化大学，2002年。

国时期出版的方言课本如：1914 年 J. W. Crofoot 和 F. Awlinson 出版了 *Conversational exercises in the Shanghai dialect*（《沪语开路》，上海美华书馆印制，共 47 课，用例：阿有啥新闻事体，可以讲点拨我听否?[①] 方言课本涉及的方言种类请参阅上文"传教士的方言著述"。）

（2）官话课本。

西方人编写的官话教材到底有多少个版本，至今没有确切的史料依据，主要有以下几种类型：

一是口语教材，如：《语言自迩集》（威妥玛，Thomas Grancis Wade）、《英华合璧》（鲍康宁，F. W. Baller）、《汉语，怎样学汉语》（禧在明，Hiller Walte Caine）等；二是书面语教材，如：《华文释意》（鲍康宁，F. W. Baller）、《汉文进阶》（卜郎特，J. J. Bandt）等；三是语法教材，如英国传教士窦乐安（John Litt Darroch）《汉语语法自学》等；四是汉字教材，如《汉字书写入门》（大卫巴伦，David Dean Barren）等。总的来说，这些教材编者以传教士为主，也有军队军官、外国驻京使馆工作人员；他们来自英、法、美、加、葡、德等国，其中以英、法、美为多。教材适用对象的汉语水平初、中、高级都有，以初级为多。出版社以外国在华设立的出版机构和教会大学出版社为主。[②]

2. 教材编写原则

科学性、针对性、实用性、趣味性。

3. 教材对汉字和各语言要素的处理

（1）汉字。

学习写汉字及汉字书写在汉语学习中的地位；掌握汉字的字数；学习汉字的方法。

（2）语音。

声调的本质及学习途径；送气音的认识和学习；轻声和儿化；语气语调

（3）词汇。

成语等熟语的掌握；构词法。学习汉语词汇的途径。

（4）语法。

对汉语语法特殊性的认识，学习汉语语法的途径。

---

① 游汝杰：《西洋传教士汉语方言学著作书目考述》，黑龙江教育出版社 2002 年版，第 163 页。

② 史红宇：《从教材看历史上来华外国（族）人的汉语教学》，硕士学位论文，北京语言文化大学，2002 年。

4. 教材对语言能力的培养

（1）关于听；

（2）关于说；

（3）关于阅读；

（4）关于写作。

5. 教材的构成

（1）生词：注音、释义；

（2）课文：分类，按话题和语言结构；课文翻译的处理；课文内容；

（3）注释：语音、词汇、语法；

（4）练习：语音、汉字、翻译。

六　传教士的辞典编纂

（一）简况

目的语和母语之间的词语差异是人们在交际中首先感到困惑的地方，所以词汇在语言学习中也常首先受到人们的关注。西方人来华以后编写了数量众多的汉外词典，如明末耶稣会士来华以后最早的双语词典是罗明坚和利玛窦于公元 1584 年到 1588 年间编写的《葡汉词典》①。此外还有马礼逊（Robert Morrison，1782—1834）的《华英词典》（1882）、鲍康宁（Federick William Baller，1853—1922）的《汉英分解词典》、禧在明的《袖珍英汉字典》（1910）等。根据考狄书目统计，到 1921 年为止，西方人编纂的各类汉外双语词典共约 300 部②。光传教士编写的汉语方言词汇、词典也有 110 部左右。③ 这之中很多是在中国出版并使用的。西方人来华初期，有的传教士靠背字典学习汉语，这些字典起到了教材的作用。随着汉语教材的出现和质量的提高，这些词典主要成为学习的辅助工具。

（二）选词：原则、立目

（三）注音：审音、方法

（四）释义：词义注释、例证

---

① 张西平等：《西方人早期汉语学习史调查》，中国大百科全书出版社 2003 年版，第 32 页。

② 张西平等：《西方人早期汉语学习史调查》，中国大百科全书出版社 2003 年版，第 32 页。

③ 参见游汝杰《西洋传教士汉语方言学著作书目考述》，黑龙江教育出版社 2002 年版，第 130—158 页。

（五）编排：音序、部首、其他

（六）双语词典的资料和蓝本

七 教学原则和方法

直接法、翻译法。以句子为中心，反复操练，语音纯正，严格纠错，循序渐进，用目的语思考。

第二节 清末民国时期基督教传教士不同传教思想指导下的汉语学习
——以英国戴德生和美国丁韪良为例

清末民国时期来华学习汉语的外国人传教士是主体，他们主要是为了方便传教而研究汉语的，有些人甚至因此而成为当时著名的汉学家，促进了汉语言文化的国际传播。这些传教士由于其传教指导思想有所差别，汉语学习的具体情况也存在不同。本文特选取基督教新教戴德生（James Hudson Taylor，1832—1905）代表的属灵派和丁韪良（William Alexander Parsons Martin，1827—1916）代表的自由派进行比较，以期说明本文的主要观点。

一 基督教新教两大派别传教指导思想的不同

（一）选择基督教新教为研究对象的缘由①

鸦片战争之后，特别是中华民国成立后，欧美的基督教新教、天主教和东正教传教士陆续来到中国。基督教在近代中国传播过程中，遇到统治中国数千年的儒家思想文化的强烈挑战。以丁韪良、林乐知（Allen Young John）等为代表的传教士被迫调整布道方法，承继明清耶稣会士的思想理路，在策略上向儒家思想作暂时的妥协，"合儒"和"补儒"是这种尝试的主要内容。

（二）基督教新教的两大派别

历代在华基督教新教传教士的传教方法可分为两种：属灵派（基要派、保守派）和世俗派（自由派），清末民初的新教传教士也分上述两派。前者可以戴德生为代表，后者可以丁韪良、林乐知等人为代表。

---

① 参见本章第一节。

1. 属灵派

（1）戴德生及属灵派。自 19 世纪初到 20 世纪中叶，基督教新教来华差会达 130 多个。其中中华内地会（China Inland Mission）是基督教新教在华传教历史上绝不可忽视的一个差会。中华内地会成立于 1865 年，创始人戴德生 1853 年 9 月 19 日作为中国传道会的传教士，于 1854 年 3 月 1 日抵达中国上海。

中华内地会以把福音传遍中国内地全境为目标，先后深入 18 个省份，其中包括苗、藏、回、蒙、维吾尔等少数民族地区。内地会在中国发展迅速，到 1933 年，已有传教士 1300 多人，占在华新教传教士的 23%；在中国 19 个省建立了 327 个传教中心，拥有 3500 多名工作者，包括 2200 名善男信女志愿者，中国领圣餐者也达到了 8 万人。内地会由此发展成为近代基督教新教来华差会中人数最多、传教区域最广阔、最具特色、最具影响力的西方差会。

戴德生是 19 世纪来华的最有影响的西方传教士之一。他本人和旗下内地会的国际影响不断扩大，推动了世界基督教对在华宣教事业的关注，使得内地会不仅得到英国国内传教士团体及民众的普遍认可，而且其影响力更扩展至北美、欧洲大陆、斯堪的纳维亚半岛。在成为名副其实的国际性差会的同时，也把世界各国宗派各异的传教士带到了中国。

（2）属灵派的指导思想。内地会持守的传教方式和神学思想使之成为一个独特的差会，被公认为保守派的大本营。内地会自己标榜的几个特点为：①这个差会是跨宗派的，任何宗派都可参加；②这个差会是国际性的，任何国家都可出人出钱；③这个差会寻求传教士与中国人打成一片……尽量中国化；④这个差会的主要目标不是招收教徒，而是面向全世界以最快的速度传播福音。

戴德生接受麦都思（Walter Henry Medhurst）的建议，放弃西服，改穿中国服装，改说当地语言，以便到内地传教。此后，内地会要求其传教士在语言、起居和衣着上都尽量中国化，入乡随俗，与中国人打成一片。其主要目标不在招收教徒，而是以最快的速度向中国传播福音；不太注重大规模地建立学校和医院，该会传教士无固定工资，要刻苦献身；等等。这些和其他传教团队有很大的差别。因而内地会的传教方式被称为"戴德生模式"。该模式不仅体现在戴德生本人的传教实践中，而且被内地会其他传教士所信奉。例如，福姑娘（戴德生的第二任妻子）成绩非常好，因为她最能适应中国的环境，并深明中国妇女的心理。她曾对一个杭州妇人说："我到此地来做一个杭州女人，我吃你们所吃的饭，穿你们所穿的衣服，说你们的话，我愿意你们快乐，我们都是姊妹。""好得很！"那妇人说："那么我要叫你姊姊。"①

　　既然内地会的教条要求其成员尽量与中国人打成一片，那么学习中国人的语言（包括汉语和少数民族语言）就势在必行了。美国语言学家霍凯特指出："传教士，他不得不学习某种陌生的语言……学习它不仅是为了处理日常事务，而且也是为了更好地传教和翻译《圣经》。"② 在他们看来，尽快掌握汉语汉字"比多发展一万名基督徒还更有价值，因为这是为整个帝国的全面归化在做的准备。"③ 传教士学习当地的语言（包括方言）可以说是出于传教士在当地生存和传教的基本需要。在这方面，戴德生是有切身体会的。戴德生初次来华时，由于不懂汉语，生活十分困难，就连外国人也瞧不起他。他在给家写信的时候提道："天气这样冷，又受各种刺激，起头我几乎不知我究竟做什么事、说什么话。离家这么远，住在战区不懂别人的话，别人也不懂我的话。到这里我才完全明白这种经验之苦。"④ 1855 年 4 月戴德生与圣公会传教士卜尔顿从上海到崇明岛传教，在一座寺庙中向民众宣讲偶像崇拜的愚昧与基督教要义，先由戴德生用不太流利的官话讲解，再由卜尔顿用上海话讲一遍。掌握语言（方言）对促进布道工作的成效是显而易见的。

　　2. 自由派

　　（1）丁韪良其人。

　　丁韪良是美国基督教长老会传教士，字冠西，号息三。1846 年毕业于印第安纳州大学，入新奥尔巴尼长老会神学院研究神学。1849 年成为长老会牧师。1850 来中国传教。研究清末民初传教士在中国的影响就不能不研究丁韪良，因为有人在丁韪良在世时就曾发表了如下文字："如果问这样一个问题，'谁是当今在中国最著名的两个外国人？'答案恐怕只有一个——那就是：'赫德爵士和丁韪良博士。'二者的经历在很多方面是相类似的。他们都在中国生活了半个世纪以上，都熟练地掌握了被人们风趣地称之为'不是一门语言，而是一门秘术'的中文，都在实际上使

---

①　宋莉华：《19 世纪传教士汉语方言小说述略》，《文学遗产》2012 年第 4 期。

②　霍凯特：《现代语言学教程》，索振羽、叶蜚声译，北京大学出版社 1986 年版，第 1—2 页。

③　利玛窦：《利玛窦中国札记》，何高济等译，中华书局 1983 年版，序言。

④　戴存义及夫人：《内地会创始人戴德生传》，胡宣明译，中国主日学合会 1950 年版，第 37 页。

自己成为中国政府所必需的人物。前者掌管中国海关；后者则成为中国政府国际法的顾问——双方也都从中国皇帝那里得到了特殊的荣誉。""没有另外的美国人能够像他那样受到中国人如此的高度尊重"。① 道光三十年（1850），丁韪良在长老派神学校毕业后，被派来中国，在宁波传教。随后为美国政府提供太平天国情报。同治元年（1862）一度回国，不久又来华，在北京建立教会。1865 年为同文馆教习，1869—1894 年为该馆总教习，并曾担任清政府国际法方面的顾问。光绪十一年（1885）得三品官衔。1898 年又得二品官衔。1898—1900 年，任京师大学堂总教习。丁韪良仇视义和团运动，主张列强划分势力范围、"以华制华"和由美国割据海南岛，以加强奴役中国。继返美国，寻复来华，协助湖广总督张之洞在武昌筹建大学堂。未成，随又去北京，创立北京崇实中学（现北京二十一中学）并任第一任校长。

（2）自由派指导思想。

丁韪良曾一再表明他从事传教工作的两大目标：一为赢得中国人相信基督教，以便在他心中播下永生的盼望；一为以西方知识的技术教导中国人，使他们远离知识的沼泽地区与文化的落后。他认为当中国人有了科学的训练后，自然易于接受基督教，苟能如此，则一股属灵的力量必将对中国人的内在生命产生一极大的革新。对于这两大目标的工作，丁韪良渐渐深信，布道虽然急切，但作用却有限。他认为改宗基督教固然重要，但改宗以后如何能为更广泛地接受基督教预备一更良好的环境背景，则尤为重要。所以他终于献其毕生之力，从事于中国传统文化中与基督教信仰及实际背道而驰的部分的重建工作，他极力宣传铲除迷信、不道德的社会习俗以及不当的思想方法。所以他在中国大力从事教育文化工作。丁韪良来华之初也和包括属灵派传教士在内的大多数传教士一样，从事直接布道工作。但从资料上看，受他感化而皈依基督的信徒似乎并不多，除少部分下层知识分子外，这些皈依者大都是下层百姓。

丁韪良的传教特色是"孔子加耶稣"的创意传教。丁韪良力主传统中国文化是所有传教士必须重视的一股力量，作为一个传教士应该设法使这股力量与基督教的优点相协调。他要求传教士对于中国文化的有关部分采取容忍而非破坏排斥的态度，也就是他大力提倡的"孔子加耶稣"，因为他知道"古老而令人起敬的中国文化遗产是传教士必须予以重视的一种力量—对这种力量，既要与之斗争，又要与之妥协。只要可能的话，就

---

① 转引自傅德元《丁韪良研究述评（1917—2008）》，《江汉学刊》2008 年第 3 期。

应利用它为基督教的利益服务"①。另外，他认为中国的变革如由上层社会开始，终必渐及于一般的大众，如果有知识的官绅阶级及中国文化政治及教育的领袖能支持基督教，则宣教工作的成功势为必然。他采用灵活适应的态度，间接传教，即宁可透过文字写作、教育工作、用课堂及印刷品来争取中国人，而非如一般的教士只在街头和教堂直接布道。研习汉语是"孔子加耶稣"传教的基础。丁韪良采取的是"孔子加耶稣"的传教策略，凭借对基督教信仰与中国文化体系的紧密联系，减少基督教在中国的传播阻力。《天道溯源》通过"补儒""超儒"，传播基督教，成效显著，对此丁韪良本人深有体会："在这一时期，我开始用文言或古文来进行写作，并且完成了《天道溯源》这本在中国和日本流传甚广并多次再版的中文书。我相信，在文人学士中，有许多人就是因为这本书才皈依基督教的。"② 中国传统文化的巨大价值已经为丁韪良等传教士所知晓，"这些古书中的道德教诲是如此的质朴纯正，除了希伯来人之外，世界上没有一个民族曾经从古人那里继承过这么珍贵的遗产。在印度教的圣书中尚有一些不堪入目的段落，但在中国的典籍中你却找不到丝毫有失礼节的东西"③。在清末民初那个特殊时期，如果要拉近传教士和中国知识分子对基督教的认同距离，自上而下地推动基督教在中国的传播，不仅要在传教的初级阶段学习现代汉语，方便交流，而且还要熟练掌握中国文化典籍的具体内容和话语形式。而学习汉语无疑是上述工作的基础，因为语言是文化的载体。

二　汉语学习

（一）属灵派

内地会传教士的汉语学习教材主要是《日日新》和《英华合璧》。在此主要以《日日新》④ 为例。

---

① 皮特·杜斯（Peter Duus）：《科学和中国的拯救：丁韪良的生平和事业》（*Science and Salvation in China：The Life and Work of W. A. P. Martin*），载刘广京（Kwang - ching Liu）《美国教士在华言论论丛》（*American Missionaries in China*），哈佛大学东亚研究中心1966年版，第33页。

② 王文锋：《纪念北京大学首任校长丁韪良》，https：//www. sohu. com/a/232284287_607269。

③ 丁韪良：《花甲忆记》，沈弘等译，广西师范大学出版社2004年版，第30页。

④ 鲍康宁（F. W. Baller）：《日日新》（*An Idiom a Lesson*），上海内地会和传教图书公司（Shanghai China Iniand Mission，and Mission Book Company）1921年版。

1. 教学内容

（1）以习语为基础的 30 篇口语会话课文。每一课涉及一个惯用语，用对话体方式通过八个句子表现出来。30 篇简短的课文，安排的格式都一样。首先是 8 个句子形成的课文，从左到右竖行排版。接下来是字词的学习，每课学习 8 个汉字，30 课共计 240 个（包括词语形式在内，实际上有的课文不止 8 个字）。每课 8 个汉字，采用三种注音方式：内地会拼音方案，威妥玛拼音方案，注音字母，并且每个字词附有英文释义，以帮助初学者更好地理解和学习。字词下面是 8 句课文的英文译文。最后是每课 4 句英译汉的练习。

下面以第一课《有没有》① 为例，有关会话体 30 篇口语课文编排情况如下：

> 我有钱，他有钱，你有钱没有？
> 我没有钱，他没有钱，你有钱没有？
> 他有笔，我有书，你有钱。
> 我没有书，他没有笔，你没有钱。
> 他有书，有笔，有钱。
> 你有钱没书，他有书没钱。
> 他有书没有？他有书。
> 他有钱没有？有。我有笔没有钱。

然后是英汉对应的生词表和课文的英文翻译。

（2）每六课学习完之后安排有一次大练习。这些练习是对前面所学的每六课内容的大综合复习，要求学生把汉语句子翻译成英语，以检测自己学习的进展情况。30 课共分五个单元，也就是五个汉译英的阶段综合练习。"从这五个综合练习中，学习者可以学到一系列的词语，温故知新，更好地巩固以前所学的口语知识，同时也是对自己学习情况的一种检测。"② 以练习一为例，综合练习题的形式如下：

> 那个人做买卖，他卖什么？他卖碗、书、笔，我现在去给你买两

---

① 　鲍康宁（F. W. Baller）：《日日新》（*An Idiom a Lesson*），上海内地会和传教图书公司（Shanghai China Iniand Mission, and Mission Book Company）1921 年版，第 1 页。

② 　倪春凤、鲍康宁：《日日新》，硕士学位论文，上海师范大学，2010 年。

个碗，饭碗，一把水壶。我买好了就拿来给你。好不好？好。他们两个人现在吃饭。我听人说，他们吃好/完了，就要去买两把水壶、一个饭碗。他说话我听不见，你来看他写吃字、饭字、碗字，我没有看见他的笔，我看见他的书。你把我写的书拿给他。我给了他，他说，现在不要。他不要，你要不？我不要，我有了。吃完了/喝完了这碗茶，我就去给你买那个好茶碗。你们有钱没有？我有一个钱，他有两个钱。饭好了/得了，我们就吃。吃完/好了，就吃/喝碗茶。我们的水壶他拿去了没有？拿去了。他们拿什么去？他们拿一个饭碗、两个茶碗去。你的书他们没有拿去。吃了饭去不去？不去。现在去好不好？好，我们现在就去。①

（3）第三大部分是 20 篇简短的阅读课文。基本是以讲故事为主的记叙体。从辑要第一到辑要第二十，都是以英文做课文题目，中文做课文内容，没有练习安排。我们以辑要第一为例，课文的内容如下：

今年三月有一个少年从外国到中国来，他姓高，年纪不大，不过有二十六岁，初来，不会说一句中国话，写一个中国字。他有一个朋友，在中国多年，给他请了一位中国先生，姓李，这位先生有三十几岁，是有本事的人，很有学问，人也很和气。②

2. 教学特点

（1）课文短小精悍，具有简约性，字词选择讲究实用性和科学性。

供初学者使用的初级汉语口语教材，课文篇幅短小，字词集中，高度浓缩，它所提供的词语是初学者到中国来进行日常交际必需的词语。课文中的句子尽可能精练、实用，同时编者还控制了每课出现的字词和句型的数量（如会话部分），并有计划地使它们重现，编者如此精心的安排方便了初学者的背诵和记忆。

（2）课文内容讲究实用，会话体、记叙体相结合，故事性强，激发初学者的学习兴趣。

---

① 鲍康宁（F. W. Baller）：《日日新》（*An Idiom a Lesson*），上海内地会和传教图书公司（Shanghai China Inland Mission, and Mission Book Company）1921 年版，第 13 页。

② 鲍康宁（F. W. Baller）：《日日新》（*An Idiom a lesson*），上海内地会和传教图书公司（Shanghai China Inland Mission, and Mission Book Company）1921 年版，第 73 页。

课文内容大多是来自日常生活和学习生活各个方面，选择常用字词、常用句型，并且按照常用率和难易程度，循序渐进，有计划地加以编排。为了帮助学生熟练掌握所学的知识，适量地安排练习，方便了学习者的自我检测。另外，课文内容还注意对中国文化的介绍并适当地比较了中西方文化的差异。因此，学习者可以在学习汉语的过程中带着好奇和兴趣，渐渐走近并了解中国文化。

（3）比较重视口语的实践性，交际性教学方法采用循环教学法。

学完这本小书，学习者基本上可以在日常生活和学习生活中用汉语和中国人进行简单的交流。在教学方式上，采用循环教学法，由易到难，让所学的知识在不同的语言环境中不断重现，以达到边学习边复习边巩固的目的。

（4）重视培养学生听和说的能力，避免教条式的教学，学有所用，学以致用。

不是用语法规则的条条框框来教学生，甚至避免罗列语法规则和标准，而是通过口语的不断练习以打开学习汉语的大门，听说并重，读写跟随，使初学者从入门开始就学有声汉语，而非哑巴汉语。学习的汉语来源于生活又能回归生活，真正达到学有所用，学以致用。

总之，内地会的汉语教材主要是帮助传教士学习在中国日常生活的现代口语，便于传教士和中国的老百姓打成一片。

（二）自由派

1. 教学内容

下面以《认字新法　识字双千》① 为例进行介绍。

第一部分是方法论（method）。包括五节内容，分别是汉字的选择、汉字的分析、有关翻译的论述、学习方式、在学校的使用。

第二部分是课文和翻译。在每个宗教教义小标题上，用常用字编成四字的短句课文，如第一章："论古始造物，未生民来，前有上帝，唯一真神，无圣能比。"② 下面则是对应的英文翻译。

第三部分是汉字分析。包括三个表。表一是拆字，把两千多个常用字中他认为的合体字拆成两个部分，如："上"拆成"卜"和"一"，"比"拆成两个"匕"，"且"拆成"月"和"一"等。表二是部件，有两三百个部件，如"杀、寺"，有成字部件，也有非成字部件。表三是字体（书

---

① 丁韪良：《认字新法 识字双千》，上海美华出版社 1867 年版。

② 丁韪良：《认字新法 识字双千》，上海美华出版社 1867 年版，第 2 页。

写风格），包括楷书、草书、行书、隶书、篆书五种字体。

第四部分是附录。包括部首表和词汇表。

2. 教学特点

（1）从实用出发确定汉字学习范围。丁韪良这方面的思想主要来源于清末来华的美国传教士汉文《圣经》印刷专家姜别利。

①对研究所需材料的明确认识：以特定内容的文献为抽样对象。

著名古文字专家王宁先生①谈到建立古籍字库时，不主张采用古今字书的第二手字料，而要采用第一手字料，这样看来费事，但可省却整理之功，因为"中国历代的字书大多重视音、义的整理，而对字形却着眼于广泛搜求，多多益善，因而辗转互收、南北古今交杂，不分层面与体系。如果今天利用计算机这种效率极高的手段再将这些转收、重抄的字书合抄一遍，造成的芜杂将是极为可惊的"。马礼逊编纂英汉辞书就是把《康熙字典》和《五车韵府》作翻译底本，并分别把自己的辞典命名为《字典》和《五车韵府》。但是，"《康熙字典》《五车韵府》中所收的汉字并不都是均质的，其中有很多古僻字、废弃字。这些'字'只是一种遥远年代语言'符号'的化石，而不再是书写记录汉语的有效成分了"②。丁韪良确定传教士学汉字的范围则采用了以文献为抽样对象的稳妥办法，"为了确定《康熙字典》40919 个字哪些是常用字，尤其是在用于传教而使用和出版的图书中，检查了 4166 页八开的书页，包括所有的《圣经》，连同其他 27 本在长老会出版社出版的出版物，包括合计 120 万的汉字"③。另外，因为丁韪良制定汉字学习字表是直接为传教士传播基督教服务的，文献的内容又基本上是属于宗教内容，所以这样确定的汉字字表很有针对性。120 万字的提取样本看似不大，但因为丁韪良所用的语料是以《圣经》（包括《新约》和《旧约》）为主要内容的文献，所以在一定程度上来看，语料的取用也就具备了相当的穷尽性，由这样的语料提取出的常用字概括性就相对较高。如果以这样选出的汉语常用字为传教士编成一本字典，查得率应该是高的，而词典的第一要素是查得率，没有其他方面可以与之相提并论。

②对汉字使用特征的明确认识：总字量很大，常用字很少。

他雇用了两个中国的文人，花了两年的时间，进行用字统计：在

---

① 王宁：《计算机古籍字库的建立与汉字的理论研究》，《语言文字应用》1994 年第 2 期。

② 沈国威：《理念与实践：近代汉外辞典的诞生》，《学术月刊》2011 年第 4 期。

③ 丁韪良：《认字新法 识字双千》，上海美华出版社 1867 年版，第 10 页。

《旧约》503663 个汉字中，只有 3946 个不同的汉字，使用的版本是伦敦传教出版社印刷的；在《新约》173164 个汉字中，也只有 2713 个不同的汉字，使用的版本是长老会传教出版社出版的。① 他宣布"四书"包括 2328 个不同的汉字；"五经"包括 2426 个不同的汉字，没有出现在"四书"中，十三经中不同汉字的总数是 6544 个。这还包括了 928 个罕用或已废弃的出现在《尔雅》中的字，几乎所有这些字都可能被省略，所以总字数要少于 6000。这就是说汉语的总字量可能是 4 万到 8 万，但通用字不过五六千，"这些字是该语言中出现的总字数的七分之一（15%左右）"。在通用汉字中常用字又占很少的一部分，通过调查他认为，"非常少的汉字，出现的频次非常大，构成了一本书的大部分，大部分的汉字都出现得非常稀少"。前 14 组 2285 个字在总字数是 1166335 的文献中的覆盖率是 98.33%。其他 3715 个汉字的覆盖率只有不到 1.5%。这种运用现代统计学方法统计出来的汉字使用结果是比较可信的。② 传教士可以通过有针对性地学习这些汉字，有效解决汉语阅读和书写的最大难题，事半功倍。

③对汉字学习目的的明确认识：为读写书面语传教材料服务。

丁韪良学习研究汉语，其目的很明确，主要是为了帮助传教士能够读懂汉文《圣经》，进而能够读懂中国的文化经典，以利于传教士了解中国文化，利于和中国的知识分子、官方人士打交道，利于借助中国文化来顺利传播基督教。为此，学习研究汉语就以书面语的学习为主，学习研究书面语就以学习书面语需要的汉字为主，学习书面语需要的汉字就以《圣经》等宗教书面材料为主。上述做法与属灵派如内地会传教士学汉语汉字的取向明显不同。内地会成员鲍康宁的汉语教材《日日新》（*An Idiom a Lesson*）和《英华合璧》（*A Mandarin Primer*）等虽然也给出福音书中牧师最需要的词语和表达方式，使牧师可以尽早把救助的信息说给中国人听；引入了一个构想的与基督教来访者的对话，即《叙谈真道》，希望学生可以从中挑选出一些有用的口语短语。但鲍康宁教汉语的主要目的是给初学者提供到中国来进行日常交际必需的词语，课文内容大多是来自日常生活和学习生活各个方面，学完鲍康宁的课本后，学习者基本上可以在日常生活和学习生活中用汉语和中国人进行简单的交流。所以鲍氏的汉语教学不太像丁氏那样重视宗教内容的学习，也不太注重汉语书面语的学习，

---

① 丁韪良：《认字新法 识字双千》，上海美华出版社 1867 年版，第 11 页。

② 丁韪良：《认字新法 识字双千》，上海美华出版社 1867 年版，第 13 页。

更不太重视书面传教材料中常用汉字的学习。

（2）从汉字特征出发，通过部件组合降低记忆难度。

①汉字识记的难点在字形。

丁韪良认为与拼音文字不同，汉字的读法和写法之间没有什么联系。他认为，在中国，正音法和正字法完全没有关系，一个完全是耳听的，另一个全部是目视的。反切系统与前者（正音）相关，后者（正字）是最难的，必须要学习，而且还没有任何帮助体系。这样的判断太绝对了，因为形声字的正音法和正字法就有明显程度不同的关系。半音符半记号字由音符和记号构成，主要来自古代的形声字，音符还能表音，意符因为不能表意而变成了记号。如"球"，本指一种美玉，从王（玉）求声。后假借为毬，引申为圆形的立体物，玉变为记号①。丁氏的话虽然过于绝对，但也指出了外国人汉字学习乃至汉语学习最大的难点是字形。"汉字是二维的，拼音文字是一维的。一般来说，拼音文字在外观上是一种线性字符列，它只有先后顺序，而不存在上下、内外、中心与周边的错综关系。因而对于很多没有接触过汉字的外国人来说，汉字不是'写'出来的，而是'画'出来的。他们认识汉字时，往往只记个大概的轮廓，不注意细节。字形的细微差异，初学者常常不易分辨而造成混淆。"②

②如何解决汉字识记的难点。

灵活拆字是主要办法。既然汉字的正音法不明显，丁韪良就在正字法即字形方面下功夫。"这本字典将每个字都作为一个整体提供，有时候涉及字源，则通过猜想的方式给出其构成部分；但是一个简单的手册从部分到整体，首先提供要素，然后提供作为正音和正字结果的单词，这仍然是我们最大的希望。"③ 在丁韪良看来，记忆汉字字形的主要途径是对汉字进行字形分析，而这是符合汉字学习实际的。清代汉字学家王绮在《文字蒙求·自序》中说："雪堂谓绮曰：'人之不识字也，病于不能分。苟能分一字为数字，则点画必不可以增减，且易记而难忘矣'，④ 人们分析汉字可以分析到以笔画为单位，也可以分析到以部件为单位，孰优孰劣呢？汉字本体研究者认为，汉字的构字成分分为三个层次：笔画、部件和

---

① 苏培成：《现代汉字学纲要》第 3 版，商务印书馆 2015 年版，第 109 页。

② 周健：《汉字教学理论与方法》，北京大学出版社 2007 年版，第 107 页。

③ 丁韪良：《认字新法 识字双千》，上海美华出版社 1867 年版，第 13 页。

④ 苏培成：《现代汉字学纲要》第 3 版，商务印书馆 2015 年版，第 72 页。

整字，其中部件是核心。① 对外汉字教学的研究者认为："学生识记汉字的错误，与部件识记不准确有较强的相关性。一般来说，学习者没有掌握所学汉字的表现为：不认识、不会写、写别字、写错字。错字表面看是丢笔画、笔画错位、形体错位，但是这些错误多可以归结为部件问题。"② 上述论断都告诉我们，部件分析是汉字分析的核心和关键所在。

③如何拆字。

丁韪良是如何进行汉字拆分（分析）的呢？他从中国人区别同音姓氏的"权宜之计"得到了启发：习惯要求中国人在见面时要互通姓氏；但是其中的很多其声音很相近，正如在我们中间就有 Lee，Lea，McLean，McLain，MacLane，如果没有进一步的描述，要懂得对方的回答是很困难的。

问：您贵姓？

答：免贵，姓 Zhang 。

问：怎么写？

答：立早"章"，不是弓、长"张"。也就是由"立"和"早"构成的"章"，不是由"弓"和"长"构成的"张"，是"章"，不是"张"。③

由上面举的例子，丁韪良得到启发，"下面的姓氏和其他的形式都做如下类似分析"，如：何—人可、许—言午、胡—古月、陈—耳东等几百个姓氏的拆分。由此及彼，丁韪良进一步联想，"名字是这样拼出来，如果为了确保听者正确地写下来，其他的汉字为什么就不能用来做同样的处理呢？每个独立的汉字都能分割成两个或三个要素，每一个要素都是一个清晰的整体，有它自己的声音和意义。在每种情况下，说到应用这种解决问题的办法，几乎不是一个疑问"④。

丁韪良在拆字的过程中，首先将汉字分为独体字与合体字：独体字，如"工"；合体字，如"贫"，包括"分"和"贝"两个部件。

为了拆分合体字，他确定了一个部件表，列出 241 个部件。学会了这241 个部件，就可以拆分 2000 多个常用字，方便记忆。

---

①　苏培成：《现代汉字学纲要》第 3 版，商务印书馆 2015 年版，第 74 页。

②　崔永华：《汉字部件和对外汉字教学》，《语言文字应用》1997 年第 3 期。

③　丁韪良：《认字新法 识字双千》，上海美华出版社 1867 年版，第 8 页。

④　丁韪良：《认字新法 识字双千》，上海美华出版社 1867 年版，第 9 页。

三　总结

戴德生代表的属灵派和丁韪良代表的自由派，由于传教的指导思想不一样，所以汉语学习的情况也不相同。属灵派重点学习现代汉语的日常口语，为的是方便直接布道，通过运用汉语的听说技能，实现向中国的广大下层百姓传教的目的。自由派重点学习古代汉语书面语，因为该派的传教士不太重视直接布道，而重视文字事工，通过运用汉语的读写技能，利用"孔子加耶稣"的传教策略，传播传教的书面材料，广泛接触中国的知识阶层和官员，实现自上而下传教的目的。

第三节　卫礼贤汉语学习和传播研究

卫礼贤（Richard Wilhelm，1873—1930）原名为理查德·威廉，来中国后取名卫希圣，字礼贤，亦作尉礼贤。1899 年，作为基督教新教德国同善会的传教士，年仅 26 岁的德国传教士卫礼贤来到中国青岛。不但承继了著名传教士和汉学家花之安（Ernst Faber）作为基督文明传播者的使命，而且也选择了成为中国心灵探索者的宿命。德国著名汉学家罗梅君如此评价卫礼贤：在著述和普及有关中国的知识方面，当时再没有其他汉学家能像卫礼贤那样产生广泛而特殊的传播效应。他不仅对《易经》的翻译和解说直到今天仍在全世界传播并获得了学术界的认可，而且他对那些最重要哲学著作的翻译和解说也不断再版，直到今天还对专业人士和大众的中国观具有决定性的影响。①

一　汉语学习的开始阶段

德国基督教新教组织同善会 1898 年将花之安派到了青岛。不久，该组织要寻找一位年轻的神学家来协助他的工作，卫礼贤就申请了这个职位。他被邀请去柏林布道，并于 1899 年 1 月 11 日被同善会的主席选中。然后到英国去学习英语并熟悉传教工作，因为当时英语已经是世界性的语言了。在伦敦卫礼贤不仅学习英语，而且还学习了一些基本的汉语词汇。1899 年，卫礼贤经上海来到成为德国租借地不久的青岛。之后，他积极

---

① 罗梅君：《汉学界的论争：魏玛共和国时期卫礼贤的文化批评立场和学术地位》，载孙立新、蒋锐《东西方之间 中外学者论卫礼贤》，山东大学出版社 2004 年版，第 113 页。

适应中国生活，花之安鼓励他学汉语，卫礼贤也以花之安为学习榜样，努力学习中文，进步很快。早在 1899 年夏天，卫礼贤就要求同善会再派一名传教士来青岛，以便他能专心学中文。1900 年 4 月，神学硕士许勒来到青岛，把卫礼贤从宗教事务中解脱出来，卫礼贤开始更加专心地学习中文。同善会还介绍李本庆医生担任他的中文老师和助手，李本庆同时也给卫礼贤的夫人上中文课。"卫君最好学，手不停挥，目不停览，虽炎夏不避，危坐译读晏如也，是故精通华语及文义。"①

二 汉语学习的后续阶段

卫礼贤早就开始把和他老师一起研读过的古汉语文章翻译成德文。他1902 年在上海出版的德文画报杂志《远东》上发表他翻译第一篇译作《三字经》，由此开始了他的汉学生涯。从 1903 年起，他又在同善会主办的《传教学和宗教学杂志》、青岛报纸的文艺副刊和其他杂志上发表了各种古汉语文献的译文。上述行为使得他达到了如下境界：对大量中华民族传统文化文献的翻译及研究和汉语水平尤其是书面语读写水平的提高呈现了良性互动、相得益彰的局面。

（一）卫礼贤学习古代汉语办法

他是如何和中国老师翻译中国传统文献的呢？现以他在汉学界久负盛名的《易经》翻译为例进行说明。《易经》极其古奥，即使中国的知识分子阅读此书，如果没有相当高的古汉语水平，也非常难懂，所以外国人的翻译也就相当繁难。六十四卦的每一个卦辞都要分作几步来完成。先由卫礼贤的中国老师劳乃宣将卦辞翻译成浅近文言，卫礼贤笔录；然后卫礼贤把笔记内容译成德语；再由卫礼贤在不参考原文的情况下，把德语译文回译成中文；接着由劳乃宣进行对比，看中文回译是否理解了各个卦辞的要点，细节是否准确无误。最后由卫礼贤参照劳乃宣的意见，修改润色德语译本，一般要经过三四次，并加以必要的解释。这样一步步下来才算完成了一卦的翻译。

（二）如此学习古代汉语的理论依据

通过观察卫礼贤的《易经》翻译过程，我们发现卫礼贤和老师劳乃宣的汉语教学方法是语法翻译法。作为最古老的外语教学法，语法翻译法虽然在外语教学界饱受诟病，但从其具体使用看，并非一无是处，对卫礼

---

① 佚名：《痴迷中国文化的德国汉学家卫礼贤》，http：//qdsq. qingdao. gov. cn/n15752132/n20546576/n25030515/n25174023/151215194328626081. html。

贤的汉语学习尤其是古代汉语学习来说就很有针对性，并富有成效。卫礼贤师生汉语翻译是为了阅读古籍，因此把读写当作了主要的教学内容。这种教学是以目的语汉语和母语德语之间的互译作为其主要的教学手段、练习手段和检测手段。通过作为媒介的德语来掌握词义、消化语法、学习文化，最终透彻理解一篇一篇的文章。该学习的主要目的不是听说能力的提高，而是理解目的语的书面语，培养阅读和写作能力，真正通过书面语实现跨文化交际。因为卫礼贤阅读了包括儒家经典在内大量中国传统文献，所以其古汉语词汇的掌握不仅量大，而且很有深度。他的主要导师劳乃宣虽然可能不懂现代意义上的语法，但他毕竟是我国清末民初的著名语言文字专家之一。从卫礼贤所著的德汉学习专书来看，他是很重视语法学习的。他为早期青岛礼贤书院的学生及学习德文的中国人编写了《德华课本》《德华教科书》《德华教科书：单字、文法、翻译》《德文入门》。为德国人学习汉语编写了《最重要的中国字，注音释义》《统一中国文字译音计划》《德英汉专业词典》等。我们至今没有看到上述书籍的具体内容，但仅依书名来看，说他掌握了大量的汉语常用词，洞悉了汉语尤其是古代汉语绝非空穴来风。我们说卫礼贤和劳乃宣汉语教学主要采用了语法翻译法，其理由还在于，他们阅读和翻译的对象是中国历朝历代奉为圭臬的规范书面语，比如他翻译并注解的中国国学名著就包括：《易经》《礼记》《吕氏春秋》《太乙金华宗旨》《韩非子》《中庸》《论语》《孟子》《老子道德经》和列子《冲虚真经》、庄子《南华真经》等14部，都是用汉民族上古的文学语言写成的，他的中文写作能力也是很强的。

三 卫礼贤为什么要拜遗老为师？

1900 年，卫礼贤在青岛胶州街（今胶州路）他的寓所开办了一所学校，即礼贤书院。作为青岛清末"废科举，兴学堂"的第一所新式学堂，筹建目的是要为所有的农村小学培养师资。卫礼贤担任学校监督和德文教师，贡生傅兰升教中文，朱宝琛教数学。该书院名师荟萃，管理先进，人才辈出。有一段时间，清朝遗老、京师大学堂总监督、著名国学大师劳乃宣担任校长。1911 年清朝灭亡后，大批前清遗老如劳乃宣和刘廷琛、两江总督周馥等人聚集青岛。卫礼贤就组织他们当中的饱学之士在礼贤书院内建立了尊孔文社，探讨国粹，兼研西学。在尊孔文社，周馥推荐劳乃宣主持社务。在清代，作为宿儒劳氏精研国学，崇尚新知，是清末民初汉语言文字改革的先驱之一。在后来的几年中，卫礼贤同他一起研究《易经》和其他儒家、道教经典著作。卫礼贤来中国后深深为博大精深的中华文化所折服，聘请的劳乃宣这种大儒就可以一方面继续深入揣摩、体悟中国古文的微言大义；一方面着力于更准确地把握中国古文言与近代德文对译的切合点，由了解中国文化的表层，进而直击中国文化的精髓。卫礼贤常常和劳乃宣或对坐品茗，或林荫漫步，通过孔子师徒一般的一问一答，他对儒家等中国传统文化的理解渐趋深精。

四　卫礼贤传教策略对其汉语学习的影响

（一）同善会的影响

卫礼贤是作为德国基督教新教组织——同善会的传教士被派到中国来的，他的传道思想自然会直接受到同善会传教方针的影响。1884 年 5 月 4 日，同善会在德国魏玛成立。这是一个完全由拥护自由主义神学、属于教会中间派的牧师和神学教授组成的协会，其领导人为瑞士牧师艾尔恩斯特·布斯。从宗教宽容和理性的文化乐观主义与进步乐观主义出发，同善会主张在东方民族中传播一种非教条的、伦理的基督教，主张基督教—西方文明；在此，它有意识地与传教运动中的"虔诚派"主流相对抗。与此相适应，传教方法也发生了变化：与以往大规模派遣传教士、实行"虔诚的"的个人皈依的做法不同，同善会要求受过教育的基督徒接近印度、日本和中国的古老文化民族，尤其要接近这些国家中的受教育者，而且主要运用文学和教育手段，以便通过西学意义上的教育和教学改革——不包括宗教教学，使基督教文化——当然首先是带有德国色彩的基督教文化得以广泛传播。

（二）岳父克里斯托弗·布鲁姆哈特的影响

同善会和其他教会不同，不十分注重教义的传播，注重文化交流。卫礼贤之所以接受这样的传教理念，与他来中国之前从他岳父、宗教社会主义者克里斯托弗·布鲁姆哈特那里受到的影响密切相关。1897 年，卫礼贤以年轻的福音教牧师身份来到巴特·鲍尔小镇学习深造。在这里其岳父克里斯托弗·布鲁姆哈特成了他的良师益友。岳父传授给他一种使他能够发现自己独特的道路并沿着这条道路前进的自由精神。克里斯托弗·布鲁姆哈特对基督教的基本看法是：上帝信任每一个人，或者每一个人都是为上帝所信任的。人甚至不必皈依上帝，因为他从一开始就与上帝在一起——而且信仰上帝。……人与上帝同形，基督徒只是这种形态的一种，哪怕是最合适的一种。布鲁姆哈特曾写信给卫礼贤说：

我十分高兴地获悉，你们不想急于做皈依和说教的工作了……因为欧洲化和基督教化在我看来都不是十全十美的事情。理想的结局应当是：在那个民族中，用他们自己的语言和习俗，把反映在基督身上的上帝的本质自然、真实地表现出来，以至于我们欧洲人也可以从中学习不少的东西，为一种鲜活的本质而受到激励。你们的工作应当有助于此才是。①

他开始崇尚一种末世论创世信仰。从以基督为中心的思想出发，他把所有教会都视为束缚人的桎梏。后来，他在自己的《回忆录》中写道："作为一个传教士，我没有劝说任何中国人改宗信仰，这对我来说是一个安慰。"②

他极力主张一种非教条的、中国化的基督教。早在 1900 年，他就坚决请求中止牧师工作，以便全身心地投入到办学和医院工作中去。1902年，他甚至接受了山东巡抚的提议，担任享受俸禄的中国官职并到设在济南的一所大学任教。1908 年，当同善会实科学校转归德国管理时，卫礼贤便作为文职雇员承担起了领导职责。

①　［德］阿尔布莱希特·艾舍：《卫礼贤与巴特·鲍尔》，载孙立新、蒋锐《东西方之间中外学者论卫礼贤》，山东大学出版社 2004 年版，第 56 页。

②　张君劢：《卫礼贤——世界公民》，载孙立新、蒋锐《东西方之间 中外学者论卫礼贤》，山东大学出版社 2004 年版，第 29 页。

第二章　汉学家的汉语传播研究

第一节　英国汉学家的汉语传播

一　亚瑟·韦利汉语学习的动机与策略研究

（一）引言

熊文华先生在《英国汉学史》一书中将英国汉学划分为前汉学时期（17—18 世纪）、传教士汉学时期（19 世纪初至 19 世纪 70 年代）、后传教时期（19 世纪 70 年代至 20 世纪上半叶）和当代时期（20 世纪下半叶至今）[①]。其中传教士汉学时期的汉学研究主要以常年旅居中国的英国传教士及外交官为主，由于其职业特点，此时期汉学研究带有明显的功利性和实用性；而后传教士时期一些对汉学感兴趣的学者开始加入研究行列之中且逐渐成为其主流，随着专家学者的不断加入以及官方调研的介入，英国汉学界开始走向专业化、科学化。对于以上两个汉学阶段及每阶段中成果卓著的汉学家的全面研究著作汗牛充栋，但对于转型时期的汉学界及汉学家身上兼具前后特色的汉学接受和研究尚稍显空白。本节选择 20 世纪著名英国汉学家亚瑟·韦利为研究对象，希望能通过多方面资料补充简述其汉语学习动机与策略，希望对这一阶段的汉学研究稍作补充。

亚瑟·韦利（Arthur D. Waley，1889—1966），20 世纪西方最重要的汉学家、翻译家之一；韦利一生著作颇丰，对西方汉学史影响很大，但国内对其研究为数不多且角度较为单一，多集中在其作品译介过程及翻译文本分析。韦利一生没有担任过传教士或外交官，虽然精通汉语却从未踏足中国；其所在的 19 世纪与 20 世纪之交正是西方汉学从早期的传教士汉学

[①]　熊文华：《英国汉学史》，学苑出版社 2007 年版，目录。

向后传教士汉学转型的重要阶段，这一点也充分体现在了他的汉语自学过程之中，即其学习动机既出自非功利性的文学目的，又在学习策略上表现出明显的功利性色彩。本文希望对韦利的汉语学习研究这一小切口得以分析他在英国汉学转型中承前启后的地位及价值所在。

（二）学习动机：环境触发与兴趣内驱

1912 年底，韦利在剑桥国王学院学习时的导师谢泼德教授、剑桥大学耶稣学院的教师锡德尼·科克里尔爵士以及他在塞尔维亚结识的、在《大英百科全书》任职的奥斯瓦尔德·席克特均为其应聘大英博物馆图片室（the Print Room）的工作写了言辞恳切的推荐信。三封推荐信成功为韦利敲开了大英博物馆的大门，且三位推荐人对韦利语言天赋的极高评价，也使其后担任东方书画分部主任的诗人宾杨在上任后第一时间注意到了韦利。

1913 年初，图书室一分为二成立东西方书画作品分部后，韦利被选中担任助理馆员，负责馆藏中日绘画编目并编制一个画家人名索引。这份工作彻头彻尾地改变了其时为准备参与南美商业贸易而苦学西班牙语的韦利接下来的人生走向。

这份大量接触东方书画作品并且需要为作品补充不完整题字和撰写文化背景简介的工作，第一次将韦利的视野由西方拉向东方。因为工作需要韦利开始自学中文和日文，但其语言学习并未止步于工作需要。有趣的是，终日围绕书画作品打转的工作并未在绘画技法亦或是东西方美学对比上引发韦利的兴趣，反而是那些残缺不全的文言题字和标注在画作一侧晦涩难懂的诗句引发了韦利对中国文学尤其是诗歌的注意。也是由于这点，韦利的汉语学习始终是以文本阅读为本位，为服务理解和翻译展开，故而忽视现代汉语学习以及现实应用交流，这一点后文会更具体地进行论述。

1930—1946 年在大英博物馆东方文物部东方书画分部担任助理管理员的 Basil Geay 就曾在《大英博物馆的亚·韦利》一文中论及这种"由画至诗"的转向："韦利其时在博物馆的工作内容就是为大英博物馆馆藏的中国画画集撰写简介并为画作原作以及复制品编纂索引。而由他完成的索引条目经由委托人于 1922 年出版后，被汉学界一致认定为学术研究的有益工具，其后以塞壬《中国画》为首的一系列研究成果都是以此为依据诞生的。"① 也许是韦利天生对于文学和文字的敏感，亦或许是集结而成

---

① Basil Gray, "Arthur Waley at the British Museum", in Ivan Morris, eds., *Madly Singing in the Mountains*: *an Appreciation and Anthology of Arthur Waley*, Creative Arts Book Company, 1981, p. 38.

的作品在汉学研究中所起到的作用鼓舞了韦利，"韦利对于中国画作的兴趣极大程度是文字性的"①，这一点可由其在《伯灵顿杂志》上发表的《艺术中的中国哲学》得到力证，1920 年至 1921 年发表的这一系列文章中即便是对于画作理论的相关论断，其论述对比素材也全部来自于莱蒙托夫、司汤达以及赫胥黎的相关文学作品。

博物馆对于一个古代汉语学习者来说无疑也是梦寐以求的理想环境。"这是一个理想的环境，在图书馆他拥有一切东方研究可能需要使用的资源并可以自由调度；在大英博物馆这一学术中心，来自世界各地的学者往来繁复，他肯定可以在这里享受到既安静又颇具启发性的学术交流"②，Basil Geay 描述道。此外，东方文物部同事的支持也对韦利的语言学习及学术研究亦给予了无限帮助。宾杨，作为诗人以及发掘韦利的"伯乐"，对韦利在翻译中所展现的语言天赋以及对中日文化的研究才华毫不吝惜溢美之词，在这位"理想的领导及朋友"③（韦利语）的帮助下，韦利在大英博物馆进行了 18 年的翻译及文化研究创作。即便是在退休之后韦利也从未远离博物馆，大英博物馆是韦利在布卢姆斯伯里文化生活中毫无疑问的中心。

（三）学习策略：带有明显功利性色彩的学习方法

具体分析韦利的语言学习策略，我们很容易发现其语言学习有着很明显的功利性，表现出明显服务于古典文学阅读和文本翻译而专精展开不骛旁杂的倾向。

1. 仅限于古代汉语读写的学习范围

由于韦利对远东文化的兴趣集中并仅限于古典文化，故而对汉语的学习专精于文言文。

在兴趣取向问题上，在一次 BBC 的访谈中当记者问及韦利是否会将对古诗的兴趣延展到中国当代诗歌时，韦利直言对现代的诗歌部分毫无兴

①　Basil Gray, "Arthur Waley at the British Museum", in Ivan Morris, eds., *Madly Singing in the Mountains: an Appreciation and Anthology of Arthur Waley*, Creative Arts Book Company, 1981, p. 41.

②　Basil Gray, "Arthur Waley at the British Museum", in Ivan Morris, eds., *Madly Singing in the Mountains: an Appreciation and Anthology of Arthur Waley*, Creative Arts Book Company, 1981, p. 43.

③　Basil Gray, "Arthur Waley at the British Museum", in Ivan Morris, eds., *Madly Singing in the Mountains: an Appreciation and Anthology of Arthur Waley*, Creative Arts Book Company, 1981, p. 43.

趣，"或许是出于我的无知"韦利道："中国诗歌范围如此浩渺，以一个人的力量是不能对其中每一时段的作品都十分熟悉的；我无意于装作自己对中国诗歌无所不知，就我个人而言个人兴趣确实更倾向于中国早期的古典作品。"①

出于个人兴趣的考量，韦利的语言学习是深刻根植于古典原版的，这一原则贯穿了他对一切非母语语言学习的始终。② 对这一点，自 1921 年就与韦利熟识的著名日本艺术史学家 Yashiro Yukio 就曾写道：

> 关于韦利对《源氏物语》的翻译，我曾在日本的报纸上读到一位学者的文章，他说韦利的翻译根据的无疑是《源氏物语》的现代日语文本，并认定从韦利的翻译情况来看，采纳的应当是谢也馨（Yosano Akiko）的版本。但由于韦利阅读并翻译其时我们每天都在见面，我清楚韦利随身携带的无疑是紫式部古代文言版本的《源氏物语》，并竭力阅读其中的评注。通常学者往往会认为现代日语版本的《源氏物语》对于韦利的阅读和翻译会较原版更为简单，但事实上对于对现代日语一窍不通的韦利来说紫式部的原版反而更有助于理解。③

另外，韦利从未认真学习过汉语的现代口语部分，当他遇到远东的来访者的时候，他常常不得不以纸笔与其交流。

2. 围绕文学本体展开工作的具体方法

1913 年前韦利对其他语言的学习动机和方法尚少考证，但在就职大英博物馆后，韦利出于工作需求和个人兴趣学习的几门语言无疑都是紧密围绕文本理解而展开的，韦利从阅读书画题字题诗出发，为进一步理解中国古典诗歌和小说学习了汉语，其日语学习的展开也紧紧围绕着《源氏

---

① Roy Fuller, "Arthur Waley in Conversation BBC Interview with Roy Fuller", in Ivan Morris, eds., *Madly Singing in the Mountains*: *an Appreciation and Anthology of Arthur Waley*, Creative Arts Book Company, 1981, p. 151.

② Ivan Morris, "The Genius of Arthur Waley" in Ivan Morris, eds., *Madly Singing in the Mountains*: *an Appreciation and Anthology of Arthur Waley*, Creative Arts Book Company, 1981, p. 71.

③ Ivan Morris, "The Genius of Arthur Waley" in Ivan Morris, eds., *Madly Singing in the Mountains*: *an Appreciation and Anthology of Arthur Waley*, Creative Arts Book Company, 1981, p. 70.

物语》的阅读理解以及翻译，"他对任何优秀的文学艺术作品都具有无限度的热情，以至于愿意为此学习一门陌生而复杂的语言"①，就像他为了准确的文本理解及翻译专门去学习了几近消亡的阿伊努语，一切努力只为了"用无与伦比的翻译来传达阅读的愉悦"。其语言学习中这种毫无疑问的文学本位意识一定程度上也导致了其灵性式、领悟式的翻译风格的形成，即一切语法句意上的刻板教条都应为对文学作品内容意蕴完整圆润地呈现而无条件让步。

此处的具体实例也很多，在二战期间，英国处于战时状态，韦利曾被政府部门征召负责战时日本通信的审查工作，但这份工作对于这位日本文学翻译大家具体开展起来却没有那么轻松；为此韦利专门写信给远在日本的 Yashiro Yukio 教授，信中说："不管我愿意与否，我现在不得不阅读现代日语；希望能借此机会一并学习现代日语和日本现代文学。请寄给我一些目前在日本流行的小说。"这种从文学文本理解出发的学习方法与后传教士时期语言学习中普遍采取的科学系统的流程以及早期传教士语言环境浸润式的学习极为不同，但事实证明韦利以谷崎润一郎以及芥川龙之介为师的"文学自学法"亦能在其现代日语的学习中发挥不错的作用。

韦利对文学的热爱给身边的亲友留下了极为深刻的印象，汉学家、韦利的朋友以及韦利纪念文集的主编伊万·莫里斯就曾在怀念文章中回忆起他的这种特质：

> 文学，尤其是诗歌，是他生活的中心，就像平安时代的人们一样，文学对于韦利来说并不是作为一个学术主题而存在，而是作为生命中一种至关重要的、鼓舞其前进的力量而存在。事实上，也正是他对诗歌艺术的热爱促使他学习远东语言。几年前，当被问及他是如何对中国和日本文学产生兴趣时，他解释说是出自于他对诗歌有着一种强烈的兴趣，这种兴趣在他读完西方大部分作品后仍然没有熄灭，由此促使他转向研究遥远的东方语言。

当韦利走到生命的最后关头，其遗愿就是最后一次听人吟诵那些在他生前无比珍视的文学作品：多恩的《狂喜》（*The Ecstasy*）、乔治·赫伯特

---

① Ivan Morris, "The Genius of Arthur Waley", in Ivan Morris, eds., *Madly Singing in the Mountains: an Appreciation and Anthology of Arthur Waley*, Creative Arts Book Company, 1981, p. 70.

的《衣领》(The Collar)、冯梦龙的爱情诗以及孟子《牛山》这些鸿篇巨制，孟子的这首诗歌亦被要求在韦利位于老海格特公墓的寂静庄严的葬礼上再一次诵读。可以说对文学的热爱不仅推动着韦利一生学术研究的发展，更是熔铸于其生命之中，是贯穿其生命始终的不可磨灭的底色。

3. 集中而且专精的学习原则

1916 年到 1964 年间，韦利撰写了四十余部专著、八十余篇文章以及一百余篇书评，他所写作的书页加在一起逾 9000 张。非凡的专注力使他能够在经历第一次世界大战期间齐柏林飞艇①的狂轰滥炸以及 25 年动荡的局势的同时，仍能坚持对汉语及日语语法研究的不懈追求，即便是闪电战顶峰的时期韦利仍然在伦敦坚持创作，从未中断。当韦利在工作的时候，一切与其无关的事物都湮灭了。一次，当一位关心他工作的勤杂女工问韦利她吸尘所产生的噪音是否打扰到他时，韦利笑着回应："我在工作的时候是无法被打扰的。""任何人都不可能从有益的工作中分心，"韦利一次写道，"有益的工作会给人带来无法被外界染指的强大内驱力。"②

当前的教育学理论认为如果没有"听说理解"(oral and aural comprehension)一个人就不可能真正精通一门陌生的语言，但这无疑与韦利的经历并不相符。这里面的一部分原因有可能就是韦利拒绝分散精力。

韦利的妻子艾莉森·韦利也在信中描写了韦利惊人的专注力：

在我看来他的"怪癖"不过是在任何时刻均能保持思想上或感官上的全神贯注。如果在这种时刻你想要以突然闯入的形式强行获取他的注意，就只会得到茫然、虚焦的注视或者在进一步坚持之下得到一声下意识的、出自于复杂防御机制的简单语句回馈。一次在一场书画展预展布置中，一位非常重要的女士走近韦利并询问，"韦利博士，请问现场的画作中你最喜欢哪一张？"，而韦利的回答则是一声尖叫，"我只喜欢有名的！"古怪的音调配合他有时瓷器敲击一般刺耳的音色使这句回答显得敷衍而冷酷。此类回复常常被认定为他在社

---

① 斐迪南·冯·齐柏林伯爵 (Ferdinand Graf von Zeppelin) 发明了齐柏林飞艇 (Zeppelin airship class)。同时他还创建了齐柏林飞艇公司 (Zeppelin airship company)。

② Ivan Morris, "The Genius of Arthur Waley", in Ivan Morris, eds., *Madly Singing in the Mountains: an Appreciation and Anthology of Arthur Waley*, Creative Arts Book Company, 1981, p. 77.

交上的毁灭性作用，但这其实是完全错误的。①

　　在相当大的程度上，他设法避开了他认为是生活中不必要的东西。尽管他与许多人有交往，但他对参加团体或机构没有兴趣。他是旧布卢姆茨伯里文化圈中的一员，与 T. S. 艾略特和庞德都很友好，但他从未加入过所谓"布卢姆茨伯里派"或"漩涡派"，他获得了无数的学术荣誉，几乎认识他那个时代的每一位杰出的东方学者，但却从未接受过正规的大学职位；他回避委员会、公共休息室会议和所有耗时而无意义的工作。当有人非正式地问韦利是否愿意担任哈隆教授去世后空出的剑桥大学中文教授一职时，韦利的第一反应是喃喃地说："我宁愿去死"。通过拒绝从核心任务中转移注意力并小心翼翼地将精力放在真正重要的事情上，韦利得以创作出大量的作品。

　　（四）非客观因素：个人语言天赋

　　在为韦利大英博物馆的工作写推荐信的时候，科克雷尔曾写下韦利是一个"非常聪明、敏锐的人，对艺术和音乐都非常感兴趣"。谢帕德也写道："他对学术的热情是罕见的……他兴趣广泛、工作独立，他有吸收新鲜知识的能力，对新鲜事物有兴趣"②。这几位推荐人对韦利所下的判断是非常恰当的，因为他很快就表现出了自学汉语和日语的能力。在申请表上，他说他已经能够轻松地阅读意大利语、荷兰语、葡萄牙语、法语、德语和西班牙语，并且运用后三种语言十分流利。他会一些希伯来语和梵语，也会一点希腊语和拉丁语，并且剑桥大学获得了等二级的学位。几乎同时开展如此多的学习活动且使诸多任务并行不悖，这并不是没有天赋仅靠热情和苦功就可以完成的。

　　英国汉学家伊万·莫里斯也认为亚瑟·韦利自身能够理解远东文化并能将这种热情推介给读者，很大程度上依赖于其罕见的语言天赋。"韦利是一个基础扎实、接触广博的学者，其在国王学院、拉格比公学受到的良好教育以及一战前于剑桥大学短暂学习的经历都使他在古典文学研究方面

①　Ivan Morris, "The Genius of Arthur Waley", in Ivan Morris, eds., *Madly Singing in the Mountains: an Appreciation and Anthology of Arthur Waley*, Creative Arts Book Company, 1981, p. 85.

②　Basil Gray, "Arthur Waley at the British Museum", in Ivan Morris, eds., *Madly Singing in the Mountains: an Appreciation and Anthology of Arthur Waley*, Creative Arts Book Company, 1981, p. 39.

接受过系统严密的训练并有着良好的习惯；而这些良好的习惯使他成为东方文学研究中成长最为迅速的一批年轻专家。"① 曾有人问过韦利他是如何在没有老师指导的情况下通过自学如此熟练地掌握汉语，韦利回答，任何拥有良好古典文学教育基础的人都可以通过自学毫不费力地掌握汉语。毫无疑问，韦利广博的学识为他对中国和日本文化的深入理解增加了一个有价值的维度，使他能够通过对不同文化之间的类比和对比领悟陌生语言及文化上本质的差异，而这种极其依赖于个体差异性的灵感式的研究策略是其时惯行的专精化研究的汉学界所不鼓励的。

二　李约瑟的汉语学习

（一）人物简介

李约瑟（Joseph Terence Montgomery Needham，1900. 12. 9—1995. 3. 24），英国近代生物化学家、科学技术史专家，其所著《中国的科学与文明》（即《中国科学技术史》）对现代中西文化交流影响深远。1922 年、1924 年先后获英国剑桥大学学士、哲学博士学位。1942—1946 年在中国，历任英国驻华大使馆科学参赞、中英科学合作馆馆长。1946—1948 年在法国巴黎任联合国教科文组织科学部主任。1966—1977 年任英国剑桥大学冈维尔-基兹学院院长。1983 年在英国剑桥任李约瑟研究所首任所长，1990 年任名誉所长。李约瑟关于中国科技停滞的思考，即著名的"李约瑟难题"，引发了世界各界的关注和讨论。他对中国文化、科技做出了很重要的研究，被中国媒体称为"中国人民的老朋友"。

（二）学习汉语的动机

1. 人生的际遇

1937 年来剑桥攻读博士学位的几位中国生物化学家对李约瑟的科学史观乃至整个事业都发生了重大的影响。他一生的密友、事业的同道，也是他第二任妻子——鲁桂珍，燕京大学的沈诗章、金陵大学的王应睐都到剑桥大学攻读博士。李约瑟后来说：

> 他们从剑桥大学带走了什么，这里姑且不提，但他们在剑桥留下了一个宝贵的信念：中国文明在科学技术史中曾起过从来没有被认识

---

① Ivan Morris, "The Genius of Arthur Waley", in Ivan Morris, eds., *Madly Singing in the Mountains: an Appreciation and Anthology of Arthur Waley*, Creative Arts Book Company, 1981, p. 68.

到的巨大作用。正是他们在剑桥大学的时期内，由于他们的热情帮助，我能够初步了解汉语，并且不得不通过书写许多既好笑又烦人的信件的方式来掌握它。在这一方面，对我影响最大的是鲁桂珍博士。①

　　李约瑟的汉语学习也离不开其特有的人生观。在《一个名誉道家的成长》一文中，他回忆了自己未成年时的家庭生活，不幸的是，这两位老人相处并不融洽，正如他自己所说，他像是在所谓的"十足的战场"中成长，或者更形象地说，他永远来往泛渡于隔着海湾的两块陆地之间。

　　　　假如要从心理上寻找解释的话，可以想像，这孩子企图联结这两块陆地的努力，使他的心灵永远处于架桥的状态之中，永远谋求调和，谋求使分裂的东西结合起来：首先是在科学与宗教之间；第二是生物化学和形态学之间；第三是在宗教与社会主义之间；第四是在东方与西方之间。②

　　此外，李约瑟小时候进的是安铎（Oundle）公学，当时的校长非常好。他总是告诉李约瑟："孩子，你得海阔天空地思考。""'只要能找到心之所属，就没问题了。'我很幸运找到了我的方向。"③ 既然要用宽阔的思维方式，沟通东方和西方，尤其要沟通中国和西方的科技史，尽力追溯中国古代科技史的全部光荣，通过学习掌握汉语言文字就势在必行了，在李约瑟主要采取的三种研究方法即古书阅读、古物鉴定与推论、倚重专业知识与人才中，"古书阅读最艰巨，但是非走不可的一条路。以李约瑟的教育背景，任何明眼人都立即会怀疑李氏阅读中国古文，特别是科技古文的能力，因为即使是中国知识分子也不致轻言有足够的火候能够了解古书中对数理、天文、地理、医药、炼丹术……等等的叙述。李约瑟无论如何不可能达到这种火候，我们不必否认，李氏绝无此等能耐。李氏需要中国

---

①　王钱国忠、钟守华：《李约瑟大典》（上册），中国科学技术出版社 2012 年版，第87 页。

②　李约瑟：《一个名誉道家的成长》，载李约瑟著、王国忠编《李约瑟文录》，浙江文艺出版社 2004 年版，第 35 页。

③　王家凤：《我不是汉学家!》，载王钱国忠《李约瑟文献 50 年，1942—1992》（上册），贵州人民出版社 1999 年版，第 38 页。

人来帮他阅读与讨论，使他了解，然后再译成英文。可是我们也不否认，李氏或者其协同研究人员的确读了这些古文。"① 他的研究技巧就包括"勤习中文，最后终于达到看写俱熟，而听力尚可的水平"②。

2. 榜样的激励

（1）著名汉学家伟烈亚力。李约瑟后来在他的《中国科学技术史》第一卷中曾提到 19 世纪时的一位著名传教士伟烈亚力。有一次，伟烈亚力在旧书店找到一本泼雷麻尔写的《中国文字的学习途径》，从中得到巨大的启发，激励他下决心发愤学习这种奇异的表意文字。最终通过刻苦学习，伟烈亚力后来终于成为一位研究中国科学的传教士兼数学家，一位著名的西方汉学家。伟烈亚力的学习经历给了李约瑟莫大的鼓舞。

（2）李约瑟的朋友迈克尔·黑格蒂。迈克尔·黑格蒂原先是个书籍装订商。有一天，有人拿来一堆中国书叫他装订，他一见这种奇特的文字，心中大为震惊，便爱慕不已。于是他便夜以继日地拼命学习，并对中国植物学作了很深的研究，后来终于成为华盛顿的美国农业部主要译员。③

李约瑟从上述二人的传奇式事迹中得到了莫大鼓舞，他常常用"皈依"二字来形容自己对中国文化的痴迷程度及对汉字的酷爱。④

（三）学习汉语的过程和方法

1. 过程

（1）向中国的三个留学生学习汉语。

与中国留学生有过接触后，李约瑟便手不离中文书，口不离汉语，就像刚上学的小学生学语文一样。鲁桂珍等三位中国留学生自然成了他的导师，尤其是鲁桂珍，她像教导幼儿园儿童一般，帮助他学习汉语，并经常接受和回复一些简单的中文书信。⑤

---

① ［台］朱浤源：《李约瑟的成就与困境》，载王钱国忠《李约瑟文献 50 年，1942—1992》（上册），贵州人民出版社 1999 年版，第 227 页。

② ［台］朱浤源：《李约瑟的成就与困境》，载王钱国忠《李约瑟文献 50 年，1942—1992》（上册），贵州人民出版社 1999 年版，第 229 页。

③ 王国忠：《传播中国古代文明的使者——李约瑟的故事》，上海科学普及出版社 2006 年版，第 34 页。

④ 王国忠：《传播中国古代文明的使者——李约瑟的故事》，上海科学普及出版社 2006 年版，第 35 页。

⑤ 钱雯：《蓝碑：她引出了李约瑟》，上海人民出版社 2000 年版，第 83—84 页。

教师桂珍：

你的学生李约瑟汇报向你，在……里这个《管子》内容很精彩，倾倒对我向道家，同样也对你。

你的忠诚的李约瑟

下面是鲁桂珍修改后的短信：

桂珍老师：你的学生李约瑟向你汇报学习《管子》一书的情况，这本书的内容很精彩，使我对道家学说一见倾心，对你也同样如此。

李约瑟跟剑桥大学的汉学家古斯拉夫·哈隆学习过汉语。他还得到过当时剑桥的捷克籍汉语教授古斯塔夫·哈隆（Gustav Haloun）很大的帮助，这位教授发觉普通语言学教学不符合李约瑟的需要，于是让李约瑟每周和他学习两小时，对难度很高的哲学和经济学著作《管子》（公元前5至前4世纪）的译稿细谈一遍，这是教授自己准备出版的译作。这是李约瑟学习的第一本汉语古籍，为他的文言文学习打下了良好的基础。向哈隆教授学习研究道家典籍《管子》，发现其中谈到某些海洋动物受到月亮周期的影响，它们的大小随着月亮的盈亏而增大或缩小的文字，与亚里士多德所说的完全相同。回忆说：

当时他的工作没有后来那么繁忙，还能在规定的几个下午，接待我这样一个在蒙蒙细雨中骑车到西奇维克大街去拜访他的科学家。他同我一起学习《管子》一书，并通过这一学习使我体会到阅读中国古籍的艰难。他对我的这些多种方式的帮助，一直持续到1951年底他逝世的时候。①

（2）在掌握基础的汉语能力后，李约瑟在后期的汉语学习中以自学为主。

2. 方法

（1）师从汉学名家，攻克中华经典。

古斯塔夫·哈隆（Gustav Haloum，1898—1951），汉名霍古达，捷克

---

①　王国忠：《李约瑟传》，载王钱国忠、钟守华《李约瑟大典》（上册），中国科学技术出版社 2012 年版，第 88—89 页。

苏台德人。英国汉学家。出生于奥地利，先后在维也纳、莱比锡学习汉学，受业于德国著名汉学家孔拉迪（August Conrady）。

1922 年，他获得莱比锡大学博士学位。1926 年向捷克布拉格大学提交《中国人何时始知吐火鲁人和印度日耳曼人》的资格论文，任该校讲师。1927—1930 年任德国哈雷大学讲师。1930 年在哥廷根和波恩任教。1931 年后，任哥廷根大学讲师，建立汉学图书馆，后任该校汉学研究所教授、所长。1938 年前往英国，任剑桥大学东方语系中文教授，并新建汉学和日本学图书馆。专攻先秦语言和历史，精通《老子》《庄子》《管子》等中国古代文献，被欧洲汉学家称为"西方少数能够真正研究全文的学者之一"，是第一位真正受过系统汉学训练的汉学家。著有《中国古代部落分布研究》《月化考》等，并出版《管子》英译本。哈隆是李约瑟的中文启蒙导师和朋友，李约瑟在《中国的科学与文明》第二卷《科学思想史》扉页上曾写下"他的友谊和教诲使作者深感荣幸"的题词。① 师从著名的汉学家，通过学习一本中国经典——《管子》这一古代汉语书面语的典范，就可以在古汉语常用词和古汉语特殊句法方面基本过关，也可以习得许多重要的文化知识。这就为他日后广泛研读中国的古代文献奠定了良好的基础。

（2）自创多种方法，汉语汉字并重。

李约瑟在学习汉语过程中，自己创造性地发明了一套学习方法，并用新的检字法编了一部自己学习用的词典，用于学习。有人曾在基兹学院的研究室里看到一本旧练习簿，发现李约瑟从某部汉英字典中抄录了每一个汉字，这需要何等的勇气与毅力啊！他就是这样刻苦钻研，发愤学习，并为此持续了十多年时间，终于学习和掌握了足够的汉语知识，以致后来能在撰写《中国科学技术史》时直接利用中文的原始资料。②

李约瑟还用相当传统的方式编了几本书。比如说，他的字典是他自己做的索引，收录有几百个英语单词，不是根据汉语发音，就是根据汉字的偏旁互为参照。也许有人认为李约瑟选择学习的第一批单词很好地说明了他的学习方法：他做的第一个索引是以字母 V 开头的单词，例如：vagina（阴道），value（价值），vanish（消失），vegetable（蔬菜），

---

① 王国忠：《李约瑟事典》，载王钱国忠、钟守华《李约瑟大典》（下册），中国科学技术出版社 2012 年版，第 887 页。

② 王国忠：《传播中国古代文明的使者——李约瑟的故事》，吉林科学技术出版社 2012 年版，第 36 页。

venture（冒险），very（非常），village（村庄），virtue（美德），virgin（处女），victory（胜利），viscera（内脏），voice（嗓音）以及 vulgar（粗俗的）。笔记本前面有一页是以字母 a 打头的，上面只有这几个单词：ability（能力），affair（事情），add up（加起来），age（年龄），allow（允许）。①

　　李约瑟还画了一系列复杂而富有逻辑的表格，来表现汉语的各种词尾——他词典里有一页专门记录发"in"音的，还有一页是以"ia"结尾的，如此等等。作为补充，他在每一项旁边还画了四栏，每一栏代表汉语四个基本声调中的一个。这一切准备停当，他接下来要做的事情就是添加第一个字母－比如说 m，可以发出"mien"，或者加"t"，发"tien"，"m"和"iao"发"miao"或者"t""iao"发"tiao"，然后用英语在每一栏里记下声调的变化。他画的这个矩阵可以显示出 mien 发第一声阴平音时，表示"灭"的意思；mien 发第二声阳平音时，表示"棉"，mien 发第四声去声时，意思是"脸面"或者"面包"，tien 取第一声时意思是"天"（如天安门广场——天堂和平之门广场），tien 取第二声时表示"田"或者"甜"，而取第四声则意思是"电"。一系列编排是那么无懈可击，那么全面，都可以作为今天的教学辅助资料。②

　　李约瑟其他几本书的编排将他的古怪秉性发挥到了极致。他构思编排的第二本小型汉语字典只收录了 214 个基本汉字，称之为偏旁③。这些相当简单的字，笔画多数少于 6 画。字数最多的一组字只有四画，只用来表示汉语各种概念的来源④，通常位于其他字的左边（出现在字的上部，底部和右边的情况少见），这样合在一块就组成了一个全新的字。⑤

---

①　［英］文思淼（Simon Winchester）：《科教文行动·李约瑟：揭开中国神秘面纱的人》（*THE VAN WHO LOVED CHINA*），姜诚、蔡庆慧等译，上海科学技术文献出版社 2009 年版，第 39 页。

②　［英］文思淼（Simon Winchester）：《科教文行动·李约瑟：揭开中国神秘面纱的人》（*THE VAN WHO LOVED CHINA*），姜诚、蔡庆慧等译，上海科学技术文献出版社 2009 年版，第 39—40 页。

③　这里译者有误，用规范的汉字学术语说，这里的"偏旁"应该是"部首"。

④　这里译者有误，部首标注的不是各种概念的来源，而是各种概念的类属，例如"木"部所属的字的概念都与"树"或"木"有关。

⑤　［英］文思淼（Simon Winchester）：《科教文行动·李约瑟：揭开中国神秘面纱的人》（*THE VAN WHO LOVED CHINA*），姜诚、蔡庆慧等译，上海科学技术文献出版社 2009 年版，第 39—40 页。

在通常情况下，一本汉语字典是根据偏旁的复杂程度来编排的，将只有一画的偏旁列在最前，接着就是两画的，再后来就三画、四画、五画等等。李约瑟意识到，凭借他那不犯错误近乎照相机的记忆力，按照笔画方向和形状来编排的字典对他更有用，他把垂直笔画的所有偏旁都放在一页，笔画向左边转的所有偏旁都放在另一页，如此等等。这种编排方式极其古怪，没有一位汉语字典学家或教材编写者会认为可以采用李约瑟的模式——可是对他来说，这样做很管用。①

李约瑟是一个好学生，他以一种独特的方法学习。他从零开始，自己亲手创作了一套笔记本，随身携带。后来一共创作了几十本，但最初只有3本。第一本是英汉词典，第二本是汉语语法，第三本是汉语短语。……他在笔记本上不时加上一个又一个词语，一个又一个读音，一个又一个汉字。总数由几十个，到几百个，最后达到了能够用汉语读书和写作的五六千字。②

（3）广交中国朋友，习得现代汉语。

1941 年夏，英国文化委员会任命李约瑟为英—中科学合作馆馆长，并有参赞的头衔。1943—1946 年间，李约瑟以外交官的身份先后在云南、四川、贵州、福建、甘肃、陕西、南京、北平等地进行考察，遍访当地的文化历史遗迹，共出访十一次，行程达到 5.8 万千米。

（4）李约瑟在考察过程中不仅了解了中国的文化和历史，也结识了大量三教九流的朋友。除了参观各地的文化历史遗迹，他还先后访问了西南联合大学、国立中央大学以及历史研究所、社会学研究所等机构。丰富的考察经历使李约瑟更加了解中国的风土人情，也使他能够进一步学习汉语。下表是李约瑟在华长途考察旅行的情况（1943—1946）。

时间	同行者	访问地区	主要访问地
1943 年 2 月下旬—3 月下旬		昆明	翠湖附近　西山　大普集村　白玉山　黑龙潭

① ［英］文思淼（Simon Winchester）：《科教文行动·李约瑟：揭开中国神秘面纱的人》（*THE VAN WHO LOVED CHINA*），姜诚、蔡庆慧等译，上海科学技术文献出版社 2009 年版，第 40 页。

② ［英］文思淼（Simon Winchester）：《科教文行动·李约瑟：揭开中国神秘面纱的人》（*THE VAN WHO LOVED CHINA*），姜诚、蔡庆慧等译，上海科学技术文献出版社 2009 年版，第 38—39 页。

续表

时间	同行者	访问地区	主要访问地
1943 年 5—6 月	黄兴宗	西部	成都　嘉定 乐山 五通桥 李庄 泸县
1943 年 8 月—1944 年 1 月	黄兴宗 廖鸿英 艾黎	西北部	双石铺 兰州 山丹 老君庙 玉门 敦煌 千佛冈
1944 年 4—7 月	黄兴宗	东南部	遵义 贵阳 柳州 衡阳 曲江 仙人庙 坪石 乐昌 赣县 长汀 永安 南平 福州 建瓯 昭武 桂林 良丰 八步
1944 年 8—10 月	李大斐 曹天钦	西南部	贵阳 湄潭 安顺 昆明 大理 凤鸣村
1945 年 9 月	李大斐 曹天钦 邱琼云	北部	三台 广元 汉中 城固 骷髅坝 宝鸡 武功 西安 天水
1946 年 3 月	鲁桂珍	东北部	北平 济南 南京 上海

3. 学习汉语的勤奋态度

精神的动力胜过方法。李约瑟后来说：

> 我一直觉得，为了东亚研究的课题，以优异成绩通过语言考试而在教室学习汉语，和不带功利目的、作为一件有趣的事而学习，这两者之间是有区别的。自那以后，我阅读汉语开始摆脱初级的 ABC 阶段，进入了如夏日遨游江河那样的畅快阶段。①

带着一份痴情，日复一日地努力学习，李约瑟沉浸在汉语学习的快乐中，用他自己的话说，他几乎要"乐得发狂"。② 有一则令人发笑的趣闻逸事很能说明李约瑟学汉语的刻苦程度。有一年夏天，李约瑟夫妇同一群朋友在诺福克的林斯泰德磨坊度一天假期，这显然是个难得的休闲的好机会。但正当大家准备要出去散步的时候，李约瑟突然"头痛"得十分厉害，连连说"对不起！我只得留下了。"说毕便躺在沙发上休息，朋友们感到非常遗憾，只得离他而去，待朋友们散步结束返回时，他们看见李约

---

① 王国忠：《传播中国古代文明的使者——李约瑟的故事》，吉林科学技术出版社 2012 年版，第 38 页。

② ［英］文思森（Simon Winchester）：《科教文行动·李约瑟：揭开中国神秘面纱的人》（*THE VAN WHO LOVED CHINA*），姜诚、蔡庆慧等译，上海科学技术文献出版社 2009 年版，第 38 页。

瑟仍躺在沙发上，并避着光线以保护眼睛，但桌上都摊着汉语字典和练习簿。夫人李大斐似乎一切都明白了。她虽然像往常一样对丈夫极富同情心，但也不乏科学的怀疑精神，便走过去摸摸桌旁的那把椅子，发现椅子暖烘烘的，说明它刚有人坐过。李大斐此时真有些哭笑不得，但又若无其事地走到丈夫面前，体贴地问道："好些了吧?"李约瑟此时捂着头答道："好些了。"这件趣闻淋漓尽致地表现了李约瑟一贯的突出的个性——"坚持"，正是这种可贵的个性，李约瑟日后方能创造出经天纬地的不朽业绩。①

4. 翻译中国古籍，提高中文水平

许国璋，著名语言学家。早年与李约瑟相识，1964 年李约瑟访华，往北京外语学院与其会面。1979 年，许国璋在《外国语》杂志上撰文，高度评价李约瑟《中国的科学与文明》翻译中国古籍的水准。②

李约瑟翻译过的中文条目③：

中文	词类	李约瑟翻译时采用的英文词	备注（释义）
超距作用	中国古代科技名词	action at a distance	
本	中医学名词	agmen	
寒	中医学名词	algid	
长生不老	中国古代道家名词	anablastemic	
浑环	中国古代天文学名词	armillary rings	浑仪上的零件
桨橹	中国古代造船名词	assistant rudder	船上的副舵
联想的思维	中国古代哲学名词	associative thinking	
天文钟塔	中国古代天文学名词	astronomical clock-tower	
船尾舵	中国古代造船名词	axial rudders	
石燕	中国古代地质名词	brachiopods	
青铜	中国古代冶炼名词	bronze	
热	中医学名词	calid	

---

① 王国忠：《传播中国古代文明的使者——李约瑟的故事》，吉林科学技术出版社 2012 年版，第 37—38 页。

② 许国璋：《借鉴与拿来》，《外国语》1979 年第 3 期。

③ 王国忠、钟守华：《李约瑟大典·传记·学术年谱·事典》（下），中国科学技术出版社 2012 年版，第 942—945 页。

续表

中文	词类	李约瑟翻译时采用的英文词	备注（释义）
萼	中国古代生物名词	calyx	
苔	中国古代生物名词	capitulum	
葩	中国古代冶炼名词	caralla	
生铁	中国古代冶炼名词	castiron	
以手为出发点的经脉	中医学名词	cheirogenic	
导入手的经络脉手心包厥阴经	中医学经络名词	cheirogenic Pericardial Jue-Yin Tract	参见"Jue-Yin Tract"
共熔炼	中国古代冶炼名词	co-fusion	
彗星	中国古代天文名词	comets	
协调的思想	中国古代哲学名词	coordinative thinking	
钢	中国古代冶炼名词	copper	
关联的思想	中国古代哲学名词	correlative thinking	
浑天机	中国古代天文学名词	cosmic engine	包括机械的浑仪和浑象以及传动装置的整台天文计时仪器
火铳箭	中国古代兵器名词	co-viative arrow launcher	
突火枪	中国古代兵器名词	co-viative projectiles	与火焰齐射的子弹
炮仗、爆竹	中国古代化学名词	crackers	
折叠弩	中国古代兵器名词	cross-bow with things pile up in layers	在箭槽中插上箭的弩
母	中国古代数学名词	denominator	
参禅	印度瑜伽及佛教名词	dhyana	
实	中国古代数学名词	dividend	被除数
法	中国古代数学名词	divisor	除数
龙骨车	中国古代机械名词	dragon-bone water-raiser	
分	中国古代天文学名词	eguinoxes	
衰	中医学名词	elleipsis	
内丹	中国古代炼丹名词	enchymoma	修炼行气法
气	中国古代科技名词	energy	
虚	中医学名词	eremosis	
突火枪或火铳	中国古代兵器名词	erupter	

续表

中文	词类	李约瑟翻译时采用的英文词	备注（释义）
擒纵机构	中国古代机械名词	escapement	
伪钢	中国古代冶炼名词	false steel	
酿	中国古代化学名词	fermentation	
定法	中国古代数学名词	first fixed divisor	第一个固定被除数
喷火箭	中国古代兵器名词	flame-thrower	
苔	中国古代生物名词	flower-head	
火药	中国古代化学名词	gunpowder	
悬刀	中国古代兵器名词	Hanging knife	弩机发射器
牙	中国古代兵器名词	hook	弩机上钩回绳索的钩子
郭	中国古代兵器名词	housing of trigger	贮放弩机的发射器
盛	中医学名词	hyperoche	
感应	中国古代科技名词	inductance	
团钢、伪钢	中国古代冶炼名词	Jinterfused steel	生铁软化并灌注于软化的熟铁上的一种共熔钢
提	中国古代机械名词	iowitz arce	
团钢	中国古代冶炼名词	iump steel	
手心包厥阴经	中医学名词	Jue-Yin Tract	
规	中国古代兵器名词	jug	弩机两侧的小耳
机弩	中国古代兵器名词	machine-gun cross-bow	
长寿法	中国古代道家名词	macrobiotics	
机械弩	中国古代机械名词	magazine cross-bow	
多弩机	中国古代兵器名词	massed formation of arch-er	
气	中国古代哲学名词	matter-energy	
乘	中国古代数学名词	multiplication	相乘
简车	中国古代机械名词	norias	
秩序	中国古代哲学名词	order	
有机主义	中国古代哲学名词	organism	
外丹	中国古代炼丹名词	outer macrobigens	
穗	中国古代农学名词	paceme	

中文	词类	李约瑟翻译时采用的英文词	备注（释义）
表	中医学名词	patefact	
积弩	中国古代兵器名词	pile-up cross-bow	堆积的弩
实	中医学名词	plerosis	
以足为出发点的经脉	中医学名词	podogenic	
调息静修法	瑜伽及佛教名词	pranayama	
原始火药	古代化学名词	proto-gunpowder	
《素问》	中医学著作	*Questions and Answers about Living Matter*（Clinical Medicine）	生存之问答
穗	中国古代农学名词	raceme	
炼钢	中国古代冶炼名词	refined steel	
弯弓	中国古代兵器名词	relex-bow	
乘数	中国古代数学名词	remainder	
机垫	中国古代兵器名词	rocking level	
石盐	中国古代化学名词	rock-salt	
柁（舵）	中国古代造船名词	rudder	
反刍胃	中国古代动物学名词	rumen	
入定	瑜伽及佛教名词	samadhi	
直弓	中国古代兵器名词	self-bow	
自鸣钟	中国古代机械名词	self-sound bell	
翻车、龙骨车	中国古代机械名词	square-pallet claim-pump	六齿轮链式提水器
开方	中国古代数学名词	square root	
萨满	中国原始宗教名词	shaman	
烟火	中国古代化学名词	smokes	
至	中国古代天文学名词	solstices	
穗	中国古代农学名词	spike	
钢	中国古代冶炼名词	steel	
虾蟆	中国古代机械名词	spreadeagle toad	龙骨车上齿轮伸出的幅条
钢	中国古代冶炼名词	steel	
桨橹	中国古代造船名词	steering-oar	

续表

中文	词类	李约瑟翻译时采用的英文词	备注（释义）
臂	中国古代兵器名词	stock	弩机的支撑部件
胃	中国古代动物学名词	stomach	
制动阀门	中国古代机械名词	stop-value	
里	中医学名词	subdite	
符号性关联	中国古代哲学名词	symbolic correlations	
经络之外的"经脉系统"	中医学名词	troct - and - channel network system	
《伤寒论》	中医学著作	*Treatise On Febrile Diseases*	
勾机杆	中国古代兵器名词	trigger lever	弩机上的零件
弩机	中国古代兵器名词	of the cross-bow	
关戾	中国古代机械名词	trip-lug	水运天文仪器上的装置
真钢	中国古代冶炼名词	true steel	
筒木弩	中国古代兵器名词	tube - and - box cross -bow	由箱、筒构成的弩
标	中医学名词	vexilla	
《灵枢》	中医学著作	*Vital Axis* (Medical Physiology and Anatomy)	生命的核心
熟铁	中国古代冶炼名词	wroughtiron	
《黄帝内经》	中医学著作	*Yellow Emperor's Manual of Corporeal* （Medicine）	

三 翟理斯的汉语学习和教学

翟理斯一生绝大部分时间在为广泛地传播中国语言和文化而努力。据粗略统计，翟理斯一生中出版了 60 余本书和小册子。此外，他还在《皇家亚洲文会北中国支会杂志》《中国评论》《华洋通闻》等报刊上发表了大量杂文和书评。他的作品不仅包括多年来一直被奉为英汉辞书出版领域之标准的《华英字典》、第一部中国文学史、第一部中国人物传记词典、第一部中国绘画史，还包括行销多年的汉语教材和为数众多的翻译作品。从推动汉语学习的角度来讲，《华英字典》《汉言无师自明》和两本《百个最好的汉字》流传最广。

（一）学习

1. 良好家学

翟理斯（Herbert Allen Giles，英文名译音赫伯特·艾伦·贾尔斯）于1845 年 12 月 18 日生于英国牛津北帕雷德（North Parade，Oxford），是约翰·艾伦·贾尔斯（John Allen Giles，1815—1884）牧师的第四个儿子。翟父是英国 19 世纪的一位最勤于笔耕、最多产的作家之一。早在翟理斯出生之前，其父就已经是一位著作等身、久负盛名的作家了。出生在这样一个洋溢着浓郁学术气氛的家庭中，面对这样一位博学的父亲，翟理斯在潜移默化中受到了很大的影响。翟理斯很小的时候，其父就督促他抄写拉丁文、希腊文，并广泛涉猎古希腊、罗马神话和历史书籍。贾尔斯牧师服刑期间专门给翟理斯寄去了一套拉丁文教程，供他学习，并要求翟理斯"注意字典中的拉丁文，并把这些拉丁文的意思用英语表达出来。"① 翟理斯在回忆青少年时期的这段历史时，不无感慨地说："18 岁以前，我所接受的教育完全是古典式的教育。"② 正是这种古典式的教育，造就了翟理斯严谨的英国作风，也为他日后在汉学领域的辉煌建树打下了坚实的基础。可以说，翟理斯以文为业、以笔为生的一生与其家庭的熏陶是密不可分的。

2. 语言天赋

翟理斯具有常人所不及的语言天赋。来中国之前，他就学过希腊语和拉丁语。来中国后，先是在北京学习汉语，而后在天津、宁波、汉口、广州、汕头、厦门、福州、上海、淡水等地英国领事馆历任翻译、助理领事、代领事、副领事、领事等职，学会了不少方言，晚年仍能说中国的几种方言。傅尚霖（Shang-Ling Fu）在翟理斯 86 岁高龄时，曾经访问过翟理斯，他说："1877 年，他（翟理斯）离开了汕头，从此再也没有使用过汕头方言，但是他仍然清晰地记得汕头话。如果他知道你懂汕头方言的话，他就会用'Lu Chiak Pang Bue？'（你吃过饭没有？）跟你打招呼。如果他知道你是来自厦门的，他就会用'Li Chiak Pun a bo？'（你吃过饭没有）和你打招呼。很快，你就会觉得他特别亲切。如果心情很好，想说汉语，他就会用标准的汉语发言'Ni Cher K'o huan me iu？'（你吃过饭没

---

① 王绍祥：《西方汉学界的"公敌"——英国汉学家翟理斯（1845—1935）研究》，博士学位论文，福建师范大学，2004 年。

② 王绍祥：《西方汉学界的"公敌"——英国汉学家翟理斯（1845—1935）研究》，博士学位论文，福建师范大学，2004 年。

有)。他的口语就像他的著作一样地道、流畅。"① 翟理斯在《华英字典》给每个汉字都同时标上了北京、四川、中原、福州等 9 个地区的方音，还标上了这些汉字在朝鲜、日本和越南的读音。在学习汉语的过程中，翟理斯发现不能用学习拉丁文和希腊文的方法来学习中文，因为中文形态标志不明显，不仅没有词尾变化，而且没有单数与复数之分。此外，中文的动词也无时态和语态之分，在任何一种时态和语态下，中文的动词都是一致的。但是，翟理斯也注意到中文也有一些词可以弥补这些缺憾。②

3. 历史机遇

19 世纪下半叶，英国政府为了提高驻华外交人员的汉语语言能力，专门建立了使馆翻译学生制度，即：每个英国驻华使团成员在真正开始工作之前都可以前往北京接受两年的培训。翟理斯参加了英国外交部 1867 年 1 月的此项考试。2 月，考试成绩出来了，翟理斯在十五名考生中名列第三。3 月 20 日，翟理斯启程前来中国。同年 5 月，作为英国驻华公使馆翻译学生的翟理斯来到北京，并开始了汉语学习生活。1922 年 5 月 11 日，皇家亚洲文会决定将三年一度的学会金奖（Triennial Gold Medal）颁给翟理斯。在 7 月 4 日的颁奖大会上，朱尔典爵士说，他很高兴能够向曾经是、现在他认为仍然是英国驻华使团一员的翟理斯教授表示敬意。身在中国的外国人往往不懂得珍惜学习中国语言和思想的机会，但翟理斯教授是一个例外。"当然公允地说，英国驻华使团也尽到了自己的责任。这在很大程度上归功于英国政府的英明决策，建立起了翻译学生制度。有了这么一个制度，所有加入驻华使团的新成员在接受正式任命之前，都可以前往北京接受两年的培训。"他相信翟理斯博士是最早从这个"非常有用的"制度中"受益的"一批人中的一员，这一制度造就了为数众多的学者。③

4. 严格训练

翟理斯来北京学汉语的教材是威妥玛的《语言自迩集》和马礼逊的《五车韵府》。外交部为每一名翻译学生配备了一位中国老师。对于翟理斯初学汉语时的情景，福开森（John Calvin Ferguson，1866—1945）也曾

---

① Shang-Ling Fu, "One Generation of Chinese Studies in Cambridge: An Appreciation Professor H. A. Giles", *The Chinese Social & Political Science Review*, Vol. xv. No. I, April 1931, p. 80.

② 王绍祥：《西方汉学界的"公敌"——英国汉学家翟理斯（1845—1935）研究》，博士学位论文，福建师范大学，2004 年。

③ 王绍祥：《西方汉学界的"公敌"——英国汉学家翟理斯（1845—1935）研究》，博士学位论文，福建师范大学，2004 年。

做过描述："翟理斯学习汉语时，曾经孤零零地一个人待在一间房间里，面对一个根本不会说英语的老师，唯一可以帮得上他的忙的就是马礼逊的《五车韵府》"①。上课时间从早晨 8 点一直到晚上 10 点。第一天上课特别有趣，甚至接下来的三四天也很新鲜。头三四天的全部时间都用于学习 214 个部首，其中古典部首 30 个，废弃不用的部首 47 个。第二步是做练习，练习 137 个汉语口语部首。所谓练习通常就是组字成词，把两三字拼在一起而已，如："手"和"心"分别表示一个意思，但是，"手心"则是一种比喻的说法。通过这种方式，翻译学生所积累的"意思"越来越多，但是，需要记忆的字数并没有增加。然后开始做"四十练习"。练习刚开始时，翟理斯觉得挺枯燥。这类练习一般需要三个月的时间才能完全掌握，因为此项练习涉及了 1000 多个汉字。现在看来翟理斯最初使用的两本教材因为其权威性而可看作是合适的教材，不会说英语的教师，使翻译生完全沉浸在汉语环境中，有利于其汉语水平的迅速提高。汉籍翻译大师理雅各连续数年为港府培训口译和笔译人员，《三字经》是他选用的培训教材之一。有不少翻译学生把《语言自迩集》翻了又翻。但是，翟理斯并没有这么做，悟出了一个自学的办法。他把威妥玛的《语言自迩集》抛开后，买了一本《三字经》借助裨治文译文，读完了《三字经》，并像每一个中国孩子一样，把《三字经》牢牢地记在了心中。这为他后来编著《字学举隅》、《三字经》译本、《百个最好的汉字》等一系列汉字书籍奠定了扎实的基础。

5. 学用结合

1868 年 4 月，23 岁的翟理斯在北京学习中文一年之后，被派往天津领事馆任助理。由于公务并不繁忙，所以，翟理斯仍有大量的时间学习汉语。在汉语学习方面，翟理斯并不主张死抠语法。相反，他提倡广泛阅读。把每天都要接触到的大量中文官方信函、电报、公告、传单都当成了活生生的教材，当成了是对正规汉语教科书的补充。他甚至还想方设法弄到了一份遗嘱和一份死刑犯人名单，把它们也当成了学习汉语的第一手资料。有了一定的汉语基础之后，翟理斯便一头扎进了儒家经典中。翟理斯所依据的英译文是理雅各博士（James Legge，1815—1897）的《儒家经典》。同时，翟理斯还开始阅读德庇时（John Francis Davis）翻译的中国小说——《好逑传》。大约与此同时，翟理斯借助美魏茶（William Charles Miline）的

---

① 王绍祥：《西方汉学界的"公敌"——英国汉学家翟理斯（1845—1935）研究》，博士学位论文，福建师范大学，2004 年。

译文，开始阅读康熙皇帝《圣谕广训》中的口语化章节。几年后，翟理斯开始学习其中难度更大的文学性章节。接着，翟理斯又开始阅读《玉娇梨》。此外，翟理斯还阅读了儒莲的其他多个译本，如《雷峰塔》。与此同时，对《水浒传》《金瓶梅》《三国演义》《西游记》等中国古典文学名著，翟理斯也多有涉猎。除了《今古奇观》（共 40 则故事）等其他一些小说之外，翟理斯还试图通读中国古典文学名著《红楼梦》。翟理斯在阅读《聊斋志异》时，看得特别仔细，因为他一心想把《聊斋志异》译成英文。接着，他又看了几部戏剧、几本编者各异的散文选，有时也翻翻相关评论、道家著作和中国诗歌，尤其是唐代的诗歌。除此之外，翟理斯多年来，一直都把阅读中文报纸作为自己学习中文的途径。开始是上海《申报》，最后是香港的《中华新报》。他从自己的兴趣出发，进行广泛的涉猎，从中摸索出了学习汉语的"捷径"。从以上的介绍我们不难看出，翟理斯并没有按部就班严格按照使馆的要求，阅读指定的教材。相反，阅读、阅读、再阅读。同时他还一直进行中国语言、历史、文学等翻译研究工作。他一边学习汉语，一边用汉语工作、生活、创作，学以致用，学用结合，这种学习方式大大地提高了他的汉语水平。阅读—翻译—再阅读—再翻译，这就应该是翟理斯在汉学研究方面能够取得不断进步的秘诀。

6. 勤奋刻苦

翟理斯不害怕无聊，甚至还刻意要求到工作清闲的地方。比如，1888年，休假结束之后，翟理斯向英国外交部提出了申请，说如果可能的话，请将他派驻宁波或镇江，因为这两个领事馆的工作十分清闲，有利于他编撰《华英字典》。翟理斯打发闲暇时光的办法就是钻研中国语言和文学，翻译出版各类书籍，包括语言教科书、翻译、报刊杂文、书评等。在翟理斯看来，没有什么是比这更惬意的娱乐活动了。翟理斯在中国的二十余年，能从一位初学汉语的翻译学生，成长为一个功成名就的汉学家，其中一个很大的原因就是因为他有足够的时间和精力来进行中国学的研究和写作。为升职的事情，翟理斯给时任英国驻华公使的威妥玛写了一封信，对使馆给予他的不公正待遇提出了抗议。随后，威妥玛给翟理斯回了一封信，对翟理斯的抗议不置可否，只是解释说，他本以为翟理斯在长时间的休假之后，对翻译恐怕已经生疏了。但是，翟理斯觉得自己完全能够胜任翻译官一职。他指出：

　　　　我觉得自己完全可以胜任翻译一职，其中的一个原因就是，休假时我把中文书也带回了家，我的意图很明确，我想保持我原有的中文水平，甚至要在原有的水平上，提高我的中文能力。①

（二）教学

1. 为初学者着想：简便易行

翟理斯在回顾其一生时说：

> 从 1867 年算起，我主要有两大抱负：1. 帮助人们更容易、更正确地掌握汉语（包括书面语和口语），并为此做出贡献；2. 激发人们对中国文学、历史、宗教、艺术、哲学、习惯和风俗的更广泛和更深刻的兴趣。②

福开森（J. C. Ferguson）在评价翟理斯时也曾说：

> 或许他最大的成就在于使学习中国语言和文学变得容易多了。在这方面，曾经在中国生活过的任何一个西方人都不是他的对手。我们都从他的著作中受益，现在，我们应该承认这一点了。③

1872 年，学习汉语不足 5 年的翟理斯出版了他的第一部汉语教材——《汉言无师自明》。和以往汉语教材相比，该书最大的一个特点就是简单实用，无师自通。

首先，翟理斯在书中采用一种特殊的方式教西方人读中文——即用英语为汉语标注读音，例如："你为什么不来？"（Why don't you come）一句相应的读音为"Nee way shumm poo li"，这样的拼写在外国人，特别是以英语为母语的人眼中，可以很快转换为［ni：weiʃ ən mə pulai］，而这种读音和汉语本来的发音几乎相差无几。从严格意义上来说，这并不是一种科学的方法，但这种方式的优点就在于学习者可以借助熟悉的母语学习、掌握外语而不必专门学习汉语的发音规则以及纷繁复杂的部首，大大地减

---

① 王绍祥：《西方汉学界的"公敌"——英国汉学家翟理斯（1845—1935）研究》，博士学位论文，福建师范大学，2004 年。

② 王绍祥：《西方汉学界的"公敌"——英国汉学家翟理斯（1845—1935）研究》，博士学位论文，福建师范大学，2004 年。

③ 王绍祥：《西方汉学界的"公敌"——英国汉学家翟理斯（1845—1935）研究》，博士学位论文，福建师范大学，2004 年。

轻了学习者的负担。只要拿起这本书，学习者就能够讲出简单的汉语句子，进而达到会话交流的目的，因此对那些希望在短时间内掌握一些日常对话的外国人而言，不失为一种易学易用的有效方式。值得一提的是，全书通篇没有出现声调，这并不意味翟理斯不重视汉语声调，只是在他看来，该书只是一本速成教材，使用声调无疑将会加大学习者的难度，故弃而不用。

其次，书中所选场景、例句、字词等均与日常生活密切相关，实用性强，为常用句式；而在书中最后一章，翟理斯还特别收录了 600 多个常用汉语词汇。

再次，淡化语法观念，强调实际应用。和其他汉语教材相比，翟理斯并没有在书中连篇累牍地详细介绍汉语语法，相反只是用了两页的篇幅极为简单地提及三条语法现象，"名词、形容词无词尾变化、同一词语可表单数或复数""人称代词介绍""动词除过去时之外，在所有体、态、数以及人称上均保持原形，而过去式通常在原词后添加'了'、'着'、'过'来体现"。虽然《汉言无师自通》的汉语语法部分内容极少，但却指出了根本的部分。可以说在促进汉语初学者自学口语、在短期内掌握日常会话表达方面，复杂的语法理论并不符合《汉言无师自通》简易、自学的要求，而语法精简则体现了翟理斯希望学习者不因过度关注语法问题而影响日常交际会话学习的深刻关切。这正体现了该教材强调实用性而不追求学术性的特点。

2. 为提高者着想：地道丰富

（1）收词广泛。

如果说《汉言无师自通》和《百个最好的汉字》因为简单易学而赢得了汉语初学者的青睐的话，《华英字典》则因为"收录了尽可能多的地道的中文表达法"① 而表现了翟理斯汉语教学力求精确而实用的特点。该字典最突出的特点就是词汇量大，内容丰富。正如翟理斯本人在第一版序言中所言："编纂《华英字典》的初衷在于为外国学生学习中文提供有利帮助，因此本字典收录了尽可能多的地道的中文表达法。"② 第一版共收

① 王绍祥：《西方汉学界的"公敌"——英国汉学家翟理斯（1845—1935）研究》，博士学位论文，福建师范大学，2004 年。

② H. A. Giles, *Preface to A Chinese-English Diction*；Second Edition Revised & Enlarged, Shanghai, Hongkong, Singapore, & Yokohama：Kelly & Walsh, London：Bernard Quaritch, 1912, p.vii.

入 10859 个单字，总厚度达 1461 页；第二版收入 13848 个单字，总厚度达 1711 页。值得注意的是，这里所罗列的数字仅为单字数目。如果要将单字下的复字条目或多字条目，如相关的文言、书面语、口语、俚语、词组、专有名词、谚语、习惯用语、诗句等等全都计算在内的话，那么全书所收的多字条目粗略统计也有 10 万条。仅以编号为 2260 的"酒"字为例，这个单字的释意部分不仅包括酒的字面意思，而且谈到了中国酒的配制方法、相应的度量制度、饮用习俗，此外，还列出了容易与"酒"混淆的单字，以便使用者交叉引用，对照阅读。光是一个"酒"字，翟理斯就列出了 89 个例子，其中既有单词（如："陈酒 old wine"），也有短句（如："每逢酒后 whenever he had been drinking..."），完整的句子（如："酒不醉人，人自醉 Wine does not make a man drunk：it's the man himself."）；既有"酒"字领头的词条（如："酒能成事，酒能败事 wine can both make and mar"）"酒"字居中的词条（如："卖酒不说酒酸 the publican never tells you his liquor is sour. Cf. Don't cry stinking fish. ——本句还把中国谚语和英国谚语进行了比较），也有"酒"字句末的逆引词条（如："美不美，乡中酒 good or not，it is the wine of my country"）。翟理斯说，第二版"新增了许多例句，这些例句是从各个渠道收集而来的，其中有很多是现代用法"① 翟理斯为了说明《华英字典》第二版所取得的进步，特地列了一张表，对上述几本自 19 世纪以来重要的词典进行了对比。

收入词条数对照表②

词条、释义	马礼逊，1819年，英国人	麦都思，1893年，英国人	卫三畏，1847年，美国人	翟理斯，1892年，英国人	翟理斯，1912年，英国人
说 to speak	11	15	28	96	119
山 mountains	17	6	19	89	109
生 to be born	21	27	42	135	162
打 to strike	23	21	24	167	172

---

① H.A.Giles, *Preface to A Chinese-English Diction*；Second Edition Revised & Enlarged, Shanghai, Hongkong, Singapore, & Yokohama：Kelly & Walsh, London：Bernard Quaritch, 1912，p.vii.

② H.A.Giles, *Preface to A Chinese-English Diction*；Second Edition Revised & Enlarged, Shanghai, Hongkong, Singapore, & Yokohama：Kelly & Walsh, London：Bernard Quaritch, 1912，p.vii.

续表

词条、释义	马礼逊，1819年，英国人	麦都思，1893年，英国人	卫三畏，1847年，美国人	翟理斯，1892年，英国人	翟理斯，1912年，英国人
石 stones	20	19	23	76	89

（2）注音多样。

《华英字典》中收录汉字的注音也是同类字典中最为详尽的。威妥玛在《语言自迩集》中创立了一套"威妥玛式拼音"用来拼读汉字，然而，这套体系的缺陷在于有些地方没有充分考虑到汉语语音特点，采用过多的附加符号，这也给学习者和使用者带来一定的不便和混淆。为此，翟理斯对威氏拼音体系进行修订和完善，1892年，翟理斯的《华英字典》第一版推出之后，特别是在1912年，《华英字典》修订版——第二版推出之后，翟理斯承袭、修订并最后定型了威妥玛的汉字罗马拼音方案，而且还制订了一个"方言发音表"，从而使威妥玛式得到了完善和确立。因此，威妥玛式也称为"威妥玛—翟理斯式"（Wade-Giles Spelling）。另一方面，翟理斯还根据《佩文韵府》为每个汉字注了音韵（翟理斯用字母"R"来表示音韵），并用数字1到4来表示该汉字的各个声调。此外，翟理斯还参照借鉴了庄延龄等人的汉语方言研究成果，在每个汉字下注明该字在不同方言和相关国家的发音，并用相应的字母来表示其所属的方言区和国家。例如，"C"表示广东话，"H"表示客家话，"F"表示福州话，"W"表示温州话，"N"表示宁波话，"P"表示北京官话，"M"表示中原话，"Y"表示扬州话，"Sz"表示四川话。除了中国本土之外，翟理斯还注明了汉字通行的地区的汉字读音，如"K"表示朝鲜汉字读音，"J"表示日本汉字读音，"A"表示安南汉字读音。这些汉字的方言和异域发音看起来相当繁琐，但是，事实上它也体现了《华英字典》的实用性。我们知道，中国方言林林总总，不一而足，但是，翟理斯所选择的方言都比较有代表性，尤其是开埠港口的方言。汉字的异域读音也涵盖了汉文化圈的主要国家。而在19世纪，在这些开埠港口盛行的通常不是北京官话，而是当地的方言。一些不知就里的翻译学生在英国驻华公使馆学了两年的北京官话之后，来到了条约港口，却发现自己所学的官话原来根本就用不上。从这层意思上来说，我们不难理解为什么这本字典会受到驻华使领馆界的普遍欢迎。如此煞费苦心地给汉字详细注音，在汉英词典中可谓空前绝后。

3. 为英国学习者着想：对症下药

1874年，翟理斯出版了《字学举隅》（*Synoptical Studies in Chinese*

Character）。这是一个辨析同形异义或同形异音字的汉语学习教材。有些汉字可能因为一笔一画的差别，而意思相去甚远。即使我们使用了分析的方法，也无法猜出它的意思。也就是说，如果不是经常使用的话，那么只能靠硬背的办法，才能把这些字牢记在心。这对于中国学生而言已经相当困难，更何况是外国人。而且当时坊间的汉语学习书籍尽管数不胜数，但涉及汉字辨析的著作却相当罕见。当然，中国人认为难以分辨的汉字与外国人认为难以分辨的汉字有本质的区别。翟理斯建议读者只要对照一下康熙皇帝的《辨似・字林通考・问奇一览・分毫字辨》和《字学举隅》就可以发现，外国人和中国人可能遇到的困难是根本不同的。"说得更准确一点，初学汉语的外国人所遇到的困难对于那些准备入翰林院的举人们来说，根本就算不上什么困难"。比如，外国学生可能觉得"左"和"右"两个字很难区别，但是，对于以汉语为母语的本族人而言，两者的区别可以说是不言而喻的。所以，翟理斯就把他认为外国学生特别容易混淆的约1300 个汉字，收入了《字学举隅》。同时，为了方便外国读者，翟理斯还在书后附了一个索引。这样一来，即使外国学生"不懂得某个字的发音，也可以找到这个字"，原因就在于"他只要能认得与之相似的字就行了"。比如，在该书的第一页，翟理斯收入了"人、入、八"等字。"1. 人，jen，a man；入 . to enter；八，eight. "这三个字对于中国人而言并不构成任何困难，但对于外国学生而言，则可能是无法逾越的鸿沟。翟理斯不仅对这些字注了音，而且以上标形式说明该字的声调（1—4）分别表示平声、上平、去声、入声。每个字的后面都标明了对应的英文。另外，学生还可以在该书附录第 104、108 页找到相应的汉字。

第二节　法国汉学家的汉语传播

一　沙畹的汉语学习和研究

法国汉学家伊曼纽埃尔 - 爱德华 ・ 沙畹（Emmanuel - Edouard Chavannes，1865—1918 年）是 20 世纪初被公认的欧洲汉学泰斗，被弟子伯希和（Paul Pelliot，1978—1945）推许为"第一位全才的汉学家"（le premier sinologue complet）。他首先是一位史学家，最大的贡献在于翻译了中国古代史学巨著《史记》前 47 卷，即本纪、年表、书及部分世家卷内容，其中还包括外国人最难理解的《封禅书》。除史学外，沙畹凭借他广博的知识、严谨而富有开拓性的思想以及杰出的汉语基础使他在文学艺术、宗教学、民俗学、碑铭学、西域语言学等多个领域获得了卓越的成绩。前人对沙畹在各个领域所获取的成就研究颇多，但对于沙畹获取卓越成就的汉语学习并无过多阐述，本节重在梳理其汉语学习的具体过程及其汉语学习方法，以弥补缺憾。

（一）汉语学习情况

沙畹译《史记》130 卷中的 47 卷，至《孔子世家》止，分为五卷，名为《司马迁的传体史》（*Ies Mèmoires historiques de Se-ma Tsien*），其中一卷于 1910 年在《北京东方学会杂志》上发表的《封禅书》（*Le T'ai Chan. Essaide Monographie d'unculte Chinois*）的阅读和翻译更是让外国人望而却步。沙畹在中国史学翻译上做出了重大贡献，这与他深厚的汉语基础和非凡的理解能力脱离不了关系。

1. 出国前的汉语学习

沙畹出生于里昂一个富有文化内涵的新教家庭，使他能得到较好的家风家教影响。1885 年，20 岁的沙畹，成功考入当时各国学子心向往之的理想学府——巴黎高等师范学院，主修的专业是康德哲学。由于沙畹个人能力突出，高师院长、法国著名的古代艺术史专家、希腊古典艺术专家佩罗特（Georges Perrot，1832—1914）对他青睐有加，鼓励有家教、有潜力的沙畹把中国作为研究方向。沙畹正是因为受到佩罗特院长的鼓励，所以将自己的研究方向定位为中国。所以在高等师范学院读书期间，沙畹不仅在法兰西学院跟随德理文教授学习关于中国的课程，也在巴黎东方语言学校听冉默德（Maurice Jametel）讲授汉语。

（1）法兰西学院。

在法兰西学院建立之前，汉语学习和研究的队伍分为两类，一部分是以来华传教士为主，另一部分是在传教士影响下的法国本土研究者。法兰西学院前期的汉语教学则属于后者。

法兰西学院（College de France）是 19 世纪法国，也是全世界最早建立的汉学研究和教学机构。1815 年，该院开设"汉语和鞑靼—满族语言文学讲座"（通称"汉学讲座"，Chaire de Langues et Litterature chinoises），至此汉学教学研究在法兰西学院正式开启，年方 27 岁且从未到过中国和非汉学科班出身的少帅雷慕沙（Abel Remusat，1788—1832）执掌教席。这使得雷慕沙成为首位西方汉学教授，使汉学成为一门独立学科。

经过法兰西学院积极筹划后，该讲座于 1815 年 1 月 6 日正式开讲。

所开课程，基本上都是专题讲座。在这里从事教学和研究的，是一些真正的"学院派"教授，既有严谨学风，又有开拓精神。"汉语和鞑靼—满族语言文学讲座"一直维持了104年，直到1918年，沙畹逝世。此时清王朝已不复存在，"鞑靼—满语"也不再有理由存在于该讲座中了。当1921年马伯乐执掌该讲座时，将该讲座易名为"汉语语言文学讲座"。在法兰西学院的汉学讲座历史上，难能可贵的是，无论世界政局发生什么变化，诸如动乱、战争、冷战，还是法国自己历史上的革命与复辟制度交替变化以及多次经济危机，也无论是中国政局的严重动荡和中法之间多次发生冲突与战争，该讲座却始终不受任何干扰，不仅顺利地坚持了下来，而且始终处于发展之中。法兰西学院为法国甚至世界各国培养了许多名扬学界的汉学人才，组织撰写并出版了很多誉满书坛的汉学刊物和汉学名著，创建了多所具有明显时代特征和创新价值的汉学研究机构，积累了丰富的汉学研究资料，为西方汉学的发展和中法文化交流，作出了卓尔不群的贡献。

沙畹在法兰西学院师从德埃尔韦·德·圣德尼（d'Hervey de Saint-Denis，又译德理文），承袭了真正"学院派"教授的严谨学风以及开拓精神。在法兰西学院的汉语学习为沙畹后来的中国史学研究打下了坚实的基础。

（2）东方语言学院。

沙畹除了在法兰西学院跟随德理文教授学习汉语外，还在巴黎东方语言学院学习汉语课程，但东方语言学院与法兰西学院的真正"学院派"的汉语学习模式并不一样。

东方语言学院（L'Ecole des Langues Orientales Vivantes）前身为"青年外国语学校"（即翻译生学校），1839年，因商业活动和外交文书往来需要，该校才通过开设现代汉语课的决议，并于1843年10月22日正式开课。与法兰西学院以学术报告为授课方式、自由听课、无考试制度相比，东方语言学校的汉语教学因中法外交和商业往来而具有明显的"实践性"和"实用性"特点。也正是因为实际的需要，所以该校的授课就是以现代汉语教学为主，古文只做补充。主要目的是在培养翻译员和外交官，而不是学者。

东方语言学校第一任汉学教授是安托讷·巴赞（Antoine Bazin），随后是法国第二代汉学大师儒莲在这里任教六年。在儒莲之后，是一批从中国回来的外交部翻译人员，分别是：哥士耆（Alexandre Kleczkowski）、冉默德（Maurice Jametel）、德韦理亚（Gabriel Deveria）和微席叶（Arnold Vissiere）。沙畹在东方语言学校跟随翻译过中国墨学研究专著《墨法纪要》的冉默德教授学习汉语课程。在这里，沙畹的汉语学习偏重于实用性和口语。

在沙畹得到高等师范学院院长佩罗特的启发后，从哲学转向史学，在专业转换时，又有幸得到任教于高等师范学院的当时法国史学界领军人物——莫诺（Gabriel monol，1844—1912）的指导。莫诺像高等师范学院院长佩罗特一样，关怀沙畹。并把他引荐给了法国研究中国和搜集西文的中国文献专家考狄（Henri Cordier），请求考狄给予沙畹以更具体的指导。当沙畹告诉考狄，他打算以思想哲学着眼翻译中国经书时，考狄建议沙畹留意西方学者还未详细关注的中国史学文献。考狄的指点对沙畹日后研究方向起了至关重要的作用。

沙畹治学，涉及领域之广、课题样式之多、资料之丰、考据之严谨、视野之开阔，实际都与广泛意义上的师承和老师们的指导有着莫大的关系，从而使沙畹在高等师范学院毕业前就已经获得了较好的中国史学研究基础。

2. 出国后的汉语学习

1888 年，沙畹从高等师范学院毕业。随后，高师院长佩罗特向公共教育部长雷内·戈布莱特（Rene Goblert）推荐沙畹。1889 年初，24 岁的沙畹以法国驻华使团译员身份前往北京，任务是进修汉语以及学习汉文，确定自己探索中国的具体课题和项目。

1889 年 3 月 21 日，沙畹抵达北京。他从一开始试图翻译《仪礼》，后知难而退，改而选择自己较为熟知的领域：译注太史公书《史记》。沙畹将此事告知考狄，考狄对沙畹的决定大加赞同。从此事可见，沙畹所做的决定与他在法国的汉语学习和专业转变脱离不了关系。沙畹在进修古代汉语上，成绩异常出色，但是在口语表达上，成绩并不理想。第一次来华的沙畹最主要贡献在于译注《史记》，该译作在北京只出版了其中一卷《封禅书》，后由法国巴黎亚细亚学会资助出版译稿的三分之一，即《史记》130 卷中的 47 卷，至《孔子世家》为止，分为五卷，名为《司马迁的传体史》。这部"汉学界盖世名作"[1] 由导言、注释和极为详细的附录组成。

除了译注《史记》外，沙畹在图书搜集过程中特别注意搜集两汉画像石刻拓片、历代碑铭资料和中国境内境外各种民族文字的铭文，实际上，搜集拓片可以说是沙畹一生持之以恒的工作。这也成了他后来主要的

---

[1]　莫东寅：《汉学发达史》，大象出版社 2006 年版，第 70 页。

研究对象之一。沙畹的史学研究还包括中国古代石雕。在此期间，他搜集了山东武氏祠堂和孝堂山石室碑文，著有《中国两汉时代的石刻》（1898年），通过饰有图像的纪念碑和文学作品的比照加以相互阐释。这是沙畹在编纂和考释碑铭方面的第一部著述。沙畹在实地考察的过程中，古代汉语的学习更进一步，原本较为薄弱的口语也获得了显著进步，为他后来在二战时期作为中法交流的翻译官打下了良好基础。在汉学研究中，沙畹效仿研究地中海文明的历史学家，增加了考古学和碑铭学的研究，为欧洲研究中国古代艺术开了先河。

沙畹在宗教研究也有突出贡献，首先是对佛教的大量研究。他继承了雷慕沙和儒莲的传统，翻译了《大唐西域求法高僧传》（1894年）。沙畹还对中国边疆地区和少数民族怀有浓厚的兴趣，以我国史料为根据并参照西方人的记载编纂了《西突厥史料》（1903年）等。

1893年3月，尚在北京的沙畹在法兰西学院汉学选举教授中脱颖而出，当选为法兰西学院汉学讲席第四任教授，时年仅28岁。后沙畹归国，1893年12月5日在法兰西学院发表就职演讲，意味着沙畹第一次来华访学结束。沙畹第一次访华收获颇丰，对中国文化和汉学了解得更加全面，对其后来汉学研究产生了举足轻重的影响。

（二）沙畹汉学研究特点

在汉学研究的方法上，沙畹最突出的贡献是把历史的考证方法引入了20世纪的汉学研究。沙畹以前，法国汉学研究主要是翻译和语文考据法，继承了中国清代训诂家以小学治经史，专注文字语言工作的研究方法。自沙畹开始，则在语文考据之外结合史学方法，即史语的方法——整理、鉴定、分析史料，再综合其考古、宗教、语言、艺术等各个学科博识，使得其著述资料丰富，议论新颖。

沙畹译注《史记》，首先选定八书，八书之中又以《封禅书》为首选，他在来华后的第二年（1890年）便拿出了两项成果，一是《史记·封禅书》的法文译著，二是由于翻译《史记》而对殷商历法所做的研究——《殷历谐》。沙畹研究中国历史，注重第一手文献材料，他从翻译《封禅书》和整理殷代历法入手，沙畹利用在扎实和全面的现代学术训练中所掌握的语言学、历史学、考古学、文献学工具，以及新兴的社会学方法论，用比较的方式，对司马迁及《史记》做了全局性的论述，从作者、时代、史源、史料的分类和编纂、方法论反思、史学遗产等方面次第展开。全书编目如次：前言；第一章《史记》的作者：司马谈、司马迁父子及《史记》的编撰；第二章汉武帝时代；第三章《史记》的资料；第四章方法与批评；第五章史学遗产；结论；附录。篇幅达 248 页之多，足够编印成书。

沙畹译注的《史记》最主要的成就在于有详尽的注释和附录。具有两个明显特征，其一是考证严谨而广泛；其二是在注释中大量发挥，对涉及古代中国的几乎所有问题都提出了广泛而尖锐的批判。如：译注《史记·乐书》后，他运用他的希腊拉丁古典学识，附上了比较中国音乐与希腊音乐异同的长篇专论；又如：秦始皇出行巡视时期的秦代原刻石只剩有《泰山刻石》《琅琊刻石》两种残石，《峄山刻石》只有宋人的摹刻。沙畹译注《史记秦本纪》，把《史记》记录的八种秦代刻石都做了译注，收为第二附录。在《史记》译注的第五册，他附上了他的《〈竹书纪年〉真伪考》。

沙畹译注《史记》显示出他日后治学遵循的途径是：重视对文献的考察，特别是第一手文献，如第二次来华，参观龙门与云冈两处石窟以及一些祠堂，这一特征也被他的弟子伯希和等所承袭，当然这属于后话。除了对文献的重视外，沙畹还利用自己的汉语知识特别是古代汉语对文献进行详细的翻译，如：沙畹翻译了第二次来华过程中拓下的几近全部的碑刻文。随后因身在中国，通过接近中国人民，熟悉中国语言，对中国风土人情、生活习惯和思维方式等有近距离的接触和认识，对中国文化的了解，来对翻译做大量的注释，以期能帮助后人理解。做完注释再对其进行深入研究。这是沙畹在对中国汉学研究大致遵循的治学方法，他后期的研究大都如此，而此种方法对后世学者研究汉学也开辟了新的途径，成为一种新的学术传统。

二　民国时期法英汉学对汉语传播的不同影响

汉学人才、汉学刊物和汉学机构是衡量一个国家汉学研究的历史、规模、发展阶段、国际合作和成果应用水平的标志。我们运用熊文华《英国汉学史》[①] 和许光华《法国汉学史》[②] 提供的资料分析英法两国民国时期汉学研究上述三个方面的不同，由此可以看出两国汉学对汉语学习的不同影响。

（一）汉学人才

我们所说的民国时期相当于熊文华所研究的英国汉学的后传教时期，

---

① 　熊文华：《英国汉学史》，学苑出版社 2007 年版。
② 　许光华：《法国汉学史》，学苑出版社 2009 年版。

从 19 世纪 70 年代末至 20 世纪上半叶。英国汉学在这一时期的代表人物是理雅各、威妥玛、道格思、翟理斯和傅兰雅。理雅各（James Legge，1815—1897）和威妥玛（Thomas Francis Wade，1818—1895）都没有活到民国时期。道格思（Sir Robert Douglas，1838—1913）虽然活到了民国时期，但是 1905 年就退休了。所以英国在民国时期有代表性的汉学家就只剩下翟理斯和傅兰雅两个人了。熊文华在《英国汉学史》中，将阿瑟·韦利（Arthur D. Waley）算在了二战之后有代表性的英国汉学家中。其实我们认为，阿瑟·韦利也应该算这个时期英国著名汉学家。1917 年 1 月，他在《伯林顿杂志》（*Burlington Magazine*）上发表第一篇论文《一幅中国画》（A Chinese Picture），介绍英国博物馆所藏摹本宋代名画张择端《清明上河图》。韦利一生撰书 27 部，发文不下百篇。[①] 其中大部分都是在 1949 年（60 岁）之前发表的。他是 20 世纪英国也是西方最重要的汉学家和翻译家之一，他一生致力于中日古代典籍的翻译与研究，其翻译与著作大大增进了英语世界对于中国历史文化文学的理解，而且影响了一批年轻人，并引导他们走上汉学研究的道路，因此在欧美以及日本学术界都享有崇高的声誉。在《伦敦大学东方学院学刊》上发表论文《〈游仙窟〉中的口语》（Colloquial in the Yu-hsierz K'u）。这是亚瑟·韦利生前发表的最后一篇论文，这或许也是韦利写的唯一一篇有关中国语言的著述。

　　我们所说的民国时期相当于许光华所研究的"法国汉学（中国学）的发展（上）"，从 1902 年到二战结束前。法国汉学在这一时期的代表人物有沙畹、考狄、伯希和、葛兰言、马伯乐等。还有生活于 19 世纪到 20 世纪的法国著名汉学家微席叶（Arnold Vissière，1858—1830）、古兰（MauriceCourant，1865—1935）、顾赛芬（Séraphin Couvreur，1835—1919）、戴遂良（Léon Wieger，1856—1933）等。因为 20 世纪上半叶法国是欧洲乃至全世界汉学的中心，所以法国很多汉学家在全世界都是泰斗级的人物，如沙畹和伯希和等。同时期英法两国的汉学家比较，英国最有代表性的汉学家也就是翟理斯和韦利，不仅数量上远远少于法国，同时在汉学家的学术层次上也同样远远落后于法国。但就汉语言文字的研究水平，总体来说，法国落后于英国。因为法国汉学家汉语言文字研究的成果偏少，即使有也基本上是针对古代汉语的；针对现代汉语的研究成果很少，尤其是针对汉语学习和教学的研究几乎没有。

　　沙畹著述甚丰，曾致力于司马迁《史记》的翻译，对佛教、道教、

---

　　① 　程章灿：《阿瑟·魏理年谱简编》，《国际汉学》2004 年第 2 期。

摩尼教、碑帖、西域史、突厥史、地理都很有研究，还是国际敦煌学的先驱。但是目前我们还没有看到沙畹所写的有关汉语和汉语教学的任何文献。伯希和是强有力的语史学家，1918 年关于敦煌历史经典《书经》的研究掀起了"古汉字语音学和字体学研究的新高潮"。① 他还非常注重对音问题。马伯乐的《安南语言历史语音研究》《唐代长安方言考》都是关于古代中国的研究。葛兰言从社会学的角度解析《说文解字》。民国时期法国汉学的代表人物偶有论及现代汉语言文字的，如葛兰言的《中国人之思想》，也只是比较宏观地涉及了作为中国人思想表现工具的汉语言文字。②

相比之下，民国时期英国汉学的代表人物翟理斯的学术研究就与沙畹大不相同了。翟理斯的作品大致可以分为四大类，即语言教材、翻译、工具书和杂论四大类。就汉语学习而言，其中既有为汉语初学者编写的入门读物，如《汉言无师自明》（*Chinese without a Teacher*：*Being a Collection of Easy and Useful Sentences in the Mandarin Dialect*，*with a Vocabulary*）；《百个最好的汉字》（*The Hundred Best Characters*），还出版了《字学举隅》（*Synoptical Studies in Chinese Character*）。这是一本辨析同形异义或同形异音字的汉语学习教材。"令人感到奇怪，却又不得不感动的是，像翟理斯这样一位大学者居然肯屈尊编写这样一本小书"，"尽管其中的许多汉字都很有用，但是，书中的词汇还是很有限的。"③《汕头方言手册》（*Handbook of the Swatow Dialect*，*with a Vocabulary*）、《华英字典》（*A Chinese-English Dictionary*）、《语学举隅》（*A Dictionary of Colloquial Idioms in the Mandarin Dialect*）等也堪称语言学价值甚高的专著。

傅兰雅从事了 28 年的译书工作，他一生之中为中国翻译了 150 多种西学书籍，数量之多无人能及；他创办了中国近代第一份专门的科学技术期刊《格致汇编》，为中国的科学普及工作奠定了基础；他在上海格致书院用中文实施了现代技术教育，甚至尝试着将函授教育引入中国；他参加益智书会，以中文编写了 40 多种初级教材，在近代中国开了编写中文新式教科书的先河；他致力于统一科技术语中文译名的工作，由他和中国人合作编订的中文译名大部分到今天仍然在使用；他创办了中国第一家专门

① 许光华：《法国汉学史》，学苑出版社 2009 年版，第 180 页。
② 许光华：《法国汉学史》，学苑出版社 2009 年版，第 190 页。
③ 王绍祥：《西方汉学界的"公敌"——英国汉学家翟理斯（1845—1935）研究》，博士学位论文，福建师范大学，2004 年。

的科学技术书店格致书室，采用分销和代销的方式，将不同出版机构出版的中文科技书籍流通到了中国各地以及日本、朝鲜，为科学在东亚地区的传播与普及做了杰出的贡献。他认为西方的科技术语被翻译成中文有三种方法：描述法，即用尽可能少的汉字描述所要翻译的外国术语，如火轮船；音译法，即把外国术语的发音用尽可能接近的中文写出，如：金鸡纳（Chinchiná）；描述、音译相结合，如：袈裟（kasaya）。

法国在民国时期非领军人物的汉学家中，古兰和微席叶这二位对现代汉语尤其是汉语教学研究有素。古兰（1865—1935）是一位实验型的汉学家。里昂大学 1900 年开设汉语，一开始就由他主持，直到 1935 年。早年曾先后在中国、日本和朝鲜当过领事，在华期间研究过戴遂良等人的汉语教材，1914 年，他根据自己在华搜集的资料和研究，结合教学经验，写成了《中国北方官话语法》（Grammaire du Kwanhua Sptentional）。该书有一定的创建性：不仅具体分析了实词和虚词的特性，而且就汉语句法结构和近代汉语若干语法难点都做了分析，尤其是富有学术眼光地指出了汉语的双音节和多音节。[①] 微席叶（Amold Vissière，1858—1930），曾在外交使团担任参赞，熟悉北京话。在巴黎东方语言学校担任汉语教师 30 年，写下了《中文文选》《汉语入门》《汉语实践课》《汉语语音法文拼写法》等教材。因重视学习汉语口语，强调汉语学习的实用性，《汉语入门》成为"很多法国乃至外国汉学家身边的必备书"[②]。他的汉字注音方法被法国汉学界一直使用到中国拼音方案的启用。

（二）汉学机构

旧有的汉学机构，如法兰西学院、东方语言学校在民国时期仍旧生机勃勃，新创立了一些汉学机构，如巴黎实践学院、法兰西远东学院、巴黎高等汉学研究所、国立科学研究中心等，在华设立了很多汉学研究机构，如巴黎大学北京汉学研究所、河间的传教士活动中心、上海徐家汇传教士图书馆、法中大学。1900 年里昂大学设立了第一个汉语教授职位。民国时期跟汉语教学关系密切的汉学机构主要是法兰西学院、东方语言学校和法兰西远东学院。1814 年，法兰西学院（College de France）创办了"汉学讲座"（Chaire de Sinologie，即"中国汉语、鞑靼语和满语语言与文学讲座"（La Chaire de Langues et Litteratures Chinoises et Tartares－Mandchoues），使汉学研究在 19 世纪朝着更加专业化的方向发展。首开此讲座

---

① 许光华：《法国汉学史》，学苑出版社 2009 年版，第 124 页。

② 许光华：《法国汉学史》，学苑出版社 2009 年版，第 123 页。

者为著名汉学家雷慕沙，他发表的第一部汉语著作是《汉语语法基本知识》。之后该讲座的主持者为儒莲，后者是前者的学生，以后的讲座主持者基本上是师生相承，依次是德理文、沙畹、马伯乐、戴密微。戴密微也是沙畹的弟子。沙畹之前的该讲座的主持人都未到过中国，只会读汉字，不会讲汉语。沙畹到中国生活了很长时间，不仅掌握了古代汉语，而且还能用现代汉语表述，尽管不是特别流利。之后的马伯乐、戴密微、谢和耐等人基本上也是这种情况。沙畹重视汉学研究中文献的作用，研究某文献之前，先要进行认真的翻译和考证，注重文献和中国有关资料的实地考察，所以法兰西学院汉学讲座重汉语学习的做法代代相沿。

东方语言学院或称为"国立现代东方语言学院"，是根据法国大革命期间1795年国民公会颁布的一道法令而创立的。该学院的前身为"青年语言学院"（即翻译生学校），是1669年由路易十四创办。当时法国正与近东维持着重要的外交关系，因此，出于商业活动和外交书信往来的需要，创办此校以培养近东语言翻译人员。1843年，该学院开始开设汉语课，为翻译人员作职业准备。东语第一位东方语言学的教授是巴赞，师从儒莲，学会了通俗汉语。他为通俗汉语和中国通俗文学贡献出了优秀著作。他是欧洲第一个阐明文言不包括在白话之内的人，对白话进行了隽智的分析。1884年之后又增设了远东历史、地理讲座，该校逐渐成为法国培养远东外交官的摇篮。与法兰西学院的独创性、丰富性、学术性和经院性的教学特色相比，东方语言学校带有较大的"实践性目的"和"平稳性"的特点。该学院以教授白话为主，文言文仅作补充。直到当代，该学院仍然保持着这一实用的特征。不仅数代法国汉学家，而且来自欧美所有领域内的汉学家，他们都来此初步学习中国的语言和文化基础知识，即使那些专职从事研究汉学的人也如此。1899年，微席叶到东方语言学院担任汉语教授之职，同时他还继续保留外事部翻译秘书的职位。在东方语言学校30年的教学生涯（1899—1929年），他表现为一位严谨而又认真的良师。他发表了大量的著作和文章，伯希和列出了其作品的完整目录，有150篇之多。微席叶重现代汉语口语的务实风格，对东方语言学校汉语教学的实践性和实用性的形成起了很大的促进作用。微席叶之后，汉语尤其是口语非常流利的是伯希和、戴密微。1968年后该学院改名为"国立东方语言和文化学院"。

法国远东学院（也被译为"法兰西远东学院"）的前身是依据1898年12月5日法令而创立的"印度支那考古团"。依据1900年1月20日法令，该考古团改组为法国远东学院，总部先是设在西贡，1902年移于河内。它也是一座汉语教学和研究的机构，但并非大学，也不属于任何一所大学。法国远东学院的主要目的可以用下面这段话来描述："为发掘印度支那半岛考古学和文献学而工作，以各种手段来促进对其历史、古迹和文字的了解，为从事对这些地区及其邻近的印度和中国文明的学术研究作出贡献。"① 该学院的创建使得法国汉学家们能够直接接触到当代中国文化。

同时期英国的汉学机构，如英国圣书公会（British and Foreign Bible Society）1804 年创立，1937 年终结。该组织的工作反映了传教国家——英国的语言、宗教、历史和文化方面的综合汉学水平。传教士汉语学校在提高传教士的汉语水平尤其是口语方面做出了很大的贡献。其他的汉学机构包括皇家亚洲学会华北分会（The North China Branch of the Royal Asiatic Society，1823—1949）伦敦庚款委员会（Universities China Committee in London，1931 年成立）和大不列颠博物馆。和法国相比，数量少，而且研究水平也远不及法国。这些机构基本都是汉学研究或中国文物收藏部门，跟汉语学习关系不大。牛津大学坚持学术独立的传统，考试制度严格，学费昂贵，只有少数学生选修汉学课程，教师主要从事汉学研究，这就形成了早期牛津汉学纯学术研究的经院式特点。1939 年中国哲学和宗教学讲师修中诚对牛津大学汉学教学和研究体制进行了重大改革，创办了汉学院，确定四年本科学制，学生通过考试就可以获得正式学位。从此牛津大学汉学从经院式研究转变为开放式教学，但惨淡经营 10 年仅有 5 人毕业。剑桥大学的汉学研究和教学始于 1888 年威妥玛被聘为无薪汉学教授，任期内学生只有 3 人；继任者为翟理斯，前两年的学生只有 5 人。② 剑桥大学和牛津大学过去重视古文教学和古典文献的研究，学生的口语能力和阅读水平普遍差异较大，现代汉语、现代文学、现代历史以及相邻学科的教学和沟通滞后，教学方面偏重于经院式的讲解和导师制。伦敦大学的亚非学院是东方学的教学和研究中心，是英国最早设置汉语和中国文化讲座的学院。从 1837 年聘请第一任汉学教授，到民国时期汉学教授的聘任时断时续。但亚非学院的汉语教学还是全英最领先的，20 世纪20 年代开始，先后聘任中国学者老舍、蒋彝、于道泉和萧乾等中国学人在该院任教。尽管如此，英国民国时期的汉语教学没有像法国那样讲传统、成规模、有水平。

---

① 杨惠玉：《〈通报〉在西方中国科学史研究中的角色》，博士学位论文，上海交通大学，2007 年。

② 熊文华：《英国汉学史》，学苑出版社 2007 年版，第 248 页。

（三）汉学刊物

《绅士杂志》（*The Gentleman's Magazine*）1731 年创刊，延续到了 1914 年，虽然有时刊登一些有关中国的信息，但是多为文艺批评、议会报道、历史故事、气象记录、时文、书讯和收藏。不能算标准的汉学刊物。《大不列颠和爱尔兰皇家亚洲学会会刊》（*Journal of the Royal Asiatic Society of Great Britain and Ireland*）1824 年创刊，延续至今。《教务杂志》（*Chinese Recorder*，1868—1941）是 1868 年美国美以美传教士保灵（Stephen Livingstone Balwin，1835—1902）在福州创办的中英文月刊。1872 年因保灵回美而停刊。1874 年英国传教士伟烈亚力在上海复刊，1941 年终刊。《教务杂志》也不是严格意义的汉学刊物，主要服务于传教，读者也可以了解到中国历史、文化和社会风俗的一般情况，是普及，不是研究。《亚非学院院刊》（*Bulletin of the School of Oriental and African Studies*）创刊于 1917 年，至今仍在，是亚洲、非洲和中近东古今语言、文化和文明史研究者的园地，是一份跨学科的核心刊物，是地道的汉学刊物。同期法国著名的汉学刊物有《通报》（*T'oung Pao*，1890）、《河内远东法兰西学院》（简称 B. E. F. E. E，1901）和《亚洲艺术杂志》，其全球影响不在英国同类刊物之下。

通过上面的比较，我们知道民国时期英国汉学的总体水平远低于法国，所以对汉语的需求低于法国。反过来说，汉语学习和研究的水平不高，也导致汉学研究的水平不高。

第三节　德国汉学家的汉语传播

一　福兰阁的汉语学习考察

奥托·福兰阁（Otto Frank，1863—1946），在德国汉学界享有"元老"之誉。1888—1896 年来中国担任德国驻华使领馆翻译。1901—1907 年转任中国驻柏林使馆参赞。1907—1922 年任汉堡大学汉文教授，后转任柏林大学汉文教授。一生文章和著作 200 多种，书评 100 多篇。主要有：《中国历史》（五卷，1930—1952）、《关于中国文化与历史讲演和论文集（1902—1942）》（1935 年北平德国学会出版）。然而，就是这样一位能够独立依据原始中文资料进行汉学研究并且成果颇丰的著名汉学家，却没有一篇专文研究其汉语学习历程的文章，本文尝试弥补有关福兰阁研究的上述不足。

（一）个人性格：乐于思考勇于探索

福兰阁是一个喜欢思考的人。"我属于这样的孩子：有足够的想象力，也能全神贯注地独自玩耍。""我的确喜欢思考，远离一切吵闹的孩子——我自己的儿子也是如此。"① 在 1888 年去中国旅行仍被看作探险行为，但在以后的岁月里却带来了相当多的教益。当福兰阁向植物学家施万德内尔（Schwendener）校长申请提前退学时，校长兼具义愤和怜悯的表情及声调显而易见，他对旁边的秘书处官员说："此人要到中国去！"② 显然，在他眼里，福兰阁已经无药可救了。"但是我感到现在开始了新的生活阶段，我年轻时懵懂的渴望得到了满足，可以进入辽阔的世界了。""我的情绪不断高涨。我感到宽慰，月底前一切准备就绪。"③

（二）外语学习：受过大量专业的语言学训练

福兰阁学习过的奎德林堡的高级中学是一所人文机构，由著名的教育家奥古斯特·迪勒（August Riehle）领导，他很优秀，但也非常严厉。这所学校致力于实现它的校训"学术、智慧、虔诚"（Doctrinae，Sapientiae，Pietati）。福兰阁在该校的课程学习非常出色，"我在奎德林堡的拉丁文和希腊文课堂上打下了很好的基础，以后对我非常有用"④。后来他转到另一个中学，这里有拉丁文写作、拉丁文诗歌创作，并使用保存极少的拉丁文教学语言，两门古典语言课的教学目标很高。拉丁文体学的精细也特别吸引了福兰阁。老师要求学生在解释拉丁文的时候，要背熟最重要的倒句。校长特别偏好格律学。他坚持学生要准确了解拉丁颂歌和史诗格律，并尝试自己写拉丁诗句。有一次学生的假期作业甚至是将歌德的《伊菲革涅亚》（*Iphigenie*）第三幕第二场《俄瑞斯忒斯》（*Orest*）中的大段独白转化成拉丁文的六音部诗行。福兰阁认为"这是钻研外文习惯用

---

① ［德］福兰阁著，傅复生编：《两个世界的回忆：个人生命的旁白》，欧阳苏译，社会科学文献出版社 2014 年版，第 9—10 页。

② ［德］福兰阁著，傅复生编：《两个世界的回忆：个人生命的旁白》，欧阳苏译，社会科学文献出版社 2014 年版，第 41—42 页。

③ ［德］福兰阁著，傅复生编：《两个世界的回忆：个人生命的旁白》，欧阳苏译，社会科学文献出版社 2014 年版，第 42 页。

④ ［德］福兰阁著，傅复生编：《两个世界的回忆：个人生命的旁白》，欧阳苏译，社会科学文献出版社 2014 年版，第 11 页。

语的非常好的方法，我以后也将其运用到其他语言的学习中。"①

尽管在哲学学院注册，但因为他中学时就对历史和德国文学感兴趣，所以报名听冯·霍尔斯特（von Holst）的 19 世纪历史课程，当时还不那么有名的赫尔曼·保罗（Hermann Paul）的德语语文学导论、中世纪德语语法和"狂飙突进运动"时期（Sturm - und Drang - Period）的德国文学史、文德尔班（Windelband）的逻辑学。上述语文学和逻辑学方面的学习虽然我们不能确知对福兰阁有什么帮助，但对他后来的汉学研究应该也是大有裨益的，所以他在大学选课时，认为"回顾过去，我必须说，这些没有经过询问了解而做出的选择，在今天看来完全是明智的。"② 当时，柏林大学的声誉超过了其他所有的大学，大师云集，声名远播，泽被后世。他听狄尔泰的心理学、德罗伊森的历史方法论和历史百科全书（史学），听瓦腾巴赫（Wattenbach）的德国中世纪历史史料和约翰内斯·施密特（Johannes Schmidt）的印度—日耳曼语比较语法入门。上述大师的课程深深地吸引住了他，"大城市的诱惑不会让我经常分心而缺席定期的进座。"③ 因此他的文史训练更加全面。

（三）语文学国家考试：带来人生目标的转变

1. 开始专门准备语文学国家考试

后来经过冷静思考，福兰阁决定将语文学国家考试作为当时明确的目标，尽管他内心深处十分抗拒当老师这个想法。"我不喜欢留在热热闹闹的柏林，而是更多地接触大自然，我还觉得，在小一点的大学可以进行比较安静的研究。"④ 为了实现上述目标，他报名参加韦拉莫维茨（Wilamowitz）的语文学初级讨论课，前不久韦拉莫维茨刚应聘到哥廷根，福兰阁将跟随他研究欧里庇得斯（Euripides）的《埃莱克特拉）（Elektra）。但为了不完全中断与历史的联系，福兰阁仍坚持听克卢克霍恩（Kluckhohn）的宗教改革以前的德国历史课程。在约翰内斯·施密特的鼓励下，他对奥古斯特·菲克（August Fick）的印度—日耳曼语言与民族发

---

① ［德］福兰阁著，傅复生编：《两个世界的回忆：个人生命的旁白》，欧阳苏译，社会科学文献出版社 2014 年版，第 16—17 页。

② ［德］福兰阁著，傅复生编：《两个世界的回忆：个人生命的旁白》，欧阳苏译，社会科学文献出版社 2014 年版，第 21 页。

③ ［德］福兰阁著，傅复生编：《两个世界的回忆：个人生命的旁白》，欧阳苏译，社会科学文献出版社 2014 年版，第 24—25 页。

④ ［德］福兰阁著，傅复生编：《两个世界的回忆：个人生命的旁白》，欧阳苏译，社会科学文献出版社 2014 年版，第 28 页。

展史的讲座产生了兴趣。在约翰内斯·施密特的讲座中，他了解到梵文对于印度—日耳曼语言比较的重要性，因为基尔霍恩正好为初学者讲授梵文语法，他决定也报名听这门课。总之，"这一切都是为了我要走的国家考试之路"①。

2. 基尔霍恩的梵文课把他引向印度学

短时间内，基尔霍恩的梵文语法课就推翻了他的全部研究计划。"现在，一颗新星正在召唤着我，指引我到一个新的方向，一方面是那些很快就非常吸引我的内容，另一方面是这位杰出的老师让我接近了它，后一点更为重要。……在丰富的印度语言中钻研得越深，那遥远神秘的世界就越是强烈地吸引着我。学期结束时，我对东方的热爱之情熊熊燃烧，而对古典语文学、历史和其他一切的热情都无可救药地消失熄灭了。"② 冬季学期他取得了进步，可以听基尔霍恩的所有讲座了：中高级语法、本土语法作品读物《梵语语法》（*Laghukaumudī*），薄婆菩提有相当高（Bhavabhūti）的戏剧作品《茉莉和青春》（*Mālātīmādhavd*）。

基尔霍恩梵文语法课上的人数不断减少，因为有人攻读博士学位，也有人离开。最后，1885—1986 年的冬季，福兰阁是唯一仍在继续学习的人，好处是可以在基尔霍恩的引导下，钻进他的特别领域的迷宫，也就是帕尼尼（Pānini）语法体系和大量的评论，即巴丹阁梨（Patañjali）的《大疏》（*Mahābhāsya*），在这个领域里，基尔霍恩大概是欧洲的最高权威。他的专长是语言。印度本土语法学家夸张的理论和离经叛道，还有不可胜数的困难重重的铭文，最使他全神贯注，这些内容也最适合他那明晰的理智。这些理智来自于数学训练，不能容忍任何模糊。"他是一位优秀的教师，总令我们这些学生崇拜得五体投地。"基尔霍恩不仅学问做得出色，而且是优秀的老师。福兰阁得到允许，跟着基尔霍恩学习了四个学期。"在他家里朗读文章，在此度过的日子是我学生生涯中最快乐的时光。"③ 这段时期，他了解了众多的印度文学作品，从《梨俱吠陀》（*Rgveda*）直到《迦梨陀娑》（*Kālidāsa*）等人美妙的文学，在这位令他非

---

① ［德］福兰阁著，傅复生编：《两个世界的回忆：个人生命的旁白》，欧阳苏译，社会科学文献出版社 2014 年版，第 29—30 页。

② ［德］福兰阁著，傅复生编：《两个世界的回忆：个人生命的旁白》，欧阳苏译，社会科学文献出版社 2014 年版，第 31 页。

③ ［德］福兰阁著，傅复生编：《两个世界的回忆：个人生命的旁白》，欧阳苏译，社会科学文献出版社 2014 年版，第 31 页。

常崇敬的老师的指导下，领会这些作品的特色。基尔霍恩还向福兰阁介绍了语文学家贝希特尔（Bechtel），他当时是哥廷根的无薪讲师，后来在哈勒（Halle）担任正席教授，尤其作为希腊碑文学者而建立了名声。福兰阁在贝希特尔那里听了各种各样的语言课程，尤其是希腊语法、哥特语（Gotisch）和古意大利方言奥斯坎语（Oskisch）和翁布里亚语（Umbrisch）。这样一来，他的知识面尤其是比较语言学方面的知识面拓宽了不少。"基尔霍恩一如既往地亲切友好，也总是为我打开他那好客的家门，直至今日我依然无法忘怀。基尔霍恩指导我如何进行学术研究，这是我在哥廷根所得到的最美好和最持久的收获，我始终对他心存感激。"① 1886 年 7 月 29 日，在参加了梵文和比较语言这两个专业的口试后，福兰阁被授予博士学位。

（四）去中国当翻译：与中国文化结下了不解之缘

1. 人生新目标：想去中国当翻译

获得博士学位以后，下一步干什么的人生选题开始困扰福兰阁。他给在柏林的朋友瓦斯曼斯多夫写信，谈到自己对未来的希望和担忧。瓦斯曼斯多夫在回信里建议，考虑一下外交部的翻译服务工作。在帝国驻外的使领馆代表机构中，常常需要比较年轻的、熟悉当地语言的男性，尤其是在东方。如果在工作中表现合格，他们就可以不受限制地晋升，而前途最光明的地方是中国和日本，那儿的翻译工作很重要。"这个消息令我激动兴奋。在哥廷根时，我就一直感到中国朝圣者玄奘和义净关于印度的信息以及 7 世纪佛教带有的神秘魅力。从印度学到中国学，中间有桥梁和道路，也许还会引到意想不到的目标上去。"他立刻决定去外交部报名，但得到的消息却不是那么鼓舞人心。开始翻译服务，至少要通过第一次律师资格的国家考试，而其他方面尤其是语言的预备训练并不起作用。这样，他目前的学习成果就用不上了。但他没有被自己吓倒。再次询问获得了答复："公法和私法领域内的知识"是必要的，由此他得出结论，参加律师资格考试并非无法逃避的前提条件。另外，福兰阁从前对印度语言文化的学习引导他对中国有了一定的了解，在他决定去外交部任职的过程中应该是起了一定促进作用的。

2. 学习汉语：去中国当翻译的准备

（1）学汉语的麻烦。

雅各比劝说并建议他马上开始学习恩德里希尔（Endlicher）的《汉

---

① ［德］福兰阁著，傅复生编：《两个世界的回忆：个人生命的旁白》，欧阳苏译，社会科学文献出版社 2014 年版，第 31—32 页。

语语法基础》（*Anfangsgründen der Chinesischen Grammatik*），但他很快就失望地放弃了这个行动。在汉语学习方面，福兰阁认为"初学者依靠自修是不会取得成果的，它白白浪费大量的时间和精力，却只能得到少得可怜且并不确切的知识，即使他不像我那样采用 1845 年出版的供'半瓶醋'使用的教科书"①；那些不具备欧洲语言知识的中国教师，起初也只能艰难而缓慢地提供帮助；只有拥有专业知识的欧洲人，才能用最简洁和最容易的办法帮助学生超越难度很高的基础阶段的语言学习，获得进一步自学的能力，对此，中国教师并不合适。②

（2）跟葛禄博学汉语。

尽管外交部明显不重视语言预备知识，但福兰阁还是马上开始在大学里东亚语言唯一的代表人物、无薪讲师葛禄博（Grube）博士那里学习中文。葛禄博，一个来自彼得堡的德国人，是一位非常聪慧的学者，他在俄国和莱比锡的贾柏莲（Georg v. d. Gabelentz）那里接受过优秀的教育。他引人入胜的方法使福兰阁快速了解了这门语言的基本要素，不久后，作为唯一的学生，就跟得上葛禄博讲解中国古文时的进度了。可以说葛禄博是福兰阁的良师益友，"共同的工作将我们迅速拉近，学期结束后，我们成了好朋友。"③

（3）到东方语言学院学汉语。

1887 年 10 月 27 日，东方语言学院（Seminar für Orientalische Sprachen）开办，其中也包含了中文部。福兰阁在此注册，和葛禄博一块参加了中国北方现代口语课程，它由卡尔·阿伦特（Karl Arend）——驻北京的德意志帝国公使馆的长期首席翻译讲授。与严谨并合乎学术研究要求的葛禄博相反，阿伦特纯粹是实践家，完美娴熟地掌握这门口语。不过，他在自己的新岗位上非常不自信，常常出现令人好笑的状况，使得年轻的听众们开些无礼的玩笑。④ 福兰阁在德国参加的上述中国北方现代口语（普通话）使他到中国北方后很快适应了那里的语言生活，"在这里

① ［德］福兰阁著，傅复生编：《两个世界的回忆：个人生命的旁白》，欧阳苏译，社会科学文献出版社 2014 年版，第 34 页。

② ［德］福兰阁著，傅复生编：《两个世界的回忆：个人生命的旁白》，欧阳苏译，社会科学文献出版社 2014 年版，第 35—36 页。

③ ［德］福兰阁著，傅复生编：《两个世界的回忆：个人生命的旁白》，欧阳苏译，社会科学文献出版社 2014 年版，第 36—37 页。

④ ［德］福兰阁著，傅复生编：《两个世界的回忆：个人生命的旁白》，欧阳苏译，社会科学文献出版社 2014 年版，第 37 页。

（天津），我第一次听着人们在大街上随时随地说着令我亲切的北方口音，我开始领悟到，自己接近真正的中国了。"① 而到上海时，虽然 "不懂这里（上海）说的中文，不过，这并不让我惊奇，因为在柏林我已学到，汉语口语分化成不计其数的、极其不同的方言。正因为如此，我很满意"②。新组建的学院还不完备，但还是可以说，总的来看，这里的培训，至少汉语培训合乎目的，在语言和国情课程中，尤其因为得到了一位北京人的支持而很有益处。福兰阁在东方语言学院的汉语学习还是卓有成效的，这有以下事实为证：当他初到上海找到一个年轻的北京人，他比较喜欢为福兰阁服务。而福兰阁借助研讨班上学到的中文，也能用他的语言就那些必要的事务与其达成一致意见。③

3. 峰回路转：确定来中国当翻译

如此这般，夏季和冬季就过去了。学习汉语使他非常高兴，不过眼下的问题是将来前途如何，这令他非常忧虑不安。他进入了第 13 个学期，除了博士文凭以外，没有任何东西使他具备获得任何职务的候补资格。现在，他可以自由地参加学院的毕业考试或者硕士考试，但为此还要花 3 个学期，也得不到任何保障。"我不愿意再次过分地要求我父亲为此又一次作出牺牲，出于此种原因，即使没有刚刚提到过的犹豫，我也决定不再进一步谋求律师生涯。这样一来，只能重新回到梵文中并尝试到国外寻找职业，虽然希望也很渺茫。"④ 后来通过关系找到外交部的人也无济于事。紧接着向外交部递交了新的申请表，询问是否还存在着被录用的可能。在这令人喘不过气来的情况下突然出现了转机：他的申请获得批准，1888 年 7 月 6 日，帝国首相的公函真的送到他手上，他被任命为驻北京的帝国公使馆的翻译候选人，要求他本月就要起程去中国，提供的薪水、旅行费用和装备很是慷慨大方。但他则必须承诺，"至少要有 10 年之久致力于翻译服务，否则可能要偿还帝国提供的资金。我的心情可想而知，绝对是

---

① ［德］福兰阁著，傅复生编：《两个世界的回忆：个人生命的旁白》，欧阳苏译，社会科学文献出版社 2014 年版，第 45 页。

② ［德］福兰阁著，傅复生编：《两个世界的回忆：个人生命的旁白》，欧阳苏译，社会科学文献出版社 2014 年版，第 44 页。

③ ［德］福兰阁著，傅复生编：《两个世界的回忆：个人生命的旁白》，欧阳苏译，社会科学文献出版社 2014 年版，第 45 页。

④ ［德］福兰阁著，傅复生编：《两个世界的回忆：个人生命的旁白》，欧阳苏译，社会科学文献出版社 2014 年版，第 39 页。

狂喜，只有在通过中学毕业考试时的心情才能与此刻的狂喜相比"①。

（五）在中国任外交官：翻译工作和汉语学习双促进

1. 在德国使馆的汉语学习

福兰阁立刻参与了公使馆的工作，对他来说工作是崭新的，不过起初并不需要太大的努力。翻译候选人即见习生，在此地的目的首先是要培训语言和国情事务，至于如何获取必要的知识，则取决于个人。每个人各有一位中国文人当老师，老师可全天效劳。一年后进行第一次考试，再过一年进行第二次考试。由于他的前期训练，水平远远超过了其他初学者，可立刻和中国老师适度地开始下一步训练。翻译生的另一项任务是抄写公使馆的报告、发给各领事馆的公告和其他公文。这也有助于练习中文，"如果文字抄写工作太多，我们常常会很生气，但不久后我就领悟到，抄写是很好的学习方式。一方面，通过这种方式可以了解正在进行中的事务及其处理状况，另一方面，也可以学到工作所需的书面官方文体"②。工作之余，借助于威妥玛（Thomas Wade）编写的内容广泛的课本，福兰阁大量的时间还是用于跟着中国老师学习口语和简单的书面语。实际练习语言，则有很多机会。1889 年秋天，福兰阁参加了考试，并在冬季到来之前被派遣到天津领事馆担任翻译。他的汉语水平提高得比较快，"比我预想得要快，我又要离开北京了"③。

2. 对中国学术研究爱好的强化

福兰阁在中国对汉学兴趣的强化在某种程度上来源于他的上司，当时的德国驻华公使冯·勃兰特。该先生对于东亚事务的丰富经验、对于西方国家与中国关系史的了解几乎没有第二人能与他相比。但他也知道，为了能在一个如此陌生的世界例如中国里找到头绪，除了语言，还必须掌握其国情和历史，他本人正是这样去做的，而且充满热情。所以他完全理解官员们有关学术研究的努力，并敦促他们尽可能让学术研究的努力与实际工作的要求并行不悖。对中国的所读、所学和所见也强化了福兰阁对中国的正面认识。比如：当他欣赏逶迤于山峰之间、一望无际的长城时，"在我

---

① ［德］福兰阁著，傅复生编：《两个世界的回忆：个人生命的旁白》，欧阳苏译，社会科学文献出版社 2014 年版，第 40 页。

② ［德］福兰阁著，傅复生编：《两个世界的回忆：个人生命的旁白》，欧阳苏译，社会科学文献出版社 2014 年版，第 50 页。

③ ［德］福兰阁著，傅复生编：《两个世界的回忆：个人生命的旁白》，欧阳苏译，社会科学文献出版社 2014 年版，第 56 页。

看到的自然和人文风景中，中国长城、美国尼亚加拉大瀑布、雅典卫城都是伟大壮观至极。我如饥似渴地站在八达岭制高点，向北眺望山区。如果沿着这条路走下去，那将多么惬意啊！我心中再一次唤醒了对远方的渴望。"① 通过现实体察中国的人文和自然环境，"从一开始起，我每天都更为清楚，我来到的地方并非大多数欧洲人认为的那样，是一个文化落后的国土，相反，这是一个的纯粹、保留着高度文明的古代国家并且一直生机盎然。在别处只能通过记述、出土文物和中其他残片，费尽心力想得到却仍不完备的追忆之物，在这里却是活生生的，人们可以有意识地去认识和体验这一切。这一想法充溢着我的内心，使我欢欣鼓舞，因此我非常愿意放弃欧洲人认为必须拥有而目前缺乏的一切东西"②。尽管他知道，在可以预见的时间内，不可能再全心全意地考虑学术研究，可是"我无法完全抵挡它的吸引力"③。一家英国大书店从上海派往北京的代表，一年两次带来他们选出的最新的古典库存藏品，只要资金允许，他就购买其中的新旧书籍。很多人不理解这事。当他买到了理雅各（Legge）翻译的《四书五经》（*Chinese Classics*）原装大版本书籍并请求公使馆提前预付薪水时，甚至连冯·勃兰特先生也友好地提醒他，不要为书籍所累。"以后我深深后悔，没有更多购买廉价提供给我们的中国文献，不过那时我的经验也尚不足。"④ 在尽一切外交人员职责的同时，他还是留了一些空闲时间进行研究工作，虽然有很大的中断。到上海工作后，他就整理了热河地区的地理和历史原始资料，并致力于中国佛教研究，论证他从上海出发旅行得到的材料。

3. 处理外交事务对中文技能的历练

到天津领事馆开展正式工作后，口译工作并没有占用他太多时间，不过，当德国商业伙伴投诉中国商人不验收预期的进口货物或者不发送出口货物时，他的责任就是进行一切中文书信往来，并与中国商人谈判。他尽可能地试图通过口头协商来调解这些争端，只有当这条路完全行不通的时

① ［德］福兰阁著，傅复生编：《两个世界的回忆：个人生命的旁白》，欧阳苏译，社会科学文献出版社 2014 年版，第 56 页。

② ［德］福兰阁著，傅复生编：《两个世界的回忆：个人生命的旁白》，欧阳苏译，社会科学文献出版社 2014 年版，第 54 页。

③ ［德］福兰阁著，傅复生编：《两个世界的回忆：个人生命的旁白》，欧阳苏译，社会科学文献出版社 2014 年版，第 54 页。

④ ［德］福兰阁著，傅复生编：《两个世界的回忆：个人生命的旁白》，欧阳苏译，社会科学文献出版社 2014 年版，第 54 页。

候，才请求当地官方部门的帮助。按照中国人和中国官府自古以来的经验，他们总是愿意力所能及地避免官方参与，而是尽量调解。总的来说，说服中国人让步，比说服一个时刻坚持自己权利的德国人让步要容易，对此，他无法回避隐瞒。鉴于以上原因，福兰阁就要不厌其烦、不遗余力地对中国人做说服工作，这无形中就提高了他的汉语，尤其是口语水平。后来在上海领事馆工作也同样有助于他汉语水平的提高。德国人和中国人在货物运输往来时经常发生的争吵与他在天津已经了解到的一样。此外，在混合法庭上调解协商、处理土地购买问题等其他事务，也需要大量的工作，这些并不容易。有时候海军也需要领馆的服务。他曾多次得到任务，作为语言与国情事务的专业人员总是很高兴地陪同德国的战舰沿着海岸或长江航行。

（六）结语

福兰阁先生之所以能为德国乃至世界的汉学研究做出卓越的贡献，除了既具有史家的眼光和训练，又了解和热爱中国文化之外，高超的汉语水平着实奠定了他汉学研究的基础。而这一学术基础的奠定又首先来源于他从年轻就善于独立思考，勇于探索。中学和大学时代严谨的拉丁语、德语等语言的学习使他受到了专业的语文学训练。当他取得博士学位为事业而茫然时，命运之神又使他以钻研印度学为桥而认识了中国。应德国外交部之召，作为外交人员来担任翻译，是他学习汉语接受中国的助推剂。在德国国内的汉语学习使他初步具备了在中国从事翻译的外语能力，来中国之后工作中的沉浸式汉语学习又使他的汉语水平不仅满足了外事翻译之需，而且满足了汉学研究之用。如果说他从中学时代受到的严格的拉丁语训练到柏林大学的历史学习是人生的第一次跨越，那么因为要参加国家语文学考试而从柏林大学转到哥廷根大学攻读梵文，就是人生的第二次跨越；而为了作为外交人员到中国当翻译，又使他从印度学成功跨到汉学。这成为他人生的第三次跨越。至此，其事业轨迹的三级跳构筑了他勇于探索，不断超越的完美人生。

二　傅吾康汉语学习考察

（一）个人简介

傅吾康（Wolfgang Franke）1912 年 7 月 24 日生于汉堡，是德国汉学界泰斗福兰阁的哲嗣。1930 年中学毕业后，他先后在汉堡大学和柏林大学学习汉学，是柏林东语所毕业生，除主修汉学，还兼修日本学和历史。1937 年傅吾康只身赴华进修访学，先到上海、南京等地访问，不久到北京，任中德学会秘书。二战期间在北京大学和四川大学任教。期间，他还先后担任了《中德学志》《汉学集刊》和《中国文化研究会刊》的编辑工作，并和毕业于天津南开大学的胡隽吟女士结婚。

1950 年傅吾康接受汉堡大学的聘请，回国出任中国语言文化研究所教授兼所长，1977 年退休后，复担任马来亚大学中文系、北京师范大学历史系、广州中山大学东南亚历史研究所客座教授，其研究重点是明清史、中国近代史，同时致力于研究东南亚华人史述。2000 年 6 月回德国定居，2007 年 9 月 6 日逝世于德国柏林。

（二）幼承家学熏陶——傅吾康学习汉学的背景

1912 年 7 月 24 日，傅吾康作为福兰阁的第四个孩子——也是最小的一个儿子出生于汉堡。傅吾康出身于书香门第，其父福兰阁是显赫一时的大汉学家，傅吾康是家中四个孩子中唯一继承其父事业而成为汉学家的。

傅吾康是在中国氛围中长大的，在他的家中，一切都跟中国有千丝万缕的联系：客厅里陈列着中国瓷器，走廊里摆设着精美的景泰蓝瓶子，其父的工作室中有数不清的中国木刻线装书，父母也常在吃饭或其他场合谈论中国，家里还常有中国学者来访。浓烈的中国文化范围，汉学的家庭背景，殷实的家境，使中国很早就进入了傅吾康幼小的心灵之中，他想象父母一样有朝一日去那个让他魂牵梦萦的中国。因此，1930 年中学毕业之后的傅吾康毅然选择了汉学作为人生的奋斗目标。

（三）傅吾康在德国的汉语学习经历

1. 就读于汉堡大学

（1）师从颜复礼（Fritz Jager）教授。

第一学期，傅吾康在颜复礼教授那里上汉语导论课。导论课从卜朗（J. Brandt，1869—1944）的《文言文入门》（《汉文进阶》，*Introduction to Literary Chinese*）开始，该书的前十篇课文里，同一篇文章的书面语和口头语并列在一块儿，所以，两者之间的区别一目了然。

大约 6 个星期以后，在结束初级课文以前，颜复礼教授教他们《康熙字典》体系中的 214 个部首，并指导他们练习从《字典》里查找字词。因此，傅吾康很早就习惯了这种体系，学会了快速且轻松地查找生字生词。

颜复礼教授认为学生必须先学习更多的口语，因此在最初的十篇初级课文完成以后，不再继续使用卜朗特的《文言文入门》，而是选用了微席叶（A. Vissiere，1858—1930）的教材《初级汉语教程》（《北京官话：汉语初阶》，*Premieres lepons de Chinois*），直到两个学期后的导论课结束时，他们都使用这本教材。

在练习查找字词的过程中，傅吾康初次接触到高本汉（B. Karlgren，1889—1978）的《中日汉字分析字典》（*Analytic Dictionary of Chinese and Sino-Japanese*），其中，文字符号的组合形式引起了他的关注，令他特别感兴趣。所以，在学习过程中，他喜欢先从高本汉的字典里查找生字，并按照这种方法，记住了许多生词。

第二、三学期，傅吾康参加了颜复礼的其他讲座。此时，他父亲撰写的到汉代为止的《中华帝国史》第一卷正好出版，颜复礼将这本书作为练习的素材，参加讲座的每个学生都要就一定的章节作报告，接着进行讨论，颜复礼教授进行补充。与阅读无声读物相比，这种方法能更有效地记住材料，同时傅吾康也比较好地掌握了中国历史的基础知识。

颜复礼教授并无一定的教学方法，他喜欢跑题。不过，对一个未来的汉学家来说，这正好是对的——有点歪打正着。正如傅吾康所说："我学到了许多后来对我很有用的东西，直到今天，我还感激他。"

（2）中国老师上的会话课。

起初，担任教师的是来自福州的邱长康（1900—1960）先生，他说得一口很好、很标准的中文，接下来一个学期，傅吾康父亲的同事——商衍鎏的儿子商承祖（1900—1975）代替了邱长康。

语言老师的课大多安排在早晚，上课的形式通常是这样的：老师随便提出一个小题目，接着开始和学生对话，在这个过程中，老师解释他们不知道的新词和用语，学生记下来。有时候，语言老师也讲一个小故事，要他们复述。虽然上课根本就不系统，但他们学会了正确的发音，不久后就能简单地表达，同时书法课也由语言老师来担任。

（3）涉猎范围较广的练习课。

①佛尔克（Alfred Forke，1867—1944）教授的文言文《孟子》的阅读练习。

在两个学期结束导论课后，傅吾康参加了佛尔克（Alfred Forke，1867—1944）教授的文言文《孟子》的阅读练习。

虽然佛尔克不是一位特别能调动学生情绪的老师，但他掌握材料，懂得如何借助文章来引导学生进入古代中国的思想世界。因此，他比较好地掌握了中国历史的基础知识，据傅吾康描述，这是他第一次通过文言文的原文与这个思想世界的直接接触，令他印象深刻，直到现在还记得。

②以胡适关于汉学基础藏书的文章为教材的练习。

在另一个练习中，他们阅读胡适关于汉学的基础藏书的文章，从中傅吾康初次获得了目录学的知识。

③教授普通语言学的意大利语老师兼无薪讲师皮耶罗·美里吉（Pietro Meriggi）的练习课。

（4）以自己兴趣为主导的其他相关课程和讲座。

①语言学家潘孔切利-卡西亚（Panconcelli-Calzia）教授给语言学者开设的实验语音学导论。

高本汉的《分析字典》以及他的其他著作唤起傅吾康对语音学和语言学的兴趣，所以他去听了与之相关的课程，特别是语言学家潘孔切利-卡西亚（Panconcelli-Calzia）教授给语言学者开设的《实验语音学导论》。潘孔切利-卡西亚（Panconcelli-Calzia）教授是一个活泼的罗马人，是大学语音室的领导和这个专业的创立者。

②提伦琉斯教授的民族学讲座。

提伦琉斯教授是民族博物馆的馆长，留着白胡子，是一位令人尊重的老先生，傅吾康在讲座中了解了有关民族学的基本知识。

2. 就读于柏林大学

1931—1932 年的冬季学期，傅吾康转至柏林大学进行系统的汉学学习。

（1）师从许勒（Wilhelm Schuler，1869—1935）教授。

第三学期的课是许勒（Wilhelm Schuler，1869—1935）教授教的，在傅吾康的描述中，许勒教授的课有点儿沉闷，但他本人却是一位友善的老先生，作为神甫，他常年生活在中国，很了解中国，他在学生当中还有一个外号叫"小爸爸"。

（2）瓦尔特·特里特尔（Walter Trittel）的指导课。

第四学期的课由瓦尔特·特里特尔（Walter Trittel）来讲，他特别注重操练。特里特尔同样在中国生活过多年，后来在荷属东印度工作。在他严厉、有些吹毛求疵的指导课上，要阅读的是经济方面的文章如购物合同、船运清单、官方的规章制度等，它们用书面的专业术语写成，往往不易理解，尤其是内容极少能引起傅吾康的兴趣，但这些读物是参加毕业考试所需要的。因此，傅吾康在这门课中掌握了经济方面的专业术语。

（3）曾垂祺的会话课。

每周几个小时的会话课由语言老师曾垂祺讲授，曾老师是四川人，友好但令人印象模棚，说起德语和说他的家乡方言一样，从来不能区分 l 和 n 等边音和鼻音。曾垂祺这样上课：他讲短小的中国故事，学生们必须用中文复述。在会话课上，傅吾康进一步提升了自己的口语能力。

（4）西门华德的课使傅吾康受益多。

西门华德（Walter Simon，1893—1981）是大学图书馆馆员兼学院的无薪讲师。他讲授《聊斋志异》、《庄子》读物、一门语言学讨论课和一门日文中的中文—汉文（Kambun）导论课。在傅吾康的记忆里，当时的情景仍然那么清晰，仿佛就在眼前。西门华德虽尚未到过中国，却非常清楚如何从多方面来安排课程，令学生的学习情绪高涨并获益良多。傅吾康从他那儿学到了许多东西，与他和他妻子在校外也有联系。

（5）福兰阁讲授《春秋公羊传》。

1932—1933年的冬季学期，傅吾康的父亲也教过一门课，读物是《春秋公羊传》，福兰阁很有把握自己掌握了这一读物，知道如何讲解才能激起学生的学习热情。在西门华德和福兰阁的课上，傅吾康提高了自己阅读古文的能力，也增加了自身的古文知识储备。

（6）雷兴（Ferdinand Lessing，1882—1961）教授有关佛教知识的课程。

雷兴教授拥有渊博的佛教知识，懂得梵文、巴利文、藏语和蒙古语所著的佛教教义，知道如何安排读物才能引起大家的强烈兴趣并有所心得，在课程中，雷兴教授让他们阅读现代的佛教教义问答手册，傅吾康所了解的一点佛教知识，都要归功于雷兴教授的这门课程。

（7）对傅吾康来说毫无收获的海尼士的课。

1932—1933年冬季学期到1933—1934年冬季学期，傅吾康上了海尼士的课，海尼士对待教材的方法、针对中国的一切方式都令傅吾康不感兴趣。海尼士让学生翻译中文文章，对海尼士来说，翻译中文文章与翻译拉丁文一样，始终只存在着唯一正确的翻译，如果背离此原则，在他看来就是错误的。他并不了解文言文的精微差别，而对这些差别常常可能有各种不同的解释。傅吾康认为他没有从海尼士那儿感受到文学的精美，也没有了解所读文章的更深刻的内容，所以这些没有给他留下长久的印象，与提到过的其他老师相反，傅吾康也从不认为自己是海尼士的学生。

（8）通过参加讲座和画展，进一步了解中国文化。

傅吾康定期参加由东亚艺术协会（Gesellschaft fur Ostasiatische Kunst）、远东联合会（Verband fur den Fernen Osten）和其他机构举办的关于东亚的讲座。同时，傅吾康还参观了1933年11月徐悲鸿的特展及1934年1—2月由刘海粟牵头的较大型的中国现代绘画展览。

3. 重回汉堡大学攻读博士——与陈铨、张贵永等人做语言伙伴，在中国学者的帮助下完成论文

1934—1935年冬季学期，傅吾康在柏林完成了他的学业，之后他作

了继续读博士的选择，重新回到汉堡大学。傅吾康的博士学位论文《康有为及其学派的国家政治革新尝试》是受 1934 年福兰阁建议他写的一篇论文的影响，他想在此基础之上予以扩展加工。在撰写博士论文的时候傅吾康发现，康有为的政论文章对一位刚从汉学系毕业的学生来讲是很难理解的事。他先后与在德国学习日耳曼学的学生如陈铨、张贵永等做语言伙伴，也正是在德国和中国学者的共同帮助下，傅吾康顺利完成了他的博士论文。不久这篇论文在《东方语言学院通讯》上发表，并赢得了众多好评。

4. 语言伙伴的帮助

通过中国大使馆的林秋生先生的介绍，傅吾康与中国国民革命军将军上官云相（1895—1969）先生互换练习口语。上官先生是山东人，在保定军官学校受训，并不属于与蒋介石比较紧密的派系。他有兴趣学说德语，他们相处得很好，每两三天见一次面，大多数时候是在夏洛腾堡区（Charlottenburg）他的家里。由于中国的时局，上官云相于 1937 年 1 月底回国，为了让傅吾康继续练习口语，他向傅吾康推荐了一位姓陈的上将，名字已无从得知。

纵观傅吾康在汉堡和柏林的求学阶段，凡中国语言文学、历史、哲学、宗教的课程无不涉猎，基础阶段的博览和博士阶段的专攻，都为傅吾康后来的明清史研究奠定了扎实的基础。

（四）旅居中国后的汉语学习经历

1. 专门学习

（1）聘请家庭教师何凤儒先生。

在北京的头几个月，傅吾康主要是熟悉新环境，没有考虑学术研究。在卫德明的推荐下，傅吾康聘请了家庭教师何凤儒先生。起初，傅吾康每天早上和他练习 1 个小时的中文会话，从中学到了许多新单词。何凤儒是满族人，在北京长大，他掌握北京方言及其特殊的表达方式，特别熟悉北京民俗。他没有受过学术训练，也不懂外语，但教外国人中文却是他的职业。在何先生的指导下，傅吾康很快开始定期阅读中文报刊，即天津出版的《大公报》，后订阅天津出版的《京津时报》（*Peking und Tientsin Times*）。

2. 在生活中学习

（1）游历中国。

任教四川大学为傅吾康开辟了新的研究领域。1948 年春天，傅吾康利用研究所给他提供的机会，在乐山待了五周，实地考察了嘉定府遗留下来的无数的汉代岩墓。这次考察对傅吾康来讲是硕果累累，不久他便完成了两篇有关汉代墓葬的论文。在四川所作的金石学之田野考察，也为 20 世纪 60 年代以后他在东南亚大规模采集华文金石铭刻文献打下了基础。

（2）爱人的出现使他更接近中国文化。

傅吾康自己承认："由于跟隽吟的友谊，中国文化及中国的生活方式对我来讲就更亲近了。她不仅在语言和写作方面，而且在中国传统文化和对中国人的行为方式的理解上，都能够帮助我，因此她也成了我的老师。"①

3. 在工作中学习汉语

中德学会的前身是德国研究会（Deutsche Studiengesellschaft），由留德学者郑寿麟博士发起成立，是一个旨在增进中国学人对德国文化了解，促进深入研究的学术机构。1937 年 10 月，傅吾康被正式聘为中德学会的职员，1938 年会长谢理士携妻回德国休假后，傅吾康实际独自担负起了中德学会的会务工作，承担丛书编撰任务。至 1945 年 8 月解散，中德学会共出版"中德文化丛书"21 册，"中德学会特刊"8 卷，这些与汉语及中国文化密切相关的工作无疑都对其汉语学习起到了重要的推动作用。

傅吾康在中国的 13 年间，他不仅做研究、写作、编杂志、教书，还在中国游历，这段在中国 13 年之久的宝贵人生经历和亲身体验是他与其他汉学家最大的不同之处，也无疑令许多一直在德国从事研究工作的汉学家难以望其项背。

第四节　瑞典汉学家高本汉的汉语学习和教学

上部：学汉语

一　早年的性格形成和学术探索

（一）志在远方的性格特征

1908 年，高本汉写给茵娜的信："我觉得自己有点儿怪，我在学校上学的时候总是忧郁。我记得你有一次指出，我在《磷火》杂志上发表的

---

① ［德］傅吾康：《为中国着迷———一位汉学家的自传》，欧阳甦译，社会科学文献出版社 2012 年版，第 112 页。

文章有些苦涩。这可能是由于我总是不停地追求和梦想完美的东西,但是在我脑海中和远处,所有完美的东西从近处看都不尽如人意。从小的时候起到现在,我心里想的美妙的东西几乎都很奇怪。我10岁那年,有一天早晨,我觉得峭壁和塔山脚下的石头看起来是那么美,我费了九牛二虎之力爬了上去;但是当我走到那里时,觉得它们粗俗和丑陋。我心头一阵酸楚,觉得近处的一切都不再美丽。近处的东西总是不美,远处的东西才美。"①

（二）　高中期间就开始方言研究

瑞典的方言运动可以说始于1872年10月。当时西耶特兰同乡会的一部分大学生建立了西耶特兰方言协会,其宗旨是"挽救当地古老的口头语言……和赋予所有收集到的材料以科学和爱国主义的语言内涵"。②1877年乌普萨拉大学哲学学士约翰·奥古斯特·伦德尔建议创办一种共同的区分个体语音的字,以便用于研究民众的各种语言。第二年这个建议在《瑞典方言和瑞典人民生活》第一集上全文公布。早在1904年夏季,高本汉就开始在塔贝（Taberg）周围地区考察方言,他们一家经常在那里度暑假。他自己讲过,他怎么样和哥哥安东一起从一个庄园走向另一个庄园寻找合适的受访者。高本汉第一部具有科学价值的著作《特维达和莫县的民间故事》,1908年发表在《瑞典方言和瑞典人民生活》上。这部杰出的作品包括用方言字母记录的特维达县蒙萨普教区的30个故事和莫县安耶尔德海斯特拉斯教区的15个故事。高本汉第一次在瑞典开展方言调查的主要工作在1904年夏末已经完成,那时他还只不过是一个15岁的高中生。1908年,高本汉发表了第一篇方言论文《用方言记录的特韦塔和穆村民间故事》。1909年,他又发表了《瑞南与瑞中方言的分界线》,并附上了一幅方言图。③

（三）　对音乐的喜爱和颖悟给他的方言研究插上了翅膀

在不舒心的时候,音乐给了高本汉安慰和快乐。他自己会演奏多种乐器,其中有钢琴、小提琴和笛子。这种爱好跟随他到中国。他最喜欢演奏

---

① ［瑞典］马悦然:《我的老师高本汉》,吉林出版集团有限责任公司2009年版,第116页。

② ［瑞典］马悦然:《我的老师高本汉》,吉林出版集团有限责任公司2009年版,第43页。

③ ［瑞典］马悦然:《我的老师高本汉》,吉林出版集团有限责任公司2009年版,第43页。

德国作曲家韩德尔的作品，他与一位会弹钢琴的同事合作。从中国回来以后，他在致茵娜的一封信里说："没有任何东西比音乐更让我喜欢。它能给我带来快乐和安宁。"① 终生伴有浓厚音乐兴趣的高本汉有着极强的辨音能力，这一点对他从事中国方言的研究工作有很大帮助。在小说《跳吧，我的玩偶》（1943）中，他让主人公之一的年轻语言学家马格努斯·布鲁诺（Magnus Bruun）描述对不同音调的感受。这种描写给高本汉的学生马悦然的印象"是带有个人经历的色彩"：

> 难道叔叔不认为每一种音程都有自己特别的味道吗？以《哈当厄的家娘之旅》为例，它进入 A 大调，如果他们唱得正确，听起来就像吃清纯的香草冰激凌，甜，但是不特别甜，新鲜，但是有某种滋味。如果把音调再上升半步到 B 大调，听起来就很荒唐，富有喜剧色彩。B 大调听起来就有杏仁的味道，确切地说有一点儿苦味，就像我前面说的关于年轻主人公卡尔国王的歌。如果唱成 D 大调或 A 大调，听起来甜蜜、可笑。当一个合唱队站在那里降调的时候，你马上就能感受到嘴里有一种不舒服。②

高本汉描绘所听到的音乐之声如此细腻、如此生动、如此传神，可见其听音辨音能力何其高超，难怪他以一介 15 岁少年就能研究瑞典方言，更难怪他第一次到中国只用了两年的时间就调查了 24 个地点的汉语方言。以《广韵》的反切和宋代的音图为指示工具，"通过各方言的读音，以及日语吴音、汉音、朝鲜译音和越南译音，给出了中古汉语各声纽、韵部的音值，并追溯它们各自从中古到现代的演变过程。"③ 当然，这些都是后话了。

（四）良好的家学传统对高本汉的耳濡目染

1889 年，高本汉出生在瑞典延雪平。他父亲约翰纳斯（Johannes）当时在当地的高级中学任拉丁语、希腊语和国文老师。他是一位知识渊博的

---

① ［瑞典］马悦然：《我的老师高本汉》，吉林出版集团有限责任公司 2009 年版，第124 页。

② ［瑞典］马悦然：《我的老师高本汉》，吉林出版集团有限责任公司 2009 年版，第124 页。

③ 李开、肇路：《高本汉和他的汉学名著〈中国音韵学研究〉》《南京社会科学》2002 年第 10 期。

人，有着从自己的知识宝库向他人传道授业的奇特天赋。作为传道授业者，人们可以称他太"枯燥"，但是绝对不可以说他教的课是乏味的。相反，是他和老维林（Velin）在自己的时代使拉丁语学习变得有意思。卡尔格伦（约翰纳斯）从来不迁就学生，一生都是这样。他要求很高，可能比其他教师都高，但是他付出的也多。他从来不惜力，全身心投入教学，这反过来又促使青年乐意付出责任感。卡尔格伦是一位杰出的教育家，如前所述，他的最大优势是传授的知识学生能记住。比如，他教贺拉斯（Horatius）的作品或者其他任何古罗马语中的作品，都使人印象深刻，永远不忘。高本汉精通四种语言的母亲是个既聪明又能干的家庭妇女，家中有三个儿子和四个女儿，三个儿子都当教授，四个女儿都受过高等教育。他的哥哥安东高中毕业是母语笔试、拉丁语和希腊语的成绩均为特别优秀，德语优秀，英语、法语、历史和哲学为良。

（五）良好的语言学习素养

1907 年的高中毕业生分为三个专业：带有希腊语的拉丁语专业，只带拉丁语专业和自然科专业。高本汉是唯一一个学带有希腊语和拉丁语专业的学生。1907 年秋季学期，高本汉在乌普萨拉大学入学后努力学习语言类课程：努列每星期一、二、五上午讲新瑞典语词义学，每隔一周的星期一下午六到八点给研究生班讲解词的功能和以努列与梅叶尔（Meyer）教授编的《瑞典作家文选》为基础的中古新瑞典语。达尼尔松每星期一、二、五下午讲《伊利亚特》第 23 卷。伦德尔每星期一、二上午讲自己著名的《斯拉夫语音韵学导言》。1908 年的秋季学期和 1909 年的春季学期，努列讲授 16 世纪以来的瑞典语和语义学，达尼尔松继续讲《伊利亚特》第 23 卷，从 1908 年秋季学期起担任系和专业主任的伦德尔讲授安德列耶夫的小说。此外，每周有两天的时间，伦德尔给波兰语的初学者预科班上课。1909 年春季学期，高本汉也听新提升为副教授的格纳尔·吕德贝里（Gunnar Rudberg）的希腊语写作课。早在高中时代，高本汉就与格纳尔·吕德贝里取得了联系，他当时正在记录斯莫兰地区方言。吕德贝里曾经说，高本汉是唯一一个能正确发出希腊语重音的瑞典人。高本汉之所以把北欧语作为通过哲学学士学位的主课，很可能显示了他如下的坚定信念：只有本民族语言的结构和特性，才是研究一切语言的最好基础。1908 年 4 月 11 日在致茵娜的信中，他述说了最近一个时期的必读之书：300 页冰岛散文、80 页冰岛诗歌、100 页哥特文语法、40 页哥特文课文、275 页很难的古瑞典语。1909 年 9 月 16 日，他通过了哲学学士考试，包括阿道尔夫·努列教授讲的北欧语（特别优秀），奥洛夫·奥古斯特·达尼尔松（Olof August Danielson）讲的希腊语（优秀）和约翰·奥古斯特·伦德尔教授讲的斯拉夫语（良）。1909 年 9 月 9 日，高本汉接受达尼尔松教授的希腊语考试。第二天他把这次考试的情况写信告诉茵娜：

> 昨天（9 月 9 日）我去达尼尔松那里，他是一位精明的老学究。你知道，我学希腊语的时间是多么短，你能知道我有多么紧张。但是我对这门深奥的、古老的语言语法有着不可救药的兴趣，它是我读的所有语言中的比较语言学研究对象，而此时它成了我的救星。如你所知，这是一个最重要的科学领域。而最后他以动听的话语结束了这次考试，"我不能不说，你对这门古老的语言所做的极为准确的回答令我感到吃惊"。随后我得了"优"的成绩。①

二　在汉语的广阔天地钻研

（一）学习汉语的想法是如何萌生的

我们无法确定高本汉什么时候开始决定研究汉学。但方言学家伦德尔对他的影响最起码是一个不可忽视的原因。1908 年 2 月 29 日他在给女朋友茵娜的信中说："你能想得到么，伦德尔教授当着一大群大学生（其中包括我哥哥在内）讲，你们要认识一个朝气蓬勃的小伙子，他想到德国去学习日语和汉语，将来他可能比较容易当这方面的教授。我听到的时候既高兴又担心，这说明这个计划并非异想天开，但是另一方面能否如愿以偿也是个问题。他公开透露这个消息很不幸。如果我不能成功，我不知道何以应对。我不想当个编外教师，然后混个讲师之类的：首先是对不起我的女友。"马悦然先生由此认为"这表明，高本汉从在乌普萨拉大学第一学期起就立志要学习汉语"②。

1909 年春季学期，高本汉苦读俄语。1909 年 5 月 6 日在致茵娜的信中他自己说怀着比过去更大的兴趣读俄语，"因为伦德尔告诉我，几乎所

---

① ［瑞典］马悦然：《我的老师高本汉》，吉林出版集团有限责任公司 2009 年版，第 56 页。

② ［瑞典］马悦然：《我的老师高本汉》，吉林出版集团有限责任公司 2009 年版，第 52 页。

有关于中文和日文的科学著作都是用俄文写的"①。1909 年 8 月 13 日在一封致茵娜的信中,高本汉讲了在伦德尔的卡尔马祖传庄园里举行的那次斯拉夫语考试前和伦德尔谈话的情景:他们走进一个凉亭坐下,伦德尔跟他讲了半小时关于他的前程。伦德尔认为他只需要在俄国待几个月,然后毫不迟疑地到中国去。谈话中伦德尔告诉他到中国后生活方面的具体事宜。

（二）在俄罗斯的汉语学习确定了汉学方向

1909 年 10 月 29 日高本汉在从圣彼得堡给伦德尔发来第一封信中说,他已经渡过第一道俄语关,所以用绝大部分时间攻读中文,希望很快突破初级水平,因为已经得到相当实用的安排。到达那里几天之后就拜访了伊万诺夫（Ivanov）教授,一方面他在这里负责中文教学,另一方面他也有自己的私人实用学院。高本汉和伊万诺夫在一起的时间虽然很短,但他给高本汉的建议却是极为受用的。其一,他建议高本汉不要上大学,也不要上四年制学院,首先应该上一个月他推荐的一个俄国大学生开的私人课程。教授建议他最多在彼得堡待两个月,然后去中国,他认为,在那里待一个月胜过在这里待两年。高本汉那时每星期听这个大学生的五节课,他卖给高这个学院用于第一学年的很好的简明教材。伊万诺夫认为,高用一个月或者稍长一点儿时间经过苦读就可以掌握它。其二,对于高本汉提出的在汉学领域里目前哪方面的研究最不深入的时候,伊万诺夫回答说,目前在汉学领域里还没有一个汉学语言学家。从 19 世纪 80 年代加贝伦茨（Gabelentz）之后,就缺乏语言学研究,比如在语音学方面就没有基本令人满意的研究工作。因此,他建议把语音学作为主攻方向,一方面是很需要有人在这方面做工作,另一方面取得好成果不需要像其他领域那样花费很长时间。其三,1909 年 11 月 2 日他发自圣彼得堡的信中说,他的中文老师告诉他,中国有两种不同的语言,白话文和文言文。他认为应该先学白话文,然后再学对他研究工作有巨大意义的文言文。文言文他在伦敦、巴黎、柏林或者圣彼得堡都可以学习。伊万诺夫的上述三条建议全为真知灼见,尤其是第二条有关高本汉汉学事业的主攻方向,准确而具体,不愧为高本汉汉学事业的引路人。1912 年在巴黎学习期间,他自己也意识到了伊万诺夫的英明,"在汉学领域里,目前语言学太落后,人们更多的是从事历史、艺术史和考古方面的研究。不过正是由于这个原因,我才坚持

---

① ［瑞典］马悦然:《我的老师高本汉》,吉林出版集团有限责任公司 2009 年版,第 54 页。

自己的方向，一心专注语言学。"①

在伊万诺夫教授的帮助下，他选了几部作品当作消遣：赫兹（Hirth）的《中国古代史》（*The Ancient History of China*）和格鲁贝（Grube）的《中国文学史》（*Die Geschichte der Chinesischen Litteratur*）。教授认为这些作品特别优秀，包括正式进行语言研究之前需要的相当广泛的知识介绍。"我对中文的研究相当有限，所以目前我只专注语法。在实际应用和吸收词汇方面，我极力避免俄国人存在的可怕的发音、糟糕的翻译和极端忽视重音的缺点。这里有一位中国讲师，他的讲话就不是标准的国语。因此，我要推迟讲中国话这件事，留到我去中国以后再办。"② 不久他收到李长富（Erik Nystrom）一封信，他在信中对高本汉表示欢迎，还说找到了一位讲国语的优秀教师，并且是一个真正的学者。"我认为此事不可久拖，我将在圣诞节期间回家，用几周时间读一读上面提到的那几本书，然后在元月末起程到东方去。"③

（三）到中国后的汉语学习

1910 年 4 月 28 日，他乘"北京"号船抵达上海港。他充分利用在海上的两个月时间，一方面通读了马特尔（Mateer）《国语课本》中的 50 课，为将来实践做点儿准备，另一方面读了一点儿英文，在闲暇时读了一点儿中国历史和文学史。按照之前的设想，到中国后专心学汉语口语。每天有好几节课，他的中国老师不懂任何外国语。眼下的课程只能是老师高声给高本汉朗读，高尽可能准确地跟着他的声音念。如此学习效果应该还不错，"我只满足大踏步向北京口语进发，以后再进一步考虑怎样做最好"④。

高本汉在中国待了差不多整整一年以后，其汉语学习明显取得了很大的进步，

　　　　在研究中我已经把高级汉语的口语放到一边。我在给我的初学者

①　[瑞典] 马悦然：《我的老师高本汉》，吉林出版集团有限责任公司 2009 年版，第 98 页。

②　[瑞典] 马悦然：《我的老师高本汉》，吉林出版集团有限责任公司 2009 年版，第 61 页。

③　[瑞典] 马悦然：《我的老师高本汉》，吉林出版集团有限责任公司 2009 年版，第 61 页。

④　[瑞典] 马悦然：《我的老师高本汉》，吉林出版集团有限责任公司 2009 年版，第 68 页。

学生上课时，每天都用中文。现在我一方面读经典作家，一方面读所谓文言文，即官方政令和文书等。此外我也阅读一些创作于 17 世纪语言较为浅显的短篇小说。①

为什么从开始到中国时下决心学习汉语口语，而转变为下大功夫学习书面语言呢？从 1911 年 2 月 17 日高本汉致茵娜的信看，他已经受到中国不是有一种语言而是有很多种书面语言的可悲观点的打击：

> 我的工作刚刚开个头。因为即使我掌握了现代口语，会几千个单词（字），也读不懂一句中国文学。中国人自己把文言文当做一种特别的语言，或者更确切地说是大约七八种语言，要用 10 到 15 年时间才能读懂。人们经过千辛万苦好不容易掌握了经典著作（公元前）里使用的语言，却不能阅读近代的作品。②
>
> 我现在正在读古典汉语语法，同时读一些文言文（文书等等），之后读一些报纸。真是苦海无边，寸步难行，但是天总会亮的。③

（四）学习和研究并重的方言调查

1910 年夏天，高本汉努力学习北京方言，8 月份投身于太原方言的学习。借助受访者，他已经收集到甘肃、陕西以及晋南、晋北的方言资料。1910 年 9 月 17 日他报告说，他有五位不同的受访者，与他们每人每天工作一小时。1910 年冬季的 11 月和 12 月以及 1911 年 1 月，高本汉还经常骑在骡子背上研究西安和开封的方言。1 月底回到太原以后他讲，他的第一部分科学著作将包括 20 种华北方言的语音描述。高本汉逗留太原和旅行期间，收集了有关山西、陕西、甘肃与河南的 12—15 种方言。

（五）工作之后仍坚持学习汉语

1922 年 3 月，高本汉开始第二次远东之行。5 月中旬在东京，他开始上中文课和日文课。他每天学两个小时日文和一个小时中文，星期天也如此。

---

① ［瑞典］马悦然：《我的老师高本汉》，吉林出版集团有限责任公司 2009 年版，第 73 页。

② ［瑞典］马悦然：《我的老师高本汉》，吉林出版集团有限责任公司 2009 年版，第 74 页。

③ ［瑞典］马悦然：《我的老师高本汉》，吉林出版集团有限责任公司 2009 年版，第 74 页。

下部：教汉语

三　表现出色的汉语教师

（一）任教初期无懈可击

1915 年 5 月，高本汉顺利通过了硕士论文答辩，进入乌普萨拉大学任汉学课程教师。授课目录上写的是：高本汉副教授，中文预科班：基本知识和高级中文口语。第一次课像往常一样，他拖到最后一刻，直到夜里很晚他脑子里才想出要讲的东西，早上起床以后，把要点写在纸上。听他讲课的其中有伦德尔、维克隆德、努列带着他的儿子、夏庞蒂埃副教授，一共 30 人。"我很紧张，讲话的速度比平时快一倍，否则的话是一个很精彩的报告。我一下子讲了一大堆东西，其中把过去掌握的中文所有特性都掏了出来。"① 讲课效果不错，努列满脸的兴奋。三位老头儿一致认为，他的报告内容丰富、条理清楚。维克隆德用这样的话跟他开玩笑："内容无懈可击。""这次我相当满意。"② 从 1915 年秋季学期到 1917 年春季学期，维克隆德教授一直听副教授高本汉的课。从保存在乌普萨拉大学图书馆里的维克隆德资料中详细和工整的记录看，不管是这位教员还是学生们，收获都很丰富。第一学年（1915—1916）用于讲授语法、汉字分析和白话文文章。1916—1917 学年高本汉既开了白话文课，也开了文言文课。1917 年秋季学期高本汉还开了一门报刊文章课程。

（二）用演讲传播中国文化

为了能够养家糊口，高本汉频繁到瑞典中部地区巡回讲演。讲一次课25 克朗。从 1916 年 6 月到 1917 年 6 月，高本汉作了 43 次讲演，挣了1075 克朗。讲演的内容主要是根据高本汉早期发表在《每日新闻》上有关中国文化的文章，如：《中国人的宗教观点》《中国腹地之旅》《中文：一种有着奇特文字的奇特语言》《中国近几十年的事件》《北京：一个古老的首都》，等等。尽管这些讲演不需要他花很长时间准备，但是多次长

---

① ［瑞典］马悦然：《我的老师高本汉》，吉林出版集团有限责任公司 2009 年版，第140 页。

② ［瑞典］马悦然：《我的老师高本汉》，吉林出版集团有限责任公司 2009 年版，第140 页。

途跋涉耗费了他很大的体力。

（三）哥大汉语教学深入浅出

在哥德堡大学第一学期，高本汉在预科讲授"官话（由北京话转化而来的一种语言，通行于长江以北地区和长江以南部分地区）和汉字"。除了给预科班的学生每周讲 4 次课以外，他还正式讲 4 次关于"中国语与中国文"的课。这些讲稿同年以书的形式出版。该书与瑞典语相比较，以通俗易懂的方式介绍汉语的特征和音系与文字结构。他谈到了公元 500 年以来汉语经历的重大音韵学简化过程，深入描述了这个变化给文字结构带来的各种影响。在结尾一章，他讲述了现代汉语和古典汉语的句法结构和文体特征。《中国语与中国文》好评如潮。维克隆德，乌普萨拉大学芬兰—匈牙利语言学教授，作为副教授听过高本汉的课。他在《斯德哥尔摩日报》上发表了一篇很长的评论，其中谈道：

据我所知，没有任何一种其他欧洲国家的语言有如此优秀的作品。最新收入一版的《大不列颠百科全书》中相关的条目也许能跟这本书相提并论，不过这部杰出的百科全书使用的是言简意赅的文体，而高本汉教授在书中所用的是易懂和妙趣横生的表述风格。此外，它不仅是现在呈现于广大公众面前而早已为专业人士熟知的关于中国语言和文字的研究成果，也介绍作家本人的新作。他对汉语普遍个性的描写特别引起语言学家们的兴趣，它包含着以往为人不够重视的观点和细节。①

1919 年春季学期，高本汉开汉语国语课。他以自己的著作《北京话的读本》为讲课基础。该书 1918 年出版，有一篇很长的序言。高本汉在序言中深入论述了北京话的语音特征，特别是讲起话来声调不同的变化以及重音与音节的长短在词和短语中的分配。高本汉笔下相当多的语音学现象过去从来没有人注意过。这本读物是由 20 篇常用的白话文写成的，选自早期的启蒙书籍，高本汉开始学中文的时候可能用过。

1919—1920 学年，高本汉开文言文课，选用《今古奇观》里的小说作为基本教材。这是明朝（1368—1644）末年编辑的短篇小说集。高本汉翻译了其中的四篇，译文非常精彩，书名是《关于官员、阿飞和其他

---

① ［瑞典］马悦然：《我的老师高本汉》，吉林出版集团有限责任公司 2009 年版，第 153 页。

流氓的短篇小说》。

1920—1921 学年和 1921—1922 学年的课程，既有文言文，也有国语白话文。此外，高本汉还译了 17 世纪浪漫的长篇小说《好逑传》。学生们也得读耶稣会神父布歇（H. Boucher）的精彩教科书《国语指南》（*Boussolle du langage mandarin*，上海，1919），内容包括用常用的语言写的独白和对话。

从中国和日本回来以后，高本汉在 1923 年春季学期一段时间讲解蒲松龄的《聊斋志异》，另一段时间讲解罗贯中的《三国演义》。1923 年春季学期高本汉还讲授"四书"，即《论语》《孟子》《大学》和《中庸》。1923 年秋季他还讲授了中国文学和古汉语。随后的一个学期诞生了关于编年史《春秋》和《左传》的研习班。

1929 年春季学期，高本汉开设普通语音学预科班，1932 年春季学期和 1938 年秋季学期重开。这些课程吸引了大批的听课人。高本汉所以要开设语音学课程，可能与 1928 年 11 月 30 日杰出的中国语言学家赵元任写给他的一封信有关。因为此前，赵元任曾写信请求高本汉派一个学者到中国协助赵搞方言调查。

虽然高本汉教学生汉语，既教文言，也教白话，但文言似乎多于白话，文言的教学效果也好于白话。1946 年马悦然开始跟他学中文。跟四个同班同学所读的头一个"课本"是《左传》。高本汉对现代汉语和现代中文文学一点都不感兴趣。他愿意教给学生的是先秦文学著作，像《诗经》、《书经》、《庄子》、《礼记》、"四书"等等。他也教汉语历史语音学，给学生解释他怎么样拟定了隋末唐初的中古语音和周朝初期的上古语音。学生恳求老师教我们稍微近代一点的著作，他就选了一些陶渊明的诗和唐宋八大家的文章。第二个学年，他很大方地让学生读 17 世纪的《好逑传》和对学生们来说比较好懂的《聊斋志异》。"学了两年之后到中国去的时候，我读古文的能力还可以，可是一句话都说不出来。"①

（四）普及和提高的双面手

高本汉所作的普及性科学讲座吸引了很多听众。托尔·厄尔文（Tor Ulving）在 1995 年 1 月 2 日的一封信中提到了此事：

我已经不记得是什么东西首先引起我对中文的兴趣。但是可以肯

---

① ［瑞典］马悦然：《另一种乡愁》，新星出版社 2015 年版，第 106 页。

定的是，高本汉教授 30 年代前半叶在哥德堡大学所作的普及性科学讲演增加了这种兴趣。他以所有人都能理解的方式和特有的能力讲解像中文这种奇特的题材，一连很多天晚上大教室里都坐满了感兴趣的听众。这个时期连同我在哥德堡高级拉丁语中学上高中的岁月，我越来越对像芬兰语和波斯语这类"另类"语言感兴趣。因此我自然会抓住机会去听高本汉的课，以便对在各个方面都很异样的一种语言有大概的了解。我搞到一本《中国语与中国文》，它变成了我的一次伟大的阅读经历。我通过阅读他的《北京话的读本》对中国有了某种概念。①

下列事实也从另一个层面说明高本汉的普及性科学讲座富有吸引力：1939 年 4 月在哥德堡大学举行告别学术报告会时，高本汉讲的题目是日语中的汉语借字。他在随后举行的大学生欢送会上说，他在学院任教 21 年从来没有发生过因为没有听众而停止开课的时候。有个别的讨论不得不停止——因为听众生病了。②

不仅在做普及性科学报告时娓娓道来，而且即使在很专业的汉语言学进修班上讲课也是趣味盎然。1946 年秋季，高本汉为获得了洛克菲勒基金会优厚奖学金的三个斯堪的纳维亚国家的大学生开了专门的课程，奖学金用于在高本汉指导下在斯德哥尔摩的两年学习，在中国一年的田野作业以及在高本汉的老朋友、伯克利大学教授赵元任指导下一年的学习。除了三位洛克菲勒奖学金获得者——瑞典人安德松（O. B. Anderson）、丹麦人艾葛乐（Sören Egerod）和挪威人韩恒乐（Henry Henne）以外，参加专门课程的还有瑞典人贝伦斯坦（Hans Bielenstein）、卜斯文（Sven Broman）、马悦然以及芬兰语言学家阿·乔吉（Aulis Joki）。高本汉没有在任何系统性作品里进行过对古汉语文法学的系统分析。像古代中国的禅师一样，他选择了传授知识"从心到心"的方法。他在讲解古汉语课文的时候，使用了很不规范的瑞典语，包括很多取自法语、德语、英语、希腊文、拉丁文里的词汇、短语和结构以及更近似的斯莫兰和西部瑞典语中的方言、土语，比用纯理论介绍更清楚地说明古汉语的语法结构。"对于我们这些学

① ［瑞典］马悦然：《我的老师高本汉》，吉林出版集团有限责任公司 2009 年版，第 160 页。
② ［瑞典］马悦然：《我的老师高本汉》，吉林出版集团有限责任公司 2009 年版，第 161 页。

生来说，这些课文解释所给予我们的语法知识是很难通过其他途径获得的。"①

　　高本汉的得意门生马悦然曾以自己的亲身经历谈到高本汉对后学的循循善诱：他第一次见到高本汉是在 1946 年 5 月底的一天。当时他从乌普萨拉来到斯德哥尔摩，在那里紧张地准备拉丁文考试。作为学习中间的消遣，他读了英文、德文和法文版的《道德经》。他不明白，都是出自一个版本的三种译文为什么差别如此之大。他鼓足勇气，给高本汉教授打了一个电话，问他能不能在百忙之中赐教。高本汉说，要是他愿意，可以到远东博物馆去拜访他。第二天高本汉在办公室很客气地接待了马悦然。对于马提的三种译本哪一种最可信的问题，高回答说："三种译本同样糟糕！这部作品唯一正确的译文是我自己的，但是还没出版。"② 高同意借给马手抄的译本，但马必须保证一周以后还回。当马还回译文的时候，高本汉问他有没有学习中文的兴趣。马解释说，他最初的目标是将来当拉丁语和希腊语教师，最近对经典语言的学习目标是将来当拉丁语和希腊语教师，最近对经典语言的学习兴趣越来越小，所以很犹豫。"那先生为什么不学中文呢？"高问马。当他跟年轻的大学生谈话时总是使用"先生"一词。

　　　　当我结结巴巴地回答，这是我求之不得的时候，他说，欢迎我 9 月份来，那时候秋季学期的课程就开始了。1946 年秋天马悦然前往斯德哥尔摩从高本汉学习汉学。他当时实在无法找到一间学生宿舍。在这座城市里朋友又不多，无法住在他们那里学汉语，在最初几周里只能在中央火车站大厅长椅上、在公园里和四路环行电车上度过很多夜晚，甚至在斯图列（Stureplan）广场的长椅子上度过。③

　　即使如此，"这些困难丝毫没有降低我得以在高本汉指导下学习中文

---

① ［瑞典］马悦然：《我的老师高本汉》，吉林出版集团有限责任公司 2009 年版，第 288—289 页。

② ［瑞典］马悦然：《我的老师高本汉》，吉林出版集团有限责任公司 2009 年版，第 287 页。

③ ［瑞典］马悦然：《我的老师高本汉》，吉林出版集团有限责任公司 2009 年版，第 287 页。

的兴趣。"①

在 1946 年秋季开始汉语言专业高级进修班上，开学第一节课，高本汉发给每个学员几页《左传》，一部最具有文学性同时也是最难懂的中国经典作品之一。文章当然没有标点。高本汉说："中文不难，只是有点儿麻烦"，"这句话给了我很大安慰。"② 课是这样上的：老师先读一段课文，然后进行讲解。高本汉给上述人员上课文讲解课，每周两次，每次两小时。语言史和目录学课是在远东博物馆他的办公室里上。在两年的课程里，高本汉给学生讲解了很多篇古文，主要选自《左传》、《论语》、《孟子》、《礼记》、汉代哲学家王充的作品以及唐宋八大家的散文等。该班还选读了高本汉在哥德堡学院教学用过的那部 17 世纪小说中的很多文章。有一次高本汉说，他通读课文的高速度是对沙畹每学期讲不了几个句子的一种抗议。由此可见，高本汉上课的课容量是比较大的。现代汉语教学只局限于很快通读高本汉自己的作品《北京话中的普通话读音》（*A Mandarin Phonetic Reader in the Pekinese Dialect*，1918）和《汉语入门》（*Kinesisk elementarbok*，1948）。

马悦然等有机会在 20 世纪 40 年代后半叶跟随高本汉读书的人接触到了有别于他们过去经历过的一种学术性教育。高本汉在自己周围创造的那种知识环境完全不同于埃里克·伦洛特在回忆录中所描写的 20 世纪 20 年代和 30 年代哥德堡大学的情况：

> 对于我们这些大学生而言，能与从事学术研究的教师接触很重要。当时大学的授课还没有搬到正规的学术性学校里，学习主要靠学生自己。教学由上大课和练习课两部分组成——除此之外，大学生能否获得知识，取决于自己读书的意愿和方法是否正确。有时候这种事不那么简单。如果通过与教授谈话知道了授课教授喜欢书中的哪些内容，可能会有很大帮助。还有，如果能对当时的科学辩论的前沿有所了解，就会受到激励和帮助。与知名的大学相比，这些可能都是我们

---

① ［瑞典］马悦然：《我的老师高本汉》，吉林出版集团有限责任公司 2009 年版，第 288 页。

② ［瑞典］马悦然：《我的老师高本汉》，吉林出版集团有限责任公司 2009 年版，第 289 页。

这个小小的大学里的学生的一种特权，而我们却没有真正意识到这一点。①

马悦然回忆老师高本汉时充满感激地说："没有机会跟随高本汉读书的人很难想象，听他讲课是多么大的享受。"他从来不迁就学生，不用填鸭式教学，从来不用考试来检查学生对他讲课理解的程度。他似乎完全相信他的学生会全力以赴地学习。学生们也确实是那样做的。在讲解课文的时候，他会晓畅地解释复杂的语言历史、训诂问题，此外，他还能让学生对于古汉语的有趣的文化世界有所了解，经常是通过大量的汉字分析进行的。"当我们听大师讲课的时候，我们这些初学者似乎自己也处在科研的前沿阵地。"② 20 世纪四五十年代高本汉已经是当时最负盛名的中国古代青铜器鉴赏家。只是他似乎从来没有为他的学生讲过这方面的内容；他承担起向我们传授渊博的汉语知识的责任而拒绝浪费时间。艾葛乐在 1994年 12 月 14 日的一封信中谈到了这方面的情况：

> 有另外一件东西，他没有教给我们，就是青铜器。有一次我妹妹到斯德哥尔摩来看我，一个周末的下午我带她去远东博物馆参观。高本汉正准备出去，他就给我妹妹讲解了这个领域里人们想知道的最重要和最基本的知识。我本人从来没听过他花那么长的时间讲述这方面的知识。③

高本汉不因炫耀自己的无关特长而浪费学生的宝贵时间。多么高尚的品德！高本汉是一个最理想的老师。

> 他从来不用勺喂（Spoon-feed）他的学生：他把我们看作在学术上的战友。他让我们听到巨大鹏鸟翅膀下飕飕的声音，让我们体验寻求真理之美。高本汉的学生不仅尊敬他，我们真真地爱他，像爱自己

---

① ［瑞典］马悦然：《我的老师高本汉》，吉林出版集团有限责任公司 2009 年版，第290 页。

② ［瑞典］马悦然：《我的老师高本汉》，吉林出版集团有限责任公司 2009 年版，第290 页。

③ ［瑞典］马悦然：《我的老师高本汉》，吉林出版集团有限责任公司 2009 年版，第291 页。

的父亲一样爱他。①

第五节　俄国、苏联汉学家的汉语传播

一　苏俄汉语教学的实用性

（一）俄国东正教传教团的出现：官办实用汉语教学开始

1715 年，以修士大祭司伊腊离宛为首的第一届俄国东正教传教团来到北京，为在 17 世纪 80 年代中俄雅克萨战争后被俘到北京的俄国战俘提供宗教服务。两国 1727 年签订的《恰克图条约》不仅规范了双边的贸易秩序，也从法律上确立了俄国东正教驻北京传教团的合法性。"其中随团派遣世俗学生来华学习满汉语言的条款对于俄国汉学的肇端具有重要意义。从此，俄国人便在北京建立了他们的第一个汉学基地。""1741 年 3 月 22 日，由传教团培养的俄国第一批汉学家的代表罗素欣进入圣彼得堡皇家科学担任满汉语翻译，俄国科学汉学自此肇始"。②

1. 东正教传教团的官派性质

由于东正教的特殊性质，"不仅接受圣务院的领导，而且受沙皇政府的直接控制和圣彼得堡皇家科学院的指导，是一个兼有多重职能的机构。俄罗斯东正教驻北京传教团名义上只是一个宗教组织，但实际上却是俄国驻华外交机构，"③ 在中俄关系史上曾扮演过重要的角色。作为科研机构，该组织不仅对中国历史、地理、宗教、哲学等文化领域进行研究，而且收集中国政治、经济、社会和军事情报。其他国家在近现代也都向中国派出过相似的代表团，但差别确实很大，下面以英法为例进行说明。其一是其他国家的相类的传教士等出使人员几乎没有得到本国政府的明确支持，或支持的力度没有俄国那么大。19 世纪初至 70 年代是英国汉学史上的传教时期。早期的英国汉学代表人物多为传教士，他们受过神学教育，有较好的人文素养，在礼拜之余或为了传播基督教义而学习汉语，利用他们自己掌握的第一手材料进行翻译、研究和写作。随着时间的推移，他们中一些人的研究范围逐渐从传教经验、神学理论应用扩展到中国文化、社会和历

---

① ［瑞典］马悦然：《另一种乡愁》，新星出版社 2015 年版，第 111 页。

② 阎国栋：《俄罗斯汉学三百年》，学苑出版社 2007 年版，第 1 页。

③ 阎国栋：《俄罗斯汉学三百年》，学苑出版社 2007 年版，第 1 页。

史等方方面面。英国传教士、学者和外交官对于汉语及中国古代科技文化成就的早期探讨都是出于自发、分散和随感的形式,英国著名汉学家鲁惟一说:"英国的早期汉学研究和发展是一些开拓者个人自发进行的,当时不可能有任何学术机构对他们持续施压,让他们对中国人的宗教、文学、哲学或者历史进行研究。"① 经法国路易十四精心挑选,从国王私人金库中拨款,1685 年 3 月,派了六名有"国王数学家"之称的传教士来华传教。出发之前,王国政府要求这些人不仅要在北京创建一个教区,还要力求与中国的掌权绅士阶层保持联系,还明确下达了要他们研究中国的敕令。虽然如此,但支持的力度与俄国相比明显小多了。1698 年 3 月在先期从中国回国的传教士白晋的筹划下,"安飞特力特"号载着 9 位传教士奔向中国。该船虽然取得了法国政府的批准,但是在向皇家请求御船无望的情况下由私营企业儒尔丹派出的。其二是俄国的相关活动时间跨度大,人员多。俄国的传教团到 1860 年前后结束,时间跨度达 130 多年,总人数达 150 人。而不论是法国,还是英国,包括传教士任何出使活动都没有这样的规模。俄罗斯东正教传教团的官方性质就决定了该组织的成立目的既不是纯粹宗教,也不是纯粹文化,而是有着强烈的政治、经济、军事目的,也就是说它的成立和运行是为实用服务的。

2. 东正教传教团的国内影响

虽然在北京的俄罗斯东正教传教团是主要为俄当局的现实需要服务的,但是由此导致中俄互通后出现的俄国国内对汉语言文化的学习却是不太接近现实的。在 18 世纪初"当时对俄汉语教学基本以文化教学为主,学员们的学习内容主要是中国的经史典籍,使用的教材多为原始的汉文典箱。例如,识字课本是《三字经》,该书三字一句,两句押韵,易读易记,比较适合外国人使用,这样既可以学汉语同时有助于学员了解中国的历史文化和道德风尚"。② 1741 年圣彼得堡皇家科学院满汉语班成立,罗素欣成为第一个讲授满汉语的俄国人。罗素欣采用了中国传统的教学方法,让学生先背诵《三字经》、《千字文》和四书。在教学中使用罗亲自翻译的《三字经》和《千字文》俄文手稿,帮助学生理解汉语原文。为了方便学生学习汉语语音,他编写了译本《用俄文字母标注的汉语发音》,创造了俄国第一个汉俄译音方案。

---

① 　熊文华:《英国汉学史》,学苑出版社 2007 年版,第 1 页。

② 　王治理:《早期对俄汉语教学与俄罗斯的汉语教学》,《海外华文教育》2003 年第 2 期。

（二）从喀山大学到圣彼得堡大学：国内实用汉语教学的加强

19 世纪中期（1860 年）俄罗斯东正教传教团的使命结束。俄罗斯汉学的重点由国外转到国内，进而从喀山大学转到圣彼得堡大学，汉学研究的实用性得以加强。

1. 从喀山大学向圣彼得堡大学转移

19 世纪中期，沙俄利用鸦片战争后中国沦为半殖民地的局势，践踏中俄《尼布楚条约》，侵入我国黑龙江流域，先后诱迫清政府签订了一系列的不平等条约，夺去了我国大片的领土，获得了在中国境内通商、传教等方面的特权。随着东方在俄国对外关系天平上的分量越来越重，加强对东方的研究日益重要。从前小规模分散的东方学教学已经不能适应沙俄对外扩张政策对实用型人才的需求，同时也不利于科学院和外交部对其教学情况进行直接管理和监督。因此，集中建立一个东方人才培养基地的计划在俄国逐渐形成。经过较长一段时间的酝酿，终于在 1855 年 8 月 27 日建立了圣彼得堡大学东方语言系。在以后半个多世纪的时间里，这里一直是俄国东方研究中心和东方语言人才培养基地。俄国汉学研究的主要据点也从喀山大学和俄国东正教北京传教团转移到了圣彼得堡大学。俄国本土汉学基地从喀山大学迁移到位于首都的圣彼得堡大学，得到了俄国政府的强有力的指导和资助。

2. 俄政府对圣彼得堡大学汉语教学的支持

俄罗斯第一部俄汉词典是王西里 19 世纪 60 年代出于教学需要而编写的《汉字笔画系统——首部俄汉词典试编》，为俄国汉语教学做出了巨大贡献。但是，对于日益深化的国际汉学研究以及培养高层次人才而言，王西里的词典不论在词汇量和信息量上都已不能满足需求。作为在中国居留时间最长并对中国历史文化有着深刻研究的巴拉第将自己生命的最终时光用来编写一部内容尽可能完备的大型汉俄辞书《汉俄合璧韵编》，1888 年由北京同文馆出版，沙皇亚历山大三世为该词典的出版拨了专款。在出版过程中还得到了俄驻华公使倭良嘎哩以及外交部亚洲司司长季诺维耶夫的鼎力协助。这是俄国历史上为数不多的正式出版的辞典之一，同时也是俄国在中国境内印刷的第一部大型俄汉词典。该部巨著的出版成为俄罗斯汉学界乃至国际汉学界的一件大事。时任京师同文馆总教习的著名美国汉学家丁韪良 1889 年 8 月 10 日在《中国时报》发文说："尽管词典都有过时的时候，但是这一部在短时间不会被超越和遗忘。"法国著名汉学家沙畹对巴拉第·卡法洛夫编写的词典给予了高度的评价："当中国词典也不能提供帮助时，卡氏的词典经常是'最终的论据'。"①

3. 圣彼得堡大学内部汉语教学的实用性不断加强

圣彼得堡大学的汉语教学方案是王西里在喀山大学汉语教学计划的基础上逐步形成的，最终在 19 世纪 60 年代趋于稳定，并一直维持到阿理克教学活动开始之前。与 18 世纪科学院和外务院开办的满汉语班、恰克图华文馆以及喀山大学相比，圣彼得堡大学的汉语教学方法已经有了很大的进步，不再套用中国传统教学方式，试图确立具有俄国特色的大学汉语教学模式。总结起来，主要包括以下内容：一是汉语导论，也就是汉字和汉语语法教学；二是翻译，译材由浅入深，循序渐进，内容涉及中国历史、地理、政治、哲学、宗教、文学以及中俄关系；三是专业课程，如文学、历史等；四是口语和书法课程。

阅读课是圣彼得堡大学重要的汉学习的课程。王西里编写的《汉语文选》包括三卷。第一卷问世于 1868 年，内容主要包括中国俗谚、生活原则、笑话、康熙家训、中国小说、本朝军事行动史。内容取自《增广贤文》《庭训格言》《聊斋志异》《圣武记》《论语》和《诗经》等。第二卷和第三卷分别收录了《论语》和《诗经》的相关内容。这套汉语文选在圣彼得堡东方语言系长期使用，对培养学生汉语阅读和理解能力发挥了重要作用。

从 19 世纪 80 年代起，格奥尔吉耶夫斯基开始接受汉语教学。他的教学内容很丰富，同时已经显现出与王西里的某些不同之处。他为一年级开设了两门以前没有的课程，一是"汉语语言和文字之主要特性"，而是"当代中国地理及政治结构"。前者属于语言导论课程，后者具有国情课程的色彩。格奥尔吉耶夫斯基去世后，伊万诺夫斯基 1894 年接手汉语教学，继承了王西里和格奥尔吉耶夫斯基曾经开设的课程。1902 年，白柏福回到了圣彼得堡大学东方语言系。他为一年级的学生讲授"汉语学习导论"，并于 1908 年在讲义基础上编写出版了《汉语学习导论简编》。他为二年级的学生讲授了难度稍大的口语体裁文章翻译，同时使用威妥玛的《语言自迩集》和王西里的《汉语文选》作为教材。他为三、四年级的学生讲解古文阅读和翻译，除了《论语》《孟子》等传统著作之外，其他内容均为他从北京带回的鲜活资料，与中俄关系的发展密切相关，如：《京报》、1881 年彼得堡条约文本以及李鸿章的奏折等。这样就使圣彼得堡的汉语教育不论是对口语学习的注重，还是对中俄关系的关注，都更加贴近

---

① 　阎国栋：《俄罗斯汉学三百年》，学苑出版社 2007 年版，第 99 页。

俄罗斯外交事务的需要。1905 年开始，伊凤阁接替了白柏福的一、二年级教学。除了开设其师王西里编写的教材之外，还学习《语言自迩集》，后又增加了历史法律文书阅读。到阿理克一改长期以来学生入学后必须从汉字偏旁部首学起的做法，而开设了汉语语音导论，并于 1910 年专门出版了教材《语音文选》。阿理克首次将中国文学课程作为汉语专业的核心课程。在他任教的第一学期，就开设了"八家古文"、"唐诗绝句"、"北京口语语音"，"这表明由王西里开创并由其弟子们传承下来的圣彼得堡大学汉学教育传统从 1910 年前后在阿理克的推动下已经发生了变革。"①

圣彼得堡大学汉语教师分成两类，一类是基础课教师，一类是实践课教师。1917 年以前，在这里主要担任基础课教学工作的教师有王西里、格奥尔吉耶夫斯基、伊万诺夫斯基、孟第、白柏福和阿理克。实践课教师的构成比较复杂，既有俄罗斯人，也有中国人，到后期则主要是中国人。基础课程和实践课程相结合的教学模式为圣彼得堡大学培养素质全面的汉语人才发挥了作用。

（三）海参崴东方学院的建立：汉语教学和实用学科的协进

1. 海参崴东方学院的建立背景

19 世纪末，俄国加快了对中国东北侵略的步伐。1896 年李鸿章与俄国签订了《中俄密约》，沙俄政府由此攫取了在中国东北修筑铁路的特权，从而使西伯利亚铁路穿越中国东北一段到达海参崴，为把中国东北变成自己的殖民地打开了方便之门。1898 年清朝与俄国签订了旅顺、大连租借条约，俄国多年来在东方拥有不冻港的梦想终于实现了。1900 年，俄国以镇压义和团为由出兵占领了东北全境。随着俄国对中国侵略步伐的加快，两国在经济、外交、军事上的接触日益频繁。中俄关系的这种情势对俄国东方学，特别是汉学的发展产生了深远的影响。俄国政府在 1899 年 7 月 9 日颁布了在海参崴建立东方学院的法令。10 月 21 日，该院院长波兹德涅耶夫在讲话中指出，东方学院将完全遵循实用的目的，为俄国"在东方的行政及工商活动培养人才。"② 1899 年到 1916 年，学院共培训了 300 多名学生和 200 多名军官。学习汉语的学生毕业后大部分在中东铁路沿线、俄国行政机关和商行工作，一部分人成为俄国在中国天津、汉口和齐齐哈尔等地的汉语学校的俄语教师，还有一部分人成为哈尔滨俄语学校的汉语教师。哈尔滨出版的《远东报》的编辑几乎都是东方学院的毕

---

① 阎国栋：《俄罗斯汉学三百年》，学苑出版社 2007 年版，第 112 页。

② 阎国栋：《俄罗斯汉学三百年》，学苑出版社 2007 年版，第 116 页。

业生。

2. 海参崴东方学院的课程设置

按着俄国政府的旨意，该学院在课程设置上特点之一是语言和其他实用性的专业课并重，不仅学汉语等东方语言，而且还要学当代中国政治体制、东亚商务地理、政治经济、国际法、会计学和商品学等有助于国际经济交往乃至经济掠夺的学科。这就跳出了包括圣彼得堡大学时期，汉学基本上以中国文化为主，最多间接为俄国经济、军事服务的教学指导思想。特点之二是以汉语为主，兼顾日语、朝鲜语、满语和蒙语等东亚语言。这就为该院所培养的经济、军事人才掌握多种语言提供了可能，一专多能。特点之三是语言的教学侧重口语，并强调教师的本土化，使学生能够掌握地道的东亚语言。第一学年所有学生都只学习汉语，每周授课 6 次，与中国先生练习口语四次。从二年级起，学生开始学习东亚除了汉语之外的语种，每周由教授授课三次，中国老师辅导练习三次。东方学院教师编写很多侧重于应用的教材，其目的在于提高学生的言语实践能力，如屈纳编写了很多中国史地政专书：《1903—1904 学年讲授的远东国家地理课中国概述、山川和河流》《最新中国历史》《1902—1903 学年在东方学院教授的中国经济地理学》《西藏志》《罗曼诺夫王朝时期俄国与远东关系》《中国物质和精神文化基础发展史纲》《最新远东国家历史：1842 年后中国与欧洲和亚洲国家的关系评论》等，施密特编写了《官话语法试编，北京方言口语教材》《初级汉语文选》《汉语语言学概论》《汉语初级阅读》《官话语法文例》和《1907—1908 学年施密特教授汉满语语法课概述》等。鲁达科夫编写了《中国官话学习指南》《东方学院学生汉语学习材料》《中国戏剧典范和中国小说》《官话指南》《汉语公文范例》《中国皇家海关公文》等。①

喀山大学和圣彼得堡大学东方语系的课程设置相对传统，教学课程大多是中国古代历史和文献，如：喀山大学有中国历史、满洲历史、蒙古文学史和蒙古史等。圣彼得堡东方语系的历史和文学课有成吉思汗后的佛教史和文学、中国文学和满洲文学史、蒙古史、中国历史、中国的古代教育、满洲史、孔子学说、孔子生平及其学说传播史等。而东方学院的教育教学则更注重实践，学用紧密结合，大大彰显了该院"为俄国东亚地区的行政及工商机构培养人才"的建设指针，在其汉语教学中开设了相关

---

① 韩莉：《1917 年前的俄国国内汉语教育》，《齐齐哈尔大学学报》（哲学社会科学版）2011 年第 1 期。

的中国国情及现状、东方国家国情、国际法及其他课程，如当代中国政治组织、20 世纪中国、朝鲜和日本史、东亚商业地理学、政治经济学、国际法、俄国及主要欧洲国家国家制度、会计学和商品学等。开设这些课程不但大大利于学生汉语水平的提高，而且在掌握汉语这一重要交际工具的基础上，由众多的应用性知识构成了有针对性的能力结构，能够做到学用结合，学以致用，尽量满足了国家的人才需要和学生的就业需求。为了加强学生的口语训练，东方学院从一开始就聘请外籍教师从事实践课教学。尽管由于中国教师工资很低，每月只有 50 卢布，大部分由于生计所迫频繁离职，但是 1899 年到 1911 年先后 19 位来此任教的中国教师还是为提高该校的教学质量贡献了力量的。

　　3. 东方学院和东亚同文书院的对比

　　下面我们将俄罗斯东方学院和日本东亚同文书院进行对比就可以更清楚地看到东方学院成立背景和学科设置特点。1897 年发起的东亚同文会和 1898 年近卫笃麿创立的同文会，1898 年合并为东亚同文会。书院是作为该会事业之一而设立的。中日甲午战争暴露了日本的新政治动向，就是经营新殖民地台湾，并准备对朝鲜和中国发动新的侵略。这种政治动向引起了广大民众的关心，以中国台湾、朝鲜和中国大陆为对象的社团相继诞生，以桂太郎为会长的台湾协会和东亚会、同文会就是这样的团体。该校从日本各地招收学生，都是些准备在中国经济、政治等各领域从事某种工作的青年。东亚同文书院成立时的宣言书：

　　　　一、保全支那。
　　　　二、助成支那及朝鲜之改善。
　　　　三、探讨支那及朝鲜时事，以期实行。
　　　　四、唤起国论。

六角恒广评价上述四条纲领，

　　　　其第一项表明，要通过自己的手保全列强侵略下的中国。第二项表明，当时尚未走向近代国家的中国、朝鲜，封建末期的各种问题不断发生，因而，想对其"改善"给以帮助。也就是说，日本的民间团体及其成员，想直接去中国、朝鲜，在政治、经济、文化等各个领域里从事工作。这意味着，想要服务于日本的对外侵略政策，所以才需要研究中国和朝鲜的时事。①

该会以近卫笃麿为会长，长冈护美为会长代理，犬养毅、谷干城、内田康哉等十九人为评议员，佐藤正为干事长，并且在上海、汉口设立了支部。在广州、南京等地也派驻了专门的办事人员。上述人士都是当时日本的政界要员，例如：近卫笃麿明治时代后期的政治家、内大臣近卫忠熙之孙，左大臣近卫忠房之子，其母为萨摩藩主岛津齐彬的养女贞姬，摄关家近卫氏第 29 代当主，从一位勋二等公爵、第 3 代贵族院议长、第 7 代学习院院长、帝国教育会初代会长。

东亚同文书院开校时，发表了《兴学要旨》和《立教纲领》，《兴学要旨》："讲中外之小学，育日清之英才。"《立教纲领》：

> 德教为纲。……日本学生以清英言语文章，及中外制度法令，商工务之要。所期在乎各自通达强立，成国家有用之士，当世心需之才。谓国家有用之士，乃明尽忠报国之大义，通利用厚生之实务。谓当世心需之才，乃审四海万邦之形势，通救世济时之术策。二者不可分也。
>
> 日本学生因中学毕业，须习非泰西科学之中国情形、民物之动静。……因日本通晓亚洲情势者少，拟今后从全国各府县招生，由是开通东亚情势，为日清协力之端绪。……故日本学生设清国言语文章、制度律令、商公务之要。②

学科包括：伦理、清语、英语、清国政治地理、清国商业地理、法学通论、经济学、财政学、经济政策、商业学、民法、商品学、清国商品学、商法、国际法、商业算术、簿记、清国政治律令、清国近代通商史、汉字报纸、汉文尺牍。清语（中国语）的授课时数比其他任何学科都明显多，占一周总课时的三分之一弱，仅从这一点就可以知道，该校是怎样把重点放在中国语言教育上的。通过对比我们知道东方学院和东亚同文书院书院一样，不是一个专门传授汉语言文化的学校，而是一个培养以汉语

---

① ［日］六角恒广：《日本中国语教育史研究》，北京语言学院出版社 1992 年版，第220 页。

② ［日］六角恒广：《日本中国语教育史研究》，北京语言学院出版社 1992 年版，第 225—226 页。

为基本工具，以其他应用学科为学习方向的实用性侵华人才学校。

4. 东方学院比既往的汉语教学有更大的实用性

东方学院利用其得天独厚的地理位置，配合俄国政府的远东政策，在很短的时间内就成为俄国实践东方学的中心，为俄国远东地区的东方学奠定了进一步发展的基础。尽管东方学院的教授大都是圣彼得堡大学的毕业生，但他们显然从一开始就试图不仅从教学内容上，而且从教学方法上摆脱王西里教学学派的影响，在很多方面都是反其道而行。"如果说圣彼得堡大学以中国古典文献为主要教学材料，那么这里的教学重点是现代汉语，即所谓的官话。如果说圣彼得堡大学注重训练学生的文本阅读能力，东方学院则极力增加学生语言实践和实际工作能力的锻炼机会，采取各种措施激发学生的积极性和主动性，以对现实中国的全面认识和思考取代圣彼得堡大学对王西里文选的死记硬背。"①

二　阿理克汉语教学方法简析

阿理克或阿列克谢耶夫（Aleksyev, Vasiliy Mihaylovich, 1881—1951），出生于圣彼得堡，是苏联汉学家、苏联科学院院士。阿理克始终是沙俄乃至苏联的汉学泰斗，而中国文学始终是阿理克最主要的研究方向。在他之前，俄国的中国文学研究非常薄弱。王西里于 19 世纪 80 年代完成了世界上第一部中国文学史论著《中国文学史纲要》，然而其中探讨的主要对象并非文学作品。可以说，俄罗斯对现代意义上的中国文学研究始于阿理克。他以宽博的中国文化知识为依托，运用科学的方法，从中国诗学著作的翻译和研究入手，进而完成了大量的古代小说、诗歌散文的译作，积累并总结了丰富的中国古典文学翻译经验，并在此过程中对中国文学的发展历史及世界意义进行了深入的思考。那么阿理克主要的汉语教学方法是什么呢？本人认为主要是语法翻译法。

（一）阿理克汉语教学方法的理论依据

关于汉学这一概念，阿理克认为，汉学是以汉语为基础的各学科的综合体，既包括人文科学，也包括社会科学。维·彼得罗夫认为，阿理克有关汉学的定义包含两层最为重要的意思：第一，汉学是关于中国、中国文化和汉语的综合性学问；第二，各种研究中国的科学只有在以汉语为依托时，才能够成为汉学的组成部分，换言之，汉学家研究中国，首先要以汉

---

① 　阎国栋：《俄罗斯汉学三百年》，学苑出版社 2007 年版，第 134 页。

语典籍资料为基础。① 阿理克始终将汉语看作唯一可靠的研究工具，认为只有那些精通汉语的学者才可称之为汉学家，反对将其他中国题材作家也归入汉学家之列。他认为"要研究中国文化，必须要掌握汉语，熟练阅读汉文典籍，部首译文等其他形式的二手信息的干扰。……只有在此基础上确定并研究的问题才可纳入汉学的范畴。"阿理克在一次论文答辩会上指出："汉语文字对于汉学家来说是一门非常特殊的专业。对文字的理解程度要达到像几何定理与代数计算那样清晰明了。要把汉语文字通过翻译、研究、综合分析最终变成我们自己的思想，这就是汉学家应该遵循的汉学研究方法。"② 阿理克的硕士论文《论诗人的长诗——司空图的诗品》便是最好的例子。司氏把诗歌分为雄浑、冲淡、纤秾、沉着、高古、典雅、洗练、劲健、绮丽、自然、含蓄、豪放、精神、缜密、疏野、清奇、委屈、实境、悲慨、形容、超诣、飘逸、旷达、流动二十四品，辨析各种不同的意境和风格，揭示了唐代诗歌的艺术魅力，以诗论诗，语言深奥，意境深远，这对当代一般中国人来说，也很困难，对于一个年轻的外国人来说，要想彻底领悟更着实不易。每品仅 48 行字，全文不过千余字，而阿理克却写了一部 780 页的巨著《论诗人的长诗——司空图的诗品》，除了《诗品》的译文外，注释就达 155 页。

阿理克认为，撰写中国文学史，首先要翻译一批中国文学代表作品，撰写 200—250 篇专题文章。他心中的《中国文学史》是一本范文和概论相结合、翻译和研究并重的中国文学百科。事实上阿理克在第二次世界大战前就已经开始了这方面的工作，发表了一些专题研究文章，如：《中国诗人论中国音乐》（1934）、《王维绘画探密》（1934）、《谀词和铭文中的孔子》（1935）。无论翻译什么作品，阿理克一般会写下一段文字，说明他的翻译方法。经过长期的事件和总结，阿理克逐步形成了自己的俄汉翻译原则，并在《中国作品之文艺翻译原则》一文中进行了凝练。他认为自己的翻译实践经历了从直译到直译加意译，再到充分考虑韵脚和乐感的诗话翻译三个阶段。阿理克认为将汉语译成俄语的最大难点在于前者是象形文字，后者是拼音文字。象形文字除本来的词义外，还具有直观性、形象性和寓意深刻等特点。他强调，除了准确传达原文意思之外，还要努力保持原作风格，甚至连节奏、诗步和韵律都要在译文中有所体现。他善于使用一些古词、旧词、外来词、自造词以及某些句法手段，努力体现古汉

---

① 阎国栋：《俄罗斯汉学三百年》，学苑出版社 2007 年版，第 136 页。

② 阎国栋：《俄罗斯汉学三百年》，学苑出版社 2007 年版，第 137 页。

语的"文雅"和"无声";尽量避免使用复合句和人称代词,突出动词的地位,使句子短小精悍,寓意深刻,以体现古汉语的句法特点。他努力使自己的译本成为年轻汉学家来与汉文本进行对比阅读的参考书,不使原著遭到玷污。阿理克译文最终达到了他追求的目标,即"只是为汉语披上了一层薄薄的俄语外衣"①。

（二）阿理克汉语教学的具体做法

阿理克翻译中国文学作品总是反复推敲,一丝不苟,精益求精,对此曹靖华先生在列宁格勒大学任教七年,应邀加入阿列克谢耶夫组织的汉学家协作小组深有体会。该"小组成员的任务,一是对照原文订正自己译文中的错误,二是互相校订,三是校订以往汉学家（包括前辈比丘林、瓦·瓦西里耶夫等名家）的译文;摘引出误译的字句、段落,分析原因,以及如何纠正,填入统一格式的卡片中。"② 查阅当年小组成员的分工情况,规定内容相当具体。如:鲍·瓦西里耶夫的任务是"摘录科洛夫翻译中的错误和他自己在《东方》杂志发表译作中的错误,以及曹靖华译《第四十一》中的误译"。而曹靖华的任务是"摘出阿氏译《聊斋》中的误译和错译,用卡片一一摘录。"③

下面是阿理克为指导小组工作制定的《提纲》:

一、翻译通病:废话、昏话、文字堆砌、费解、语意不明、不准确、漏译、主观臆断、疏忽大意、未发现的打字错误。

二、汉译文:字迹潦草,难以辨认、读错。

三、知识准备不足:百科知识不足、对儒家学说无知或不理解、对道家学说无知或不理解、对佛教学说无知或不理解、对生活习俗不了解、特别是对官僚体制不了解、对专有名词不甚了解、缺乏基本历史知识、缺乏文学史的基本知识、不了解文学特点、缺乏专题书目、索引或术语知识、不了解某一学科术语、对原文一无所知、洋腔洋调、揣测或生搬硬套。

四、技能准备不足:没有达到作者水平,不了解作者的特点,曲解原文,虚构,没有诗意,失去双关语义。

五、字典的运用:查字典粗心大意,抽签式地选择词义,轻信字

---

① 李明滨、李淑卿:《俄国蒲松龄研究巡礼》,《蒲松龄研究》2000 年第 1 期。

② 李明滨:《曹靖华先生两三事》,《世界文学》2018 年第 4 期。

③ 李明滨:《曹靖华先生两三事》,《世界文学》2018 年第 4 期。

典，照字面直译——照搬字典，语汇贫乏，不理解富于诗意的风格，选词不当。

六、词语的划分：不辨节律，不理解对比法，不理解对衬法，标点符号处理不当。

七、结构：缺乏基本语法知识，结构完全被破坏，修辞不当，不讲究修辞，望文生义，不理解插入句。

八、上下文关系：上下文不衔接，句中主语不明，生造词尾，生造从属关系。

九、语言混淆：口语与书面语混淆，名词混淆。

十、未充分查阅资料：对需要参考哪些资料，对引文出处等，一无所知。

十一、不科学：不符合现代科学水平，违反历史的解释，译本出版质量很差，不科学的严重后果。许多条目表面上重复，但是有意这样做的。

阿列克谢耶夫

一九二九年十一月①

看了这份提纲，我们就可以说，其一分工明确，各项工作任务明白无误地落实到人头；其二考虑周全，不论是语言本体问题，还是语言运用问题，抑或文化问题应有尽有。只要按这个提纲做下来，第一可以将汉语学习得炉火纯青，第二可以把译文翻得妥妥帖帖，第三可以把原文理解得透透彻彻。

（三）阿理克汉语教学方法之源

尽管俄罗斯汉学在世界汉学界占有重要一席，但学术渊源仍是师承沙畹。在苏俄汉学界位居显要的阿理克也是巴黎学派的弟子门生。因此戴密微说："中国学在西方，在骨子里仍是一门法国的科学。" 留法社会学者杨堃也说："'中国学'不仅是一门西洋的科学，而且还几乎可以说：它是一门法国的科学。"② 沙畹的翻译精准，注释翔实，历来为中外学者们所推崇。作为一位著名的汉学家，沙畹最主要的、最大的贡献是翻译和注释中国史学巨著《史记》。莫东寅说："《史记》法译为汉学界盖世名作。

---

① 班科夫斯卡娅：《曹靖华在列宁格勒汉学家协作小组》，《远东问题》1987 年第 5 期，载张德美、冷柯《曹靖华纪念文集》，湖南教育出版社 1992 年版，第 360—362 页。

② 桑兵：《国学与汉学》，中国人民大学出版社 2010 年版，第 2 页。

译文既正确详尽，且有丰富之底注，创见既多，考证及比较法亦复精细。"① 1904 年至 1906 年，阿理克访学欧洲。阿理克说："沙畹学派以史料为基础，但又涉及语言学，这令学生感到新鲜，对史料非常敏感、执着，紧抓史料，从中挖掘新内容。作为沙畹的学生，我认为，其由衷的学术热情、接触的语言天赋、卓越的上课技巧、渊博清晰的知识头脑，'沙畹'式的翻译，在这所有方面，沙畹都堪称教授的典范"②。阿理克欧洲之行由英国开始，以德国结束，在纪念沙畹的文章中，阿理克对比英国、德国的汉学教学，更加信奉沙畹，"在当时到过中国的人便做汉学教授的时代，沙畹是唯一一位一流的教授，他的一切在当时欧洲代课教授的时代都具有美好的、典范的意义"③。

西方汉学界有一个良好的学术传统，即对于汉学研究的初学者，首先要从选择翻译中国传统文化的经典著作入手，通过译注，加深对原典的理解，进而学习和研究中国文化。沙畹译注《史记·封禅书》正是这一研究传统的体现。沙畹选译《史记·封禅书》这样重要的典章制度方面的原文，可以使他迅速把握中国传统的训诂和义解。沙畹的每一项研究都是按照翻译—注释—研究这样的思路来进行的。作为他的弟子，阿理克也是这样做的，通过翻译既深入了解了所要分析的文献，又以此深透地学到了语言。

（四）阿理克汉语教学的不足

阿理克用语法翻译法教学汉语，的确存在一定的问题，明显的问题之一就是学生掌握的汉语不是现代汉语，而是古代汉语，同时口语能力很差。

很多苏联著名的汉学家都当过我们的老师……在我们系里任教的还有一批我国东方学界的巨擘……跟这些学者频繁往来，提高了我们的东方学素养，但是，在教员中没有能教汉语口语的人，我们汉语专业的学生只得满足于听中国语言学家赵元任的语音课的录音。④

---

①　吕颖：《〈史记〉在法国的译介与研究》，《国际汉学》2018 年第 4 期。

②　柳若梅：《沙畹与阿列克谢耶夫》，《国际汉学》2014 年第 1 期。

③　柳若梅：《沙畹与阿列克谢耶夫》，《国际汉学》2014 年第 1 期。

④　齐赫文斯基：《我的一生和中国，30—90 年代》，陈之骅等译，社会科学文献出版社1994 年版，第 2 页。

　　著名汉学家齐赫文斯基所在的汉学班 1935 年入学的 28 名学生中大部分人未能通过汉字和汉语语音这两道难关。到第三个学年结束时，班里只剩下两个学生瓦莉娅．伊萨科维奇和齐赫文斯基。卫国战争前，齐赫文斯基虽然拿到了汉学毕业证，但当他在苏联外交部的任职时从事笔译工作，其顶头上司问他能否为来访的中国立法院长孙科当翻译时，"我只得回答说，目前我还没有具备口译的能力。"①，后来勉强上阵，也还是结结巴巴地向客人做自我介绍，为中俄领导之间会谈时做翻译也必须时时离不开第一副外交人民委员波将金的帮助，到后来他到乌鲁木齐的领事馆担任领事时，才"第一次获得了实际运用汉语口语的机会。"② 即使学生偶尔开口讲汉语，一般也只能讲文言色彩很重的汉语，1945 年夏天郭沫若出访苏联，在列宁格勒，阿列克欢迎郭时就使用了文言。曹靖华先生在列宁格勒大学教汉语时，发现由于那里的汉语教学方法存在问题，学生只能从古书上学汉语，结果师生对话满口文言，即使导师阿理克本人同中国人见面问候也要说："君别来无恙乎？"关心对方家人的情况，则问："令尊大人抵沪乎？"③ 于是曹先生向阿理克建议改进汉语教学，增开现代汉语课，由曹先生既教古代汉语，又教现代汉语，此举在一定程度上改善了阿理克治下的列宁格勒大学汉语系的教学格局。

　　（五）总结

　　阿理克的汉语教学主要目的是理解目的语——汉语的书面语，培养学生的阅读能力、写作能力和翻译能力，不注重口语和听力教学；学习系统的汉语书面语语法，详细分析语法规则，使学习者烂熟于心；重视词汇教学，词汇教学是阿理克汉语教学的另一主要内容；俄语翻译是最主要的教学手段、练习手段和检测手段；学习的对象都是中国古代文学的名著，其语言大都是规范的书面语。鉴于以上分析，我们确认阿理克的汉语教学法是语法翻译法。虽然在外语教学界此法受到的批判最多，但是因为阿理克以中国古代文学和文化为研究重点，所以他采用这种教学法就比较好地满足了学习者的需求，所以我们认为语法翻译法对阿理克的汉语教学来说基本上是合适的。

---

① 齐赫文斯基：《我的一生和中国，30—90 年代》，陈之骅等译，社会科学文献出版社 1994 年版，第 9 页。

② 齐赫文斯基：《我的一生和中国，30—90 年代》，陈之骅等译，社会科学文献出版社 1994 年版，第 11 页。

③ 李明滨：《曹靖华先生两三事》，《世界文学》2018 年第 4 期。

第六节　美国汉学家费正清的汉语传播

一　乐于奉献的家世：他生活的精神源泉

要想知道费正清（J. K. Fairbank）为什么学汉语，就要知道他为什么研究国际汉学，而要知道他为什么研究汉学就要知道他的家世。《费正清自传》中有这样一句话："回顾我的家族史，我之所以注意中国便顺理成章了，尽管我当时认为我已经背离了它。"① 他的祖父是当地一个虔诚的牧师，非常热衷于圣经教义的传播。在他祖父的笔记上记载了他从 1860 年到 1906 年间于不同的地点讲《罗马书》第一章十六节道 26 次；从 1862 年到 1890 年间他在许多地方做了 43 次关于《科林斯书》第三章第九节（我们都是上帝的仆人）的布道。他祖父之所以这样做，其目的就是："如果我们从现在起确实主动地虔诚地献身于为上帝的服务中，必将获得报偿，世俗的劳作也会结出丰硕的果实，我们将获得光辉的未来和真切的欢乐。"② 如果说费正清认为其祖父的频繁讲道是为了通过服务上帝而拯救芸芸众生，那么他从 1938 年起频繁地到包括 40 个哈佛俱乐部在内世界各地做有关中国的讲演，则是"紧步我祖父的后尘"，以基督徒的虔诚来拯救他的祖国——美国，因为"过去由于我们对中国现状的不了解而导致了我们在中国、朝鲜和越南问题上所遭受的不同的灾难，并且还可能重蹈覆辙。"③ 作为一名律师，他的父亲也是一个热心社区事业的公众人物，"从 1911 年我们从胡伦搬到苏福尔斯以后，他成为当地处理一切日常事务的头面人物。……他热爱公众，也受到社区中公众的爱戴。"④ 在他的亲人中，他坦言"母亲对我影响最大……我能毅然决然致力于中国问题的研究完全得益于她给予我的两种精神品质：面对挑战时的自信心和敢于超越某种境界的踏实感。"⑤ 他患有小儿麻痹症的母亲坚强地读完了高中大学，在那年的日记上，他写下了，"一切依靠自己，每个人都必须

---

① ［美］费正清：《费正清自传》，黎鸣等译，天津人民出版社 1993 年版，第 5 页。
② ［美］费正清：《费正清自传》，黎鸣等译，天津人民出版社 1993 年版，第 6 页。
③ ［美］费正清：《费正清自传》，黎鸣等译，天津人民出版社 1993 年版，第 6 页。
④ ［美］费正清：《费正清自传》，黎鸣等译，天津人民出版社 1993 年版，第 6 页。
⑤ ［美］费正清：《费正清自传》，黎鸣等译，天津人民出版社 1993 年版，第 8 页。

依靠自己的努力来拯救自己。"① "我母亲对处于未开化状态的中美洲正贪婪地从欧洲吸取精华的文化状况抱着浓厚的兴趣，这同时也直接引导我走向世界，走向东方。"② 从 1923 年他 16 岁他离家到希克斯特以后，在家的时间便只限于度假和旅游。为了增长见识，他一度出国四年半，其中大部分时间住在北京。

二 高中大学：他作为学者和教师的预备期

3 年的高中生活使他在文化和教育中接受了远东的熏陶，对研究其他文化做了准备。同时他喜欢以独立的风格出人头地的性格也基本形成了：

> 我与爱赛特的大多数同学一样都想出人头地地做一番事业，特别是我是独生子，更有一番自信，自说自听，自作主张，自我欣赏。我乐于和人友好往来，但我不能忍受有任何束缚我计划的东西。这都使我具有独立自主的倾向。我认为目标即在追求卓越，我不可能如一些人那样安于当一个班长或俱乐部主席。我要成为一个独一无二的人，这是使我感到心里踏实的方式，同时这也使我易于免除因不愿从众而产生的心理压力。"③ 高中的英语老师评价他 "对文字的特别的领悟力"。④

因此他尝试着学习了法语、拉丁语，进大学后又学了德语和希腊语。在事业的征途上，命运安排他见到了查利斯·金斯利·韦伯斯特（Charles Kingsley Webster）。此人因为热衷从政，而且特别是在有关同欧洲的合作领域，从而成了一名专攻外交史的历史学者。"他能激励人上进……有带电般吸引人的个性。"⑤ 1928 年，韦伯斯特教授告诉费正清，一些中国的秘密外交文件正在北京复印出版，那将是开创一个全新外交史方面的研究领域。那时候，由于出现了如此众多关于世界大战起源的研究，从而对于那些有天赋的人来说，外交史研究便成了一块极具引力的大磁石。韦伯斯特建议费正清去研究中国，"对于当时才 22 岁的我来说，

---

① ［美］费正清：《费正清自传》，黎鸣等译，天津人民出版社 1993 年版，第 8 页。
② ［美］费正清：《费正清自传》，黎鸣等译，天津人民出版社 1993 年版，第 8 页。
③ ［美］费正清：《费正清自传》，黎鸣等译，天津人民出版社 1993 年版，第 12 页。
④ ［美］费正清：《费正清自传》，黎鸣等译，天津人民出版社 1993 年版，第 12 页。
⑤ ［美］费正清：《费正清自传》，黎鸣等译，天津人民出版社 1993 年版，第 22 页。

这很有吸引力，这种工作似乎还从未有人做过，我可能成为先驱并充分保持其独特性和学术性，这无疑是个很令人激动的高水平的挑战。"① 费正清承认研究中国需要创造力、想象力、探索和创新，最重要的是要有一个好的开端。可是"一旦开头，我便会着迷，至于它将最终把我引向何方，是知识界，还是现实世界我也茫然。但它无疑是开创性的事业，而且是一件多么激动人心的开创性的事业"②。

三　新中国学：要求他的研究重视汉语

在《费正清的中国世界——同时代人的回忆》"译者的话"中有如下的话：

> 阅读这部集子，我们首先得到的深刻印象就是关于费正清的学术贡献。正如有的学者所指出的费正清学术生涯的最大成就，就是创立当代中国学。这种"中国学"，就是有别于偏重语言学、文化学、传统汉学的中国学。它和欧洲传统汉学的最大区别在于，特别强调运用多种档案、多种语言、多种社会科学方法研究中国，从而导致一种被称之为"新汉学"的中国学的形成。③

在此我们要知道，费正清的新中国学有别于偏重于语言学的中国学，但并不是不重视中国语言，这里当然是指汉语。戴维·尼维森在回忆费正清时认为，相当一段时间来，西方的中国研究分成两大对立的流派：一些学者写作或谈论现代历史，只是基于通商口岸或传教士的经历，常常是对中文一窍不通或对中国早期的历史一无所知；另一些学者有良好的中文素养，但他们只研究那些中国学者已经研究了几个世纪的语言学的问题，却从未成功将中国作为一个现存的试题来加以研究。④ 他认为"现在需要将这两个流派各自的优点融合到一起，形成对中国正确的、立体的认

---

① ［美］费正清：《费正清自传》，黎鸣等译，天津人民出版社 1993 年版，第 22 页。

② ［美］费正清：《费正清自传》，黎鸣等译，天津人民出版社 1993 年版，第 23 页。

③ ［美］保罗·柯文、默尔·戈德：《费正清的中国世界——同时代人的回忆》，东方出版中心 2000 年版，译者的话。

④ ［美］保罗．柯文、默尔．戈德：《费正清的中国世界——同时代人的回忆》，东方出版中心 2000 年版，译者的话。

识。"① 尼维森指出，费正清中国学方法的核心思想在于："历史学家应该有全局眼光，特别是应看到历史的全貌，要将这些东西常记在脑海，并常要设身处地地考虑，在这个问题上，究竟一个有思想的中国人会怎样想怎样做，这样才可能得到完整的思想史。"② 要做到上面这些就要在阅读中国历史资料方面能力很强，不然就得不到或全面有效利用中国各方面的历史资料，设身处地地知道"究竟一个有思想的中国人会怎样想怎样做"，只能相信通商口岸和传教士的道听途说，最多是一种二手资料。他要求那些想研究中国学的学生首先要学习汉语。当年还是本科生的福克斯·巴特费尔德在回忆费正清时，写道，他曾经选修了费正清的课：中国近代史。当他到费的办公室询问成绩时，费说："你写了一份优秀的答卷……你是否考虑过以中国研究作为终生的事业？你应该开始学习汉语。"③

四　牛津留学：自学汉语的开始

宋思尔（苏慧廉，William. Edward. Soothill）博士送给费正清一本T. L. 布洛克（T. L. Bullock）著的《汉语书面语渐进练习》，是经翟理斯校订过的1923年的第三版，自此他开始自学汉语。这是一本内容充实的自学手册，便利初学者通晓基本的古典文句，且附有词对词的英文翻译，有助于学习者掌握。布洛克没有提到声调，但介绍了汉字笔画和214个部首。他纯粹是凭借它们的形状和轮廓来记忆这些偏旁和汉字。这是一种新尝试。这些具有优美形状的汉字自有其奇妙之处。

对于一个最初是学习印欧语系语言的专家来说，学习汉字需要有一种转变就像从散步变为游泳一样。费正清很快发现，大多数汉字都是由一些简单的汉字组成的。通常左半边是同属部首，如口、手、水、土等，右半边则是形声符号④。宋思尔博士编过一本极有用的"语音"袖珍字典，人们可以用查字典的方法走出这种文字发音的迷宫，而且还可以由发音来查这些字。但是进一步遇到的一系列麻烦才是真正的困难。因为历经世代变

① ［美］保罗·柯文、默尔·戈德：《费正清的中国世界——同时代人的回忆》，东方出版中心2000年版，译者的话。

② ［美］保罗·柯文、默尔·戈德：《费正清的中国世界——同时代人的回忆》，东方出版中心2000年版，第234页。

③ ［美］保罗·柯文、默尔·戈德：《费正清的中国世界——同时代人的回忆》，东方出版中心2000年版，第58页。

④ 费正清在此处表述得不清楚，实际上左边是义符，右边是声符，整个是一个形声字，但形声字的结构不局限于左、右，还有上、下等。

迁，形状保持不变的汉字往往一再被赋予新的含义。费正清认为外国人学习汉语非常困难，而他正可以作为典型。人们只得推论，学习汉语最好的办法是从 5 岁开始便待在中国。到英国求学的时候他已经 23 岁了，在伦敦的地铁和公共汽车上他也不失时机地背诵写满字符的卡片。

五　华北协和华语学校：口语突飞猛进

1931 年春天，费正清请求苏慧廉博士按照布洛克的方式命题，对自己做了一次古汉语书面测试，并提供书面证书说明他所作真诚的努力已获得成效。于是他使用罗德斯奖学金前往北京继续学习。这其中的理由有两个：一是他的博士论文研究工作需要使用英国驻中国领事馆的档案，而这些档案仍保留在中国各通商口岸，他已经得到特许，可以到当地查阅这些档案；二是他可以到北京学习汉语。于是，1932 年初费正清来到北京华北协和华语学校学习汉语。

该校的学习环境很好，不仅学汉语，还学习文化，"就像是一个旅途中的中转站，一个空气阀"①，在里面的人们可以为未来做好更充分的沉浸到中国文化海洋中去的准备。他们在这里可以睡弹簧床，旅馆里有淋浴，桌上有中西餐，这大大减少了西方汉语文化学习者可能遇到的东方文化的冲击。口语课开始后，这里的直观教学法不同于布洛克的方法。这种方法是从北京话或者国语的四声开始的。四声音调由罗马拼音字母和数字表示，学生就像一群小学生那样大声朗读 "mā má mǎ mà"。然而，当他们遇到抽象词语时，麻烦就来了。为了弄清楚何为 "马" "最亲爱的"，就趴在地上、摇脖子，学生都能说 mǎ、mā，但是他们不懂是什么意思，很显然，他们需要使用词典，但裴德士校长坚持学生必须按照中国的老方法学习，先学发音，后学意思，以至于一个学生早上向裴校长提了相反的意见，中午就被开除了。选择适用到工具书也是费正清汉语学习获得成功的诀窍之一。1931 年中国内地会出版了美国传教士马守贞（Robert H. Mathews）的《汉英字典》，这本字典广泛为人们使用，比其他词类字典，包括翟理斯 1912 年第二版的大型汉英字典在内，它更适用当时人们的情况。但他发现翟理斯的字典对于 19 世纪清代公文非常有用，因为他作为领事馆官员，收录了很多晚清公文术语。他从朋友那儿买到了一本。"该字典如同家用《圣经》一般大小，它也如同《圣经》一般为我服

---

① ［美］费正清：《费正清自传》，黎鸣等译，天津人民出版社 1993 年版，第 47 页。

务。"① 他还请了三位与公使馆朋友认识的有经验的老师来家里上课，上午两位老师一人一小时，下午则是另一位老师。"在他们的帮助下，我们没有虚度光阴。"②

费正清在华北协和华语学校学习汉语的成效很显著，"我的汉语口语水平日新月异，正在靠近山顶"③，与仆人、售货员、客人做一般日常生活对话可应付自如，只要不让他攀登那孤寂偏远的山峰，不涉及技术和专门术语，不用文学上的隐喻，不搬弄学究们的大量典故，他大概都能过得去。华语学校是两年制，主要在教学口语，而不在研究。他因为早就开始了汉语学习，所以大约一年就学完了两年的课程。他在中国一年的汉语学习尤其是口语的成绩还是不错的，二战期间，他重返中国的第一印象是"最为深刻的。我能和人们交谈，以前学过的词语，在适用的时候都被调动起来，仿佛我从未离开中国似的。"④

六　离校之后：最大限度地在用中学汉语

费正清的妻子威尔玛（费慰梅）是一名画家，极敏于捕捉感觉。她发现了景观、声音、气味和数不胜数的有关北京的令人激动的感觉。她努力持续地保持和当地人、事的接触，"这使我也能与快递同享她的收获。"⑤ 靠这种和当地人的频繁接触，他们练习了汉语。1932 年夏季，在他们北京的庭院中，有厨子夫妇、管家、人力车夫。威尔玛很快就能用她初学到的汉语吩咐众人做家务。当然她本可以用手势或低声咕噜来表达，因为仆人们比她更清楚如何操持家务，但用语言更增添了她的自信。费正清的太太在汉语使用方面尚且如此勤奋，我们猜想他本人就应该更是如此了。经过 1932 年一个孜孜以求而无忧无虑在北方旅游的夏天，到 9 月他们也用完了所有来自北京的介绍信，有两个星期，他们每天访问 6 个人，有时一个下午出席 3 次茶会。由此可见在他们不上课的时候是如何和中国人频繁接触的，如此频繁的接触对于使用学到的汉语知识，提高汉语技能是大有益处的。在北京的第三年，费正清聘请了郭毓秀先生为教师，这是一位身材瘦削的老派学者，1934 年夏，他把郭先生带到一个基督教传教

① ［美］费正清：《费正清自传》，黎鸣等译，天津人民出版社 1993 年版，第 114 页。
② ［美］费正清：《费正清自传》，黎鸣等译，天津人民出版社 1993 年版，第 114 页。
③ ［美］费正清：《费正清自传》，黎鸣等译，天津人民出版社 1993 年版，第 114 页。
④ ［美］费正清：《费正清自传》，黎鸣等译，天津人民出版社 1993 年版，第 234 页。
⑤ ［美］费正清：《费正清自传》，黎鸣等译，天津人民出版社 1993 年版，第 62 页。

士常去的滹沱河谷地。每天黎明时分，郭先生都毫不迟误地起来，与他们一道阅读文献，后来又为他们制作词汇卡片，把翟理斯的维多利亚女王时代的用语抄录下来。他认为当地山西农民的方言很难懂，就总是重复地讲说他所听见的话，眼镜片后面的眼睛睁得老大，"像小鸟儿一样，叽叽喳喳，喋喋不休"①。

七　学习汉语：对中国学专业学生的要求

美国华裔学者赵如兰说：

> 我相信，使在哈佛的所有中国研究领域的学生都迫切地感到掌握中国语文的阅读和写作的需要，坚固地建立起这种需求，是发始与约翰创导的区域研究计划。这不仅是针对中国近代史专业的学生的特殊训练过程，而且给中国语言和文化研究研究的各个领域中未来的学者们制定了一个明智的研究政策。②

费正清送给学生傅佛果的书就包括一本初版的《库夫拉古汉语词典》和一本《辞海》。20 世纪 50 年代至 60 年代，费正清面对的学术界的情况是，中国研究作为一个学术领域刚刚成型，基本没有美国学者能够讲流利的汉语，也基本没有美国学者能在研究中运用中文文献，几乎没有关于中国浩如烟海的历史文献和政府文档的英文目录或介绍。在美国，只有相对较少的中文材料，在美国的大学里没有多少以汉语为母语的人能够为美国人提供汉语培训。1956 年，在一封写给文理学院主任的密函中，费正清描述当时的情形"在这个领域严重匮乏高水平人才。"③ 培养一个训练有素、具备从事中国研究所需的专业技能的学者群成了费正清的一个工作目标。当一个哈佛的学生决定主修中国近代史时，他告诉该学生："你应当去强化一下中文。"④

---

① ［美］费正清：《费正清自传》，黎鸣等译，天津人民出版社 1993 年版，第 114 页。

② ［美］保罗·柯文、默尔·戈德：《费正清的中国世界——同时代人的回忆》，东方出版中心 2000 年版，第 149 页。

③ ［美］保罗·柯文、默尔·戈德：《费正清的中国世界——同时代人的回忆》，东方出版中心 2000 年版，第 239 页。

④ ［美］保罗·柯文、默尔·戈德：《费正清的中国世界——同时代人的回忆》，东方出版中心 2000 年版，第 112 页。

八　英美比较：英国学生的汉语水平相对较低

虽然在民国时期，英国的著名大学（比如剑桥大学、牛津大学等）比美国的大学更有名，但英国大学培养出来的汉学专业的研究生，其水平却比美国低：

> 我们当中没有谁是从我们后来建起的装配车间出来的：2 至 3 年在美国的研究生院学习阅读；两年到中国（现在通常在台北）学习汉语口语和汉语写作；最后再花 2 至 3 年回到美国完成毕业论文，然后从事教学工作。这样一个七年一贯制造就了后来一批有能力的专家学者。①

1929 年秋天，当他到达牛津大学的贝里尔学院时，发现，牛津大学根本不是开始研究中国的好地方，它也不开设中国语言和中国历史的课程。牛津的学位不同于美国，不要求实地考察、语言或有关课程的准备，仅仅提交一篇阐述主体的论文即可，难怪费正清感叹："这是多简单的交易。"② 由此可知就汉语水平来说，美国大学的要求要明显高于英国。

---

① ［美］费正清：《费正清自传》，黎鸣等译，天津人民出版社 1993 年版，第 165 页。
② ［美］费正清：《费正清自传》，黎鸣等译，天津人民出版社 1993 年版，第 162 页。

第三章　汉语在日本人中的传播

第一节　民国时期日本在中国开展的汉语教育

清末民国时期，日本人在中国所进行的汉语教育不管在时间长度，还是在受教育者数量上，其都远远超越了其国内的汉语教育，这是不争的事实。身处可以与中国人直接交流的地方，汉语教育水平超越国内，这是再正常不过的。而中国东北地区的汉语教育是日本在战前战后进行的汉语教育中规模最大的。它不仅有普通教育和专业教育，还有职业教育和社会教育等，遍布所有部门。不仅在东北地区，在日本占领的中国其他地区，情况也类似。所以研究民国时期日本的汉语教育史，日本人在中国尤其是在中国东北地区进行的汉语教育就必须给予足够的重视，这样研究得出的结论才比较全面。需要说明的是：第一，汉语在日本国内的传播并不比在中国的日本人中传播的力度更大，再者汉语在日本国内的传播目前研究的成果已经比较多了，所以我们就专门研究汉语在旅华日侨中的传播；第二，本文中所说的满语都是指汉语。

一　汉语教学与社会教育机构密切相关

（一）中国东北日本人的汉语教学起源于社会教育

对于在中国东北的日本人的汉语教育，开始于明治三十八年（1905）七月一日设在"营口商业学校"的日本人夜校，具体情况不详，这可能就是日本人在中国东北的汉语教育的肇始。① 明治四十二年前后，"奉天外国语夜学校"和设立于十间房（地名，位于沈阳）的"清语学堂"这两所私立学校中也都在教授汉语。其中"清语学堂"是由中国东

---

① ［日］那須清：《旧外地における中国語教育》，不二出版社 1992 年版，第 8 页。

北地区汉语教育的先驱富谷兵次郎所经营。明治四十三年（1910）三月
一日，两校受到了居留民会的补助后合并，改称为"奉天外国语学校"，
设清语科和日语科。这是日本人在中国东北设立的最早的民间汉语教育机
构。明治四十三年五月满铁创设的实业补习学校也从一开始就设有清语
科。但根据规定，当时的科目都是选修课，学生可根据自身意愿选择一科
或数科。这一规定在大正二年（1913）进行了修改，科目被分为必修课
和选修课，汉语被纳入后者。在昭和六年（1931）的规定修改中，其和
英语、俄语等都归为外语。类似的社会补习学校还有很多，如大连语学
校、长春实业补习学校、大连商业补习学校、旅顺语言学校、长春和奉天
（今沈阳）的商业学校。中国东北地区日本人的汉语教学起源于社会教
育，这是与日本国内显著不同的，这可能有两个原因：其一是因为在中国
的日本人毕竟生活在中国人中间，学会汉语是他们正常生存的需要；其二
是为了更好地征服中国人，进而统治中国人。

（二）满铁的相关机构中广泛开展汉语教育

满铁出于完成其业务的需要，拥有数量较多的教育设施，这些设施中
都有汉语课程，其课程时间大致占到总时间的 6%—20%。例如，"南满
洲铁道株式会社育成学校"中，外语课程有英语、华语和俄语，每周各
五小时。由此可见，满铁在麾下各机构都开设了汉语教育，在汉语教育中
也可谓是独立王国。在满铁之外的团体经营的社会教育机构中，进行汉语
教育的除了东洋协会的语言学校之外，还有"安东中日恳亲学堂""吉林
中日语言学校""奉天同文商业学校"等。这些学校从校名来看，就可以
推测其应该为中日两国学生同校学习的，但详细情况还不得而知。"真宗
派奉天语学校"以及各地的 YMCA（Young Men's Christian Association，基
督教青年会，1844 年在伦敦成立）等，在宗教团体经营的设施中进行汉
语教育的也不少。

（三）汉语检定制度成为汉语社会教育的助推器

大正十一年（1922）十一月，满铁为进行语言学习奖励，制定了
《语言检定考试规程》，这是在对满铁原先施行的汉语及日语翻译资格考
试进行扩充而形成的。对日本人进行汉语考试，对中国人以及其他外国人
则进行日语考试，非满铁员工也可以参加，考试合格者可获得证书，考试
合格的满铁员工则根据级别以及身份不同将获得额度不菲的津贴。考试级
别设有特等、一等、二等以及三等，从大正十三年（1924）开始，针对
汉语又特设了四等。该考试显示了满铁这一特权企业的实力，不仅满铁员
工，对于在其他政府部门及商社就职的员工以及想去这些部门就职的人，

这一考试都是有利可图的，因此，参加考试者人数颇多。继满铁之后，大正十四年（1925）关东厅制定了《语言学习奖励规程》；昭和十一年（1936）伪满洲国政府也开始了语言检定考试。在七七事变后，华北、华中地区等也实行了类似的考试。语言检定考试制度之所以能够造就极为热情的汉语学习者，效果远超学校教育，其原因之一是抓住了人类逐利的本性。秩父固太郎的《简易汉语会话篇》自昭和三年（1928）初版到昭和十四年（1939），就重版了166次之多。一方面，该书的内容确实精彩；但另一方面，秩父氏担任了满铁的考试委员，该书被用于显示当时汉语考试的初级水平，考试真题也屡屡选自于该书。

（四）广播讲座增加了汉语教育的受众

昭和二年（1927）四月，大连广播台的汉语广播讲座开始。主讲者是中国东北地区初等汉语教育的第一人秩父固太郎，每周两次，每次30分钟，翌年一月结束。比东京广播台的冈仓英语讲座晚了两年，比该台的汉语讲座早了四年。《简易汉语会话篇》就是将当时的广播材料整理而成的。播放时在报纸上会刊载一次讲座的教材。为了让读者都能明白，发音用假名来标注，而且采取了能够表示在关东州使用的山东方言音的标注方式。出于实用的目的，这一地区的汉语教育首先开始于社会教育机构，然后再由高等普通教育以及专业教育机构进行。随着学习汉语人数的增加，又开展了具有现代色彩的广播讲座，满足了该地区社会对日本移民汉语技能的需求。这可能是因为汉语是毕业后实际工作中所不可或缺的技能，作为名副其实的补习教育的职业教育以及日常生活中必需的语言教育占据了其主要部分。尤其七七事变以后，汉语被作为日本人与中国人互相沟通的工具，这是很自然的。实业补习学校在汉语教育中的作用绝不可小觑。

（五）《善邻》杂志对普及汉语社会教育的作用

昭和五年（1940）十月，《善邻》杂志由中谷鹿二创刊。作为汉语学习杂志，该刊持续时间最长。其后在大连发起了善邻社，进行与汉语相关的出版工作，致力于汉语学习的普及。在中国东北地区认真学习过汉语的人中，可能无人不知《善邻》。在各类语言检定考试的考生中，估计也人人都购买过中谷的试题集。

二　中小学汉语教育的兴起

（一）小学的汉语教学

初等教育中加入汉语教育也相当早。中国东北地区日本人的初等教育中首次加设汉语课是在明治四十五年（1912）四月，与英语同为选修课，五年级以上每周两小时，教材不确定，参考《官话急就篇》等材料，由教师根据学生水平自由选择。教师多为汉语专家，缺乏初等教育的经验，仅采用对译教学法，尚未注意到教学目的以及方法论等。对此，当局在教育研究所中加设了汉语科，以培养汉语教师，还编撰教师用教材，发放到各学校，奖励教师进行以会话为主的教学，由此，该课程教学获得了突飞猛进的发展。

（二）中学的汉语教学

大正八年（1919）十一月"关东厅中学校规"出台。这是为配合当年"中学校令"进行修订，以及关东都督府撤销改为关东厅而制订的，但其中关于汉语的规定有了较大的变化。即，之前为"增其为任选科"，现在将其增加到学习课程亦即正课中了，"可将其作为任选课程"①。但修学的时间还是跟以前一样，位于第四、五学年。这一校规在大正十三年被再次修订，此时在第一至三学年，汉语也可作为选修课程。大正十年（1921）四月三十一日，关东厅中学校规进行了修订。将之前不明确的汉语授课目标定为"汉语教学要专以日常会话能力为宗旨"②。汉语之外的学科则依据中学校令施行规则来执行。根据当时施行的规则（明治三十四年三月五日日本文部省令第三号，中学校令实施规则），外语的教学目标是："外语教学之宗旨在于，获得理解并运用一般的英语、德语或法语的能力，并使其有资于增进知识。"与其相比，关于中国东北地区汉语教育的目的，单纯"获得处理事务之能力"、"专注获得日常会话之能力"③，这一想法直到昭和十八年都不曾改变。

三　汉语教育在中国东北地区的强化

（一）汉语教育在中小学的普及

大正十四年（1925）三月，出现了比较大的改革。满铁学务科当局明确了汉语教育的主旨，"对于将在满蒙地区从事各种业务的人来说，掌握汉语的必要性倍增"④，同时，在校规上，也规定"课程上应针对日常

---

① 　[日]那須清：《旧外地における中国語教育》，不二出版社 1992 年版，第 18 页。
② 　[日]那須清：《旧外地における中国語教育》，不二出版社 1992 年版，第 18—19 页。
③ 　[日]那須清：《旧外地における中国語教育》，不二出版社 1992 年版，第 19 页。
④ 　[日]那須清：《旧外地における中国語教育》，不二出版社 1992 年版，第 24 页。

会话及简单文章进行反复阅读书写练习，努力达到运用自如的水平"①，规定今后废除英语，主要教授汉语，在寻常科（普通小学）五、六年级每周各两学时，高等科则规定男生需学习四小时以内、女生需学习两小时的汉语正课，实现汉语学习在全年级学生中的普及。昭和二年（1927）关东州也设置了汉语加设规程，规定普通小学四年级以上一律增设汉语课，同时，因为统一教科书利于汉语的教学，因此，设置了双方共同参与的编撰委员，开始了汉语教科书的编撰工作。因此，稿本初等汉语教科书才被一直使用至昭和十一年。汉语教育的强化，不仅限于初等教育，在中等教育中也被推行了。昭和二年（1927年）四月"关东州小学校汉语加设规程"制定之后，同年五月，关东厅中学校以及高等女校的校规也被修订，之前汉语可定为随意科目，修改为需经关东长官的认可后，才可定为随意科目。同年六月，根据青年训练所令，制定了"关东州及南满洲铁道附属地青年训练所规则"。根据满铁的规程，总训练800学时中，汉语、俄语以及英语的实用会话以及讲读的时间有100学时，但可以想象，其中汉语应是最受重视的。

（二）关东局官制对汉语教育的强化

随着伪满洲国的成立，昭和九年（1934）二月关东局官制公布，自此中国东北全境的教育行政纳入日本大使馆管理，由关东局掌管，日本的大陆战略在教育层面也开始出现。昭和九年十二月《关东州小学校汉语加设规程》修订，随着关东局官制采取了更加强化的措施予以落实，如：昭和十年四月大连工业学校设立，该校课程中英语为每周一至三小时，汉语则是每周二至四小时。昭和十一年五月《关东师范学校官制》公布，日本人在中国东北开始正式施行师范教育。该规则要求男女生都须每周修习三小时汉语，而英语却无要求。

（三）汉语教育被清晰地明确为推行国策的工具

1. 小学汉语教学

昭和十六年（1941），《国民学校令及该法施行规则》公布后，日本驻中国东北当局也制订了《在满国民学校规则》。后者以前者为依据，以"依据皇国之道，实施初等普通教育，进行国民基础构建"② 为目的，但可能考虑到这一地区教育的特殊性，其比日本内地的实施规则更强调了军国主义教育。国民学校实行规则第一条有"奉教育敕语之钧旨……尤应

---

① 　［日］那須清：《旧外地における中国語教育》，不二出版社1992年版，第24页。

② 　［日］那須清：《旧外地における中国語教育》，不二出版社1992年版，第43页。

加深对国体之信念"①，与其相对应，在国民学校规则第五条中，又增加了"贯彻至诚尽忠"② 这一文字内容。

在国民学校规则中，有一项"大陆事情与满语"（这里的满语，指的是汉语），这是文部省的规则中所没有的。择其要点如下。

在满国民学校规则（抄）

在满教务部令第二号

昭和 16 年 4 月 1 日

第四条（第二项）国民科中应细分为修身、国语、国史地理以及大陆事情与满语等科目。

第六条（第一项）国民科应（使学生）习得我国之道德、语言、历史、国土国情以及大陆事情与满语等。

第十条　国民科大陆事情与满语课程，旨在让学生在了解满洲及东亚相关概况的同时，习得简单的满语，使其觉悟皇国国民在大陆的使命。初等科应教授自满洲自然、风俗、习惯等到历史地理的概况以及简单的满语；高等科应在初等科基础上进行扩展，使其了解东亚概况，教授日常须知的满语；加强与其他科目的联系，对于与我国关系重大之事项，应格外留意；应留意满语的语音语调，用实物实事进行指导，同时也可知晓习俗之一端。

第十三条（理数科理科，第七项）配合国民科大陆事情与满语，使学生了解与满洲相适应的生活方式，并进行实践练习。③

根据这一规则，在中国东北地区的日本国民学校中，无论是名义上还是事实上，汉语都是必修课程。初等科一年到三年，尽管没有专门教授汉语的时间，但作为《大陆事情之大要》的一部分，已进行了前期的汉语教育，从第四年开始，每周一小时，到了高等科，则每周有两小时的汉语课程。尽管授课时数与旧制度相同，但授课要旨却从原先的"具备处理事务之能力"修改为"使其觉悟皇国民之使命"、"兼以知晓习俗之一端"④，汉语教育被清晰地明确为推行国策的工具。但是，正如第十三条

---

① ［日］那须清：《旧外地における中国語教育》，不二出版社 1992 年版，第 43 页。

② ［日］那须清：《旧外地における中国語教育》，不二出版社 1992 年版，第 43 页。

③ ［日］那须清：《旧外地における中国語教育》，不二出版社 1992 年版，第 45 页。

④ ［日］那须清：《旧外地における中国語教育》，不二出版社 1992 年版，第 73 页。

理数科理科规定中所显示的，其中也保留了基于当地生活需求的汉语教育传统。

2. 中学汉语教学

在《关东州中学校规则》中，昭和二年的"汉语在获得关东长官的特别许可后，方可作为随意科目"，被修改成"第一学年与第二学年，每年需满足每周两学时"，汉语成了外语科目的首要语种。在《关东州高等女学校规则》中，原本也与中学校规定一致，如今基本科目中的外来语被规定为"仅限满语"，在增补科目中，也规定"满语之外，可稍稍学习俄语、德语或是英语"。① 师范学校的基本科目中，外语被限定为汉语。在实业学校中，虽没有限于汉语这一规定，但根据之前的情况可认为，汉语是其最重要科目。根据这一修订，汉语不仅成了必修课，其教学要求也从之前的"专以获得会话之能力"变成了"培养理解力、发表力，获取关于满洲国及其他外国国情的正确认识，以资于国民之自觉"②。其要旨都是依据文部省的中等诸学校规则而定的。中国东北地区日本人中等学校的汉语教育方针，自开始以来，经过了 30 年，终于达到了与英、德、法语比肩的地位。

四　汉语教师不能满足汉语教学的要求

（一）汉语教师水平不高

日本人在中国东北地区开展汉语教学之初，当时也没有特别规定小学汉语教师需要有何资格。教师的培养是由设置于奉天的朝日高等女学校的满语教员讲习会负责。如果在讲习会学习数月，通过了检定考试的三等左右，那就可以了。这种水平的师资是不可能运用直接法教学的，而当时中国东北地区的汉语教育界鼓励教师使用直接法教学。中等学校汉语教员的资质也很有问题。根据规定，官立外国语学校的毕业生如果修习了教育学，那其语言能力将不作特别考查。虽说并非是外语教师只要有语言能力就可以了，但如果语言能力不够强的话，那么他们也不具备语言教师的资格。尤其在现场教授汉语，语言能力更容易被评价，这是很严重的问题。小学生姑且不论，到了中学生阶段，学生们对于老师的反应较为敏感，这大大影响了教育效果。如果像英语一样，它们只是被看作了入学考试而进行语言学习，那么教师的口头能力也没有太大关系，然而，汉语学习的

---

①　［日］那须清：《旧外地における中国語教育》，不二出版社 1992 年版，第 53 页。

②　［日］那须清：《旧外地における中国語教育》，不二出版社 1992 年版，第 54 页。

目的是"专门修得日常会话能力"，如果教师的口头语言能力被学生所怀疑，那么教育效果将为零。当时在中国东北的日本中学生里，就会话能力而言，远超过官立外语学校的毕业生大有人在。他们对于教师语言能力的评价，严重影响了其他学生的学习热情。

（二）汉语教师数量不够

中国东北日本人的人口，在九一八事变后急剧增加，几乎每隔五年就实现倍增。与此同时，小学里的学生也数量剧增，汉语任课教员明显趋于不足。小学的汉语教员多为专科训导或是外聘人员，身份不稳定，在九一八事变之后，对于汉语人才的需求增加，不断有教员辞去教职转而从事待遇较好的其他工作。对于汉语教师的培养原本就没怎么进行，由于事态的剧变，别说能满足学生数量的增加了，就连补充空缺都困难。

五　汉语教材

（一）小学汉语教材

1.《初等汉语教科书（稿本）》

大正十四年（1925）以后，日本的初等教育——小学校寻常科汉语正式纳入外国语言，在外语教材领域具有划时代意义的《初等汉语教科书（稿本）》被编撰出来。此事值得重视，并不是因为它是给普通小学（寻常科）学生教授外语的最初的准国定教科书，而是由于其编写是以"直接式"教学法为前提的。《初等汉语教科书》一直使用至昭和十一年（1936）。《稿本》从小学普通科第四学年用的第一卷开始，共有五卷，可用至高等科第二学年。卷一的初版出版于昭和三年四月，卷一与卷二完全不用文字，仅刊有图画，卷三使用了注音符号，卷四、卷五则是汉字教材。各卷都附有教师用书，说明甚详。下面，我们从教师用书的序言来看一下《稿本》的编写方针。首先，关于儿童用书不使用文字的理由，其阐述如下，"其理由在于，为纠正之前汉语教育中存在的对译式教学、朗读为主的教学方法的弊端，在确立直观式教学、会话为主的教学方式的同时，为激起学生兴趣，加深其印象，使其通过模仿完成自然的学习"①。作为教学时的注意事项，其又强调了所谓的"直接法"，"原则上不使用母语，而使用汉语进行教授，心中应常存此念，除了使用直观物之外，还需灵活运用事物的状态、动作、手势、表情等，以充分实现其目的"。②

---

①　［日］那须清：《旧外地における中国語教育》，不二出版社1992年版，第29页。

②　［日］那须清：《旧外地における中国語教育》，不二出版社1992年版，第29页。

关于教材的内容，卷一至卷三主要为与学习生活相关的所谓教室会话，在此基础上，逐渐增加关于家庭生活、社会生活的内容。在高等科使用的教材中关于社会生活的内容增加了。

2.《初等汉语教科书》

昭和十二年（1937）三月以后发行的《初等汉语教科书》中，基于《稿本》的经验，增加了如下改革：

（1）《稿本》卷一至卷三都没有文字，从卷一就开始使用汉字，整个三卷中总计有汉字 400 个。

（2）废弃了《稿本》中使用的注音符号，采用了宫越式的假名表示发音。

（3）教材内容从原先《稿本》的学校中心主义扩大至社会生活相关方面。①

使用汉字，是为了便于儿童复习，采用假名，则是为了减轻学习负担，那么新教科书使用的效果就令人大失所望。《满语教育》中写道，"本期的汉语教育，虽然标榜着改革而起步，但完全没显示出丝毫进步，反而呈现出正向第一期时代的朗读本位的对译教学退步的状态。"②

3.《初等科满语》

昭和十九年（1944），《初等科满语》终于出版了。该教材尽管仅限于在中国东北这一特殊区域使用，但也是日本小学初等科最初使用的国定外语教材。大陆事情及满语科从初等科一至三年级，都没有满语的教科书，在《满洲一年、满洲二年、满洲三年》中，加入了些贴近儿童生活的满语单词，以激起其对满语的兴趣，到了四年级才分化为《初等科满语》。下面，笔者根据《初等科满语第四学年教师用书》来介绍其概要。

编撰的方针是"从以儿童生活为中心的简单事物的名称、简单动作词、在满国人生活常用语等开始，了解满人的习俗、民族性等，选取有利于民族协和之内容"③，在进行教材选择与排列时，需注意如下诸点：

---

① ［日］那须清：《旧外地における中国語教育》，不二出版社 1992 年版，第 37 页。
② ［日］那须清：《旧外地における中国語教育》，不二出版社 1992 年版，第 37 页。
③ ［日］那须清：《旧外地における中国語教育》，不二出版社 1992 年版，第 49 页。

（1）从以学校生活为中心，逐渐涉及日常须知的内容。较早地将比较难以学习的内容（从"谁"、"什么"、"先生"、"学生"等例子可看出，是发音上的难点）作为必须指导内容加以提出。

（2）选择概念明确且便于开展运用的内容。

（3）努力使儿童产生兴趣。

（4）使每课都集中于一个主题，尽量使教材中的人物各卷都保持一致。

（5）以客观性表达为主。

（6）前后相联系，循环排列。

（7）教材通过文章和插图进行表现。文章采取语调活泼的会话文，同时以词汇为单位进行分写。在进行分写时，根据语句相互之间关系的深浅确定间隔，使语言形态表现在文字层面。①

（二）中学汉语教材

在昭和十一年（1936）后发行的《中等汉语教本》之前开始，中等学校中的汉语教科书，就已有被统一使用的教材《中学华语》了。据该教材的使用者那须清记忆，该教材的内容最开始是仅以注音字母标注的单词，逐渐夹杂汉字，从短句逐渐向句子过渡。卷一中的插图特别丰富，每课都有包含重要句型的补充练习和作文。从编写的形式来看，可以认为其期望能进行直接法教学。然而，从学生角度来看，要记那些不熟悉的注音字母却非常辛苦，同时对于结合韵母的不合理的读法，也颇有抵触。与同时开始学习的英语的发音符号相比，汉语让人有一种非文化性的印象。②《中学华语》之后发行的《中等汉语教本》，正如《稿本》向《初等汉语教科书》的修订一样，保守色彩浓厚了。注音字母从正文中消失了，只用于栏外新出现生字的注音，从卷一的第一课开始，全文都使用汉字，插图的数量也减少了。该套教材由第一、二、三卷构成，每卷各40课，每卷平均有新字330字，共计983字，每周学时两小时，可用三年时间。尽管满语在1941年成为中学的正科，但却没有像小学那样编纂新的教材，从昭和十二年（1937）发行《中等汉语教本》后，再没有出现过新的教科书。

---

① ［日］那须清：《旧外地における中国語教育》，不二出版社1992年版，第50页。

② ［日］那须清：《旧外地における中国語教育》，不二出版社1992年版，第42页。

六 伪满洲国进行的满语教育

(一) 汉语教育在伪满洲国的开始

伪满洲国在五族协和的名义下，面向日系官吏开设满语教育。其肇始于建立后不久开设的"语学讲习所"，以顺利完成公务、提高事务效率、日满官吏相互间的沟通为目的，对日系官吏教授满语，对满系官吏教授日语，每周三次课程，每次八十分钟，学习周期为四个月。同时，仿照满铁，从康德三年（昭和十一年）开始了第一次语学检定考试，之后每年实施。该考试最初面向官吏，后来也向一般人开放了。最后，通过康德十一年的"语学检定考试令"成为了国家考试。在伪满洲国设立的学校中，以建国大学为中心的高等教育机构采取日满共学的形式，对于日系学生也进行了满语教育。

(二) 注音符号改满语假名

康德五年，伪满洲国在民政部设立了"满语调查委员会"。该会分为国语政策调查班、常用汉字选定班、音标文字研究班等，其中引人关注的是第三班，该班专注于运用日语假名来书写满语的研究。该项工作被认为是开始于康德元年热河省公署发表的"满洲国语音标"，其实真正开始是在音标文字研究班起步后。以康德五年曾格提出的方案为代表，一共有好几种方案，康德八年十月才形成了定案，并废除了之前使用的注音符号。康德九年"满语假名拼音表"进行修正后，成为最终方案——康德十一年的"满语假名"。其全貌如今已无法了解。从当时的形势来看，其意图是在于将其作为正书法的一种。不言而喻，这是在日本方面压力的产物，但相关方面不少人都深受该愚蠢政策之害。在满语假名被制订的同时，松花江流域的方言被确定为标准语。

(三) 在中国东北地区发行的汉语相关图书

根据六角恒广的书目显示，在中国东北最早发行的汉语学习用书，是明治四十三年（1907）六月的青砥头夫《汉语讲义》。与当时的台湾、上海、北京相比，相当滞后，由此可见当时这一地区还处于文化不毛之地。大正末年开始，以大连的"大阪屋号书店"、中谷氏的"善邻社"、饭河氏的"东方印书馆"等为中心，到战争结束之前，一百几十种汉语相关图书出版。这一数量，不过占汉语相关图书的一成，从学习人口来看的话，也是过于稀少，这是由于，一直到战争结束为止，中国东北地区在文化上被殖民地化了。但同时，也有一些具有当地特色的图书，如：张毓灵、权宁世《汉语疑问例解》、饭河道雄《支那语速成讲座》《续支那语速成讲座》、渡会贞辅《汉语漫谈》等。

七 东北地区之外的汉语教育概况

在中国其他地方的日本学校，尤其是小学，在七七事变之前，仅有一部分学校将汉语作为任选课目或选修科目加以导入，即使变更为国民学校后，很多学校也只是将其作为课外科目。总体而言，中国内地的日本人对汉语教育的热情要低于东北地区。

（一）小学汉语教育

小学的汉语教育分为三个时期。

第一时期，七七事变以前的时期。

"天津寻常高等小学"于昭和三年（1928）十一月二十二日提交的校规变更认可申请书所附的校规中，有如下内容：

> 第五条 作为高等科之科目，为男孩设置汉语，为女孩设置缝纫、家务。①

由此可知，此时高等科的男孩已经在学习汉语了。根据昭和八年（1934）八月的《上海居留民团立学校一览》，日本寻常高等小学由中华民国的老师在教授上海话。在中国东北汉语已成为正规科目后，而在中国内地的日本小学中，此时还只见于高等科或是补习科，而且还只是任选课或选修课。

第二时期，七七事变以后。

青岛的五所日本学校（青岛小学、四方小学等），从昭和初期、九一八事变以前就已经开始在进行汉语教育了。自大正十二年起，上述学校补习课程科目为缝纫、英语与汉语，男生为实业课程，女生则有家务及缝纫课，同时，英语和汉语是任选课程。

"南京日本小学校校规" 昭和十四年（1939年）八月一日规定：

> 寻常科的课程中，（中略）为男女生增设汉语，为女生始增家务与缝纫；高等科的科目中，（中略）为男女生增设汉语，为女生增设家务与缝纫。②

---

① ［日］那須清：《旧外地における中国語教育》，不二出版社1992年版，第69页。

② ［日］那須清：《旧外地における中国語教育》，不二出版社1992年版，第71页。

这是在中国的日本小学寻常科中，汉语首次作为正规科目登场。"上海日本寻常高等小学校规""广东日本寻常高等小学校规"也先后将汉语定为任选课。

第三时期，国民学校以后时期。

在外指定学校数量为 141 所。

昭和十六年（1941）三月一日，国民学校令公布后，小学改称为国民学校。更名为国民学校后，在中国的日本人学校设置了"大陆事情及中国语"课程。在满国民学校规则满教务令第二号，昭和十六年四月一日

第十条

　　国民科大陆事情及满语课旨在使学生知晓满洲及东亚相关国情之概要，同时使其习得简单之满语，使其觉悟皇国民在大陆之使命。

　　初等科应教授满洲自然、风俗、习惯等历史地理的概况以及简单的满语；

　　高等科应在初等科基础上进行扩展，使其了解东亚概况，教授日常须知的满语；

　　应留意满语的语音语调，用实物实事进行指导，同时也可知晓习俗之一端。

　　初等科第一至第三学年为每周一小时，第四至第六学年为每周二小时，其中满语为每周一小时。高等科为每周三小时，其中满语为每周二小时。①

（二）中学汉语教育

汉语教育被引入中学的具体时期并不明确。汉语为任选课目。比较早的学校如"青岛中学校规则"规定，

　　第四条　本校科目有修身、国语及汉文、英语、汉语。②

北京、天津的中学校也都有类似的规定。

---

① 　[日] 那須清：《旧外地における中国語教育》，不二出版社 1992 年版，第 73 页。
② 　[日] 那須清：《旧外地における中国語教育》，不二出版社 1992 年版，第 75 页。

（三）开设汉语的大学

在中国的日本学校，除了中小学，还有上海的东亚同文书院大学、北京的北京经济专科学校以及哈尔滨学院、北京工业专科学校等重视汉语教育的学校。这些学校以东亚同文书院为代表。

第二节　汉语教育的教学法研究

一　相关概念及本研究的重要性

本文所说的汉语教育，当然是以日本移民为对象，但不仅限于学校教育，通过广播进行的汉语教育或是以检定考试等进行的学习奖励等广义教育也涵盖在内。此外，除了日方实施的教育之外，伪满洲国方面针对日本人进行的汉语教育也包含在内。在中国东北对日本移民所进行的汉语教育，据日本学者那须清说，开始于明治三十八年（1905）七月一日设在"营口商业学校"的日本人夜校。明治三十九年（1906）三月，"关东州小学规定"制定的科目中并无汉语。此后明治四十二年（1909）三月，日本占领的中国东北地区最初的中学"关东都督府中学"设立。该校校规中第五条规定，清语为任选科目，这是日本在中国东北地区官办中学科目中汉语登场的最初记录。①

该地区的汉语教育在日本战前战后进行的汉语教育中规模最大。它不仅有普通教育和专业教育，还有职业教育和社会教育等，遍布所有部门，正如今日的英语教育一般。从国民学校第一学年就将汉语作为主课之一，一直到大学都将汉语作为主要的外语之一，学生学习时间之长是举世罕见的。不论地域上，还是时间上，如果要研究日本的汉语（中国语）教育史，中国东北地区日本人的汉语教育史都是必须要研究的，但是遗憾的是，就目前我们得到的资料看，国内外相关文献很少，研究日本汉语教育教学法的文献就不多，至于研究中国东北地区日本人汉语教学的文献就更少，国内如：王顺洪《日本二战时期在日本"移民"中推行的汉语教育》（《国际汉语教育》2010 年第 4 期）和李素桢《伪满洲国时代日本人的汉语检定史的研究》，（《直面血与火——国际殖民主义教育文化论集》，内蒙古大学出版社，2006）；国外如：那须清《旧外地における中国語教

---

① ［日］那须清：《旧外地における中国語教育》，不二出版社 1992 年版，第 9 页。

育》，不二出版社，1992。但是对中国东北地区日本人汉语教育中的教学法进行研究的专门文献，目前我们还没见到。

二　汉语教育中直接教学法的由来

（一）中国东北地区的汉语教育和日本国内的汉语教育不同

日本国内的汉语教育，自明治初年以来直至二战结束，其目的都在于教授入侵大陆所需的实用语言。在这一点上，中国东北的日本人汉语教育与其并无本质区别。但是，前者只注重实用目的，不太重视教学法。作为民国时期日本汉语教学的泰斗，宫岛大八推行的是中国传统的背诵法。宫岛大八所编的《急就篇》没有任何语音、语法方面的说明，因此教学只能采用中国传统的教学法，即教师反复领读的形式。学生一般采用背诵法学习，不需问为什么，背下来即可。而在中国东北地区日本人汉语教学的推进过程中，却非常重视教学法的使用。因为这一地区的汉语教育身处中国实地，人们学习汉语的目的就是为了便于和中国人交流，另外也是为了通过汉语水平的检定，以便获取相应的经济利益。在此情况下，所教授的汉语效果到底如何、能否实用马上就会水落石出。在日本国内，教育者可依据自身的判断来进行教学，而在中国东北其结果马上就被检验，因此，教师无法自以为是。所以教师就要自觉地使用富有成效的教学法，以取得良好的教学效果。

（二）中国东北地区日语教学对该地区汉语教育中使用直接法的影响

中国东北地区的汉语教育者无法忽视该地区对中国人进行日语教育中产生的教学法研究成果的影响。在中国东北的日语教育界最迟在明治四十五年（1912）就已经引入了新的外语教学法——"贝立兹教学法"，也就是直接教学法，不久就开始实施。其结果是，与所谓的"译读式"教学相比，此类教学法的成果有显著不同。所谓的直接式教学法在中国东北的日语教育中发挥了重要作用，尽管也不能全部归功于教学法的改进，总之，日语教学中的新趋势，对中国东北的汉语教育界产生了巨大的影响，这是无法否认的。

当时推进中国东北地区汉语教育使用直接法的是山口喜一郎和饭河道雄二人。山口曾在我国台湾和朝鲜钻研日语的直接式教学法，并积累了多年的日语教育经验。大正三年，受聘为在辽阳公学堂举行的日语教学法研究会的授课讲师。山口在其《日语教学法原理》里，曾对在中国东北出版的某汉语教材进行了严厉批评，可见其对于汉语的教学法也颇为关心，对于教材编辑部的工作必然也建议良多。饭河在致力于日语教育的同时，也颇用心于汉语教育。他自明治四十四年（1911）进入满铁以来，主要负责对中国人的教育，历任南满中学堂校长、旅顺第二中学校长等职，关于汉语著述甚多，尤其《支那语速成讲座》《续支那语速成讲座》总计十二册都由其独自完成，该讲座中，亦有对弗朗索瓦（法国人，Francois Gouin）和贝尔兹等语言学习理论的阐释。当时的汉语学习用书中，有这样内容的恐怕再无其他了。中国东北地区日本人的汉语教育，虽说是开始于明治末年，但与英语教育的沿革与规模相比，还是非常微小的，尚为一块处女地。再加上身处现场以及日语教学研究的成果的影响，使其更易于接受教学法的革新。

三　汉语教育中体现直接法的教科书

大正十年（1921）四月三十一日，关东厅中学校规进行了修订。其主要宗旨在于为中国人也提供入学方便，同时，也将之前不明确的汉语授课目标定为"支那语教学要专以日常会话能力为宗旨。"① 汉语之外的学科则依据中学校令施行规则来执行。根据当时施行的规则（明治三十四年三月五日文部省令第三号，中学校令实施规则），外语的教学目标是："外语教学之宗旨在于，获得理解并运用一般的英语、德语或法语的能力，并使其有资于增进知识。"② 与其相比，关于这一地区汉语教育的目的，单纯"获得处理事务之能力"，"专注获得日常会话之能力"③，这一想法直到昭和十八年（1943）都不曾改变。汉语教育宗旨的确定，为与之适应的教科书的编辑出版奠定了政策基础。

之前中国东北地区日本人汉语教育的强化都是主要通过中等学校和检定考试来进行的。大正十四年以后，随着上述汉语教育宗旨的确立，强化汉语教育的浪潮影响到了初等教育。日本的初等教育——小学校寻常科——正式纳入外国语言，还是从汉语开始的。然后教科书也随之得到了研究，在外语教材领域具有划时代意义的《初等汉语教科书（稿本）》被编撰出来。《初等汉语教科书（稿本）》（以下略称为《稿本》）值得注目，并不是因为其（可能）是给普通小学（寻常科）学生教授外语的最初的准国定教科书，而是由于其编写是以"直接式"教学法为前提的。

---

① ［日］那須清：《旧外地における中国語教育》，不二出版社 1992 年版，第 18 页。
② ［日］那須清：《旧外地における中国語教育》，不二出版社 1992 年版，第 19 页。
③ ［日］那須清：《旧外地における中国語教育》，不二出版社 1992 年版，第 19 页。

四　直接法在汉语教育中的使用效果不佳

（一）直接法使用的情况

中国东北地区的日本教育当局和研究者想要在汉语教育中推行直接法的初心是好的，但实际效果却不尽如人意。据那须清先生的记忆，他上小学开始学汉语时，教科书的第一页画着三个中国孩子，分别在站着、行着礼和坐着。记得第一次课上，学生们一边说着"站起来，行礼，坐下"，一边重复着这些动作。这本教材是依据直接教学法来编定的。"汉语与中学考试没关系，所以大家确实都不怎么上心。小学时，除了每周一次的课程之外，还有支那语戏剧等，学校方面确实是下了功夫，但孩子们的反应很漠然。"①

（二）直接法使用效果不佳的原因

1. 教师汉语水平不够

根据《满语教育》，昭和十六年（1941）前后采用了"满洲国语学检定考试"。教师的培养是由设置于奉天朝日高等女学校的满语教员讲习会负责。如果在讲习会学习数月，通过了检定考试的三等左右，那就可以了。这种水平的师资是不可能进行直接法教学的。对于采用直接法的老师，其必需的是语言学习相关知识，以及不输于母语水平的语言能力。在中国东北的日语教育中，直接法之所以能够成功，一方面是由于教师由日本人或是日语非常娴熟的中国人所担任，同时，中国儿童具有旺盛的学习欲望，这样才取得了很好的成绩。如果认为这也能适用于条件完全不同的汉语教育，那就大错特错了。如果真期待直接法的效果，那么应该更加致力于教师的培养，以及让中国人作为辅助者进行协作。

而关于中等学校的汉语教员，仅仅到讲习会进修了是不被许可的，昭和四年（1929）其任职资格被指定。但这里也不是没有问题，例如：著名日本汉语教育者那须清回忆，他上二年级的时候，汉语教师是刚从东京外国语毕业的年轻老师。他之所以来东北，是由于对汉语很有信心，打算来认真教学。同学里有个男生出生于北京，上汉语课时，他总是四处张望，老师让他读课文，也是胡乱读读。有一天，忍无可忍的老师终于大发雷霆，把他训了一顿，结果，他突然站起来，用非常流畅的北京话滔滔不绝，而老师却一句话也答不上来。从那天以后，同学们上汉语课的态度完

---

① ［日］那须清：《旧外地における中国語教育》，不二出版社1992年版，第99页。

全不同了。①

2. 九一八事变对汉语教学的影响

中国东北的日本人人口，在九一八事变后发生了急剧的增加潮，几乎每隔五年就实现倍增。与此同时，小学里的学生也数量剧增，汉语任课教员明显趋于不足。小学的汉语教员多为专科训导或是外聘人员，身份不稳定，在事变之后，对于汉语人才的需求增加，不断有教员辞去教职转而从事待遇较好的其他工作。对于汉语教师的培养原本就没怎么进行，由于事态的剧变，别说能满足学生数量的增加了，就连补充空缺都困难。在这种情况下，直接法教学已经完全不可行了。

昭和十二年（1937）三月以后发行的《初等汉语教科书》中，基于《稿本》的经验，增加了如下的改革：

> 一、《稿本》卷一至卷三都没有文字，从卷一就开始使用汉字，整个三卷中总计有汉字 400 个。
>
> 二、废弃了《稿本》中使用的注音符号，采用了宫越式的假名表示发音。
>
> 三、教材内容从原先《稿本》的学校中心主义扩大至社会生活相关方面。②

使用汉字，是为了便于儿童复习，采用假名，则是为了减轻学习负担。那么新教科书使用的效果如何呢？好像这又大失所望。《满语教育》中写道，"本期的汉语教育，虽然标榜着改革而起步，但完全没显示出丝毫进步，反而呈现出正向第一期时代的朗读本位的对译教学退步的状态"③，并指出了两点原因：

> 一方面力图避免陷入文字为主体的教学以及朗读本位的对译式教学的弊端，同时又缺失教学参考书内容，没有关于指导过程以及直接式指导法的记录；另一方面教师的大部分都致力于培养自身的语言能力，尚未达到能研究汉语教学理论与实践方法的地步。④

---

① [日] 那須清：《旧外地における中国語教育》，不二出版社 1992 年版，第 101 页。

② [日] 那須清：《旧外地における中国語教育》，不二出版社 1992 年版，第 37 页。

③ [日] 那須清：《旧外地における中国語教育》，不二出版社 1992 年版，第 37 页。

④ [日] 那須清：《旧外地における中国語教育》，不二出版社 1992 年版，第 37 页。

　　那么，使用这样的教科书，到底取得了怎样的成绩呢？可以说，其所期望的成果完全没有实现。其中有多种内容，从该教科书以及"直接法"实施条件来看，可以借用《满语教育》的内容来说明：取材太过于偏重学校生活，缺乏以儿童为中心的社会生活日常必需的教学材料，故此，无法体会实用之妙处。仅以图画构成的教科书，使得复习学习结果更加困难。注音符号构成了很大负担，有还似无，反而误事。从语言教育的本质来看，该教材的编写方针，可以说是最接近理想了。但是，这种理想的语言教科书，却不受实践工作者的欢迎，而不得不进行修订的根本原因，在于其没有考虑教师的能力，同时又无视教学时间的不足。也就是说，使用该教科书进行直接式授课，需要以教师有充分的语言能力，并且在上课学时方面，也要求有足够的学时，至少保障隔日授课，使上次课的授课内容还在耳边留有印象。

第三节　东亚同文书院的汉语教学研究

　　1884 年日本人在上海建立东洋学馆，培养将来在中国从事某种业务的人才，开启了日本人在海外开展中国语教育的先河。这之前日本国内的中国语教育，不论官办学校，还是民办书院，其目的都是培养一般意义上的翻译，而不是培养懂中国语的实务性人才。从东洋学馆、亚细亚学馆，到日清贸易研究所，再到东亚同文书院，这种旨在主要培养商务中国通的日本海外中国语学校，不论办学指针、教学设计，还是教学设施都达到了前无古人后无来者的水平。日本的中国语教育，从中日甲午战争后到第二次世界大战日本战败的昭和二十年（1945）有四根支柱①，东亚同文书院和善邻书院、东京外国语学校和高等商业学校并列为四根支柱之一。而与其他三根支柱学校不同的是东亚同文书院是唯一的海外中国语学校，研究该校中国语教育的历史对完善日本中国语教育史的研究，对探讨汉语作为特殊用途的教育——商务汉语教育的有效途径都势在必行。另一方面，在战前位于海外的日本高等教育机构中，最古老、历史最悠久的就是东亚同文书院。研究该校的历史对于完善日本的高等教育史，完善日本的中国语教学史，完善日本的海外中国语教学史都有重要的学术价值。该校学生学

----

①　[日] 六角恒广：《日本中国语教育史研究》，北京语言学院出版社 1992 年版，第186 页。

习的主要内容是经济和政治，开始几年设置商务科和政治科，但后来就只有商务科了；不管是两科并存，还是一科独立，都是经济为主，政治为辅。所以我们本文就主要探讨该校的商务科的教学情况，尤其深入研究商务科的汉语教学情况。

一　商务科的课程设置

（一）商务科的课程表

通过下面几个表，可以看到东亚同文书院对汉语教学的重视。

1. 1900 年开校时的课程设置①

	伦理		国际商务		中国文化		汉语汉字		英语	
	课时	比例	课时	比例	课时	比例	课时	比例	课时	比例
第一学年	1	3.03%	9	27.27%	4	12.12%	12	36.36%	7	21.21%
第二学年	1	2.94%	16	23.53%	6	17.65%	11	33.33%	7	20.59%
第三学年	1	2.70%	22	40.54%	2	5.41%	12	32.43%	7	18.92%
三年合计	3	2.88%	37	29.6%	12	9.52%	35	28%	21	20.19%

注：第一学年每周的课时量是 33 节，第二学年每周的课时量是 34 节，第三学年每周的课时量是 37 节。

2. 1922 年的课程表②

	伦理		国际商务		中国文化		汉语汉字		英语	
	课时	比例	课时	比例	课时	比例	课时	比例	课时	比例
第一学年	1	2.94%	11	32.35%	3	8.82%	12	35.29%	7	20.59%
第二学年	1	3.03%	11	33.33%	4	12.12%	11	33.33%	6	21.21%
第三学年	1	3.45%	13	44.83%	2	6.90%	9	31.03%	4	13.79%
第四学年	1	3.45	14	48.28%	2	6.90%	7	24.14%	5	17.24%
四年合计	4	3.2%	49	39.2%	11	8.8%	39	31.2%	22	17.6%

注：第一学年每周的课时量是 34 节，第二学年每周的课时量是 33 节，第三学年和第四学年每周的课时量都是 29 节。

---

① ［日］六角恒广：《日本中国语教育史研究》，北京语言学院出版社 1992 年版，第 228 页。

② ［日］六角恒广：《日本中国语教育史研究》，北京语言学院出版社 1992 年版，第 246—247 页。

3. 1930 年商业科的课程表①

	伦理		国际商务		中国文化		汉语汉字		英语	
	课时	比例	课时	比例	课时	比例	课时	比例	课时	比例
第一学年	1	2.94%	15.5	45.59%	2	5.88%	10	29.41%	5.5	16.18%
第二学年	1	2.94%	13	38.24%	2	5.88%	12	35.29%	6	17.65%
第三学年	1	2.94%	16	47.06%	2	5.88%	9	26.47%	6	17.65%
第四学年	1	2.94%	16	47.06%	3	8.82%	9	26.47%	5	16.18%
四年合计	4	2.94%	60.5	44.49%	9	6.62%	40	29.41%	22.5	16.54%

注：每学年每周的课时量都是 34 节。

4. 1939 年商业科的课程表

1939 年东亚同文书院升格为大学，预科二年，本科三年。

在预科阶段，中国语仍是重要学科，和英语学时量比较，第一学年是 2/3，第二学年是 3/5。如果将中国语的学时量与总学时数比较，预科两年均占四分之一强。在本科三年阶段，东亚同文书院一改本科不设外语或只作选修课的做法，在该阶段的第一和第二学年仍将中国语作为必修课，第一学年 7 节，英语 2 节；第二学年 4 节，英语没有。第三学年就不设外语了，但通过前两年外语课程的设置仍可看出东亚同文书院对中国语课的重视。

（二）商务科课程设置依据

1. 甲午战争后日方对待中日关系的指导思想

中日甲午战争时期日本的政治动向是经营新占殖民地——台湾，并准备对朝鲜和中国发动新的侵略。该政治动向引起了广大国民的关注，以中国台湾、朝鲜和中国大陆为研究对象的社团相继诞生，东亚同文会就是这样的团体。

东亚同文会成立时的纲领和宣言书：

纲领：

一、保全支那；

二、助成支那及朝鲜之改善；

---

① ［日］六角恒广：《日本中国语教育史研究》，北京语言学院出版社 1992 年版，第 249 页。

　　三、探讨支那及朝鲜时事，以期实行；

　　四、唤起国论。

这其中第二条、第三条意思是，六角恒广解释说：

　　当时尚未走向近代国家的中国、朝鲜，封建末期的各种问题不断发生，因而想对其"改善"给以帮助。也就是说，日本的民间团体及其成员，想直接去中国和朝鲜，在政治、经济、文化等各个领域里从事工作。这意味着，想要服务于日本的对外侵略政策，所以才需研究中国和朝鲜的时事。①

南京同文书院（东亚同文书院的前身）第二班的学生内藤熊喜，这样回忆了当时的情况：

　　因为是处于北清事变后时期，校址在大陆，所以，具有梦一样强烈冒险心的小伙子们，似乎自然地来入学。这些学生，在年龄方面、社会方面，情况复杂，从十八岁到三十五岁，参差不齐。……但全是豪杰，心情就像闯入危险地一样，小刀、短刀不必说，甚至连手枪也藏在行李里。②

六角恒广评价说："东亚同文书院招收的第一届学生，就是这样一些学生，都是一些将来想在中国大陆干一番豪杰事业的人。"③

东亚同文书院的《立教纲领》：

　　德教为经，据圣经贤传而施之；智育为纬，特授……日本学生以清英言语文章及中外法令、商工之要，所期在乎各自通达强立，成国家有用之士，当世心需之才。

---

① ［日］六角恒广：《日本中国语教育史研究》，北京语言学院出版社 1992 年版，第
　　220 页。

② ［日］六角恒广：《日本中国语教育史研究》，北京语言学院出版社 1992 年版，第 224—
　　225 页。

③ ［日］六角恒广：《日本中国语教育史研究》，北京语言学院出版社 1992 年版，第
　　225 页。

谓国家有用之士，乃明尽忠报国之大义，通利用厚生之实务；谓当世心需之才，乃审四海万邦之形势，通救世济时之术策。二者不可分也。……日本学生因中学毕业，须习非泰西科学的中国情形、民物之动静。日下东亚时局危急，日清两国需协力，先觉志士已提倡此事。因日本各地通晓亚洲情势者少，拟今后从全国各府县招生，由是开通东亚情势，为日清协力之端绪。

因而，日本学生"应成为日清辑协之媒介、清国富强之鼓吹、东亚经纶之木铎"。故日本学生设清国言语文章、制度律令、商工务之要。六角恒广说："对于日本学生，智育是清国之时务、清国之情势、民物之动静，及学习作为工具的中国语。"① 我自己认为六角恒广的解释不太确切，原文说的"清国言语文章"主要指中国语，"制度律令"各种法律法令和政策，如经济政策、民法等，当然也包括涉及清朝的"清国制度律令"。

2. 日清贸易研究所等相关办学机构对东亚同文书院的影响

日本人在中国尤其是在上海开设了几个以研究中国现状为专务的学校，如汉口乐善堂、上海的东洋学馆、亚细亚学馆、日清贸易研究所等，但对东亚同文书院办学指导思想影响最大的当属日清贸易研究所。"1900 年创办的东亚同文书院，根津一任院长达 23 年之久，其中时代风尚，虽与往昔多少有些不同，但在它的精神方面，可说是研究所的后身。"②

根津一的对华认识主要源于其在中国的长期工作体验以及乐善堂、东亚同文会在中国的调查报告。他屡次提出的有关日本对待中国的政策建言，则基于他对中国的认识和"兴亚主义"（亚洲主义）的意识。根津一曾提出："列国共同推动支那实施革新，最终以期实现对清经济经营大飞跃，我国对清经济经营的隆替（兴衰）亦在此时期，故我国应首先准备此等事业，以期树立经营基础。"因此，应"尽我国东洋经营之天职，国家存亡盛衰就在此场合。"③

根津一在担任东亚同文会干事长时，制定《对清贸易政策》，他在此项政策中分析了清朝的经济发展情况，提出了发展日本对清贸易的一系列政策。《对清贸易政策》共分成五章，分别是"支那现时的商业组织"、

---

① ［日］六角恒广：《日本中国语教育史研究》，北京语言学院出版社 1992 年版，第 225 页。

② 周德喜：《东亚同文书院研究》，博士学位论文，南开大学，2015 年。

③ 李博强：《根津一与"兴亚主义"》，《外国问题研究》2013 年第 4 期。

"会馆公所的利害"、"支那商业的将来"、"列国对清贸易政策"、"我国对清贸易政策"。根津一在文中指出："未来十年是对清贸易最重要的巩固时期，是开拓支那新天地的前途，欧美列强在此事业上相互竞争角逐雌雄，我国思之，岂能默然焉。"① 他的言行对其后世的日本产生了深刻的影响，许多青年学生及浪人继承根津一的衣钵，继续从事对中国的情报搜集与经济渗透活动，逐步走向扩大侵略中国的道路。

荒尾精在给日清贸易研究所的学生训话时说："研究所不是单纯教授学问，打算做学问的应该去大学。有志于中国，打算一个人闯天下的去上海"。表明了学校的教育宗旨不是到中国做学问，而是培养从事日中两国之间贸易工作，能实际运用的人才，即培养全面了解中国的"中国通"。②

研究所的学科由商业教育、语言教育、一般教养及兵式体操四部分构成。修业年限为四年，其中一年为实地调查。具体的时间安排，一般教养课程包括汉语和习字两种，上课时间分别为 1 小时，占全部课时的 4%，相对而言，商业和语言教育的时间占全部的 83%。商业教育的内容包括以下几个方面：经济原论、商业法律等理论研究和商业算术、簿记的运用以及日清两国的度量衡制度和各种营业方法的实际操作等技术训练；还包括中国商业史、商业地理等中国商业事情的研究。在商业教育的时间安排上，理论研究只占 2 小时，不及全体的 10%，而实用的内容占全体的 62%。言语教育包括英语和中国语，占全部时间的 38%，教授内容基本上是会话的练习。从课程的设置来看，学生除了钻研语文及若干中国问题的课程外，作为训练经济人才的专门课程几乎是空白的。"东亚同文书院在中国长达 45 年，根津一担任院长 23 年，不仅如此，书院从创意、筹办到成立、正常运作各个环节都浸透了根津一的心血。根津一对东亚同文书院的影响非同寻常。"③

二　东亚同文书院的中国语课程设置

（一）中国语课程设置情况

纯商业的内容不多，涉及其他社会生活的内容比重很大。教材《华语粹编》全书 161 篇课文，前 8 课是散句，不包括在主题课文之内，实际上主题课文 153 篇，20 篇主题课文是真正的商务内容：第三集第一编 2—

---

①　李博强：《根津一与"兴亚主义"》，《外国问题研究》2013 年第 4 期。

②　周德喜：《东亚同文书院研究》，博士学位论文，南开大学，2015 年。

③　周德喜：《东亚同文书院研究》，博士学位论文，南开大学，2015 年。

3 课企业资金流动，交易类中的交涉类，4—16 课交易类中的洽谈类；17—21 课商号内部人事管理，或者叫商号内部人事关系，属于人力资源管理。实际上，纯粹商务类课文只占所有主题课文的 13.71%。如果算上第一集学习语法的那 8 篇课文，纯粹商务类课文只占全书总课数的 12.42%。真正生活内容的课文：初集（第一集）50 课；第二集第一编：应酬用语；23 课，有关日常生活的一些主题，如婚丧嫁娶、宴请拜会、延医祝寿等。第二编：使令用语；16 课，主题是有关让下人做事情。上述 89 篇以日常生活为主题的课文占全书 153 篇主题课文的 58.17%，占全教材 161 篇课文的 55.28%。不论这两个数字中的哪一个，都说明尽管《华语粹编》是为在中国开展商务活动的日本人开设的汉语课，但重点学习的领域还是日常生活内容。

（二）中国语设置的考量

1. 本书是为零起点的日本人开设的综合汉语课

多数商务汉语的开设都是在学习了一段时间的通用汉语，学生的汉语水平达到了中级之后，也就是说一般的学校是将通用汉语和商务汉语作为前后相继开设的两门课，但是东亚同文书院汉语课的设置与此不同，该校是从零起点就开设商务汉语课，所以这种汉语课就要完成两个教学任务：通用汉语和专业汉语。学生在一年级和二年级的大部分时间学习以日常生活为主要的通用汉语，而从二年级下本年开始学习重点迅速向专业内容的商务汉语转移。

2. 商务汉语与普通汉语关系最密切

商务汉语是一种专用汉语，商务专业用词用语很多，但相比科技汉语，"它与普通汉语的关系更密切，界限更模糊，甚至有相当大的交叉重叠部分。尤其是商务汉语口语，它要根据商务情景来展开话题，除了商务洽谈这样的中心话题，还少不了一些类似于送往迎来、宴请招待的场面，而这些都与人们的日常生活息息相关"[①]。商务汉语是商务专业用语和普通交际汉语紧密结合的产物。用这种观点观察《华语粹编》课文内容的编排，就会看到，在东亚同文书院商务汉语的综合课上，学习普通汉语的内容是必需的，因为该校不单设专项技能课，所有普通汉语和专业汉语的各种知识和技能都要一门课学到，尤其是大量的汉语口语课内容必然要涉及，如第二集第一编的应酬用语、第二编的使令用语等。即使在很专业的

---

① 何蓓蓓：《〈国际商务汉语教程〉与〈国际商务汉语〉的比较——兼论商务汉语教材的编写》，硕士学位论文，华中科技大学，2006 年。

以纯商业内容为主题的课文中，日常生活的内容也时有见到，如：第三集第三编，第八课"面粉交易"（三）课文开头的部分：

> 甲：今儿你可真闲在啊。
> 乙：嗐，市面上这么样儿不景气，实在没法子，没有事情可做，真是闷儿极了。
> 甲：彼此彼此，我也是在我们行里觉着很无聊的，所以我特意来找你，想你是个开心丸，总有什么说的话儿，给我解解闷儿。
> 乙：得了，你可有什么可说的呢？①
> ……。

本课 1549 个汉字，日常生活的内容从谈话开头到结尾有 500 字左右，占比 30%。

真正文化内容的课文：第二集第三编俗尚琐谈 10 课（节日与习俗）；第三集第二编的第一课拜谒书家；第四集的中国文化特色 3 篇课文，该集市俗琐谈 2 篇课文。表面看来，《华语粹编》专门讲文化的课文不多，但实际上在那些涉及生活琐事的主题课文中，大部分课文都包含着大量的文化内容，如：初集第九课询仆履历和第十课初会周旋，同是会见、介绍、寒暄、赞美、了解情况，但因为交谈双方的地位不同，说话的语气和用词就明显不同：

问姓名、问工作、问住址

第九课 询仆履历

> 主：你姓什么？
> 仆：姓杨。
> 主：叫什么名字？
> 仆：叫甲生。
> 主：你先头里在那儿侍奉过人？
> 仆：我从前在上海洋行里当过茶房。
> 主：是本地的人么？

---

① ［日］东亚同文书院：《华语萃编》三集，全国图书馆文献缩微中心 2009 年版，第 21 页。

仆：不是，我是安徽人。①

第十课 初会周旋

甲：您贵姓啊？

乙：贱姓林。还没有领教您呐。

甲：岂敢。姓黄。请教台甫。

乙：兄弟小字霭人。先生雅篆？

甲：草字梦九。

乙：久仰久仰。

甲：彼此彼此。

乙：您在哪儿恭喜？

甲：在上海三井洋行里当买办。您哪？

乙：我是东亚同文书院的学生。

乙：您府上在哪住？

甲：舍下在虹口小菜场的东边儿。贵学校是在什么地方来着？

乙：在徐家汇虹桥路。②

第九课主人问仆人，居高临下，直出直入，不讲客气；第十课一般有一定身份的人之间的对话，客气儒雅，用词考究。上面的课文虽然没有明确讲中国人如何交往，但讲究阶层差别的交际文化令人一看便知。看了这两篇课文，学习者很容易就理解中国社会中讲究长幼尊卑的交际文化。

3. 政策类主题的课文很多，并且有不少课文与商务没有直接关系

第三集第二编除了第一课拜谒书法家是讲如何练习中国书法之外，其他 13 课都是讲中国宏观政策和某一方面社会现实的，如：第二课"见实业家"（一）从棉花行业的不景气看中国实业家比外国实业家眼光不长远，缺少大企业。第三课"见实业家"（二）谈如何振兴中国的实业，办大企业就要发展森林，可以大大惠及国计民生。这 13 篇主题课文中与商务有或多或少联系的有：第二课和第三课"见实业家"、第十课和第十一

---

① ［日］东亚同文书院：《华语萃编》初集，全国图书馆文献缩微中心 2009 年版，第 10 页。

② ［日］东亚同文书院：《华语萃编》初集，全国图书馆文献缩微中心 2009 年版，第 10 页。

课"拜会部员"（财政问题）、第十二课"敢贡刍荛"（借款开矿，富国利民）、第十三课和第十四课"金融刍议"（金融改革问题），7 篇课文占 13 篇的 53.85%；其他 6 篇课文，都看不出与商务有什么直接联系，占 46.15%，如：第四课"初会校长"（一）和第五课"初会校长"（二）谈中国的大学办不好的原因及改革大学的措施，第六课"再访文人"（一）和第七课"再访文人"（二）谈中国文化人的做派和中国文化界的风气，第八课"初会主笔"（一）和第九课"初会主笔"（二）谈报界混乱原因及报界救中国的主张。第四集 20 篇课文，下列课文也都是从宏观政策方面讨论中国现实的，占到本集篇幅的 50%，如：中国教育偶谈 4 篇，复兴农村 2 篇，振兴工业 2 篇，商业琐谈 1 篇，统一币制 1 篇。第四集的 10 篇此类主题课文和第三集的 13 篇此类课文共占全书 153 篇主题课文 15.03%，占全书 161 课的 14.29%。

4. 纯商业主题的课文少，宏观社会现实主题课文多

（1）理论的推演：当年日本人对中国经济的主要兴趣不在贸易。

随着当时日本与欧美争夺中国市场，进而掌控中国经济欲望的增强，日资企业（洋行）不再是日本人在华工作的唯一选择，越来越多的日本人希望更多地和普通中国民众、政府和各类公共管理机构打交道，他们在工作中对汉语的需求也随之增加。企业外部的汉语交际活动多于企业内部，这意味着中日商务交往有了超越贸易等一般国际商务交往的新内容，使用汉语的交际对象不再局限于中国客户，而是更多的存在于宏观经济的调查活动中。日本要从通过东亚同文书院的学生对中国经济的周密调查，为全面掌控乃至大规模掠夺中国经济资源做好充分准备。商务汉语教材如果依然将重点放在贸易往来等一般商务活动，忽略企业外部的商务调查活动，必然无法满足现实需求。

（2）事实的佐证：东亚同文书院的办学传统是为调查中国社会经济服务。

东亚同文书院的源头是日本兴亚论者荒尾精在 1886 年创办的汉口乐善堂。而此堂的开办目的是进行"中国调查的试行调查"。1890 年，荒尾精又在上海开办日清贸易研究所，第二年他的好友根津一继任所务，"以研习中国语言（北京话）、了解中国商事习惯及社会状况为务。"① 1892 年，根津一依据汉口乐善堂和上海日清贸易研究所的中国实地调查材料，编成《清国通商总览》，分地理、交通、运输、金融、产业、习惯等六个

---

① 　冯天瑜：《东亚同文书院的中国旅行调查》，《文史知识》2000 年第 1 期。

大方面，而这六大方面都不以具体的商务活动为主要内容。由此可知，既然东亚同文书院要延续武汉乐善堂和上海日清经济研究所的办学传统，为调查中国社会经济培养合格人才，毕业后担任经济调查人员的该院学生因为不是去做生意，所以就不会以具体的商务交易或管理作为主要的学习内容，而是主要学习与中国宏观经济及其密切相关的社会文化知识。该书院学生教学实践大旅行后提交的调查报告书，其第一阶段（1927—1931）内容主要有以下方面："司法、政治、经济、工业、教育、交通、税制（包括盐税、厘金）、矿藏、林业、农业（包括水田、家畜、蚕丝业）、金融、贸易、铁道沿线、商业团体、华侨、农民、劳工、物产、海港、鸦片、药材、牧畜业、地理、羊毛、猪毛、棉花等。"第二阶段（1932—1937）"分别对各县的地势、物产、交通、商业、金融、社会、人口、家族、教育、人情风俗等展开调查"。第三阶段抗战全面爆发后，"一是调查战争对中国各方面的影响，即对调查对象在卢沟桥事变前后情况进行比较……二是配合日本侵略战争需要进行目的明确的调查。"① 第三个时期是战争时期，调查内容比较特殊，前两个阶段是抗战全面爆发前的正常时期，调查的主要内容是宏观经济和社会文化现象，而这些内容应该是学生在该书院学习期间认真学习过的，汉语是调查的工具，其基本教材的内容也必须是按照上述需求组织的。需求分析是专门用途语言区别于通用语言的最显著特征，也是专门用途的语言教学大纲和教材编写的依据。东亚同文书院的存在至今早已成为历史了，《华语粹编》的编写者在编写该教材之前是否做过需求分析，我们不得而知，但是我们从大旅行调查报告的内容可以推断：该书院的汉语教学在内容的安排上是满足了学习者的需求的。

5. 中国语课程与其他课程的配合

说到东亚同文书院对中国语课的重视，就不能不同时提到该校其他课程与中国语课程的配合。首先我们看与中国语关系最近的有关中国政治、经济、文化课程的设置。建校初期有："清国政治地理""清国商业地理""清国商品学""清国制度律令""清国近代通商史"。1921 年的课程中相关的课程包括："中国地理""中国商业惯习""中国通商史""中国制度""中国政治经济事情"。这些课程的设置一方面为完成该校总的教育目标：通过熟练掌握中国语这个工具，培养熟知中国经济状况的中国通；另一方面也为更好地掌握中国语提供了诸多必要的背景知识。

---

① 　郭传芹：《东亚同文书院 1927—1943 中国调查资料概述》，《文献》2017 年第 7 期。

　　与上述有关中国经济的课程相类，该校设置了很多经济类专业的课程，如建校初期设置的"法学通论""经济学""财政学""经济政策""商业学""民法""商品学""商法""国际法""商业算术""簿记"；1921 年的课程中相关的课程包括："计理学""商业政策""殖民政策""经济史""近世外交史""商业实践""应用理学"等。这些课程有的是关于经济理论的，如"经济学""商业学"等，有的关于经济实务的，如"商业政策""殖民政策""商业实践"等，并且越到后来，所设课程的实用性色彩越浓，通过培养中国通，对中国进行军事征服和经济掠夺的色彩就越明显。单从纯粹教学意义来看，这些经济类课程的设置，一方面向学生传授了经济学方面的知识，进行了经济学的专业训练，另一方面也为中国语的课程学习奠定了相当厚实的专业基础。

三　综合课课文的编选特色

（一）解开语法的枷锁，让话题放松跳舞

　　外语教材课文的编写者或许都有如下的体验：顾及了语法点的选取，某个话题的展开就会受限，于是就会出现"我们使用的许多教科书里，充斥着枯燥无味的对话，生拉硬扯地将一些毫不相干的，或是极不自然的句子拼凑在一块儿。虽然表达了语法，但语法是在一种干巴巴的语言环境中表达出来的。"① 与上述情形相反的是：从某种语言的初级教材开始，就以功能为纲排列课文，不讲语法。这样一来，功能的展示倒是能够比较充分了，但从语言结构角度看，学生学不到有规律性的东西，不论在理解课文，还是在语句输出方面都会感到有一定的困难。为了解决上述矛盾，外语教材的编辑们一般都采取了一种中庸之道的处理办法：在同一篇课文的编辑中兼顾结构和功能。上述愿望是好的，但多数情况下的结果往往是带着枷锁跳舞，主要顾及了语法，功能还是处于被动配合的尴尬境地。《华语粹编》的编写者跳出了兼顾的思维模式，在开始话题课文之前，先用 7 课散句讲解主要的汉语语法知识，然后再从第九课开始专门学习以一个个话题为核心内容的课文，这就等于给以话题为核心的课文编辑者松了绑，让一个个话题在没有束缚的情况下，游刃有余地跳舞。同时由于先学习了基本的语法，学习者也不会光看以话题为中心的课文的热闹，而由于不懂语法而不懂文意。"由于话题大于功能，能包括几个功能，因此选题比较灵活，不受功能的限制。课文在话题型教材中起重要作用，因而能体现出一

---

　　①　李晓亮：《对外汉语教材的几个问题》，《世界汉语教学》1996 年第 4 期。

定的情景与文化，有利于培养综合运用语言的能力，培养交际能力。"①

（二）有针对性的课文满足了学习者需求，并生动有趣

课文满足学习者需求的部分，已有成文，调配一下就可以了。

（三）具有较强的生活真实性的课文，生动有趣

1. 时代背景定位明确，没有出现张冠李戴

东亚同文书院的汉语教材《华语粹编》第一集是 1916 年出版的，教材中课文给读者展示了民国初年十里洋场上海的一幅幅饱含时代印记的历史画卷。三井洋行、日本金票、徐家汇虹桥路的东亚同文书院反映了日本人在上海的存在；月台、电影儿、霓虹灯反映了上海的繁华街景；法大马路、巡捕房、四川路和福州路拐角处的德国邮局反映了西方在上海的租界情况。在货币使用方面，大洋、小洋、铜子儿共用；在交通工具方面，汽车、火车、轮船、电车、人力车、小车子共存。上海的有钱人看《时事新报》，到大世界听新戏、往雅叙园吃北京菜软炸腰花儿、拌鸭掌已不是什么新鲜事儿。读者看了上边的记述，就会从时间和地域两个维度十分肯定地说：这就是民国初年的上海。

2. 细节叙述不厌其烦，真实投射客观世界

从汉语教材的设计类型来看，《华语粹编》与日本同一时期的大多数汉语教材一样，属于话题型教材，但是它是成熟的话题型教材，这其中原因如下。

（1）每一课都有一个很明确的话题，整篇课文一般情况下都会紧密围绕此话题展开。

《华语粹编》的课文和同时期的日本商用汉语教科书《士商丛谈便览》都属话题型，我们可以以将两书进行对比。据闫峰研究，"《士商丛谈便览》（上卷）共有 50 章，分别用'第一章'、'第二章'等来标明，没有表明话题的词语或句子，因此，每章谈论了什么话题，一下子不容易看出。"即使试着为它们加上标题对原文进行概括，"但这种概括很难十分准确，只是一个大略而已。"《士商丛谈便览》上卷共有 50 章，只有第五章、第八章谈论的是一个单一的话题，其他各章没有一章是只谈一个话题的。②《华语粹编》的每一篇课文都有一个明确的话题，如：第一集第四

---

① 闫峰：《日本明治时期商用汉语教科书研究——以〈士商丛谈便览〉和〈中国商业用文〉为依据》，硕士学位论文，吉林大学，2005 年。

② 闫峰：《日本明治时期商用汉语教科书研究——以〈士商丛谈便览〉和〈中国商业用文〉为依据》，硕士学位论文，吉林大学，2005 年。

十六课"传唤成衣"、第四十七课"中外衣料"、第四十八课"学而不厌"、第四十九课"聘请西席"、第五十课"丐书谢函"。以话题为序的设计理念,也向上和向下延伸:将同类的话题集中在更大的话题下,《华语粹编》第二集和第三集就都是这样做的,如第二集包括:第一编应酬用语、第二编使令通话、第三编俗尚琐谈;第三集包括第一编商业类、第二编农工类、第三编外事交涉。这就是向上。有时候一个话题内容比较多,读者会觉得内容很臃肿,也会造成各篇课文的长短不均衡,就划分为几个话题来处理,这就是向下。如,第七课"改革家庭"(其一):中国大家族主义的历史来源。第八课"改革家庭"(其二):现状,人际关系复杂,财产问题难办。第九课"改革家庭"(其三)办法:改革家庭,由大家庭到小家庭;同时改革婚姻制度,婚姻要自由。第十课"改革家庭"(其四):消除纳妾,自由离婚。

(2)涉及的社会生活更广、更细。

徐丽《日本明治时期汉语教科书研究——以〈官话指南〉、〈谈论新篇〉、〈官话急就篇〉为中心》(北京外国语大学博士学位论文,2014)是分析明治时期日本汉语教科书反应的社会生活相当翔实的学术著作。该文列举了上述三本权威教科书所反映的生活习俗现象,包括晚清的水陆交通:轿子、独轮车、架子车、马拉大车、马、骡子、三轮车、自行车、黄包车、火车、帆船、夹板船、火轮;衣着服饰:长袍马褂、面料儿、长袍、马褂、布鞋、瓜皮帽、西服、皮鞋、礼帽;居住建筑:胡同、四合院、牌楼;饮食习惯、节日和礼仪;精神民俗。《华语粹编》所涉及的民国时期中国社会生活内容更广泛。初集(第一集)1—8课散句,主要是学习语法。9—58课主要涉及了日常生活的主题,如:第九课"询仆履历"、第十课"初会周旋"、第二十课"搭坐电车"、第二十一课"询问路径"、第二十二课"乘人力车"。第五十一课"积货求售",是有关处理积压货物的相关事宜;第五十三课"托人借贷",有关借钱的相关事宜。这两课似乎属于商业行为,但还是因为不是典型的商业行为而被编者放在了日常生活类中。第二集第一编:应酬用语,23课,有关日常生活的一些主题,如婚丧嫁娶、宴请拜会、延医祝寿等;第二编:使令用语,16课,有关让下人做事情的主题;第三编:俗尚琐谈,10课,有关内容,如:年来节到、吸毒(大烟)赌博、婚姻家庭等。第三集第一编商业类,21课,除了第一课"语妙天下",谈与中国做生意,必须要懂汉语之外,其他20课均与商业活动密切相关,如资金借贷、各类大宗商品交易、商号内部人士管理;第二编农工类,14课,都是日本人拜会中国各界人士。

说是农工类，但其实内容比较杂，第二课和第三课"见实业家"、第十课和第十一课谈财政改革问题，第十二课"敢贡刍荛"：一个日本人向次长献策，向外国借款开发矿产，第十三课和第十四课"金融刍议"，其他各课均与商务没有直接的关系，如：第一课"拜谒书家"、第四课和第五课"初会校长"、第六课和第七课"再访文人"、第八课和第九课"初会主笔"。第三编"外事交涉"，9课，第九课"答谢族栈"谈喝酒划拳行令，其他8课均与外事交涉有关。第四集，20课，第一课"华语进学"解谈如何学好华语，第二课和第三课涉及中日两国实业家互访的内容，第十九课在毕业典礼上发言，第二十课谈编写第四册课本的体会，其他从第四课到第十八课都是就中国某一方面的社会现实所作的访谈录，如：中国文化的特色、中国教育偶谈、复兴农村、振兴工业等。其中有的课文也与商务密切相关，如："振兴工业"（第十三课和十四课）、"商业琐谈"（第十五课）、"统一币制"（第十六课），但所涉及的内容都比较宏观，估计编者是将上述与商业有关联的内容放在中国社会的宏观认识这一大的论题之下的。

（四）从实用性出发编选课文

我们认为《华语粹编》的内容大概包括了如下几个方面：其一是日常生活；其二是商业实务；其三是类似于目前国内对外汉语教学中国概况的相关内容。前两个方面我们上文已经讨论过了，现在看一下第三方面的内容。我们参考了两本国内目前比较通用的《中国概况》：王顺洪主编《中国概况》，北京大学出版社 2004 年版；马莹 等编《中国概况》，东北大学出版社 2017 年版。上述两本书上有而《华语粹编》没有的内容：中国的地理、气候、行政区划、旅游、历史、艺术（文学、绘画、舞蹈、音乐、戏剧）、武术、人口、民族、科技、古代教育。日本教材政治、经济讲的问题较多，不像《中国概况》讲成绩较多，讲问题很少。之所以存在上述情况，第一个原因是有些内容不在日本政府密切关注的中国经济情报的范围之内，如艺术、武术的相关内容。第二个原因是学生除了在《华语粹编》学习涉及中国人的日常生活、商业实务和中国概况的相关内容之外，他们还要学习一系列专门的课程，如：清国政治地理、清国商业地理、清国政治律令、清国近代通商史等十几门有关中国政治、经济、历史、地理等内容的专业课程，用不着把方方面面的有关中国概况的内容都塞到汉语综合课的课文中。第三个原因是东亚同文书院有关中国的教学内容侧重当代，这是与该校学生毕业后以大旅行的方式从事中国经济调查的目的密切相关的。

四　该校汉语课的要素教学

（一）语音教学

1. 科学性原则

教师要在准确系统掌握汉语语音知识的基础上，掌握学生母语跟汉语的语音对比知识，了解学生学习汉语语音的难点，并据此制定出科学的语音教学方案。《华语萃编》初集的发音部分修正了之前的日本汉语教材的相关内容。《华语粹编》基本上延续了《北京官话声音谱》的语音教学内容，不过，修正了《北京官话声音谱》中有一些不合汉语实际的内容，如，送气音与不送气音不对称，tou 是送气音，但与此相对应的不送气音在《北京官话声音谱》中却没有。同样的送气音和不送气音的非对称性还可从 ten、pen、kei 中发现。关于这四个音，在《华语萃编》初集中采取了整齐的对称形式。另外，追加了"谁"（shui）的异音 shei，去除了使用频率低的几个音节。经过以上修正，《华语粹编》的不标声调音节数为 405 个，基本符合汉语研究界的对汉语音节数的一般认识。"发言标记主要基于中华民国教育部审定的国语注音字母拼写法加以修正而成，在罗马字表示容易误解时进行了适当修正，原来所用注音法也以括号形式注于其下。"（初集凡例）众所周知，民国初年中国政府教育部审定的拼音方案——注音字母区分尖音和团音，保留了入声，也就是国语标准音有五个声调。但《华语粹编》的编者却根据当时北京话的实际，没有分尖团，只教授阴阳上去四个声调。另外，该教材的"华语音谱"，"考虑到为方便国人的理解，将元音按假名 a、i、u、e、o 的顺序横排，辅音按假名 a、ka、sa、ta、na 的顺序竖排"。[①]

2. 实践性原则

如今的初级汉语教材大都标有元音和辅音的发音方法，同时附有舌头位置图与发音口形图，而《华语萃编》的发音篇却只有元音和辅音的发音方法。这是为什么呢？在汉语学习的起始阶段，语音教学主要应通过模仿来进行，教师应提供大量听音、模仿和实践的机会，帮助学生养成良好的发音习惯。在很多情况下，舌头位置图与发音口型图一类的理性说明学生是不喜欢看的；有时候即使学生想看，也不见得看得懂。《华语粹编》的编者考虑到了发音在课程中会有严格教学，课程之外也有学长进行汉语特训。

---

① ［日］东亚同文书院：《华语萃编》初集，全国图书馆文献缩微中心 2009 年版，凡例。

　　早晚吃饭前，在校园里会有学长的发音指导。……大部分学生都是刚开始接触汉语，连基础中的基础——汉语的四声都不知道。……"啊，啊啊"，这是日语中所没有的顿挫，仅仅稍加练习是无法掌握的。于是被要求反复练习。每天早晚，一百几十个年轻人都在发出"啊~啊啊"的声音，当然附近都能听得见。这成了春天一景，听说中国人议论纷纷，说"啊，啊"的声音像是乌鸦叫，"今年的书院乌鸦又开始叫啦"。①

　　根据学长的发音进行模仿，进行纠正练习，远比现在仅仅听 CD 这种单向练习有效果。正因为有这种严格的练习，才有很多学生的汉语发音像中国人一样逼真。

　　3. 直观性原则

　　外语教学，特别是入门阶段教学宜采用直观性教学，让学生眼、耳、口、手多个感官都投入外语学习，充分感知汉语的发音特点。《华语萃编》初集没有片假名标记，使用了威妥玛式修正版罗马字拼法来标注汉语发音，"本集中所附四声记号，第一声（上平）在字左脚、第二声（下平）在左肩、第三声（上声）在右肩、第四声（去声）在右脚施加圈点以表示，需要区别的送气音则附注黑点。"（初集凡例）还有一点现在的教科书几乎都没涉及。在 1930 年 4 月第 8 版发行之际，教材通篇标出了句子中汉字的重念位置，《华语萃编》中所谓的重念，是指句重音，对句中的词或是音节发重音。通过发重音，可以表示根据语境、说话人态度、感觉以及特殊意图的强调，增添文章语感。汉语授课是由中国教师与日本教师合作授课，首先是由中国教师朗读教材，在教科书标记重念符号之前，是由中国教师直接进行口头指导。在"重念"汉字的右侧标注了"—"符号之后，就省去了烦琐地逐一口头讲解的时间。东亚同文书院的学生，就是循着"重念"符号，通过不断朗读而掌握自然的汉语。② 1926年入学的第 26 期生石田武夫回忆道："正因为有这样的重念训练，我们

---

① 　［日］红粉芳惠：《〈华语萃编〉研究手记——东亚同文书院汉语教材的宝典式定本》，《亚洲文化交流研究》，第 5 号，2020 年 3 月，第 277—290 页。

② 　今泉潤太郎「東亜同文書院における中国語教学——『華語萃編』を中心に」、『愛知大学国際問題研究所紀要』第 103 号、1995 年。

才能理解汉语会话中的语调。"①

（二）词汇教学

关于东亚同文书院汉语课的词汇教学，我们重点研究一下该校所用教材《华语萃编》的词汇选择。我们的研究工作部分使用了电脑统计。

1. 每卷前 200 个词研究

（1）每卷前 200 个词的情况。

①第一卷。

的　了　是　儿　您　我　甲　有　主　乙　你　不　就　罢　哪
一　来　第　么　这　去　啊　在　给　着　页　都　仆　也　好　还　日
那　中　什　么　要　个　人　很　点　说　他　我们　那么　多　得　请
呢　那儿　到　没有　上　课　看　把　叫　怎么　两　就是　没　里
和　天　宾　钱　可是　这么　别　行　几　可以　吃　拿　可　呀　甚
么　这个　不是　多少　客　洗　还有　地方　倒　局　走　二　咱们
这儿　一个　过　都是　时候　三　卖　又　大　你们　先　事　用　五
带　得了　样儿　不错　先生　四　块　等　买　朱　秦　这是　他们
十　坐　念打算　找　现在　的话　件　年　才　知道　票　若是　送
里头　做　打　是的　生　不过　到了　可不是　听　师　想　见　话
饭　回来　开　待　九　八　员　喝　寄信　能　解　贵　逛　钟　也是
办　声　太　客人　小　快　换　瞧　衣裳　诏　起来　七　不行　事情
位　像　六　出来　分　头　字　安　对　第三

②第二卷。

的　了　是　您　我　儿　有　不　这　就　哪　也　说　一　来
你　在　那　么　吧　都　什么　还　着　他　要　那么　得　我们　啊
去　好　人　给　个　上　就是　可是　请　怎么　可　很　第　这么
甲　两　没有　把　多　再　乙　叫　不是　又　没　看　这个　主　所
以　到　样儿　可以　之　他们　一个　课　先生　兄弟　能　页　先　大
罢　点　那儿　还有　贵　别　里　都是　呢　时候　倒　现在　这儿
几　因为　真　不过　知道　事　不能　想　所　们　实在　才　天　呀
钱　中国　过　送　地方　而　事情　等　办　拿　瞧　的话　真是　行
听　中　日　太　二　仆　咱们　见　还是　对　为　三　年　总　也是
像　走　五　话　吃　成　这是　打算　不错　用　学生　自己　起来

---

①　松田嘉奈子：《关于官话教科书,〈华语萃编〉成立过程的考察》,庆应义塾大学艺文学会《艺文研究》,第 80 卷 2001. 6,第 175—191 页。

今天　你们　其　敝　做　货　以　出来　贵国　问　坐　若　四　极

各　小　开　倒是　谁　件　多少　喝　地　位　不好　到了　由　让

与　打　社会　若是　部长　对于　那个　卖　下　买　哪儿　求　东西

作　要是　客　老　最　找　比　一定　国　竟　自然　谈

③第三卷。

的　了　是　您　我　儿　有　不　这　就　哪　也　说　一　来

你　在　那　么　吧　都　什么　还　着　他　要　那么　得　我们　啊

去　好　人　给　个　上　就是　可是　请　和　怎么　可　很　第　这

么　甲　两　没有　把　多　再　乙　叫　不是　又　没　看　这个　主

所以　到　样儿　可以　之　他们　一个　课　先生　兄弟　能　页　先

大　罢　点　那儿　还有　贵　别　里　都是　呢　时候　倒　现在　这

儿　几　因为　真　不过　知道　事　不能　想　所　们　实在　才　天

呀　钱　中国　过　地方　而　事情　等　办　拿　瞧　的话　真是　行

听　中　日　太　二　仆　咱们　见　还是　对　为　三　年　总　也是

像　走　五　话　吃　成　这是　打算　不错　用　学生　自己　起来

今天　你们　其　敝　做　货　以　出来　贵国　问　坐　若　四　极

各　小　开　倒是　谁　件　多少　喝　地　位　不好　到了　由　让

与　打　社会　若是　部长　对于　那个　卖　下　买　哪儿　求　东西

作　要是　客　最　找　比　一定　国　竟　自然　谈

④第四卷。

的　了　是　您　我　儿　一　来　你　在　那　么　吧　都　什么

还　着　他　要　那么　得　我们　啊　去　好　人　给　个　上　就是

可是　请　和　怎么　可　很　第　这　么　甲　两　没有　把　多　再　乙

叫　不是　又　没　看　这个　主　所以　到　样儿　可以　之　他们

一个　课　先生　兄弟　能　页　先　大　罢　点　那儿　还有　贵　别

里　都是　呢　时候　倒　现在　这儿　几　因为　真　不过　知道　事

不能　想　所　们　实在　才　天　呀　钱　中国　过　送　地方　而

事情　等　办　拿　瞧　的话　真是　行　听　中　日　太　二　仆　咱

们　见　还是　对　为　三　年　总　也是　像　走　五　话　吃　成

这是　打算　不错　用　学生　自己　起来　今天　你们　其　敝　做

货　以　出来　贵国　问　坐　若　四　极　各　小　开　倒是　谁　件

多少　喝　地　位　不好　到了　由　让　与　打　社会　若是　部长　对

于　那个　卖　下　买　哪儿　求　东西　作　要是　客　老　最　找

比　一定　国　竟　自然　谈　那是　里头　写　连　好了　得了　能够

⑤全书。

的	了	是	您	我	儿	有	我	不	这	就	哪	也	一	说
你	来	么	在	那	都	着	什么	还	他	去	要	啊	吧	甲	好
给	那么	得	我们	人	主	个	乙	第	上	请	他	很	就是	可
是	和	怎么	可	罢	没有	这么	两	多	再	把	看	页	叫	没
到	不是	这个	又	课	可以	点	样儿	一个	所以	那儿	他们
呢	先生	大	还有	里	之	先	日	仆	别	中	能	兄弟	倒	几
都是	时候	贵	天	这儿	事	现在	不过	钱	知道	呀	想	因为
过	才	行	真	拿	们	地方	不能	实在	所	送	二	的话	等
咱们	中国	吃	办	三	听	瞧	走	年	真是	五	太	而	用	不
错	见	也是	对	话	还是	你们	这是	打算	像	多少	为	四
总	做	客	起来	下	坐	开	自己	问	今天	件	出来	卖	成
学生	敝	贵国	货	小	其	各	若是	若	买	喝	打	位	宾	得
极	以	到了	找	里头	到	是	谁	求	洗	甚么	块	要是	写

⑥四卷前 200 个词中相同的词。

的	了	是	儿	您	你	我	咱们	先生	仆	主	他	他们	甲
乙	有	不	又	还	就	没	先	也	很	太	到了	倒	别	才	都
就是	若是	这是	都是	罢	么	哪	呢	呀	啊	一	二	三	四
五	几个	件	位	没有	叫	上	看	像	请	到	做	起来	出来
听	见	想	瞧	打	开	坐	喝	来	去	找	等	走	知道	吃	拿
用	买	卖	要	能	还有	可以	可	第	这	那	那儿	这儿	这么
这个	在	把	给	点	着	过	得	客	钱	页	地方	话	中	里	人
日	年	现在	天	时候	样儿	事	事情	课	好	行	对	不错	大
多	贵	什么	可是	的话	生	不过

（2）前 200 个词与新 HSK 考试大纲的词汇表对照。

我们拿第一卷的前 200 个词与新 HSK 考试大纲的词汇表的第一和第二级进行对比，因为我们认为，新 HSK 的前两级加在一起 300 个词，与《华语萃编》的前 200 个词有一定的可比性。通过比较我们发现，《华语萃编》的前 200 个词中有下列词都不在新 HSK 的前 200 个词之内：

甲 5　主（超）　乙 5　罢（超）　啊 3　页（超）　仆（超）中（超）那儿（超）　把 3　就是（超）　没（超）　天（超）　宾（超）　可是 4　这么（超）　别 5　行 4　可以 3　拿 3　可（超）　呀 4　甚么（无）　这个（无）　不是（无）　客（无）　还有（无）　地方 3　倒 4　局（无）　咱们 4　这儿（无）　一个

（无）　都是（无）　又 3　你们（无）　先（无）　事（无）　用 3　带 3　得了（无）　样儿（无）　不错（无）　朱（无）　秦（无）　这是（无）　他们（无）　念 5　打算 3　的话（无）　票 3　若是（无）　里头（无）　打（无）　是的（无）　生（无）　不过 4　到了（无）　可不是（无）　师（无）　见（无）　话（无）　饭（无）　回来（无）　待（无）　员（无）　寄信（无）　解（无）　逛 3　钟（无）　也是（无）　办（无）　声（声）　客人（无）　换 3　瞧 6　衣裳 6　诏（无）　起来 3　不行（无）　位 3　像 3　出来（无）　分（无）　头（无）　字（无）　安（无）　第三（无）

一共有 87 个词没有在新 HSK 的第一和第二级内。大概占 200 个词的 43.5%。这里面有几种情况：

其一，有些检测的分词系统认为是词的其实不是词而是词组，如：就是、还有、都是、不是、若是、寄信、也是、第三。

这不是我的。①
你怎么这么不是颜色儿。②
不是，我是安徽人。③
酒量可不是勉强的。④

其二，本身就是词，但是口语词、超纲词，如：罢、甚么、得了、样儿、不错、的话、可不是、没。

其三，本身就是词，也不是口语专用，但是超纲词，如：不行　仆敝　中　先　事　里头（无）　生（无）　师（无）　见（无）　话（无）　饭（无）　待（无）　员（无）　解（无）　钟（无）　办（无）　声（声）　客人（无）分（无）　头（无）　字（无）　安（无）　天（无）　宾（无）。

---

① ［日］东亚同文书院：《华语萃编》初集，全国图书馆文献缩微中心，2009 年版，第 3 页。

② ［日］东亚同文书院：《华语萃编》初集，全国图书馆文献缩微中心，2009 年版，第 8 页。

③ ［日］东亚同文书院：《华语萃编》初集，全国图书馆文献缩微中心，2009 年版，第 11 页。

④ ［日］东亚同文书院：《华语萃编》初集，全国图书馆文献缩微中心，2009 年版，第 16 页。

这样的词带文言色彩的比较多，如：仆 敝 生 师 见 带 员 解 钟声 安，其中"仆、敝"最明显。这类词的使用增加了本教材谈话的庄重色彩。这也是本教材的课文语体多为庄重的谈话体的一个重要原因。

仆：回头您穿了日本的衣服去啊，还是穿西洋衣裳去哪？
主：穿西洋衣服去。[①]

其四，不是超纲词，在新 HSK 中也有，只是级别比较高，如：甲 5 乙 5 啊 3 把 3 可是 4 别 5 行 4 可以 3 拿 3 呀 4 地方 3 倒 4 咱们 4 又 3 用 3 带 3 念 5 打算 3 票 3 不过 4 逛 3 换 3 瞧 6 衣裳 6 起来 3 位 3 像 3

其五，生僻词，如：朱、秦，实际上，这是课文中两个人的姓。

（3）四卷前 200 个词中共有词的研究。

四卷前 200 个词中共有 121 个词。这说明尽管每一集的内容不同，基本的用词情况还是类似的，特别是高频的常用词的使用大部分还是相同的。

名词：客 钱 页 地方 话 中 里 人 日 年 现在 天 时候 样儿 事 事情 课 仆 主 先生 甲 乙

动词：上 看 像 请 到 做 叫 起来 出来 听见 想 瞧 打 开 坐 喝 来 去 找 等 走 知道 吃 拿 用 买 卖 要 能 可以 可 没有 有 是

形容词：好 不错 贵 多 大 对 行 生

数词：一 二 三 四 五 几

量词：个 件 位 点儿

代词：您 你 我 咱们 他 他们 这 那 那儿 这儿 这么 这个 什么

副词：不 又 还 就 没 先 也 很 太 倒 都 别

介词：在 把 给

连词：可是 不过

助词：着 过 得 的话 的

---

① ［日］东亚同文书院：《华语萃编》初集，全国图书馆文献缩微中心，2009 年版，第 25 页。

语气词：罢　么　哪　呢　呀　啊　了

前缀：第

儿化：儿

比较固定的小词组：就是　若是　这是　都是　还有

这里需要说明的是，不知道为什么软件把"到了"归为一个词，可能是汉语中有"到了"这个副词，但是我们查了《华语萃编》的课文，"到了"都是动词"到"加动态助词"了"，如：

到了七天歇一天。①

到了我这辈儿改了行了。②

东新桥到了。请下车罢。③

《华语萃编》中使用频率最高的前 200 个词依据某一个词性所包括的词的数量排列：

动词：35

名词：22

代词：13

副词：12

语气词：7

数词：6

量词：5

助词：5

介词：3

连词：2

这样的词性排布，基本符合《华语萃编》谈话语体的词类要求。儿化词特别多，语气词比较多，这都表明《华语萃编》口语化的特点；"主、仆、客、事"等带文言色彩词的使用，又表明《华语萃编》又带有

---

① ［日］东亚同文书院：《华语萃编》初集，全国图书馆文献缩微中心，2009 年版，第 68 页。

② ［日］东亚同文书院：《华语萃编》初集，全国图书馆文献缩微中心 2009 年版，第 99 页。

③ ［日］东亚同文书院：《华语萃编》初集，全国图书馆文献缩微中心 2009 年版，第 25 页。

一定的书面语色彩。

2. 商业专用词汇的问题

第一卷下列词汇可认为是专业的商业词汇：买卖　保险　公司　洋行　铺子　价钱　商业　掌柜的　柜上　生意　票子　汇票　现洋　钞票付账　保险费　做买卖　做生意　兑换　印花税　契据　小号　市面　房契　招商　招租　收据　根洋　老主顾　营业　行市　认账　询价　钱行　铜元　银行　银元　银号。总共 38 个，而本卷的词种为 3097，商业词占 1.22%，所占比例还是很小的。这进一步说明《华语萃编》虽然是商科学校所用的综合汉语教材，但商业词汇还是不多的，词汇的主体还是非专业词汇。

第三卷

货　买卖　商业　生意　价钱　汇兑　洋行　行市　实业　掌柜的　金融　铺子　出口　商务　经营　资本　赔　价值　交货　工商业　保险　币制　交易所　价码　经理　供给　分量　商人　本位　物品　美金　营业　买进　买办　会计　卖给　商船　外债　存货　成色　矿产　磅　银元　银子　银价　产业　信用　订单　实业界　工钱　开张　现货　现款　金本位　借款　关税　公债　持平　海关　票子　行情　运费　透支　银币　价格　保单　做买卖　出产　分号　吨位　商埠　商界　垫　大宗　实业家　工厂　店家　成交　成本　投标　收据　放款　新币　洋货　现洋　畅销　看涨　认账　账房　费用　输出　过磅　造币　金银　锐利　锭　了账　修业　值钱　内债　农产品　农村经济　利息　到期　原价　原利　商购　回扣　外商　大洋　契约　存款　定货　小洋　居奇　巨额　工商　当铺　手工业　招商　招牌　收买　收费　明码　柜里　查验　比例　汇票　现钱　筹码　算账　纸币　经商　股东　股票　货价　货币　货色　购买　资金　跌落　通商　金价　金子　金融界　钞票　铺底　上好　上算　中国货　买空卖空　产品　产地　付息　付账　代理　价廉物美　估价　供不应求　便宜货　保险业　保险公司　保险业　借据　借钱　做生意　偿还　先令　兑换　兑现　入不敷出　关门　农商　凭信　印花税　卸货　卸车　厂子　厂商　合作社　合算　周转　商业界　商品　商定　商店　商报　商标　商贾　商民　国际贸易　地租　均分　外国货　够本

第三卷有 6328 个词，其中有 195 个商务专用词，3.08%。第三卷集中谈论商务活动的一卷。商务用词比主要谈日常生活的第一卷多了 1.86 个百分点（3.08-1.22），但是在整卷词汇中所占的比例仍然是很低的。

这一事实进一步说明，《华语萃编》以学汉语为主，兼顾商务的编辑特色。

五 语法教学

（一）散语问答中出现的语法项目

语法项目	课	例句	备注
形容词谓语句	4 课 9 问	屋子里头热，到院子里坐罢。	
	4 课 9 答	好，外头凉快。	
动词谓语句 S+V+O	2 课 1 答	我要这个。	
动词谓语句"是"	2 课 2 答	这不是我的。	"的"后面的中心词省略
是非疑问句	2 课 4 问	他在家吗？	
反复疑问句	2 课 9 问	有凉水没有？	动词
	6 课 6 问	这石头结实不结实？	形容词
选择疑问句	7 课 2 问	是位少爷，还是位小姐？	
特殊疑问句	2 课 1 问	你要哪个？	
	2 课 5 问	上哪儿去了？	
	3 课 6 问	怎么样？	
	4 课 10 问	你喜欢什么时令？	
	6 课 5 问	那砚台多少钱一块？	
	7 课 1 问	这是谁家的小孩子？	
	7 课 3 问	几岁了？	
所在句（这种说法好像汉语不怎么说，但日语中有些人用）	5 课 7 问	厕所在哪块儿？	
存在句	5 课 8 问	这边儿有书铺没有？	
连动句	8 课 9 问	电话来了，你去听听。	
动词的重叠	8 课 2 问	我看看合适不合适。	
	8 课 3 答	你在箱子里找一找。	

续表

语法项目	课	例句	备注
介词短语	4课1问	您从哪儿来?	"从"
	4课2问	打家里来。	"打"
	5课6问	那么解那边走罢。	"解"
	8课1问	得了,给您拿来了。	"给"
"是~的"结构1	2课6问	他是几时去的?	
	4课3问	你怎么来的?	
	7课5问	这个小人儿是谁给你的?	
"是~的"结构2	6课10问	这个小刀子是做什么用的?	强调
能愿动词	4课2答	我有点儿事,没能来。	"能"
	5课2答	我不会吃。	"会"
持续体	4课5答	还下着呢。	表示持续的"着"
	6课1问	你戴着表呢吗?	表示残存的"着"
完成、实现体	2课8问	水开了么?	
经历体(以上三者都是日语语法术语,传统汉语好像不说)	7课7问	你看过电影儿吗?	
表示终结的"过了"	3课4问	你用过饭了么?	
状态补语	4课6答	有风,刮得很大。	
结果补语	8课3问	袜子搁在哪儿了?	
方向补语	4课7问	月亮出来了么?	
	5课1问	拿洋火来。	
可能补语	8课9答	我耳朵背,怕听不清楚。	
时点	5课9答	我打算后天走。	
时段	5课10答	连来带去总得十天吧。	
部分否定	4课4答	不大好使。	
离合词	5课4问	昨儿个实在劳您驾。	
把字句	8课4问	你把这封信给王先生送了去。	
被动句	8课8答	叫刀子刺了。	

续表

语法项目	课	例句	备注
语气助词	2课7问	现在几点钟了?	了2
	8课7问	你眼睛红了。	了2
	3课7问	干什么来着?	来着
	8课5问	是,我这就去罢。	罢

（二） 选取汉语语法点的原则

第二课到第八课是散语问答其一至其七,所谓散语指的是零散的语句。各课都有10句对话,总计140句。从例句可看出,短则1字,长则12字,平均8字左右。这是最适合背诵的长度,符合 Miller 的 "魔力数字7±2" 理论。

明治、大正时期编订的汉语教科书与当今教材的最大区别,在于以前的教材中没有对于语法的文字说明。《华语萃编》如此,广部精的《亚细亚言语集官话——支那官话之部》和御幡雅文的《华语跬步》也是如此。据日本学者红粉芳惠记述,她自己曾在20世纪80年代前期开始学习汉语,当时使用的《中国语文教科书1》(1982年,关西大学出版部)中,前10课有关于句法的基础知识,列有很多例句,只有 "名词句"、"动词句"、"定语"、"状语" 等关于句法成分的简单说明,并没有现在的教科书中那种由文字进行的语法说明,上课时学生根据老师的语法讲解各自进行归纳。20世纪80年代以前的汉语教课更是如此,没有详细的语法说明,教学重点放在熟读背诵例句,通过背诵将汉语化为自身的血肉。① 上述对语法学习内容的处理,与同时期的日本教科书类同,与同时期的异域教科书不同,"《自迩集》(指《语言自迩集》) 中不仅是发音,关于语法也有相当篇幅的内容,而《言语集》可能由于是会话教科书的缘故,对于语法涉及不多。这一特点也出现在《华语跬步》中,可以说是日本汉语教科书的特点之一。"②

中国汉语学界一般认为,汉语语法体系可以从词类、短语、句法成分、语法范畴、句型、句式、句类等几个方面来认识。但《华语粹编》

---

① 红粉芳惠:《〈华语萃编〉研究手记——东亚同文书院汉语教材的宝典式定本》,《亚洲文化交流研究》,第5号,2020年3月,第277—290页。

② 今泉潤太郎「東亜同文書院における中国語教学——『華語萃編』を中心に」、『愛知大学国際問題研究所紀要』第103号、1995年。

的研究却没有完全从上面几个方面对汉语语法做全方位的描写。根据陆俭明先生对外汉语语法教学中的相关论述，我们发现，《华语萃编》在语法点的选取过程中基本遵循了以下原则。

1. 重要性原则：对汉语语法体系中重要语法点的保留

"形容词谓语句""动词谓语句"以及各类疑问句是汉语语法的基本结构，这些在日语中也有基本类似的对应范畴，尽管在基本语序结构方面，日语（SOV）与汉语（SVO）不同，但规律性较强，易于掌握，并不构成汉语学习的难点，但作为汉语语法体系中最根本的结构特征，《华语萃编》还是进行了保留。

2. 差异性原则：对汉日语差异性的重视

汉语的基本句型分类中有"存在句"，并没有"所在句"，但是，在日语中"所在句"更为常见，这是汉日语法的显著差异。同样，汉语中的介词短语，在日语中往往用"から""へ""と"等格助词以及其他语法形式表达，日语没有与其对应的范畴，该教材将其列入了语法知识体系。汉语的被动句，形式多样，与使用"られる"等被动标记的日语差异极大。此外，把字句、补语、能愿动词等，都是汉语区别于日语的独特语法现象，而持续体、完成体、经历体等动词体的范畴，则是日语不同于汉语的语法形态。该教材对以上这些语法范畴的选取，显示出其对汉日语言差异性的重视。

3. 易错性原则：对日语母语者汉语学习过程中难点的关注

此外，该教材还非常重视汉语学习过程中的难点。比如，"是……的"是汉语中独特的句式，虽然日语也有与其相似的"～のだ"句式，但其使用方法还是异多于同，在汉语学习过程中，日本人极易出错，因此教材中将其细分为"是……的"结构1和"是……的"结构2进行列出。同样，汉语缺乏明确的语法形态，例如，"了"在汉语中承担着表示完成实现体、终结以及语气表达等多项意义，这些在日语中则由"ている""た"及其他形式进行分担，于是"了"也成了日语母语者学习汉语的难点所在。补语是汉语中的常见范畴，非常复杂，但日语没有与汉语补语完全对应的范畴，补语是日本人汉语学习过程中的难点之一，这在该教材中也得到了体现。另外，语气助词一直是汉语学习的难点，语气标记灵活多样，但日语则有固定的语气形态，因此，语气助词的学习对于日本人来说尤为困难。对以上这些语法点的选取，反映了该教材对汉语学习难点的重视。但我们也发现，并不是所有符合以上标准的语法点都进入了该教材中，有些汉语语法点与日语存在明显的不同，但在《华文萃编》也没得到反映，例如被动结构在日语中是大量存在的，并有明显的形式标志，可并不是日语中所有的被动结构在汉语中都要用带"被""叫""让"等标志的被动句来表达。在汉语中如果受事是无生命的事物，就会省掉被动句的形式标志，如"桌子搬走了""信寄了"。汉语中的上述语法现象因与日语存在不同，而要分别处理。不然，日本人造出的汉语句子就会出现过度概括的偏误。再如，句型方面，上述语法项目主要集中在了动词谓语句、形容词谓语句等类型上，但对于名词谓语句、非主谓句没有显著涉及。句式方面，上述语法项目主要集中在了"把"字句、被动句等类型上，但对于兼语句、双宾句等富有汉语特色的句式去没有涉及。上述情况说明，《华语萃编》的散语答问在汉语语法点的安排方面还不全不细。

六　东亚同文书院的教师

该教育机构的教师尤其是中国语教师，大都是本校的毕业生。南京时期该校五个老师，有三个与汉语有关，两个中国人，一个日本人。之后，东亚同文书院日本人担任的中国语教师基本上都是毕业于本校，如：1908年12月的中国语教师如下：

职称	姓名	就任年月日
教授	青木乔	1908 年 12 月 6 日
教授	桥诘照江	1908 年 4 月 13 日
副教授	三木甚市	1908 年 3 月 23 日
副教授	松永千秋	1907 年 7 月 28 日
副教授	富冈幸三郎	1907 年 7 月 28 日
讲师	沈文藻（中国人）	
讲师	瑞瑛（中国人）	
讲师	全寿（中国人）	
讲师	述功（中国人）	

青木乔是日清贸易研究所出身，其他日本人教师，全都是东亚同文书院出身。①

1921 年共 30 个教师，教汉语和汉文的教师共有 10 个，占三分之一。从毕业院校看，汉语教师除了山田谦吉毕业于东京二松学社之外，其他人都是日本东亚同文会下属的日清贸易研究所和东亚同文书院毕业的。

---

① ［日］六角恒广：《中国语教育史研究》，北京语言学院出版社 1992 年版，第 242 页。

汉语类课程名称	教师姓名	职称	毕业院校	备注
中国时文及尺牍	青木乔	教授	日清贸易研究所	
汉语	真岛次郎	教授	东亚同文书院	兼干事
汉语	松永千秋	教授	东亚同文书院	
汉文	山田谦吉	教授	东京二松学社	
汉语	清水董三	教授	东亚同文书院	
汉语	胜浦文昌	教授	东亚同文书院	
汉语	铃木择郎	副教授	东亚同文书院	
汉语	朱荫成	讲师		
汉语	述功	讲师		
汉语	李秀昌	讲师①		

在该校教授汉语的日本教师都为本校毕业生，其中铃木择郎曾就汉语教师说过，"我觉得不是同文书院毕业的还是不行"②，由此可见，该校的汉语教育处于一种排他的、孤傲的环境中。明治四十一年（1908）时教职员为 28 人，科目也日渐丰富。汉语教员中有日本人 5 人、中国人 3 人。御幡雅文已离开，除了曾在日清贸易研究所师从御幡学习汉语的青木乔之外，都是曾受教于御幡与青木的东亚同文书院第 2、3、4 期学生。③ 2 期真岛次郎，3 期三木甚市，4 期松永千秋等留在母校进行汉语教学，明治 41 年左右开始，他们已有条件在《华语萃编》的编订过程中发挥了核心作用，4 期的松永进行了协助。他们培养的 12 期清水董三、15 期的铃木择郎负责了大正十四年的修订。在昭和五年修订中，17 期熊野骏平、20 期坂本一郎、福田胜藏加入其中，以铃木为首的教师队伍完成了《二集》《三集》和《四集》这一《华语萃编》系列教材。④

为什么东亚同文书院的中国语教师一般都是该校的毕业生，而非其他外国语学校的毕业生呢？我们还是要看看该校和其他设置中国语学校在培养目标和课程设置方面的不同，在此我们以东亚同文书院和东京外国语学校（新的）进行比较。这两所学校建立的时间差不多，东亚同文书院开

---

① ［日］六角恒广：《中国语教育史研究》，北京语言学院出版社 1992 年版，第 242 页。
② ［日］石田卓生：2009 東亜同文書院の中国語教材——『華語萃編』以前について，愛知大学現代中国学会編，『中国 21』，東方書店，32 巻，第 157 页。
③ ［日］今泉潤太郎：1995 東亜同文書院における中国語教学——『華語萃編』を中心に，『愛知大学国際問題研究所紀要』，第 103 号，第 1 页。
④ ［日］今泉潤太郎：1995 東亜同文書院における中国語教学——『華語萃編』を中心に，『愛知大学国際問題研究所紀要』，第 103 号，第 1 页。

校于 1900 年，东京外国语学校（新）（以下简称"东外新"）开校于 1899 年。东外新"开始阶段，教师、教科书、授课都与附属于高等商业学校时期没有太大的变化。"① 开始阶段，东外新因为让入学数月的学生去当翻译，而具有与实践相联系的一面。1904 年文部省第 13 号令，公布了东外新各科的修业年限等相关规定：

第 1 条　东京外国语学校的修业年限为三年。

第 2 条　各学科的科目及其课程如下：

第二学年及第三学年于正科语学的授课时间内教授该国历史、地理及文学大要。经校长批准，可增减第一项每周的授课时数或开课外课程。② "这在外国语教育中是必要的，可以使学外国语与学该国的历史、地理、文学相结合，赋予外国语学习以文化内容，此做法考虑到了在外国语学习中不能只学技术性的东西。"③。大正二年（1913）年文部省令第 6 号对 1904 年的相关规定作了修改：

清语科（中国语科）

第一学年每周非清语的课时是 8 节，清语 22 节

第二学年每周非清语的课时是 11 节，清语 20 节

第三学年每周非清语的课时是 11 节，清语 20 节。

三年中非清语的课程包括：修身、英语、语言学、地理历史、经济通论、商业通论、法学通论、民法、商法、国际法、教育学、体操等。④

1919 年新的东外新学校规程规定：

文科　第一学年清语为 23 学时，其他为 9 学时；

第二学年清语为 22 学时，其他为 10 学时；

第三学年清语为 16 学时，其他为 16 学时。

三年中非清语的课程包括：修身、英语、国语、历史、经济、哲学、语言学、教育学、文学史、法律、体操等。

贸易科　第一学年清语为 23 学时，其他为 9 学时；

第二学年清语为 22 学时，其他为 10 学时；

第三学年清语为 14 学时，其他为 18 学时。

三年中非清语的课程包括：修身、英语、国语、经济、商业、商业实

---

① ［日］六角恒广：《中国语教育史研究》，北京语言学院出版社 1992 年版，第 160 页。

② ［日］六角恒广：《中国语教育史研究》，北京语言学院出版社 1992 年版，第 165 页。

③ ［日］六角恒广：《中国语教育史研究》，北京语言学院出版社 1992 年版，第 166 页。

④ ［日］六角恒广：《中国语教育史研究》，北京语言学院出版社 1992 年版，第 169 页。

务、贸易事情、法律、体操等。

拓殖科　第一学年清语为 23 学时，其他为 9 学时；

第二学年清语为 22 学时，其他为 10 学时；

第三学年清语为 14 学时，其他为 18 学时。

三年中非清语的课程包括：修身、英语、国语、经济、农业、测量及土木、殖民卫生、殖民政策、殖民地事情、法律、体操等。

通过上面的史料，我们可以知道，本文引用的东外新的课程标准有三个（1904、1913、1919 年），虽然随着时间的推移，东外新的清语科除了学习中国语之外，越来越多地学习有关社会、政治、经济的相关知识，尤其是重点增加了有关中国的上述内容，但是不论哪个时期，还都是用了大部分的时间学习中国语的，尽管 1919 年开始将清语科分小专业后的第三年其他课程的课时超过了中国语（清语），但仍然至少保持了 43.75% 的比例，而这个比例已超过了东亚同文书院中国语（清语）每学年课时的最高比例（39%）。另一方面，和东外新所开设的非中国语课程相比，东亚同文书院的相关课程更加丰富，同时，专业化、实用性、针对性也强得多了，如：1919 年日本官方规定东外新贸易科三年中非中国语（清语）的课程包括：修身、英语、国语、经济、商业、商业实务、贸易事情、法律、体操等，而东亚同文书院 1900 年商务科的非中国语（清语）的课程则包括：伦理、英语、法学通论、经济学、财政学、经济政策、商业学、民法、商品学、商法、国际法、商业算术、簿记、清国政治地理、清国商业地理、清国商品学、清国制度律令、清国近代通商史等。总之，通过将东亚同文书院书院的课程设置与东外新比较，我们可以肯定地说东外新是真正的外语学校，它的培养目标就是让学生掌握高水平的中国语，而东亚同文书院则是真正的国际经济（中国经济）学校，它的培养目标则是通过中国语这个工具，实现培养经济方面中国通的目标。这两个学校的培养目标不同，培养出的学生知识结构不同，所以尽管当时日本的中国语教学机构大都聘用东外新、善邻书院等汉语教学的名校培养的学生作中国语教师，但在东亚同文书院，上述学校培养的学生还是不适宜前来任教，使用本校的毕业生做中国语便显得适销对路了。

第四章　中国人在海外汉语传播中的贡献

第一节　中国人在美国的汉语传播

一　民国时期中国学人在美国的中华文化传播

（一）美国汉学家的汉语水平不高

如果汉学研究者不懂汉语，就不能阅读中国书籍，当然就无力作名副其实的汉学研究。所以，久负盛名的欧洲汉学界历来特别重视汉学家汉语言能力的提高，将此视为扎实从事汉学研究的不二法门。20世纪国际汉学的泰斗级人物、法国汉学家沙畹及其子弟如葛兰言、马伯乐、伯希和、高本汉、阿里克谢耶夫的汉学事业无不从不遗余力地精通汉语起步，尽管在他们的研究中使用最多的是古代汉语。叶理绥曾跟随国际知名的法国汉学家伯希和从事汉学研究，1920年在担任哈佛燕京学社社长后明确强调应按照"首先需要精通至少两种欧洲语言，然后学习难对付的古汉语，最后才能进行课题研究"的法国模式培养汉学研究人才①。与欧洲的汉学传统不同，美国汉学研究人员的汉语言能力则显得很薄弱。拉铁摩尔曾自述其在撰写《中国的亚洲内陆边疆》一书的汉语水平，"不过，显然还有许多准备工作要做。首先是学中国文字，我虽然会说中国话，却不能自由阅读。我所读过的，有许多不能完全理解。尽管我脑子里装满了民间故事和传说，但不知道这些充满历史事件的中国传说究竟有没有正史的依据。"② 1930

---

① ［美］保罗·埃文斯：《费正清看中国》，陈同等译，上海人民出版社1995年版，第63页。

② ［美］拉铁摩尔：《中国的亚洲内陆边疆》，唐晓峰译，江苏人民出版社1995年版，第2页。

年，富路德也坦诚："近期美国人做有关中国的西方重要著作调查，我发现，145 位作者中只有 23 位美国人，且其中一半不熟悉中文。"① 在民国学者看来，美国汉学研究者的汉语言水平确实不敢恭维；即便是在美国颇负盛誉的汉学家，民国学者也颇有微词。被认为是美国学者中在中西交通和物质文明的进展这一类杂学上最渊博的富路德，雷海宗也认为其"读中文的能力太差。"②

(二) 留学生作美国汉学家的研究助理

为了弥补汉语言能力的不足，民国时期的美国汉学家很多人都会寻找中国留学生担任其助手。1946 年日后成为著名历史学家的何兹全去了美国。他曾到芝加哥去探望董作宾先生。在那里遇到了一个学汉学的美国学生，谈话完全用古汉语。那个学生和他告别时文绉绉地说："吾去矣，尔勿送。"③ 这个例子说明美国汉学界的汉语水平，尤其是现代汉语水平不高。何兹全也在魏特夫（Karl Witt Fogel）主持的中国史研究室打过零工，这个研究室附设在哥伦比亚大学中文图书馆的楼上。中国学者王毓铨、冯家升和瞿同祖都在这个研究室工作过，从中国古籍中搜集材料，供魏特夫写文章。他所作的是校阅和核对英文译稿，并写些专题小文供他使用。每小时 2 美元的报酬，累计一个月也有 120 美元，食住问题都可解决了，而且不用分心又能学习，比去报社做主笔好多了，生活也安定下来。后来又经人介绍他去巴尔的摩的霍普金斯大学国际政治学院，协助弗朗西斯教授翻译范文澜的《中国通史简编》，何一面译，弗朗西斯一面看译稿，讨论译稿中出现的问题。他在那里的职位和待遇是 fellowship（研究员），每月的收入除去吃住开销，还有些盈余可以用来买书。他在霍普金斯大学只待了半年，1949 年 9 月到 1950 年春，回国了。他走后，他们大约找了王伊同教授代替了何兹全的工作。

杨联陞 20 世纪 30 年代得清华名师真传，40 年代求学哈佛，50 年代成为世界汉学界一流学人。他的学问如水银泻地，无孔不入，以薄杂多端著称。抗战之前因钱稻孙先生的介绍，杨联陞做了哈佛大学汉学家贾德纳

---

① Luther G. Goodrich，"Chinese Studies in the United States"，*The Chinese Social and Political Science Reviete*，1931（1）p. 35，转引自吴原元《民国学者视野中的美国汉学研究》，《华南农业大学学报》（社会科学版）2014 年第 3 期。

② 雷海宗："书评：The Literary Inquisition of Ch'ien-Lung，Luther Carrington Goodrich"，《清华学报》1935 年第 10 卷第 4 期。

③ 何兹全：《何兹全学述》，浙江人民出版社 2000 年版，第 80 页。

（C. S. Gardner 的）助教兼私人秘书。此事的原委是抗战前作为哈佛大学远东语文系的助教授，贾德纳照例有一年休假进修，全家在北平住南池子，请了一位中国青年学人帮他看中文书、日文书，就是周一良。钱稻孙与贾德纳本不认识，周一良是燕京大学出身，中、英、日文都好，治南北朝隋唐史，曾在中央研究院工作。那一年由洪煨莲等推荐，得了哈佛燕京学社的奖学金，要到美国读博士，想找一个替身，写信问钱稻孙，钱先生就推荐了杨联陞。杨与贾德纳一见投缘，除了帮他看学报（如《支那学》《东方学报》——东京、京都两种），用英文做提要之外，还帮他选择各书铺送来的他要替哈佛买的和他自己要买的书。每星期去三次，谈话兼用中英文。贾德纳著有《中国旧史学》，后来绝版，重印时杨略加补正。精于目录之学，除了对西洋汉学著作如数家珍之外，对中国日本学人的造诣也颇了解。他的博士论文是《清史稿康熙本纪译注》，因叙论太长，牵涉太广，修改不易，没有出版。杨联陞承认："虽然帮他中、日文，在其他方面我实在是他的学徒。"[1] 1939 年贾德纳回国时，知道杨因拒绝入伪北大要失业，特意留下一部百衲本《宋史》、一部《后汉书》，请杨替他用朱笔标点校对，每月仍有酬报。1940 年，贾纳德忽然给杨联陞来了一封电报，说他自己肯出钱邀杨去美国一年，半时帮他工作，半时在哈佛研究院选课。虽然办出国手续等等，有意外的繁难，费了好几个月，毕竟在1941 年初赶到哈佛上课。贾德纳供给杨联陞全部生活费一年有余。杨和贾的关系也变得非同一般，"贾德纳是我最好的西友，也是我能来美国的大恩人。"[2]

柯文（Paul A. Cohen）曾生动回忆当年在哈佛大学时刘广京帮他解读清代文献时的情形，虽然教清朝公文这一门课的老师是费正清，但是他请一个已经毕业的学生刘广京帮他的忙，刘不仅帮费的忙，也帮柯文的忙。有一次，写论文时非看一篇文章不可，是 19 世纪官员夏燮写的《中西记事》中的一章。但刚开始看时真是头疼，文章没有标点，而且题材很不容易。有一天下课后，柯文跟刘广京谈起了这个问题，他们一块去图书馆。刘用了三个小时，一行一行地和柯文一块看那篇论文，把所有的问题都清楚地解决了。

（三）在美中国学人从事汉语教学

除了担任助手协助中文资料的翻译之外，中国学人还有不少人承担教

---

① 杨联陞：《哈佛遗墨》，商务印书馆 2004 年版，第 52 页。

② 杨联陞：《哈佛遗墨》，商务印书馆 2004 年版，第 52 页。

授汉语的工作。1914 年赴美留学的陈衡哲在瓦莎女子大学期间，就经常给那些"热衷于学中文"的同学上课；再如，赵元任于 1921 年到哈佛大学研习语音学的同时，还在哈佛大学担任哲学和中文讲师，教授中文并开设哲学课程。还有一些中国留学生曾在美国从事汉语教学，江亢虎：1915—1920 年，加州大学；赵元任：20 世纪 20—40 年代，哈佛大学、夏威夷大学、耶鲁大学；王际真：1929 年，哥伦比亚大学；王伊同：20 世纪 40 年代，芝加哥大学、威斯康星大学、匹兹堡大学；杨联陞 20 世纪 40 年代，哈佛大学；邓嗣禹：1942—1944 年，芝加哥大学；房兆楹：1943—1945 年，耶鲁大学等等。我们在此重点介绍邓懿和杨联陞。

作为我国对外汉语教学的著名前辈，北京大学的邓懿教授在对外汉语教学界颇为知名。不仅因为她是著名学者周一良的夫人，更因为她是 1958 年出版的我国早期代表性对外汉语教材《汉语教科书》的主要编写者和统稿人。20 世纪 30 年代，邓懿从燕京大学国文系毕业后，顺利考入清华中国文学研究所。不想 1937 年抗战全面爆发，北平沦陷，邓先生被迫辍学。这段时间，她开始了最初的对外汉语教学生涯。1937 年她在北京一所美国人开办的学校教汉语，学生大部分是美国人，这半年的教外国人汉语的经历使得她对于从教产生了兴趣。不久，由于抗战形势严峻，她去美国，与先期到美国的丈夫周一良相聚。最初，她在哈佛女校选修法文等课程。1941 年太平洋战争的硝烟切断了她和家里的联系。由于经济问题，她被迫退学。为了谋生，她到哈佛大学远东语文系担任了汉语教学工作，班上的学生是专门研究中文的美国人，重点在培养学生阅读古文的能力。1942 年，著名语言学家赵元任在哈佛大学主持美国陆军特殊训练班（ASTO）的汉语教学，她也被吸收任教。同样被吸收进该培训班的还有杨联陞。那时候哈佛大学开办陆军特别训练班，中文部有 informant（发音合作人）约 20 人，杨也在内。赵先生对她另眼相看，叫她给学生用中文讲文法，并且给她要了个 instructor（讲师）头衔。发音合作人绝大多数是哈佛跟麻省理工学院的研究生，戏称哈麻（蛤蟆）队。

中国留美者在美国从事汉语教学，大都有些阴差阳错的客观原因，如：赵元任 1921 年再次到美国时，本想在哈佛大学修读哲学，但是国内对他的经济支持不能使他能够安心求学，另外妻子又怀孕，家里急需要钱，所以才去教汉语。"王际真在美国攻读完学位后本打算回国任教，但因国内军阀混战，缺少回国路费，只好暂时留在美国谋生。他的英译《红楼梦》使其在美国汉学界广为人知，从而受到美国知名汉学家富路特的邀请，到哥伦比亚大学教授中文。"①

芝加哥大学原来设立的东方语言文学系主要课程是西方传统所认定的中东和近东，远东是 1936 年才开始加入。当时东方系的中文课程由三位教授主讲，每人除了担任语文课之外，另有专题讲授。汉语课程从文言开始，采用自编的《归纳法中文读本》（*Literary Chinese by inductive method*），包括中国传统启蒙的《孝经》《论语》和《孟子》三册。所谓归纳法，是将每册的字汇列举中国文字的各种形体（甲骨文、金文、说文和楷书）以及各种含义的英译、释义和例句。读完这三册，不仅可了解中国传统文化的精义，也能掌握汉语单字约 3000，再阅读其他古籍，就没有太大的困难了。如遇到生字，查阅《汉英字典》或《康熙字典》，按部首次序编列号码，使学生熟记，检索十分迅速。

当时，中文课程分为三级：初级语文课由顾立雅教授主讲，采用他主编的课本《孝经》和《论语》启蒙；专题课讲授中国古代史和中国哲学史。中级由柯睿格教授讲授《孟子》、古籍导读和中古史；他是宋史专业，著有《宋代文官制度》等书，也是国际宋史研究计划的创始人。现代及其他部分由邓嗣禹教授担任，他编有《报刊中文》和《中文会话》作为课本；另外还开设有关研究方法的课程。钱存训到校后不久，邓嗣禹因哈佛大学之聘离校；他原来担任的两门课程"中国目录学"和"中国史学方法"就由系申请钱继续讲授。钱原来的聘约只有两年，经学校挽留，为他申请永久居留，并接家眷来美。

（四）在美学人对中国社会文化的维护

胡适、赵元任、陈衡哲等一大批中国留美学子在学习美国方式的同时，通过各种方式介绍宣传中国社会和文化，以增进美国人对中国社会和文化的了解。胡适在 1912 年 10 月 14 日的日记中写道：忽想著一书，题名《中国社会风俗真诠》，"取外人所著论中国风俗制度之书，一一详论其言得失，此亦为祖国辩护之事"。② 同年，10 月 16 日，胡适在阅读保尔·S. 莱因斯（Paul S. Reinsch）的《远东的思想与政治趋向》一书时，发现其中人名年月稍有讹误，便做了勘误表寄之著者以便其纠正。美国密苏里大学留学的萧公权，在其回忆录中记述了当时同他一起在密苏里大学

---

① 元青：《汉语言与中国文化的海外传道授业——以 20 世纪上半期中国海外学人为中心》，《社会科学战线》2019 年第 10 期。

② 吴原元：《走进他者的汉学世界：美国的中国研究及其学术史探研》，上海人民出版社2016 年版，第 111 页。

留学的杜钦反驳美国传教士讥评中国社会近况的具体情形。有一次某教会邀请我们中国学生去听新从中国回来的一位传教士报告中国的近况。少门（杜钦）和几位同学都去听讲。谁知这位传教士把中国的社会描写得黑暗无比，几乎与野蛮社会毫无分别，并且大肆讥评。听众当中有略知中国情形者，大为不平，建议主席请在场的中国学生发言。大家当然公推少门做大家的发言人，他站起来，雍容不迫地做了十几分钟亦庄亦谐的谈话。他不直接驳斥传教士的错误，也不直接为中国辩护，但请大家注意：任何学识不够丰富、观察不够敏锐、胸襟不够开阔的人到了一个文化传统与自己社会习惯迥异的国家里，很容易发生误解，把歧异的看成低劣的。中国学生初到美国有时也犯这种错误。他列举了若干美国社会里可恨、可耻或可笑的事态。每举出一桩之后，他便发问：这就是真正的美国吗？他略一停顿，又自己答复，说："我现在知道不是啊。"少门说完后会堂里掌声雷动，这位传教士满脸通红，无话可说。散会后，许多美国人拥上来和少门握手，赞许他的话。①

（五）中国学人对美国中文图书馆事业的贡献

近代以来，国际汉学界出现了两种情况：一方面随着其研究的广度和深度日渐加强，所需的资料日渐增多，但另一方面汉学家由于他们的汉语言文化功底有限，不能及时购进必要的图书，并进行有效编目，以供研究之需。很多既受过良好的中国目录学、版本校勘学等传统文化教育，又得过国际图书馆学真传的中国学人，历史地担当起了为国际汉学界大量购置中文图书并有效管理的重任，裘开明、洪煨莲就是这些人的典型代表。

欧美东亚图书馆的先驱、伟大的华美图书馆学家裘开明先生 1898 年生于浙江镇海，1918 年考入武昌文华大学文科。1920 年师从"中国现代图书馆运动之皇后"韦棣华女士和"中国图书馆学教育之父"沈荣祖先生攻读图书馆学，1922 年文学硕士毕业后，担任厦门大学图书馆第一任馆长，1924 年赴美国纽约公共图书馆学校攻读图书馆学硕士学位，1925年考入哈佛大学文理研究生院攻读博士学位，1927 年获图书馆学硕士学位，1933 年获哲学博士学位。自哈佛学院图书馆开始建立中文和日文藏书之后，到 1927 年 1 月，藏于哈佛学院怀德纳图书馆（Widener Library）91 室的中文图书通过捐赠和购买渐多，达到 4526 册，日文藏书已达 1668 册。于是哈佛学院图书馆馆长柯立芝（Archibald Cary Coolidge）教授聘请裘开明先生担任哈佛大学汉和文库主管，这是哈佛燕

---

① 萧公权：《问学谏往录》，黄山书社 2007 年版，第 48 页。

京图书馆的开始。至 1965 年退休，他担任馆长 38 年，白手起家把哈佛燕京图书馆办成了西方最大的东亚图书馆。著有《中国图书编目法》《汉和图书分类法》和《哈佛大学哈佛燕京学社汉和图书馆汉籍分类目录》等奠定 20 世纪西方东亚图书馆事业基础的著作，被美国图书馆界和汉学界共誉为"美国东亚图书馆馆长之领袖"和"西方汉学研究的引路人。"

洪业（1893—1980），号煨莲，当代杰出的史学家、教育家。他认为，整理中国古典文献，必须有一套科学的工具书，所以他最重视工具书的编纂。他创造"中国字庋撷法"和"笔画及拼音检字表"，对西方拼音文字引得编纂法加以创造性改进，以适应中国文字特点，用以编纂中国古籍的索引。1928 年 5 月 8 日，美国哈佛大学文理研究生院院长 George Henry Chase 致信燕京大学洪煨莲教授："我正式通知你，不久以前，我们团体法人已经同意你担任哈佛访问讲师职位。根据哈佛燕京学社通过的预算，你明年将从哈佛燕京学社得到 2000 美金和 600 美金的旅行费。我们的理解是，我们请你是为了在哈佛燕京学社的组织方面提供帮助和建议，偶尔开办一些公共讲座……不幸的是柯立芝教授的逝世和明年将去华盛顿国务院的 Hornbeck 博士的退出，使我们实际上没有一个人能真正地胜任指导远东历史研究的工作。"[1] 他在燕京大学哈佛燕京学社引得编纂处工作的二十余年时间里，先后主编《哈佛燕京学社引得》《划分燕京学社引得特刊》两辑，组织编纂"引得丛刊"，编纂出版了经史子集各种古籍引得 64 种、81 册，还出版了《三字典引得》《尚书通检》，为海内外学习和查考有关参考资料提供了很大方便，如《春秋经传引得》《杜诗引得》至今为海内外学人所参考和借重。1937 年获得儒莲奖。

二 太平洋战争期间美国军队的汉语教学

（一）引言

1. 问题来源

1941 年 12 月，美国对日宣战后，"政府官员意识到，我们需要能够说各种外语的人，我们再也不能依靠局外人。珍珠港事件发生后，这种需求变得更加迫切。部队需要能够用数种语言进行交谈的人（而这些语言大都未在中小学和大学讲授），而且希望马上就觅到这类人员，越快越好。军方将这种需求呈报给美国学术委员会，该委员会是一个由人文科学工作者职业联合会组成的合作组织。然后委员会将这一问题向其

---

[1] 程焕文：《裘开明年谱》，广西师范大学出版社 2008 年版，第 24 页。

下的一个分会即美国语言学会作了通报。该学会的大多数成员是外语教师。"① 于是在十多个大学中，附设陆军特训班（Army Specialized Training Program，ASTP），训练美国军队，学习各国的语言，兼习各种文字区域的历史地理与社会情形。使受过训练的学生，能派往所学的语言区域去工作，能明了当地的语言与习俗，能与当地人士往来而不致发生隔阂。1941年，"中国是美军在远东的重要盟国，汉语成为美军重点培训的语种之一。"②。

2. 研究意义

（1）美军二战期间的汉语培训在美国汉语教育史上的地位很重要。

20 世纪二三十年代外语学习的状况主要有三个方面。首先，当时美国的外语学习很少。在高中，学习外语的学生相对较少；而在学习外语的学生中，学习外语的学生较少能坚持两年以上。其次，这一时期外语学习只限于少数语言。在高中里，唯一广泛提供的语言是拉丁语、西班牙语和法语；除此之外，学院还增加了德语、希腊语和少量的意大利语。在美国的某个地方也有许多其他语言，但这些语言的教学仅限于极少数的机构，而且只有极少数的学生学习这些语言。再次，外语学习的特点是教学类型。尽管许多教师对语言理解的重视程度不一，但最常见的教学方法无疑是"语法和翻译"法，老师花了很大一部分时间讲解语法；学生通过记忆范例和规则来学习语法；他们通过将英语句子翻译成外语来应用语法。第二个目的是教学生阅读外语。③ 太平洋战争开始后，随着美国外语教育政策的改变，美国汉语教学迎来了一个大发展的蓬勃期，学汉语的人数猛增，而主要的学习群体集中在军界，学习者的汉语水平也大大提高。该时期成熟的听说教学法在战后乃至今日的美国汉语教学，及至全球的汉语教学中都起了不可替代的重要作用。研究该时期美国的军队的汉语教学对于完善美国汉语史，意义重大。

（2）赵元任美军汉语培训中的教学是他对外汉语教学的最重要体现。

赵元任先生不仅是举世公认的语言学研究大师，也是经验超群的语言

---

① ［美］布龙菲尔德：《布龙菲尔德语言学文集》，熊兵译，湖南教育出版社 2006 年版，第 234 页。

② 汪倩倩：《二战美军专用教材〈汉语口语入门〉与〈汉语词汇手册〉研究》，硕士学位论文，中山大学，2015 年。

③ William G. Moulton, Linguistics and language teaching in the United States, 1940－1960, pp. 21－22. *Iral－international Review of Applied Linguistics in Language Teaching*, 1963, Vol. 1, No. 1.

教学泰斗。不论是对外汉语教学的本体研究、教材和词典编写，还是教学设计的方方面面，他的工作都可以说成果丰硕。但毋庸讳言，上述经验大多形成或成熟于二战时期的美国陆军的汉语培训中，例如他最重要的汉语教材《国语入门》（*Mandarin Primer*）开始编写并使用于该时期，他使用最多的直接法和听说法相结合的教学法也是成熟于该时期，所以总结研究赵先生汉语作为第二语言的教学，就应该重点了解赵先生在这一阶段所做的相关工作。

（3）二战期间军队汉语培训被美国人当作了战后外语教学的参照项。

美国外语教学界的专家们采访了 ASTP 语言课程机构中的管理人员、课程负责人和讲师，然后认为，"可以将该课程的某些原理和要素有效地引入战后针对平民的语言教学中。接受采访的人同意，公认地满足实际军事需要的 ASTP 语言培训的某些目标自然会被放弃；但对外国文化的理解和欣赏是通识教育中语言学习的主要目的。他们在 ASTP 语言课程方面的成就经验使他们确信，获得全面的语言熟练程度（包括阅读能力）首先要掌握语言的口头表达形式。认识到这一原则，他们准备在切实可行的范围内建议通过一项密集的语言教学计划。"① 理查德·T. 汤姆逊（Richard T. Thompson）在 20 世纪 80 年代指出："陆军专门训练计划部帮助研究出一种新的语言教学法，这就是后来由语言学家和说所教语言的教师合作授课的教学法。说来令人意外，这种教学法直到今天，在美国非普遍教授语言的教学法中仍多有体现。"②

3. 研究样本

尽管太平洋战争期间美国陆军的汉语特殊培养在十多个大学举办，但是本文我们选取的三个大学作为分析样本。

（1）哈佛大学。

1943 年 8 月，在 Harvard Overseas Administration 下，设立了中文和日文两个训练班。8 月 18 日，叶理绥（Elisseeff）主任要赵元任主持 ASTP 中文训练班工作，日文班则由主任本人负责。哈佛大学从 1943 年 8 月到 1944 年 12 月共办两批训练班，FE-1 和 FE-2（即远东-1，远东-2 班），每班训练期限为 10 个月，两批训练时间有一段交叉。

---

① Frederick B. Agard, Robert J. Clements, William S. Hendrix, Elton Hocking, Stephen L. Pitcher, Albert van Eerden and Henry Grattan Doyle, "A Survey of Language Classes in the Army Specialized Training Program Author（s）", http://www.istor.org/stable/319348.

② 理查德·T. 汤姆逊：《美国汉语教学综述》，《语言教学与研究》1980 年第 4 期。

（2）芝加哥大学。

著名学者、历史学家邓嗣禹主持美国芝加哥大学附设的陆军特训班。对于功课的排定，训练的方法，课本的编纂，虽有军部大致上的规定，但主持人颇有伸缩的余地。芝大特训班，创始于 1942 年 8 月，结束于 1944 年 3 月。

（3）耶鲁大学。

在"陆军特别训练计划"（ASTP）的指导下，美国一众高校先后承担起汉语教学的任务，纷纷开设速成语言班。1943 年耶鲁大学更受美国陆军部委托，专门成立远东语文研究院，这成为美国本土的第一个汉语专修班。1943 年 4 月—1944 年 12 月，正在美国华盛顿国会图书馆担任研究助理的著名历史学家房兆楹①，被美国陆军部聘请，参加了耶鲁大学的ASTP。

4. 文献综述

吴原元［2007（3）］只是说太平洋战争期间开办了哪些有关远东语言和社会文化的短期培训。指出了培训使用了听说法，并由古汉语转变到现代汉语。到底是怎么做的，没有说。顾钧［2015（5）］简单介绍了太平洋战争中美国军队汉语培训的学习进度安排。郭家铨［1993（1）］、黄伯飞［1980（4）］、吴原元［2010（6）］、常宝儒［1979（1）］稍有提及。吕必松在《语言教学与研究》［1981（4）］上在介绍听说法时，比较多地介绍了太平洋战争期间美国军队汉语培训的情况，说出了听说法的主要指导思想。但是没有谈及可操作性的具体措施。盛炎《世界汉语教学》［1987（创刊号）］谈了太平洋战争期间美国汉语教学的一些特点和做法，但只是一般介绍，没有谈学术渊源。美国教育部国际交流中心主任理查德 . T. 汤姆逊 Richard T. Thompson［1980（4）］较多谈及了美国太平洋战争期间军队的汉语教学，介绍了（Army Specialized Training Program 即 ASTP 的由来和主要成就，概括了太平洋战争期间美国汉语教学的主要特点，并说明了美国外语教学所用听说法的由来。马荣广（2011）指出布龙菲尔德外语的教学思想精髓是"听说领先"，主要体现"发音合作者"的教学思想和

---

①　房兆楹和霍凯特写了 *Spoken Chinese* by Charles F. Hock Ett, Lt. A. U. S. and Chaoying Fang. Copyright, 1944, by Linguistic Society of America. 该书都为前 200 个小时的语言学习提供材料。分为 30 个单元，前 12 个单元配有 24 个外语材料的双面录音。学完这 30 个单元，学生不仅能掌握足够的一般词汇，用于日常生活中的各种语言活动，而且能掌握学习这些词汇的技巧。

"过度学习"的教学思想，但缺乏教学实例，更没有和汉语教学相结合。盛炎［1987（3）］比较全面地论述了赵元任的汉语教学实践活动、赵先生的汉语教材系列、赵先生的教学理论。周质平［2015（2）］在《国际汉语教学研究》发表文章的主要内容是：中文教学界的语体文运动、强调发音和结构。下篇介绍赵元任语法研究的代表性著作《中国话的文法》，其他有关赵元任汉语教学的论文和论著不在少数，但都基本上没有超出盛炎和周质平的著述内容，例如种海萍（2011 年华东师大硕士论文）、陈东东［2013（2）］、冯涛（2010）、赵贤德［2014（3）］、唐兴红［2010（2）］等。综观已有的文献，在美国太平洋战争期间军队汉语培训和赵元任汉语教学的方面主要存在以下不足。

（1）谈做法的缺乏对指导思想的概括，谈指导思想的缺乏足够的例证，二者紧密结合。

（2）没有把汉语作为第二语言教学和美国太平洋战争时期外语教学的大背景紧密结合。对布龙菲尔德等美国先贤对汉语教学的指导和影响基本上没有探讨，或语焉不详。赵元任外语教学的黄金期在美国二战期间，教学指导思想因为受到美国外语教育思想的影响而成熟也在二战时期。

（3）除了文献少数，如马荣广（2011），对美国二战期间影响汉语教学的重要文献挖掘、利用得不够，如布龙菲尔德（Leonard Bloomfield）莫尔顿（William G. Moulton）、Frederick B. Agard，Robert J. Clements，William S. Hendrix，Elton Hocking，Stephen L. Pitcher，Albert van Eerden and Henry Grattan Doyle、*Spoken Chinese*、《赵元任传》（作者：［美］罗斯玛丽·列文森，译者：焦立为）等。

（4）除了党宝海［2005（2）］简单提及了房兆楹先生在美国二战时期汉语教学中所做的贡献外，其他文献一般只提赵元任先生，大有以偏概全之嫌，本文在这方面拟有所突破。

（二）太平洋战争中美国的外语教育概观

1. 美国学术社团理事会建立外语强化课程

1939 年第二次世界大战全面爆发，尤其是 1941 年 12 月 7 日日本对珍珠港的袭击，使语言孤立主义戛然而止。1941 年初，美国学术社团理事会（American Council of Learned Societies，ACLS）因为执行秘书莫蒂默·格雷夫斯（Mortimer Graves）的远见，在 1941 年初建立了一个强化的语言课程。格雷夫斯认为，第一项基本任务是对每一种要教授的语言进行合理的分析，然后根据这一分析编写学习材料；他相信，该国的语言学家虽然人数不多，但却是最有资格从事这项工作的人。在洛克菲勒基金会提供的资金的帮助下，一些语言学家被派去对一些没有足够教材的语言进行描述性分析，并为一些强化的语言课程做了准备。1942 年 4 月，语言学会（Language Society）的司库米尔顿·考恩（J. Milton Cowan）来到华盛顿，担任强化语言的主任计划执行人，第二年的夏天就建立了该项目。在 18 所大学开设不少于 56 门课程，使用 26 种语文，共有约 700 名学生。

2. 军队强化外语教育

在军队内部，人们意识到，大量的美国年轻人很快就会分散在世界上很大一部分地区，他们需要许多语言，而这些语言的名字对大多数美国人来说都是未知的。此外，尽管军队很欣赏这些语言的阅读知识，但他们对实用的口语知识更感兴趣，而对语法根本不感兴趣。由于全国的中小学和大学培养出的实际掌握日常用的语言的人寥寥无几（这种情况最令该国语文教师感到遗憾），武装部队意识到他们必须建立自己的语言训练设施。当武装部队开始寻找他们认为他们需要的语言训练类型时，他们在强化语言项目的工作中找到了它。"如果没有美国学术协会的强化语言课程，就不可能有这一系列的课程，或者会有完全不同的性质。"（*Spoken Chinese*, General instruction）结果，该项目的华盛顿办事处很快就成了大规模获取各种熟悉和不熟悉的语言的计划中心。可以肯定地说，在这个项目结束之前，几乎每一个受过训练的语言学家，无论老少，都以某种方式参与其中。1942 年，伦纳德·布卢姆菲尔德出版了《外语实用研究大纲》（Outline Guide for the Practical Study of Foreign Languages），旨在帮助那些必须学习却没有正式教学材料的语言的人；同年，伯纳德·布洛赫和乔治·L·特拉格出版了《语言分析大纲》（Outline of Lingguistics Analysis），为这样的学习者提供必要的理论背景。1943 年 4 月，陆军第一个地区和语言课程建立了。① 同年底，约 1.5 万名士兵在 55 所大学接受 27 种不同语言的训练。同年，还成立了陆军文官培训学校（The Army's Civil Affairs Training Schools，CATS），为在意大利、德国和日本的军官提供语言和其他方面的培训。

（三）太平洋战争期间美国军队汉语教学的教学设计

1. 口语练习最为重要

赵元任先生曾说："我觉得为任何目的，都应该把外国'语'学好。"

---

① William G. Moulton Linguistics and language teaching in the United States, 1940 – 1960, pp. 21 – 22. *Iral – international Review of Applied Linguistics in Language Teaching*, 1963, Vol. 1, No. 1.

（《语言问题》，152）"我刚才说我主张为用外国文的书，而先学外国口语，在多数的情形是唯一的有效的方法。"① 不仅赵元任先生认为语言教学口语最为重要，作为 *Spoken Chinese* 的中方作者房兆楹先生也主张，

> 这是一本汉语教科书，而不是汉语写作教材系统。这个基本区别常常被忽视，大多数所谓的汉语教科书都是专门或主要关注汉字的，这种限制在逻辑上是有效的，这一限制逻辑上是说得通的，但前提是人们在谈及汉字时，不能以为就是在谈论语言本身。……言语是基础，文字是语言的衍生物。……只有在对语言本身的理解和控制的基础上，才能理解文字的结构和功能；没有这一点，操纵文字是一种古老的消遣，而不是一门科学。然而，与此相反的情况并非如此；一个人可以不用写字说话②

每周大量的时间做练习，其中较少的时间用于语法工作，更多的时间用于会话练习。*Spoken Chinese* 规定"最重要的是：在本课程的前 12 个单元完全掌握之前，不应试图学习或教授书面语言。"③ 学员的培训通过对所学语言进行口语操练来进行。实际上美国军方开始就将此次语言培训的重点放在了口语上，"1942 年初，珍珠港事件发生后的一个月，美国陆军和海军福利和娱乐联合委员会开始考虑如何让大量的军队在他们可能被使用的地区使用多种语言的口语进行训练。对已经可用于此种讲授的材料进行了调查，证实这些材料可能不够充分。许多相关的语言在美国从来没有教授过；有能力的语言学家很少研究或描述过它们。只有不寻常的教科书被设计用来教那些没有受过语言训练的学生口语形式，即使有一本书可用，它也往往是用法语、德语或荷兰语写的，或者由于其他一些原因，不容易被普遍使用。因此，首要的是需要制订一项基本实施计划，为没有经过特殊语言训练或确实没有天赋的美国人进行口语的初级教学提供材料，在各种习语中尽可能做到几乎一致而实用。"④ 课堂上，他们大多数时间

---

① 赵元任：《语言问题》，商务印书馆 2003 年版，第 153 页。

② Charles F. Hock E'tt，Lt. A. U. S. and Chaoying Fang，Spoken Chinese Linguistic Society of America，Washington，1944，Authors' Preface.

③ Charles F. Hock E'tt，Lt. A. U. S. and Chaoying Fang，Spoken Chinese Linguistic Society of America，Washington，1944，General Instruction.

④ Charles F. Hock E'tt，Lt. A. U. S. and Chaoying Fang，Spoken Chinese Linguistic Society of America，Washington，1944，General Instruction.

是分成不同的小组（最多 10 人一组），听操本族语的人讲话，模仿他的言谈，并尽可能同他交谈。非常小的班级（十个或更少的学生）用于练习，根据每个学生的能力和进度进行划分。哈佛大学的 ASTP 班班级非常小，根据每个学生的能力和进度十个或更少的学生组成一班，用于练习。换言之，学员绝大部分时间是听中文和说中文小班（9—10 人一班）语言训练由助教担任，赵元任指导。第一班大堂上过后，即分小组训练，有七八个或至多 12 个人为一组，每组在可能的范围内，将大班解释过的课文，由助教负责再加以训练。一位教导员会负责指导这项工作，并且每周要就语言的结构问题举办几次讲座。在哈佛大学的 ASTP 班上，教材的编写、课文的录音、大班课的讲授由赵元任先生自己担任。每天只有一小时用英文讲解的大班课，余下时间则让学员听课文录音，或分成小班，由助教采用直接法训练学员的听说能力。在教学上则用听说法和直接法，想方设法让学生跟所学语言多接触，多听多说。① 芝加哥大学 ASTP 汉语学习也与哈佛大学基本类似。每周上课 17 小时。头一个小时集合四五十个学生在一班，由主任教员讲授中国语言的重要，拼音法与四声等，即教"我你他，我好，你好"等简单句子。"你好，我好"，要学生跟着先生念好些次，好像小孩跟母亲学说"爸爸妈妈"一样的法子。念了几次以后，小组教员又教每一个学生念一两次，口音不对，平上去入不对，又再三改正，改到学生不耐烦时为止。普通上午大概上两小时课，另外有一小时历史或地理课程，使学生换换脑筋。下午又在小组再训练一小时，使当天的课文练习纯熟，口音也纯正。学了一天中文，学生就可以说几句简单的话了。②但要说明的是，注重口语并不是排除语法学习，"除了主要的一般性建议外，调查组还提出以下具体建议：应在军队的强化语言课程中保留陆军计划中遵循的语法与演练的一般比例"③。

2. 课堂强化操练远重于讲解

学生为语法课做一些外部准备，尽管少于非强化课程；很少或根本没有外部准备进行操练。这些操练课是本项工作中最重要的部分，因为学员可以从这些操练中获得有关所学语言的经验。然而，如果孤立地进行训

---

① 赵新那、黄培云：《赵元任年谱》，商务印书馆 2001 年版，第 268 页。

② 邓嗣禹、彭靖：《家国万里——邓嗣禹的学术人生》，上海人民出版社 2014 年版，第 36 页。

③ Frederick B. Agard, etc. "A Survey of language Classes in the Army Specialized Training Program", http://www.istor.org/stable/319348.

练，又缺乏悉心的指导，学员将很难获得理想的结果，这有点像到国外作短暂旅游时的情形。操练课上要说的话和要组织的活动都必须事先由合格的教导员来安排和增补。赵元任先生主张"在上课的时间，跟自修的时间，天经地义，就是想法子让学的人跟语言本身接触……在课堂上，千万不要耗费时间来净用学生的本国语言来讨论这个语言。那是另外一种功课，不是学外国语言的功课，乃是语言学的功课。"① 盛炎曾盛赞赵元任先生的做法：

> 他在这里严格区分语言学习和语言学学习，强调语言学习是一种技能训练，而不是单纯的知识学习。不主张过多地使用学生的母语。这一精辟见解体现了直接法、结构法（即听说法）、功能法的共同特点。他把知识讲解比作照相前的取景，把技能训练比作曝光。他还把语言学习比作游泳训练。②

在此还要说明的一点就是，上文说的操练不是一般的操练，而是强化（Intensive）的操练。"参加陆军语言计划的所有人，老师和受训者都完全同意，总体的成功首先要归功于其强化的特点。语言课程要经过三个 12 周的学期，每周 15 小时的接触时间在适当的监督下确实产生了值得注意的结果。"③ 而这些"值得注意的结果"就是，经过 9 个月的学习，学生能学会理解当地人就各种主题所讲的话，也能够就许多主题发表意见。④ 选择强化课程的学生将不会比以前花费更多的单元或学分来学习语言。因为"在很大程度上，以前用于语法学习的时间将花费在操母语或双语者的监督下进行操练"。在强化课程的安排上"各个学院可能进行的强化程度取决于学期的长短，每门课程的学分数和学时等，因此不可能试图概括所有机构都可以采用的强化语言课程。调查组认为，在每所大学决定哪种类型的基础语言课程最适合其目的之前，都应进行许多实验"⑤。

---

① 赵元任：《语言问题》，商务印书馆 2014 年版，第 159 页。

② 盛炎：《赵元任先生对汉语教学的贡献》，《语言教学与研究》1987 年第 1 期。

③ Frederick B. Agard, etc. "A Survey of Language Classes in the Army Specialized Training Program", http：//www. istor. org/stable/319348.

④ Frederick B. Agard, etc. "A Survey of Language Classes in the Army Specialized Training Program", http：//www. istor. org/stable/319348.

⑤ Frederick B. Agard, etc. "A Survey of language Classes in the Army Specialized Training Program", http：//www. istor. org/stable/319348.

　3. 聘请母语的或完全双语的发音人

　人们是通过聆听和模仿本族语者的说话来学会一门外语的。在极少数情况下，已掌握一门外语的说话人能像操该语言的本族人讲得一样地道，因而也同样能起到语言示范的作用。然而这样的人很难找到，也很难确认。讲外语的人差不多总是在表达的精确性和可靠性上有所缺憾。因而，在部队语言培训中，每位学员都应该获得大量的机会来聆听和模仿本族语者的讲话。这些操本族语的人就是发音合作人或者叫助教（informant）。这些发音合作人或者说助教，都是能说标准汉语国语的人，因为如果讲某种语言的人数量很大，那么这种语言就会存在方言上的显著差别。当一个国家不同地区的人们彼此有必要进行交谈时，通常总会有一种人们都倾向于使用的方言，即各地区的人们都能听懂的标准方言（standard dialect）。因此，操本族语的人就有必要使用不带太多地方色彩的标准方言。在这方面，教授汉语尤其要选择那些能说标准方言，也就是能讲国语的人。在二战时期的美国，很多人都会讲他们的母语……汉语中的标准方言。只有那些掌握了标准国语的华人才能为军队特殊培训汉语项目时所用。这些人的职责是：

　　　如果能找到一个以汉语为母语的人，他可以当向导（guide）。在语文课上，他所要做的，就是把自己的语文说给他们听，他既不是老师，也不是领导。学校还提供了一本向导手册，向导用自己的语言提供了所需的课程信息，并告诉学习者应该用中文说些什么，而不是用语文来指导他说什么。因此，一个不懂英语的指导是可以使用的。①

　当赵元任主持军队特别培训的汉语项目培训时，他从哈佛大学、Radcliffe College 和麻省理工学院的中国学生及家属中，选说北京话的人做助教（informants），并通过哈大学聘请。邓懿、杨联陞作为 20 多个青年教员中的突出者，积极地实践了赵元任先生有关汉语语音、语法教学的思想。每次，赵先生上完大课之后，包括邓先生在内的青年教师便配合上练习课，从最基本的口语教起，着重于这些陆军士兵的会话速成。教材的编写，课文的录音，大班课的讲授由元任担任。小班（9—10 人一班）语言训练由助教担任，赵元任指导。这种方法赵元任先生 1939 年 6 月在哈佛暑期学校开设粤语课时就使用过，当时他集中 12 周开设了 600 小时的课

---

　①　赵元任称发音人为 Informant，房兆楹则称之为 Guide。

（每天 3 小时讲授，1 小时听唱片，4—5 小时作业，每周共 50 小时）。亲自灌制学习用唱片，请留学生中的广东人谭小麟和邬劲旅等做发音人。课程结束后曾带学生到广东人开的中国饭馆，用粤语会话，饭馆服务员问元任的学生 Raphael Hillyer：“你什么时候从中国回来的?”赵元任在日记里满意地写道：“Pretty good（不错）”。① 芝加哥大学的陆军汉语培训班也是在大班讲解后，请多位北平生长的先生来充当发音合作人（助教），负责每个小班的语言操练。赵先生对这种方法有深刻的认识，

> 人说“耳闻不如目见”。我说未必尽然。就比如说学国语这件事情：看了无数的教科书，记了无数的注音的拼法，总不如自己亲耳听听，到底哪个字是哪个音，哪句话是哪种口气，才会真明白。但是耳朵听了未必口就能说，必定要自己读出声音来，和耳朵所听见的比较起来，才能知道学的对不对，才能有长进的机会。所以学语言的，第一样要记得的就是“耳闻不如口读”。假如能照这两句实行起来，就胜过看十本教科书，看一百段说明，看一千遍序了。②

这种学习言语时“目见不如耳闻”“耳闻不如口读”的主张，也贯彻于他教授外国学生学习中国语言的过程中。认为儿童学习任何语言或方言最快，就是通过耳闻、口说迅速熟练掌握过来的。通过认识方块汉字来学习中文及语言，固然是一种正规经典式办法，但是需时很长，对于外国人尤其困难。

4. 使用电教辅助工具

包括机械设备，如电影、留声机唱片、录音机、磁带录音机、收音机和电话等。用留声机片教授言语，这种法子不是新鲜花样。在美国早就有好几种教授德、法等文的机片。胡适曾说：

> 我敢说：如果我们要用留声机片来教学国语，全中国没有一个人比赵元任先生更配做这件事情的了。……最适宜于做国音留声机片的编著者和发音人。③

---

①　赵新那、黄培云：《赵元任年谱》，商务印书馆 2001 年版，第 264 页。

②　周质平：《现代人物与文化反思》，九州出版社 2013 年版，第 15 页。

③　胡适：《胡适品人录》，华文出版社 2014 年版，第 74 页。

"由于北方汉语方言众多，导游的选择并不容易。如果找不到会说北平或附近汉语的导游，就不如没有导游。在这种情况下，录音机等电教设备就非常好用"，"唱片给出了指南将给出的内容。……录音机不能和你进行对话，也不能回答问题，但它们可以用完全相同的方式一遍又一遍地重复同样的表达，而不会感到疲倦，从而给学习者更好的机会重复和通过重复来学习。"① 据盛炎统计，"赵先生编写的汉语口语教材主要有《国语留声机片课本》（1922 年）、《新国语留声机片课本》（1935 年）、《粤语入门》（1942 年，带汉字本、录音）、《国语入门》（1948 年，带汉字本、录音），其中最有代表性的是《国语入门》。"②1939 年赵先生开粤语课时，亲自灌制学习用唱片，每天课上让学生听 1 小时唱片。初学语言的人，是容易忘记的，在班上会说那几句话，过了几小时，他们上体操及别的课，又忘记了。为补救这种毛病，芝加哥大学的汉语培训班将课文做成留声机片子，搁在学生宿舍里，学生可以随时去听，一次不够，又再听一次，反正那种专门训练语言的留声机，是随时可以将播放的针退回去，使某一个字或某一句句子，重念几次，而不致伤害片子的。

5. 课外活动丰富多彩

机构内的语言教室、语言表和语言俱乐部，以及与社区中的外语群体进行社交联系，都为学习语言提供了具体的生活背景。在赵先生主持的哈佛大学美国陆军汉语培训班上，作为练习，学员自编自演短剧。还有部分学员学会写汉字。他们听说中国有个《大公报》，他们就办了一个《大私报》，因为 ASTP 学员当时都是大兵，英文称大兵为"private"。英文字"private"另一个意思是"私"，所以学员就把报称作《大私报》。③ 芝加哥大学的陆军汉语培训班到了第四学期，即是受了九个月训练以后，他们算是高年级的学生了。除每天早上念些复杂课文以外，他们每星期念两小时短篇戏剧，有 1 小时练习用中文演说，有两小时听中国名人讲演，听完以后，还要用中文作一个摘要，用中文讨论。在这一期，他们学写中文信，学翻译中文报章。前三期每天所练习的翻译，有英翻汉，或汉翻英，多半是单句子，之后将单句连起来，就可以成为一篇文章或一封信了。

---

① 　Charles F. Hock e'tt，Lt. A. U. S. and CHAOYING FANG，Spoken Chinese Linguistic Society of America，Washington，1944，GENERAL INSTRUCTION.

② 　盛炎：《赵元任先生对汉语教学的贡献》，《语言教学与研究》1987 年第 3 期。

③ 　赵新那、黄培云：《赵元任年谱》，商务印书馆 2001 年版，第 270 页。

（四）赵元任外语教育（汉语作为第二语言教学）主要指导思想

1. 布龙菲尔德对美国太平洋战争时期外语教育的贡献

谈赵元任汉语作为第二语言的主要的指导思想就不能步谈及布龙菲尔德对美国太平洋战争时期外语教育的贡献，因为布氏至少是 20 世纪上半叶美国语言研究和教学界的灵魂人物之一。二战期间，全美陆军汉语特殊培训实际不是一项单独的外语教育项目，而是"全美学术团体委员会（American Council of Learned Societies，ACLS）……于 1941 年初建立的外国语文速成计划委员会（Intensive Language Program，ILP）。次年夏天在18 所大学开办了包括 26 种语言的 56 个速成外语班，学生总数达 700 人。这些速成外语班有着坚实的语言分析基础，特别注意那些非普遍教授的语言。……该计划委员会在外语教学上的指导思想，有许多后来成为发展听说教学法的基础。外国语文速成计划委员会对美军外语教育的影响尤为巨大。"① 我们目前尚无相关资料直接证明著名语言学家布龙菲尔德对全美学术团体委员会所施加的影响，但作为美国结构主义语言学的奠基人和最重要的代表人物之一，在第二次世界大战期间，美国国防部举办的以培训外语人才"部队特别培训规划"，无论是在确定该规划的理论基础，还是在撰写教学教材方面，布龙菲尔德都作出了实质性贡献，因为他的语言理论"在 30 年代和 40 年代对大多数美国语言学家的态度和看法起着支配作用"②，而 40 年代末到 50 年代的后布龙菲尔德学派的学者（Post-Bloomfieldians）也无不把自己的理论体系建立在他所确立的原则与方法之上。

布氏的一生是著述和教学相结合的一生，而且相当多的精力用于教学，主要是外语教学和语言比较研究的教学。他的首部语言学专著《语言研究导论》（1914）就专辟一章（第 9 章）讨论了外语教学问题。"从外语教学方法论的角度来看，当时年轻的布龙菲尔德已远远走在了时代的前面。"③ 1923 年，他出版了一部德语初级教程《初级德语》，该教程被认为同类教材中最出色的。这期间他（包括与他人）所撰写的教材包括：《外语实地调查简明指南》（1942）、《荷兰语口语》（1944）、《荷兰语口语：基础教程》（1944）、《俄语口语：基础教程》（1945）等。另外，布

---

① ［美］理查德·T. 汤姆逊：《美国汉语教学综述》，《语言教学与研究》1980 年第 4 期。

② ［美］布龙菲尔德：《布龙菲尔德语言学文集》，熊兵译，湖南教育出版社 2006 年版，序。

③ ［美］布龙菲尔德：《布龙菲尔德语言学文集》，熊兵译，湖南教育出版社 2006 年版，序。

龙菲尔德还撰写了一些讨论外语教学问题的论文，如《语言学和阅读》（1942）、《论外语教学》（1945）等，探讨语言学与外语教学的关系，对当时的学校当局和某些教育专家的教育方法提出批评，并阐述自己对外语教学的看法。另外，基于行为主义语言观的"听说法"也是在布龙菲尔德语言理论的指导下产生的。与传统教学法相比，"听说法"在培养学员语言运用能力方面具有较为明显的优势，这种方法在"部队特别培训规划"中得到广泛的应用，并取得了较好的效果。他主张一个学生在能写一种语言之前，必须学会说这种语言。整个学习过程虽由讲授语言结构的专家所控制，但是却要使用操母语的教员来纠正发音。

2. 赵元任是当之无愧的汉语教育主讲教师

作为二战时期国际外语教学界的泰斗，布龙菲尔德认为，外语速成培训的主讲教师（教导员）至关重要。

> 正如经验所显示的那样，这项工作的基本要求以及决定这项工作成败的最重要的因素，在于教导员处理以上事务的能力，即他在语言学某一方面的专业技能。如果教导员本身就是所教语言的本族人，同时又具备必要的专业技能，这一切对他来说就更容易些，他也能做得更好一些。……具备专业能力的操本族语者实为凤毛麟角，对大多数语言来说，根本就找不到这类人才。①

而赵元任先生就是这样难得的教导员，在耶鲁大学是房兆楹，在芝加哥大学是邓嗣禹，这二位基本合格，虽然他们对所教语言——汉语掌握得很好，但没有受过语言学尤其是语言教学的专业训练。胡适曾评价赵元任在用留声机进行语言教学方面有几种特别的天才：

> 第一，他是天生的一个方言学者。他除了英、法、德三国语言之外还懂得许多中国方言。他学方言的天才确是很惊异的。前年他回到中国，跟着罗素先生旅行，他在路上就学会了几种方言。他不但能说许多方言，并且能在短时间之中辨别出各种方言的特别之点。
>
> 第二，他又是一个天生的音乐家。他在音乐上的创作，曾得美国音乐大家的赞赏。……他有两只特别精细的音乐耳朵能够辨别那极微

---

① ［美］布龙菲尔德：《布龙菲尔德语言学文集》，熊兵译，湖南教育出版社2006年版，第244页。

细的、普通人多不注意的种种发音上的区别；他又有一副最会模仿的发声器官，能够模仿那极困难的，普通人多学不会的种种声音。

　　第三，他又是一个科学的语言学者。单靠天生的才能，是不够用的，至多不过学一个绝顶聪明的"口技家"罢了。但是赵先生依着他的天才的引诱，用他的余力去研究发音的学理；他在这里面的成就是很高深的。所以无论怎么杂乱没有条理的对象，到了他的手里，都成了有亲统的分类，都成了有线索的变迁。[①]

　　以上内容是胡适先生就赵元任先生研究语言学方面的天才讲的。实际上，赵先生在语言教学尤其是汉语作为第二语言的教学方面，其经验在当时的华人中是无与伦比的。1922 年春季开学，开始在哈佛大学开中国语言课，一直进行到 1924 年。这是他第一次在国外开设中国语言课。1938 年 9 月至 1939 年 7 月，在夏威夷大学东方研究所（Oriental Institute, University of Hawaii）任教。1938 年下半年上的课包括：中文阅读课（Chinese Reading Course）、中国语言学研讨课（Seminar of Chinese Linguistics）和中国音乐史（History of Chinese Music）。这次是赵先生第二次教西方人学中文。在夏威夷大学教授中国文言文时，他做了些新的尝试。拿文言文当作白话文那么教，教学生大声朗读课文，并使用文言作练习和回答问题，而不是简单地做中译英的翻译，目的是要学生会用、学得活，在课堂上要使学生更多地听所学的语言，而不是总听自己的母语。1939 年，美国华侨中间广东人多，大家都很想学说国语。由夏威夷大学陈受颐教授发起，赵先生在中山中学开了两个国语班，聘请夫人和大女儿赵如兰任教师，并于 3 月 21 日正式上第一堂课。如兰（16 岁）说北京话，但她没有教学经验；夫人说话带南京口音，所以赵先生常利用晚上时间，给她们辅导。1939 年 9 月中，在耶鲁大学东方学系（Oriental Department）开始备课。第一学期开设中文阅读和中国语音学（Chinese Reading、Chinese Phonetics）两门课。28 日与学生碰头，确定上课时间，10 月 2 日正式上课。1940 年继续在耶鲁大学开设两门课，即中文阅读课（Chinese Reading）和中国音韵学课（Chinese Phonology）。在中文阅读课里讲孟子等；在中国音韵学课程中，讲述北京、苏州、常州助词和助词语调问题（Intonation in Particles），几种罗马字化的比较（comparison of Romanizations），国语的各种特点（Various features of Mandarin），古音和今音（国

---

　　① 赵新那、黄培云：《赵元任年谱》，商务印书馆 2001 年版，第 117 页。

语）的比较（Comparison between Ancient Chinese and Mandarin）等。10月以后，开始为华侨华人讲授广东话。1942 年 6 月 29 日，赵元任开始在哈佛暑期学校开设粤语课。他集中 12 周开设了 600 小时的课。9 月底，在哈佛大学开始设中国方言课，为期一个学期。赵先生后续的汉语作为第二语言的教学就主要是在哈佛大学进行的。

上面是对赵元任从事汉语作为第二语言教学的历史回顾，下面我们做一下共时观察。笔者非常同意盛炎先生对赵先生在美国从事汉语教学的研究成果，在教材编写方面，"赵先生为汉语教学编写了一个完整的教材系列，这个教材系列包括口语教材、阅读教材、语法专著和工具书，形成了汉语教学的四大支柱。"① 完整的教材系列的形成，标志着赵先生将汉语作为第二语言教学的成熟。

3. 赵元任汉语教学理论的学术渊源

（1）赵元任与布龙菲尔德的交往。

赵先生的教学理论主要包括："想方设法让学生跟所学语言的本身接触"；"口语是外语教学的基础，不管抱什么目的学习外语，首先要学好口语"；"按部就班地进行语言三要素训练……语音最难，也最重要"②。对照布龙菲尔德的外语教学思想和赵元任从事汉语教学的诸多做法，还是有不少相同之处的。在既往有关赵元任先生在美汉语教学的研究，有不少人认为，赵先生创造了听说法等比较先进又实用的汉语教学法，如朱怀（2017），但我们认为，上述说法不符合实际。在此我们不能说，赵元任的汉语作为第二语言的教学思路一定受了布龙菲尔德的影响，但从事理上应该是很可能的，因为"在同时代的语言学家中，没有人比他享有更高的声誉，或者受到更为广泛的尊重"③。实际上赵元任和布龙菲尔德的交往还是很密切的。1932 年赵元任路过芝加哥时曾拜访过 Bloomfield 教授，后来在耶鲁大学又与教授是同事，在学术问题上经常请教。1939 年 3—6月，赵元任先生阅读、研究结构语言学家 Leonard Bloomfield 教授的专著 *Language*（《语言论》），读后与 Bloomfield 教授通信，讨论问题。据统计，三个月内用了 43 个半小时读完 Bloomfield 的专著（6 月 21 日日记）。

---

① 盛炎：《赵元任先生对汉语教学的贡献》，《语言教学与研究》1987 年第 3 期。

② 盛炎：《赵元任先生对汉语教学的贡献》，《语言教学与研究》1987 年第 3 期。

③ ［美］布龙菲尔德：《布龙菲尔德语言学文集》，熊兵译，湖南教育出版社 2006 年版，序。

赵元任说 Bloomfield 教授在学术上对他影响很大。①

（2）赵元任对自己汉语教学思想的认识。

请看如下口述历史的内容：

> 列文森：我还要再问你这个问题，如果可以的话，请你评价一下你在西方尤其是在美国中文教学方面的影响。
>
> 赵元任：嗯，我不知道。我觉得我或多或少是在跟着一个大潮流走，这个大潮流就是越来越强调口语。我不是这个潮流的发起者。不过，我的确发现越来越多的人对我教语言的方法感兴趣。还有，所有外语教学都有这个大趋势，就是要把语言教活，让学生参与进去，多运用所学的语言。②

由此可见，赵元任先生本人没有认他自己是听说法的创造者，只是顺应了那个时代的大潮，出色地运用了该教学法。那么赵先生如何顺应了大潮流的呢？

> 列文森：学生们对什么感兴趣？
>
> 赵元任：他们对语言的各个方面都感兴趣。我按照通常的方式先教他们口语，然后教书面语，最终的目的是读文言文。这是 1921 年。后来在 1938 年，我在夏威夷大学开了一门课，纯粹是文言文。
>
> 列文森：在这个时候，他们对学习文言文感兴趣吗？
>
> 赵元任：感兴趣，但是我是按照通常的方式从口语开始教起的。
>
> 列文森：我不知道现在的某些欧美大学是否做到了那样，我觉得他们从字母开始教起，纯粹是书面的。
>
> 赵元任：当然有所不同，即使你只用汉字，你也可以把它们组成现代口语或者古代文言文的形式。两种方式都可以选择。
>
> 列文森：你选择了哪种方式？
>
> 赵元任：开始我用了现代口语的方式。③
>
> 列文森：你知道他改变了你的教学方法了吗？
>
> 赵元任：我记得在那个年代我或多或少地遵循传统的教学方法，

---

① 赵新那、黄培云：《赵元任年谱》，商务印书馆 2001 年版，第 268 页。

② ［美］列文森：《赵元任传》，焦立为译，河北教育出版社 2010 年版，第 172 页。

③ ［美］列文森：《赵元任传》，焦立为译，河北教育出版社 2010 年版，第 147 页。

用英文解释课文，然后翻译课文，不过我还是花了不少时间让学生大声朗读课文。①

由上面的对话可知，不论是教外国人古代汉语，还是现代汉语都突出了口语的优先地位。

那么这种口语优先的意识又是从何而来呢？

> 列文森：谁是当时的语言学领袖？你发现谁的研究对你最有帮助？
> 赵元任：萨丕尔和布龙菲尔德。②

"布龙菲尔德对我有很大的影响，虽然这种影响主要是通过他的书给我的。

布龙菲尔德人很安静，也非常谦虚。这从他的著作里也可以反映出来。但是他在表述的时候非常严谨，并且前后一致。那个时代我的大多数同事都或多或少地遵循他的所谓的'结构主义'语言学理论，换句话说，就是把实际的口语作为语言描写的对象，文字只能作为你推断口语的内容的一个工具，而不能作为语言研究的对象。"③

（3）赵元任的外语（汉语作为第二语言）教学思想与布龙菲尔德的比较。

学界对赵元任的外语（汉语作为第二语言）教学指导思想进行过大量的研究，其中有代表性的是，盛炎（1987）：想方设法让学生跟所学语言的本身接触；把外国语学好，这里的"语"是指口语；按部就班地进行语言三要素训练……语言是一套习惯……语音是语言的本身，是最难的部分，也是最重要的部分；王秋雨（2007）：课堂上多用目的语，少用母语；"目见不如耳闻，耳闻不如口读"，重视口语训练；语言是一套习惯，注重训练；发音准确，特别注重基础阶段语音准确性的训练。唐兴红（2010）：学习外语就是学习外语的一套习惯；学习外国语，最重要的是口语；让学生接触所学语言的本身，赵元任重视口语学习，也就很重视学习外语的语言环境。尽管以上三位研究者的研究结论不尽相同，但大部分

---

① ［美］列文森：《赵元任传》，焦立为译，河北教育出版社 2010 年版，第 149 页。

② ［美］列文森：《赵元任传》，焦立为译，河北教育出版社 2010 年版，第 161 页。

③ ［美］列文森：《赵元任传》，焦立为译，河北教育出版社 2010 年版，第 162 页。

内容还是比较一致的，这就是：语言是一种习惯；学习外国最重要的是学习口语；发音要准确，特别是基础阶段的语音训练。

请看布龙菲尔德关于太平洋战争期间美军语言培训的指导意见。首先看第一点：语言是一种习惯。布龙菲尔德指出："掌握一门语言不是知识的问题；说话者很难描述构成他们语言的习惯。掌握一门语言需要练习。"① 为了说明他的观点，他打比方说，一个人可能会知道哪些音符是由钢琴的琴键产生的，也可能会将组成一首乐曲的音符和和弦化合，但在反复练习了好几个小时之后，你仍然完全无法演奏这首曲子。然后他说：

> 语言也是如此。知道它是如何工作的是有帮助的，但这种知识是没有用处的，除非你反复练习这些形式，直到你可以不费吹灰之力就把它们脱口而出。了解表格只是第一步。抄写表格，大声朗读，记在心里，然后日复一日地反复练习，直到它们变得完全自然和熟悉。语言学习是过度学习，任何少量的学习都是没有用的。②

再看第二点：学习外国最重要的是学习口语。谈到口语和其他语言技能的学习先后时，布龙菲尔德指出：

如果一个人需要掌握传统的书写体系和语言的文学形式，这应该推迟到一个人有了明确的口语知识之后；它应该作为一个单独的任务来处理，在大多数情况下，不需要发音合作人的服务。③

在本书的第六部分，布龙菲尔德更是直出直入地指出：

> 如果一个人试图在学习阅读的同时学习口语，那么他在这两项技能方面的进步就可能被延迟。如果一个人首先获得了明确的口语知识，然后开始学习书写系统，这两个过程都会进行得更快。④

---

① Leonard Bloomfield, *Outline Guide for the Practical Study of Foreign Languages*, Washington: Linguistic Society of America, 1942, p. 12.

② Leonard Bloomfield, *Outline Guide for the Practical Study of Foreign Languages*, Washington: Linguistic Society of America 1942, p. 13.

③ Leonard Bloomfield, *Outline Guide for the Practical Study of Foreign Languages*, Washington: Linguistic Society of America 1942, p. 4.

④ Leonard Bloomfield, *Outline Guide for the Practical Study of Foreign Languages*, Washington: Linguistic Society of America 1942, p. 10.

一个语言学习者跟发音人学习语言，就是要学其口语，"无论如何，一个人必须尽量避免教室里的气氛，并且明确表示他只想听到发音合作人普通的（口语化的）讲话。"布氏的指南有 11 个部分，其中一部分而且是第一个主要的部分就是谈发音合作人（informant）。他非常强调发音人的重要性，"一个人只有通过听和模仿说这种语言的人，才能学会理解和说一种语言。这些发言者被称为发音合作人"①。布氏比较了语法、词典和发音人的作用，

> 很少的语言有可用的文法和字典。如果没有这些，唯一有效的老师就是一个训练有素的语言学家，同时也是一个说外语的人。对于大多数语言来说，现在甚至没有一个这样的人生活。我们所能做的就是让一个训练有素的语言学家和学生一起工作，教他如何询问发音合作人，以及如何研究通过这种方式获得的形式。②

他还比较了看课本和口语练习的重要性，他认为一个外语学习者最重要的工作就是和发音人一起练习口语，"如果有课本，如语法书、读本或词典，它们可以为学习者节省大量时间：他可以经常从中寻找信息，否则他将不得不花费大量的精力来收集这些信息。然而，我们必须记住，与书本打交道并不能使人理解普通的快速语言。一个人工作的中心和主要部分，即使有书，也必须和发音合作人一起完成。当你读的时候，一定要大声朗读，用你能掌握的最好的发音"③。在布氏的影响下，ASTP 出版的包括 *Spoken Chinese* 在内的系列外国口语教材也采取了类似的态度，

> 战争的爆发使得人们需要这些材料来教授口语。也许不可以假定在和平时期，对说话能力的要求与读写能力的要求是相同的。幸运的是，这几种能力并非互不相容。事实上，有大量证据表明，掌握外语口语能力是迈向其他能力的最有效的第一步。此外，似乎有理由相

---

① Leonard Bloomfield, *Outline Guide for the Practical Study of Foreign Languages*, Washington: Linguistic Society of America 1942, p. 3.

② Leonard Bloomfield, *Outline Guide for the Practical Study of Foreign Languages*, Washington: Linguistic Society of America 1942, p. 4.

③ Leonard Bloomfield, *Outline Guide for the Practical Study of Foreign Languages*, Washington: Linguistic Society of America 1942, p. 5.

信，在 20 世纪后半叶，人们对外语教学的关注将大大增加，这不仅是为了阅读外语，还因为要完全获得和掌握一种非自己母语的口语，本身就是一种人文主义的教育体验，而不需要其他标准来证明这一点，因为如果恰当地教授，它就是几种能力中最容易获得的。大量的外语广播将使那些永远不会访问有关国家的学生摆脱教授口语的无济于事的状态，而且因为和以往任何时候相比更多的美国人将在国外从事贸易和其他职业。①

最后看第三点：发音要准确，特别是基础阶段的语音训练。布龙菲尔德非常重视外语学习者一开始就要精准地掌握外语的发音，要尽量少受母语（例如英语）的影响。

不同的语言以完全不同的方式使用言语器官。当一个未经训练的观察者听到一种奇怪的语言时，他会根据英语的发音来解释它的发音，却没有注意到其中的差异。相反，他得到的只是一个模糊的和一般的古怪印象，在试图重复他听到的，他可能会忽略甚至这一点，并代替那些外语的英语发音。这有时会导致他发出一种莫名其妙的噪音。只有当一些外国音远离自己的语言时，初学者才会注意到有些不对劲。②

如何才算掌握了外语语音了呢？

每次和发音人谈话后，你都会一遍又一遍地大声朗读笔记，尽可能模仿发音人的发音。从各个角度学习笔记，直到你把每个单词和词组的意思都背下来，并能毫不犹豫地发音。③

布龙菲尔德的指南有 16 页，包括 11 个部分，专讲外语语音的部分就

---

①　Charles F. Hock E'tt, Lt. A. U. S. and Chaoying Fang, Spoken Chinese Linguistic Society of America, Washington, 1944, General Instruction.

②　Leonard Bloomfield, *Outline Guide for the Practical Study of Foreign Languages*, Washington: Linguistic Society of America, 1942, p. 6.

③　Leonard Bloomfield, *Outline Guide for the Practical Study of Foreign Languages*, Washington: Linguistic Society of America, 1942, p. 9.

有 3 页，再加上之前与语音关系密切的讲发音人的部分和讲录音的部分，三部分合起来竟有 5 页之多，可见他对语音学习的重视。

（4）赵元任汉语教学思想和太平洋战争期间美国外语教育的指导思想的联系。

强化语言项目的主任计划执行人米尔顿·考恩（J. Milton Cowan）曾指出：

> 在语言学家编写的这些手册中，在 ASTP 和 CATS 项目中，以及在 Bloomfield 大纲指南中，出现了一种语言教学观，即使我们不考虑当前的特殊要求，它也与美国中小学和大学中普遍存在的观点大不相同。①

我们看看赵元任的外语（汉语作为第二语言）教学观是否也与上述这些观点一致。

"语言是语言，而不是写作。"（Language is speech, not writing）② 米尔顿·考恩指出，对普通美国人来说，这句话让人有些震惊。他们所记得的所有"语言学习"都与他们第一学年的读写能力有关，因此，对他们来说，"语言学习"和"学习读写"是同一事物不可分割的两个方面。但对于语言学家来说，尤其是那些致力于研究美国印第安文化早期语言的语言学家来说，这种说法的真实性是非常明显的。"他们从中得出的结论是，首先应该教学生说外语；教他阅读是一个完全不同的问题，而且应该在语言学习过程的某个后期阶段。"③《部队特别培训规划中语言课堂的考察》的作者对军队语言强化班的管理员、课程主管和讲师进行过专门访谈，"他们（被访者）在 ASTP 语言课程方面的成就经验使他们确信，获得全面的语言熟练程度（包括阅读能力）首先要掌握语言的口头表达形式。认识到这一原则，他们准备在切实可行的范围内建议通过一项密集的

---

① William G. Moulton, "Linguistics and Language Teaching in the United States, 1940–1960", *Iral-International Review of Applied Linguistics in Language Teaching*, 1963, Vol. 1, No. 1.

② William G. Moulton, "Linguistics and Language Teaching in the United States, 1940–1960", *Iral-International Review of Applied Linguistics in Language Teaching*, 1963, Vol. 1, No. 1

③ William G. Moulton, "Linguistics and Language Teaching in the United States, 1940–1960", *Iral-International Review of Applied Linguistics in Language Teaching*, 1963, Vol. 1, No. 1

语言教学计划。"① 由此可以，口语第一原则是太平洋战争期间美国军队语言强化班的首要原则。

"语言是一套习惯。"（A language is a set of habits）② 米尔顿·考恩指出，语言学家一致认为，普通的说话人对自己母语的语音机制、形态结构、词形和句法都一无所知。这样的事情是"无意识"产生的：普通的演讲者只知道他说的话，而不知道他是怎么说的。语言学家由此得出的结论是，语言学习者也必须学会处理新语言的"无意识"机制。语音、结尾、一致性、语序等特征必须成为学习者和母语者的习惯。如果一种语言的机制是由一套习惯构成的，那么学习一门新的语言就是学习这些习惯。怎么学习这些习惯呢？"语言学家认为，通过不断的模仿、重复、练习，习惯的学习是最好的。从这一点上，他们得到了如何进行课堂教学的提示：学生们应该把大部分时间花在模仿一个说母语的人，或是与他交谈，或是互相交谈，一直到把这节课的材料练习成习惯为止。"③

"教语言，而不是研究语言。"④（Teach the language, not about the language）米尔顿·考恩指出，我们应该记得，传统语言教学的主要目标之一是语法。学生不仅要学习语言本身，还要学会对语言进行陈述。对语言学家来说，后一种类型的活动是浪费，因为它占用了宝贵的时间，而这些时间应该适当地用于学习语言本身。那么外语教师如何对待语法呢？

> 对于作为语言教师的语言学家来说，语法本身并不是目的，而仅仅是达到目的的手段。语法教学和语音学教学一样，对于帮助初学者正确地模仿新语言的形式，练习并改变它们直到成为学习者的习惯，都是非常有用的。一旦成为习惯，语法就不再是必要的了。⑤

---

① Frederick B. Agard, etc. "A Survey of Language Classes in the Army Specialized Training Program", http: //www. istor. org/stable/319348.

② William G. Moulton, "Linguistics and Language Teaching in the United States, 1940-1960", *Iral-International Review of Applied Linguistics in Language Teaching*, 1963, Vol. 1, No. 1.

③ William G. Moulton, "Linguistics and Language Teaching in the United States, 1940-1960", *Iral-International Review of Applied Linguistics in Language Teaching*, 1963, Vol. 1, No. 1.

④ William G. Moulton, "Linguistics and Language Teaching in the United States, 1940-1960", *Iral-International Review of Applied Linguistics in Language Teaching*, 1963, Vol. 1, No. 1.

⑤ William G. Moulton, "Linguistics and Language Teaching in the United States, 1940-1960", *Iral-International Review of Applied Linguistics in Language Teaching*, 1963, Vol. 1, No. 1.

　　"一种语言是指以该语言为母语者所说的话，而不是人们认为应该说的话。"①（A language is what its native speakers say, not what someone thinks they ought to say）在传统的语言教学中，有关一种语言的信息的主要来源可以在书籍中找到：关于发音、语法、文体等方面的书籍。这显然不是语言学家的态度，许多语言学家分析了没有书面材料的美洲印第安语——直到语言学家们编写了这些语言。对于语言学家来说，有关一种语言的信息的最终来源，在许多情况下，是以该语言为母语的人。他们说话的方式就是该语言。于是语言学家们把这个从人类学领域熟悉的概念带入了语言教学中。语言学家们把人类学田野工作中熟悉的"母语发音人"这个概念带入了语言教学中。母语发音人是当地人，是某种文化各个方面的信息来源，包括语言。由于语言学家分析了他们从母语发音人那里听到的话语，他们的结果并不总是与传统的规定语法中的结果一致。为什么会出现这样的差别呢？"传统语法很少只描述形式的多样性，语言学家显然描述了他们从线人那里听到的非正式变体。最后，每一种有相当数量的说话人的语言都表现出不同的社会和地区差异。传统语法的作者选择了一种在他们看来最值得模仿的社会和地区变体（或者也许是一种想象中的理想变体）来描述，语言学家们试图选择一个说一种广泛接受的社会和地区变体的信息提供者，然后简单地分析他们听到的内容。"因为一般的语言学习指导应该是模仿母语者所说的话，不管它是否符合课本上的内容，母语者总是正确的，所以以母语发音人对语言学习者来说就显得异常重要了。

　　"语言是不同的。"②（Languages are different.）太平洋战争之前语言学家们就已经致力于这样一个原则：每一种语言都应该根据其自身的语法结构来分析，而不是按照拉丁语或希腊语或任何基于欧洲语义范畴的想象中的"普遍"语法来分析。语言学家们不仅将这一原则应用于不熟悉的语言，而且还应用于他们对熟悉的欧洲语言的新分析中，而且他们的分析又不同于传统语法。"语言是不同的"的认识也强烈地影响了语言学家对"语言的作用"的认识。翻译应在语言教学中发挥作用。从外语到英语的翻译相对较少，因为人们认识到一种语言中一个词的全部意思很少能与另一种语言中的一个词相匹配，因此没有一种翻译是完全令人满意的。对于

---

①　William G. Moulton, "Linguistics and Language Teaching in the United States, 1940-1960", *Iral-International Review of Applied Linguistics in Language Teaching*, 1963, Vol. 1, No. 1.

②　William G. Moulton, "Linguistics and Language Teaching in the United States, 1940-1960", *Iral-International Review of Applied Linguistics in Language Teaching*, 1963, Vol. 1, No. 1.

高水平的学生来说，优雅的翻译能力是一个适当的目标，但显然这远远超出了初学者的能力。在太平洋战争期间美国的语言强化项目中，语言学家特别注意避免从英语翻译成外国语言。他们没有给学生提供英语句子，并要求他给出相应的外语句子，而是用英语来暗示一个熟悉的情景，然后让学生用外语表演出这个情景。

第二节 民国时期伦敦大学东方学院传播中华文化的中国学人

一 简介

（一）老舍，1924—1929 年

舒庆春（1899—1966），字舍予，笔名老舍，本名舒庆春，生于北京，中国现代小说家、著名作家，杰出的语言大师、人民艺术家，新中国第一位获得"人民艺术家"称号的作家。1924 年秋至 1929 年夏，老舍经燕京大学教授艾文士的推荐，受聘于伦敦大学东方学院，成为东方学院中国语文系唯一的华人教师，从事了长达五年的对外汉语教学工作，这在现代对外汉语教学史上是个很早的案例。

（二）蒋彝，1934—1955 年

蒋彝（1903—1977），字仲雅，又字重哑，笔名"哑行者"。国际知名画家、诗人、作家、书法家。江西九江人。美国哥伦比亚大学终身教授，美国艺术与科学学院院士。先后获美国赫复斯大学长岛大学、香港大学、澳大利亚堪培拉国立大学颁赠的荣誉博士学位。由于他对中西文化交流所做出的贡献，深受西方人的尊敬，被选为英国皇家艺术学会会员，收入《世界名人辞典》。传世作品有《中国画》《湖区画记》《中国书法》《纽约画记》《伦敦画记》《金宝与大熊猫》《蒋彝诗集》《儿时琐忆》《重访祖国》等。这里提到的四位先生中，老舍、于道泉和萧乾都是事先有人推荐，然后才到英国去的，只有蒋彝先生是先到英国谋生一段时间后来才经人推荐去伦敦大学东方学院任职的。

（三）于道泉，1938—1949 年

于道泉（1901—1992），字伯源，山东淄博人，藏学家、语言学家、教育家。从小受其父的熏陶和影响，养成了凛然正气和笃学的精神，掌握了十三种语言，有藏、蒙、满、英、法、德、日、俄、西班牙、土耳其、世界语等。1934 年赴法国巴黎大学现代东方语言学院学习土耳其语、藏文文法、蒙文文法和民俗学。1938 年赴英国伦敦大学东方与非洲学院讲授汉语、藏语和蒙语。将 100 多首藏族民歌译成德文。1949 年回国后任北京大学文学院藏文教授，后随专业一起并入中央民族学院语文系，从事藏学人才的培养。作为我国藏学事业的奠基人，他运用现代科学方法研究藏学，有力地推动了藏学事业的健康发展，培养了一代藏学人才，为藏学事业的进一步深入开展做出了贡献。

（四）萧乾，1939—1942 年

萧乾（1910—1999），原名萧秉乾、萧炳乾。北京人。中国现代记者、文学家、翻译家。先后就读于北京辅仁大学、燕京大学，英国剑桥大学。历任中国作家协会理事、顾问，全国政协委员，中央文史馆馆长等。1939 年在萧乾的一生中是一个重要的转折。经过再三考虑，萧乾去了英国，直到战争结束。他先是在英国伦敦大学东方学院教授汉语言文化，后来进入剑桥大学攻读硕士学位。

二 评述

（一）专业素养

蒋彝先生在伦敦大学东方学院主要的工作是向西方人，当然主要是向英美人传播中国的传统文化，包括国画、书法、诗词等。从东方学院就所教汉语的种类讲，老舍和萧乾教现代汉语，于道泉和蒋彝教古代汉语。从四位学者的出身来看，只有老舍是教师出身的。他 1918 年北京师范学校毕业后，因为成绩优异，先是被举荐为小学校长，而后被提拔为京师郊外北区劝学员，再后来到天津南开中学任国文教师。当年的学生描述老舍上国文课时的情景："老舍先生教国文，不是硬邦邦地囿于一篇古文而字斟句酌，他的讲课内容极广，凡是与他讲解的文章有联系的东西，无不涉及。"①，在英期间，老舍曾以汉语为教学语言，开设了多门课程：1924 年秋至 1926 年夏，最主要的是以讲授汉语言为主；1926 年秋至 1927 年夏，老舍被任命为中国官话和中国古典文学讲师，并曾开设了"唐代爱情小说"讲演专题；1927 年秋至 1929 年夏，老舍在东方学院的工作是讲授官话口语、翻译、古文和历史文选，与布鲁斯教授一起承担道教、佛教文选的课程，和讲师爱德华兹小姐一起承担写作的课程，1926 年 9 月，英国广播电台（BBC）还特意邀请老舍去做过讲演。在本研究涉及的在英的

---

① 蒋晔：《老舍》，河北人民出版社 2014 年版，第 27 页。

四位学人中老舍教的课种类应该是最多的。同时东方学院还以他为主，编写了《言语声片》（*Linguaphone Oriental Language Courses*），在世界上流行于 20 世纪 20 年代至 50 年代中期。后来被一套香港出版发行的新灵格风汉语教材取代，不过后者的水平明显不及前身，后者由于有过多的政治内容而并未流行开来。萧乾任职后就是使用的这套教材。其他三位则情况各异，萧乾是记者，于道泉是藏语研究人员，蒋彝是东南大学化学专业的毕业生，有过几年的从政经历。因为这三位学人没有受过严格的教师专业训练，所以他们在具体的教学设计上都比不上老舍。

（二）外语基础

语言是一个人事业成功的先决条件之一，尤其对于四位在伦敦大学担任教职的中国学者来说，就显得更加重要。这四个人中，萧乾的外语基础是最好的。一方面　1929 年，19 岁的萧乾回到北京，考入当时最有名的大学—燕京大学，不久又转入辅仁大学。他先学英国文学，后改学新闻专业。从年轻开始就频频接触外国人，口译和笔译都有过扎实的实践。于道泉是专业研究人员，凭他三年就能使法语过关的语言天赋，其英语水平应该不低。另外他去英国之前去法国、德国游历过，有过丰富的外语实践。老舍利用业余时间到燕京大学补习英语，他很用功，一段时间后，英文学得不错。燕京大学的易文思教授是个英国人，他受伦敦大学东方学院委托，寻找合适的北京官话外教人选。因为老舍是北京当地人，北京官话讲得很好，英文也可以，所以易文思就选中了老舍。但是到英国后，在学英语方面还是下了很大的功夫，他和房东艾支顿作语言伙伴，互相学习彼此的母语。为了学习英语，尽量多地阅读英国文学作品。四人中，外语最成问题的是蒋彝。但相信事在人为的他锐意进取，一到英国便发奋攻读英语，他逢人就练习，遇师便请教。无论是房东太太，还是公园晒太阳的老人，以及游戏的稚童，都是他练习口语的对象。两年下来，他的英语不仅能运用在日常生活和学习中，还用英文写出以书画为题材的专著《中国绘画》。

（三）课堂内外

作为中国学人的优秀代表，老舍、萧乾、蒋彝都将向西方人尤其是英国人推介中国文化为己任。而于道泉则紧紧抓住英国的优越研究条件，潜心耕耘于藏学等相关学术领域。伦敦大学东方学院的教务虽然很忙，老舍在东方学院教授的课程有官话口语、翻译、古文和历史文选、道教文选、佛教文选以及写作。不过东方学院有一个好处就是假期较长，加起来一年内有 5 个月之长。假期对老舍来说，并不完全自由，因为有的学生利用假期也要学习。只要有学习要求，老师就必须执教。所以在假期，老舍只可以作短期离开伦敦的安排。大部分时间他是在学校课堂和图书馆度过的。图书馆是他看书和写作的地方。5 年终先后创作了 3 部长篇小说，成了一名业余作家。在伦敦时期老舍还曾经帮助好友艾支顿翻译《金瓶梅》（*The Golden Lotus*），这也应该算是较早把中国文学经典翻译成英语并介绍到西方的工作之一。在 *The Golden Lotus* 出版时，艾支顿在扉页上特地印上了这句话"献给我的朋友舒庆春"，并解释道："在我开始翻译时，舒庆春先生是东方学院的华语讲师，没有他不懈而慷慨的帮助，我永远也不敢进行这项工作。我将永远感谢他。"① 没有老舍的帮助，恐怕艾支顿无法准确地再现明代生活场景，语言更难以传神地表述。正因为如此，所以艾林顿的译本相当的成功，受到了西方读者的欢迎，曾一版再版。老舍旅英 5 年中先后创作了 3 部长篇小说：《老张的哲学》《赵子曰》和《二马》，成了一名业余作家。

作为《大公报》派到英国的特派记者，萧乾在任教之余，不断地向《大公报》发送新闻稿件。在英国那些年，他也跑了不少地方。1937 年抗日战争全面展开后，英国的进步友好人士组织起一个援华会（China Campaign Committee）。这个组织很重要的一项工作就是应英国各地的要求，派人去宣传中国抗战。1939 年他一到英国，立即成为这个团体的一名特约讲员。这样教课之余，他就不时地赴英伦三岛大城小镇去从事这种义不容辞的宣传工作；或到是苏格兰北端的阿拉丁，或到南威尔士的矿区；在这里讲讲中国新文艺运动，在那里谈谈滇缅公路。演讲当然是尽义务，没有也不应有报酬，但援华会照例给买好一张往返的火车票，抵达后有人招待膳宿，负责接送。最初一个月只旅行一两次，1941 年后，中国同学陆续走光了，他几乎成为全英唯一来自国内的中国人。这种"演讲旅行"就更加频繁了，很少有一个星期不走一两趟的。②

在英伦七年，萧乾共出了 5 种英文著作。从广义上说，这 5 本著作都是萧乾着意进行中外交流与对话的积极成果，旨在向英美读者介绍现代中国的历史、社会、文化与文学等各个方面的情况。萧乾在英国七年，除了著作，还作了许多演说，为西方（英国）了解中国，为中外文化与文学交流做出了贡献。据当年伦敦大学东方学院的年终报告记载，萧乾在英国进行战时演讲主要有这样一些题目：《战时中国报纸》《现代中国文学评

① 舒乙：《老舍先生》，中国青年出版社 2016 年版，第 128 页。

② 萧乾：《萧乾回忆录》，工人出版社 2005 年版，第 179 页。

述》《上海，中国的布庐姆茨伯里》《中国的文艺复兴》《敌后的文学》《中国现代小说》《论中国现代文学》等。此外，还有发表在英国《观察家》《泰晤士报·文学副刊》等报刊上的《鲁迅的短篇小说》《中国现代文化》等文。当时的萧乾精力旺盛，对中国文化和文学的介绍真可谓不遗余力。他不时地赴英伦三岛大城小镇去发表演说，还曾应英国广播公司之邀，在电台上发表讲演，讲中国现代新文艺运动，讲中国文化，讲战时中国的概况。

关于萧乾的演讲效果，英国著名作家福斯特 1943 年 5 月 1 日致萧乾信中一段话："我很喜欢你的演讲，认为它有趣而又动听。它使我感到有点儿悲哀：我老了，不能研究中国了。我还想，和意大利（我的第一个情人）、印度或者法国相比，中国更令我喜爱。"[1]

蒋彝第一部英文著作《中国绘画》初版于 1935 年。问世后一个月内售罄，并且随后在英国和美国一再加印，引发了英语世界的很大阅读兴趣。《中国书法》的出版正逢《慕尼黑协定》于 1938 年签订、1939 年英国对德国宣战以及第二次世界大战硝烟弥漫，因此销售几近于零。令人意想不到的是，1940 年圣诞前夕，大批美国士兵在英国登陆后，将《中国书法》选作圣诞礼物寄回美国，《中国书法》从而畅销一时，在美国读者手中一时成为新宠，至今仍为西方一些大学讲授中国书法的教科书。游记《湖区画记》和《牛津画记》分别于 1937 年和 1944 年出版以后，屡次再版，读者需求旺盛。蒋彝是国际知名的画家、诗人、作家和书法家。他的画涉及面很广，山水、人物、花卉、鸟兽无所不及，一生作画 3000 多幅，所创画记体裁为世界所推崇。其书法研究有素、篆、隶、行、草各体皆善，行书尤其见长。其成就为世人所公认，赢得了许多国际荣誉。

在英国，于道泉一边认真做好自己的教学工作，一边潜心钻研感兴趣的学科领域，他经常到大英图书馆印度事务部查阅英藏敦煌藏文古籍文献。作为于道泉的朋友兼同事，萧乾在英国每次去图书馆，都看见道泉兄在埋头钻研梵文。在伦敦大学东方学院从教的十余年中，于道泉培养了大批的国外学子，他使这些国外学子了解东方文化，了解中国悠久的历史文明，甚至有的已成为国际著名学者，如语言学伦敦学派（School of London）、系统—功能语言学（System-functional linguistics）创始人韩礼德（M. A. K. Halliday）先生，曾在他所教授的汉语班接受汉语学习，学会汉

---

[1] 丁亚平：《别离在新世纪之门——萧乾传》，河南人民出版社 2000 年版，第 208—209 页。

语，并由此对东方汉语言文化产生浓厚的兴趣，以至于后来到中国跟随北京大学的罗常培教授和岭南大学的王力教授继续研究汉语，最后跟随弗斯（Firth）教授完成自己的博士学位论文《〈元朝秘史〉的语篇句法分析》。协助丹尼尔·琼斯（Daniel Jones）做语言学研究，合作研究中国粤方言。这期间，于先生身在海外，胸怀祖国，密切关注着中国革命的形势，曾把赵树理的名著《李有才板话》和《小二黑结婚》译成法文，向外国朋友传送中国抗日根据地的信息。

三　附录（老舍之子谈"灵格风汉语声片教材"）

老舍先生之子舒乙先生谈"灵格风汉语声片教材"的有关文字，不仅很有史料价值，有关老舍从事汉语教学的研究好像还没有如此翔实的记述，而且有不少的论断也很有见地，所以转录于此。

上世纪 20 年代英国灵格风出版公司曾托伦敦大学东方学院出版一套针对外国人的汉语学习教材，用灌制唱片的办法教发音，教会话。唱片共 16 盘，其中 15 盘录了 30 课课文，每张胶木唱片录两课，正反各录一课，第 16 课作为续篇，是发音练习，并录了两段作品的朗诵，一段是《伊索寓言》里的《酸葡萄》，另一段是曹雪芹《红楼梦》第二十五回片断。全部发音灌录者是 C. C. Shu。

无形中留下了年轻的舒庆春的声音，当时他 25 岁，声音很清亮，音调比较高，不像晚年的声音那么低沉，但是，一听就知道是舒庆春的声音，标准的北京音，很漂亮，清脆，好听，每张唱片都装有灵格风的封套，张张上面注明发音灌录者的全名是伦敦大学东方学院华语讲师 Chicn Chun Shu。

一个皮制小手提箱装着 16 盘唱片，里面还有两本装帧精良的教科书，第一卷是英文卷课本，第二卷是中文卷课本。羊皮书面，烫金书边。第二卷的课文全部是手写的中文，毛笔字体，照片制版印刷而成。书写者是 Chicn Chun Shun，无形中又留下了年轻的舒庆春非常漂亮的书法作品，楷书字体，略带点儿魏碑的味道。

这一箱汉语教材的正式名称是《言语声片》，在世界上流行于上世纪 20 年代、30 年代、40 年代，直至 50 年代中期。后来被一套香港出版发行的新灵格风汉语教材取代，不过后者的水平明显不及前身，后者由于有过多的政治内容而并未流行开来。

灵格风《言语声片》内容的作者是三位，由出版说明中可以看出，从分工上看，其中主要的作者是 C. C. Shu，他负责第 16 课下到 27 课下的对话课文编写，及第 28 课上、下到第 30 课上、下的全部课文撰写，大体占全部第二卷汉语课文页数的 43%，从发音内容量上则占 60% 以上，而且是较为复杂的课文部分。

这部《言语声片》不同于一般的汉语教材，它的特点是：

一．内容针对成年人，而不是针对儿童，并不是小学教材，是成人教材，方方面面都有，又具体又细致，实用价值大。

二．内容是针对北京的，而不是其他地方的，但又全国适用。

三．内容是口语的，并不刻意讲究所谓文法，甚至一点文法也没有，反而是以习惯语气为主，句句都比较短、上口。譬如：

你简直的不吃叶子烟吗？

不行，那个太辣，吕宋烟我也办不了。

万一有个受潮掉毛，还不至于糟在我们手里。

论到钱上，咱们俩断不可提。

那件事你万不可忘记。

从语言学的角度，这部教材的价值也值得重视和研究：首先，可供动态的考察，不到一百年，北京话已经发生了不少的变化，《言语声片》中的有些说法和用词，现在已经很陌生了，不大使用了，成了"过去式"如"今天的天气很顺当"、"那个办法不必然好"；其次，从其上叠字词和儿化词也发生了一些变化，"末末了"、"高高儿的"的说法现在都不怎么流行了。①

第三节　曹靖华对苏俄人的汉语教学

过去学术界了解较多的是曹靖华先生在旧中国将俄苏新文化输入中国，给起义的"奴隶"运来了大批"军火"，为中华民族的独立自由解放作出了卓越贡献，但对他向苏联人民传播华夏语言文化所作的不懈努力却知之甚少。曹老从 1928 年到 1933 年在列宁格勒大学和列宁格勒东方语言学院从事汉语教学。抗日时期又在重庆教授苏联外交官汉语。新中国成立后继续关心苏联的汉语教育。

①　舒乙：《老舍先生》，中国青年出版社 2016 年版，第 134—137 页。

一　现代汉语成为教学的主要内容

（一）现代汉语作为主要内容的由来

由过去国际汉学教育中以教古代汉语为主，转变为以现代汉语教学为主，学生学到的是鲜活的汉语，提高了语言教学的针对性和实用性。曹靖华先生在《望断南来雁》中说："'打出世界上去，即于中国之活动有利'，这是将近半个世纪前鲁迅先生说的话。鲁迅先生当年在大夜弥天的时代，是多么渴望中国能屹立于世界之林，而不被人轻视啊！"① 其实曹老本人何尝不是像鲁迅那样渴望中国能在大夜弥天的时代屹立于世界啊！利用中国现代文学的传播来让世界了解现实的中国，就是实现上述目标的途径之一。曹靖华在和《阿 Q 正传》的俄文翻译者，即苏联汉学家王希礼谈话中告诉对方，不了解中国的近代的语言，就不能工作。通过《聊斋》认识不到当时中国的革命。并建议他介绍中国的当代作品，而不是《聊斋》。②

（二）现代汉语作为主要内容的语言教学依据

传统的第二语言教学在前期准备工作中主要根据如何教来设计编写方案，现代的教材设计从侧重于如何教转向更多地考虑学习者如何学。因此，能否满足学习者的需求，就成为评估教材的重要标准之一。如果教师的"如何教"和学生的"如何学"合而为一，那就是教材选择的最佳境界。通过学习现代汉语了解中国的现代文学，进而了解现代中国社会，帮助中国弃旧图新，这在当年成为曹老和苏联汉学家的共识。曹老在那个年代就深明此理。从 1925 年向王希礼建议学习现代汉语作品起，到日后在列宁格勒的高校从事汉语教学，曹老都是按照苏联人当时对现代汉语的需求来安排教学内容，从而使对苏汉语教学能够有的放矢，学以致用。

（三）现代汉语作为主要内容的思想基础

曹靖华在苏俄从事汉语教学以现代汉语为主，也跟他的语言观念密切相关。中学时期，适逢五四运动爆发，曹靖华受到《新青年》等提倡新文化、新思想报刊的影响，觉醒起来。在课堂上，他决然抛弃文言，改用白话写作，以致引起与守旧的国文教师冲突。他曾反驳守旧派教师："世界是进化的，别人有的，我们没有，而且又需要，就应该学，应该借来

---

① 曹靖华：《望断南来雁》，黄河文艺出版社 1988 年版，第 19—20 页。

② 冷柯、毛粹：《年谱》，载林佩云、乔长森《曹靖华研究专集》，黄河文艺出版社 1987 年版，第 405 页。

用。无理阻挡时代潮流是阻挡不住的……"①

（四）现代汉语和现代文学的教授相得益彰

现代文学作现代汉语的教学材料，现代汉语的教学作加快现代文学的在苏传播的工具。

曹老在列宁格勒对中国语言文学系汉语教学体系做了一些变革，即把过去只教文言文改为既教文言文，又教现代汉语，并把重点放在现代汉语上。在教材上不只是向苏联青年讲授中国古典文学，而且讲授中国"五四"以来的新文学、特别是以鲁迅为代表的中国左翼文学。

（五）向世界广泛传布中国文学的需要

向苏联推广汉语，从而宣传中国文学，也是为了通过苏联这个"转播台"向西方介绍中国文学，加快国外对中国的认识，加深其对中国文化的理解。因为语言的限制，西方国家对中国文学的介绍，绝大多数是从俄文转译的。

二　根据客观需求确定教学方法

曹靖华曾分别于 20 世纪二三十年代和 40 年代在苏联和中国从事过汉语教学，因为学生的需求不同，所以两度采用的教学方法就明显有别。

（一）二三十年代在苏联的汉语教学

该阶段曹靖华的语言教学和翻译实践密切结合。汉语教学中的语言点来自苏俄汉学家翻译中国文学和曹老翻译苏俄文学中发现的问题，教学的针对性和有效性大大提高，教学和翻译互相促进。苏俄著名汉学家阿列克谢耶夫组织一批汉学家，相互校对译稿，挑选译文中的毛病与错误，编成卡片，整理分类，加以分析。他请曹靖华校对他译的《聊斋》，把《陋室铭》《归去来辞》和《春夜宴桃李园序》三篇的汉语遣词用字、词组搭配、句法分析，分别编成卡片，并注释说明。他还组织苏联汉学家校对曹靖华译的拉夫列尼约夫的小说《第四十一》。曹靖华的那个时候的汉语教学就按照阿列克谢耶夫的教学目的和教学模式来进行。他在课堂上进行汉语遣词用字的示范，从上述三篇文章中摘出足以说明中国文学语言特点的常用词组。阿列克谢耶夫也曾和北京的中国朋友们作同样的尝试，努力掌握词的对仗、节律以及汉语中书面短语的特点与严谨。曹靖华不仅是将俄罗斯现代文学翻译成中国现代汉语的专家，而且也是文言文的专家，阿列克谢耶夫要求他以古汉语课文作示范，以便引起学生对中国文学产生浓厚

---

① 　曹靖华：《小米的回忆》，安徽教育出版社 1997 年版，第 250 页。

的兴趣。

曹靖华在俄罗斯的汉文教学使用了比较典型的语法——翻译法。因为其教学语料是规范语言，即规范的书面语；教学语言基本上是俄罗斯汉学家的母语——俄语；语法教学的内容是词与词之间的组合规则，对复杂的语法现象作详尽的解释。教学方式以翻译为主，大量的笔头翻译练习（从目的语到母语）是为了巩固和检验语法教学。尽管语法——翻译法因不注重活的语言在现实生活中的交际功能，而被第二语言教学界批评，但是曹老的教学法还是适应了当时的对俄汉语教学的实际要求的。阿列克谢耶夫聘用的同人其任务包括：首先，对照原文订正自己译文中的错误，然后，互相校订，最后核对汉学权威的译文。把摘引出来的翻译中的失误经过分析，系统地列入阿列克谢耶夫拟定的表格，这就是理论性总结的资料，不仅要从错误中吸取教训，阿列克谢耶夫还规定要从中总结出一套特殊的翻译语法，也就是翻译方法。这一思想鲜明地体现了阿列克谢耶夫的工作原则，用理论的话说，即所谓无废料生产原则：利用一切，利用成功与失误的经验，利用工作中成功一面和失败一面。阿列克谢耶夫认为汉语翻译理论与方法具有头等重要的重义。从以上分析可知，20 世纪二三十年代苏俄最需要的汉语教学以培养汉俄翻译人才为目的，书面语的翻译和写作是学习汉语者需要掌握的主要语言技能，听说能力的提高并不是当时汉语教学的主要任务。

（二）40 年代在中国的汉语教学

曹靖华在重庆开展了对苏联驻中国外交官的汉语教学，主要采用了适于应对交际环境的功能教学法。"他为我们的学习耗费了很大精力，向我们灌输了大量的知识。我们的课堂不仅限于教室，上课常常从教室转移到街头巷尾，而当时重庆的大街小巷向我们提供了许许多多学习中国历史、文化、语言、民族传统、风俗习惯的生动教材。"① 曹靖华教授常常和学生漫步重庆街头。街道两旁餐厅、饭馆、大小商店鳞次栉比，按照中国传统习俗，店铺门前都悬挂着令人费解的油漆匾额，匾额上不仅书写着漂亮的汉字，而且常常引用古书中的名句，用于现代的生活。曹老帮助苏联学生把那些匾额一一翻译出来。他用这座古城的活资料向留学生介绍中国悠久的历史和多姿多彩的文化。这样教课"对学生认识和了解中国，给予了很大帮助，也使我终身难忘"。"也正是曹靖华教授首先向我们介绍了

---

① ［俄］亚·季托夫：《我的曹老师》，载张德美、冷柯《曹靖华纪念文集》，河南教育出版社 1992 年版，第 484 页。

中国的传统烹饪。他向我们详细介绍了每道中国菜的做法。这也使我们用别具一格的方法掌握了中国传统文化的另一个有趣的部分。"① 任何教学法各有其长，都可以在某个需要它的语言学习群体发挥其最大功效。关键是任课教师能够选择适合这个群体的教学法，并将此教学法的作用发挥到极致。曹老在这方面可以说是成功的典范。

三 曹靖华从事对俄汉语教学的优势

（一）他受过俄语作为第二语言教学的熏陶

早年曹老在北大俄语系旁听。当时系里有三位俄国籍教授。三位俄语教授由于兼通中俄文化，他们所进行的俄语作为第二语言的教学对曹靖华日后的汉语教学应当是有一定的影响的。特别是曹老在苏联东方大学求学期间，师从瞿秋白学习俄语，受益良多，"韦素园和我常去他住的地方找他，他还给讲理论，讲文学，他的知识面很广。我们受了他各方面的影响，尤其是在文学上的影响。他不但能够懂得，而且能够把俄语的民间用语用中国话表达出来。像他这个样子的人当时中国是没有的。"②

（二）他是通晓俄汉两种语言的达人

他从事俄罗斯文学的翻译举世闻名。他也在北伐战争期间当过苏联顾问团的翻译，有过比较全面的翻译实践和相当丰富的翻译经验。如主张对翻译工作要着手三方面的准备：要有广博的知识；要对原著有透彻的理解；要掌握汉语的表达技巧。具备了这三方面的条件，才可能使译著达到较高的水平。对翻译中的一些具体问题，曹靖华也都有着精辟的见解。③

（三）曹老想成为俄中两国人民之间的沟通桥梁

曹老也曾感叹：桥梁呵，俄汉语之间的鸿沟上，从来却没有这道桥梁。多少年来，俄罗斯语文工作者，在很长的黑夜里，沿着一摇三晃的滑溜的独木桥摸索呢！④ 曹靖华就是要在俄汉两种语言之间，在俄中两种文化之间搭建一座桥梁。鲁迅说："人类最好是彼此不隔膜，相关心。然而最平正的道路，却只有用文艺来沟通，可惜走这条道路的人又少得

---

① ［俄］亚·季托夫：《我的曹老师》，载张德美、冷柯《曹靖华纪念文集》，河南教育出版社 1992 年版，第 485 页。

② 冷柯、毛粹：《年谱》，载林佩云、乔长森《曹靖华研究专集》，黄河文艺出版社 1987 年版，第 401 页。

③ 曹靖华：《望断南来雁》，黄河文艺出版社 1988 年版，第 8 页。

④ 曹靖华：《望断南来雁》，黄河文艺出版社 1988 年版，第 65 页。

很。"① 文学，这种"文字之交"，有助于民族间的互相了解、接近、友好，有助于世界各国人民大团结的，因为文学就是友谊树上的第一个花蕾。

第四节 谭云山与印度的中国学院

随着中国经济的发展和国际交往的日益广泛，世界各国对汉语学习的需求急剧增长。从 2004 年开始，我国在借鉴英、法、德、西等国推广本民族语言经验的基础上，探索在海外设立以教授汉语和传播中国文化为宗旨的非营利性公益机构，取名为"孔子学院"。近一二十年以来，孔子学院快速发展，已成为世界各国人民学习汉语和了解中华文化的园地、中外文化交流的平台、加强中国人民与世界各国人民友谊合作的桥梁，受到了各国人民的热烈欢迎。其实早在 1937 年 4 月 14 日，印度泰戈尔国际大学的"中国学院"就已经开始充当了今天孔子学院的角色。中国学院在印度创立，不但是中印文化关系上一件新鲜事，全世界恐怕也找不到第二个同样的中国学院。从建院起直到 1967 年为止，谭云山一直担任着该院的院长，在他的领导下，学院蒸蒸日上，每年都有一批中国或外国的学生、学者来这里就读、访问。中国学院变成了培养汉学家、印度学家的摇篮，同时也成为中国学及中印关系史研究的重要基地。

一 谭云山其人

谭云山（1898—1983），印度国际大学中国学院院长。湖南省茶陵县人，1898 年出生于茶陵县下东乡长乐村一书香之家。1904 年，其父母先后亡故，家道衰败。幼年幸得当地绅士彭勿仁相助，得以进私塾读诗书。后考入茶陵县立高级小学，接受新式教育，改原名启秀为云山，励己奋进。高小毕业后，邀好友赴省城求学，就读长沙城南书院。1915 年考入湖南省立第一师范学校。他积极参加进步活动，加入毛泽东等创建的新民学会和文化书社，还为首组织了文学团体新文学社，编辑《新文学》周刊。1919 年从一师毕业后，进入长沙船山学社从事学术研究。1924 年远赴南洋留学、谋职，辗转新加坡、马来西亚。他一面以教学为生，就职于南洋华侨学校；一面致力于写作和学术研究，出任《华文日报》主笔。

---

① 《鲁迅全集》第六卷，人民文学出版社 1973 年版，第 524 页。

1927 年，在新加坡结识了印度著名活动家、诗圣泰戈尔，两人情投意合，书信往来频频，成为忘年之交。1928 年 9 月 3 日，应泰戈尔邀请，他偕夫人抵达印度寂乡，任教于泰戈尔创办的印度国际大学，从此致力于传播中国文化，并潜心佛学和印度文化的研究，被誉为"现代玄奘"。1956 年周恩来总理访印时，参观该学院，称赞他为促进中印文化交流作出了贡献。1968 年从国际大学中国学院退休，享有国际大学终身名誉教授殊荣，将一生都贡献给了中印文化交流事业与中国学院。

二　中国学院

（一）办学宗旨

中国学院的宗旨："研究中印学术，沟通中印文化，融洽中印感情，联合中印民族，创造人类和平，促进世界大同。"①《孔子学院章程》明确规定："孔子学院作为非营利性教育机构，其宗旨是增进世界人民对中国语言和文化的了解，发展中国与外国的友好关系，促进世界多元文化发展，为构建和谐世界贡献力量。"② 从中我们可以看出，当年中国学院的宗旨就已经与如今孔子学院的宗旨几乎相同了，这是十分具有远见的。相比之下，中国学院的宗旨甚至还更周详，突出了"中印"，即不是中国单方面地输出语言文化让对方了解、接受，而是一种相互的沟通、研究、促进，从而彼此能够有更加深刻的认识。就像两个人你看我、我看你，各人所长的眼睛朝外，只能看到别人，不能看到自己。可是，如果我看你，就能从你的瞳孔中看到我的反映，我认识了你，也就认识了我自己。外国人如果深入研究中国文化就能更多地理解自己的文化。同样地，中国人如果深入研究外国文化也就能更多地理解中国自己的文化。这种互利双赢的观念想必在世界各国都相当欢迎的，比起单一的"增进世界人民对于中国语言和文化的了解"更易被对方接受，同时也避免了"文化入侵"等负面影响。

（二）经济来源

中国学院的建立过程是比较特殊的，最初这只是泰戈尔的构想，后来谭云山来到国际大学为这一构想回国寻求帮助，在此过程中竟先促成了中印学会在两国的建立，而中印学会的建立集合了两国一大批的文化名人、

---

① 谭中：《父亲谭云山平凡伟大的一生》，载谭中《谭云山与中印文化交流》，香港中文大学出版社 1998 年版，第 3 页。

② http：//www. hanban. edu. cn/confuciousinstitutes/mode_ 1096. htm 2012-3-12.

上层人士，学会将建立中国学院作为首要任务，从而使得谭云山得到很多助力，学术界、教育界都捐赠了资金、图书等物资。①

单从中国学院的经费模式来看，全由中方承担。中国学院是在中印学会的帮助下建成的，中印学会是中印文化交流的民间组织，两国的许多有知名度的学术界、教育界名人都是其成员，依靠的是每个人的努力和影响力，拥有广大的社会基础，谭云山院长在学会中一直起着核心顶梁柱的作用，而谭云山同时也是中国学院院长，这就使得两者更加紧密联系。这个学会为以后中印友好的发展打下了思想和组织的基础，逐渐地扩大中国学院的影响力，使得中国学院成了两国互相了解的窗口，也受到两国上层政界的关注。

在经费方面，中国学院一开始的建筑费用与成立以后的经费都是谭云山从中国筹集来的，后来实际上是从中国政府教育部门的经费中支取的，泰戈尔的国际大学可以说是一分钱也没花。中国学院财政上的独立性，到了 1949 年国民党政权（在大陆）垮台就中止了。正巧在这时刻（1951年），国际大学被改为国立大学，一切经费由印度中央政府负责。② 即中国学院的经费从最初单纯依靠基金募集，到后来的争取到官方的拨款。

（三）管理格局

1937 年 4 月中国学院成立开始运作，谭云山理所当然地成了学院的负责人。他不但要开展学院的中印研究活动，也需与中国方面联系，使中国学院的经费来源得到保证。中国学院一成立就具有这一双边的关系：作为国际大学的一部分，中国学院教务的领导为国际大学，财务的供应则通过中印学会由中国方面支持。至于行政管理则是半自治状态，这就加重了谭云山的工作和责任。国际大学被改为国立大学后，这就使中国学院在行政管理上变成了一个印度国立大学的部分。但由于尼赫鲁总理对谭云山特别尊重，大学当局（校长都是政府委任，从校外派来的）仍旧让中国学院保持一定的特殊性，比方说，按照印度教育部的行政制度，大学当局和国外的机构发生联系必须得到政府的许可，而大学任何教授或院长，系主任都不得跳过大学当局和政府领导直接来往。谭云山在这两方面却享受着

---

① 谭中：《父亲谭云山平凡伟大的一生》，载谭中《谭云山与中印文化交流》，香港中文大学出版社 1998 年版，第 3 页。

② 谭中：《父亲谭云山平凡伟大的一生》，载谭中《谭云山与中印文化交流》，香港中文大学出版社 1998 年版，第 3 页。

特殊待遇。①

三　民间学会

中印学会这个平台在日后为中国学院的发展发挥了巨大的作用，它的存在是必要的，学会建立后，在加强两国学者的联系和交往，组织两国著名人士的访问、互派留学生、捐赠图书、发起筹款赠灾和慰问活动等方面做了大量的工作。

（一）约集名人，创办刊物

尽量集合较多甚至在两国都有很高的知名度和影响力的文化界、教育界名人参与两国友好的民间学会，争取政界名人的支持，并创办组织刊物。这样通过成员本身的知名度能保证组织的社会影响力与媒体关注度，且以便于及时获得相关的政策，最新的消息、资源等，而创办自己的组织刊物既能提供一个组织成员相互交流的平台，也是加强学术研究，扩大宣传的一个手段。谭云山为建立中国学院奔走于印度和中国南京、上海之间进行宣传和组织工作，并与热心于中印文化交流的人士洽商，很快得到响应。他取得了当时一大批著名的政界和学界人士，如蔡元培、戴季陶、梁漱溟、太虚法师、徐悲鸿等人的支持。在他们的有力支持下，发起组织中印学会的工作很快开始了。中方由戴季陶亲自负责，发起人中包括周谷城、梁漱溟、徐悲鸿等，赞助人中包括于右任、蔡元培、戴季陶、林森等。一大批政界和文化界名人参与发起、赞助，表明不但中国文化界对加强中印友好和文化交流十分赞成，连在南京的国民政府部分成员也给予了高度重视。1934 年 2 月，谭云山返回国际大学，洽定印度方面由泰戈尔负责筹备。泰戈尔就此事请教了印度领袖甘地，甘地对此表示了极大的热情。印度的中印文化协会于五月在国际大学正式成立，谭云山担任总秘书，学会主席则是由泰戈尔亲自担任。印度中印学会还特别创办了《中印学报》。②

（二）交流文化，淡化政治

在当时世界局势动荡不安的情况下，两国学会的工作应以文化交流为主，避免过多的政治色彩，以确保学会发展的持久性。学会可以作为两国友好的纽带，从而间接影响到上层的对外政策，但是绝对不接受上层对于

---

① 谭中：《父亲谭云山平凡伟大的一生》，载谭中《谭云山与中印文化交流》，香港中文大学出版社 1998 年版，第 23 页。

② 林立：《泰戈尔与印度国际大学中国学院的建立》，《史学月刊》1994 年第 5 期。

学会发展的干涉。即便是有政界人士的参与，也绝对不涉及政治，与其他成员一视同仁。在当时中印学会创立之际，戴季陶考虑到中、印、英三国的关系，为避免产生政治上的纠纷，他主张："目前中印文化之联络，只能限于文化，尤以偏于宗教文化为宜，若稍涉及政治，结果必不好。"戴季陶认为在世界局势动荡不安的情况下，中印学会的工作应以文化交流为主，尤其应以宗教文化为重点。他希望能在印度各大学设立中国国学及中国佛教的课程，同时也要求我国各大学开设印度佛学和印度文明史等课程。经过几年的紧张筹备，中国的"中印学会"于 1935 年 5 月在南京成立。为避免过多的政治色彩，此会推选当时的中央研究院院长蔡元培先生为理事长，戴季陶为监事长。① 在新中国成立后，中印当局关系紧张之时，谭云山在情绪不安之际于 1952 年 5 月 6 日向尼赫鲁总理写了一封长信。信中列出五点：第一点说，政局的变化引起了一些人对中印学会的误解。有人认为它是国民党政府的机构，谭云山认为不能这样看。第二点，谭云山说中印学会的章程中特别写道它严格地不涉及政治活动。第三点，谈到中印学会成立以来为两国文化交流所做的工作。第四点，在起初的阶段，中印学会（包括中国学院）的经费都是他个人募捐得来的，只是在后来的阶段才得到中国国民政府的拨款。他说："他们（国民政府）从来没有干涉或在任何形式下影响过中印学会。相反地，他们很大程度上是遵循中印学会的理想的，他们的对印政策是受到中印学会和我本人的影响的。"第五点，中印学会财政来源中断了，只能减少活动。最后，他谈到自己的去留问题。他承认自己和蒋委员长的友谊是人所共知的，在新的政府中他也有很多私人朋友，包括毛主席在内，也透露了有人想邀他去北京访问的意图，可是只有在他确信能对中印文化的共同事业有所作为才会前往。②

  中国学院的建设自然要争取两国政界的支持，但是这毕竟是一个公益的文化项目，不应与政治混淆，要超越政治，才能保证它学术的纯洁性，发展的稳定性，符合最初的宗旨。谭云山管理中国学院的长处之一就是能够开展文化事业而不和政治混淆。他深知政客是来来去去的，但中印文化的重振却应超过政府变迁而持续发展。因此，一方面他积极地和中印两国

---

① Don Starr, "Chinese Language Education in Europe: the Confucius Institutes", *European Journal of Education*, Vol. 44, No. 1, 2009, PartI.

② 谭中：《父亲谭云山平凡伟大的一生》，载谭中《谭云山与中印文化交流》，香港中文大学出版社 1998 年版，第 58 页。

的政府要人打交道，另一方面却强调自己的超政治的作为。这一方针是富有远见的，特别当慷慨为中国学院捐书的国民党政府被毛泽东领导的中华人民共和国所取代后，新政府没费很多时间就认识到中国学院的宝贵贡献。[1] 不可否认，文化要和政治——特别是与人类利益休戚相关的政治大局老死不相往来是绝对不可能的，此时文化人是应该站在正义一边，他们可以并应该起到很大的作用。

（三）明确宗旨，服务学院

学会的组织工作两国人士共参与，分设于两国文化中心地，同时组织欢迎热心人士参加，并举办多样的文化交流活动。在 1933 年 6 月，中印学会发起书和章程、计划汇集一起，曾印成小册子出版，题为《中印学会：计划、总章、缘起》："以研究中印学术，沟通中印文化，并融洽中印感情，联合中印人民，以创造人类和平，促进世界大同为宗旨。"学会由中印两国人士所组织，"分设于中印两国之文化中心地点，于两国其他地方得设分会或通讯处。其组织由两国人民分别自立之。"[2] 凡中印两国人士赞成学会宗旨，受过高深教育，对于中印学术文化有相当研究及热心者皆可参加。两国将分别或联合举办各种学术活动，包括组织学术演讲、开展专题研究、组织文化考察、出版图书刊物、互派留学生、促进学者交流等，还特别提到要在印度设立"中国学院"，在中国设立"印度学院"，以此作为文化交流的基地。[3]

四　汉学教学与研究

从 1937 年学院成立到 20 世纪 60 年代初是中国学院汉学研究和汉语教学的黄金时期。

（一）语言教学

除了教授汉语，还包括藏语、梵语及其他语言；在研究工作方面，不仅仅是单纯研究中国哲学、历史、文化，还进行着中印多方面的探讨，如中印佛教对比、中印其他宗教、中印文化等；出版学术著作，包括古籍翻译及语言研究成果。中国学院并非单纯只是以教授汉语或中国文化为课程的学院，它还开设其他语言课程及文化课程，但这都是为了向中国语言文

---

①　http：//www.hanban.edu.cn/confuciousinstitutes/mode_ 1096. htm 2012-3-12.

②　谭中：《父亲谭云山平凡伟大的一生》，载谭中《谭云山与中印文化交流》，香港中文大学出版社 1998 年版，第 58 页。

③　林立：《泰戈尔与印度国际大学中国学院的建立》，《史学月刊》1994 第 5 期。

化靠拢，进行对比研究，更好地传播汉语及汉文化。

（二）学术研究

中国学院内的中文图书馆在当时是全印度中文图书馆藏最丰富的，因而在谭云山的领导下，学院大力开展各类学术活动如专题研究、学术演讲、文化考察等，为了鼓励中国学生来此学习或进修还特意设立了相关的奖学金，为中国国内培养了不少印度问题研究的中坚。值得一提的是，学院还为中国文化、艺术界人士赴印度进行学术的研究交流提供方便，如陶行知、吴晓铃、徐志摩、张大千、徐悲鸿、常任侠、金克木等都曾前往该学院担任客座教授或访问。通过中国学院这座金桥，也有许多印度青年被派到中国进修学习，这些人后来多已成为著名的汉学家，一代宗师师觉月就是其中的佼佼者。

这一时期中国学院的学术研究取得了不少成果，出版了几十部中、英及其他语种的著作，发表论文多达百篇。这些成果的核心是中国佛教及比较宗教学，研究重点是把在印度已经流失的佛学经典由汉语再译成梵文。这对复兴中印两国的文化交流无疑是功垂青史的。① 汉学研究的重点在于两国某一领域的对比研究，这既能激发学生探索的兴趣，也能让他们对两种文化都有更新的认识。

（三）中文藏书

中国学院在汉学研究方面所取得的突出成绩直接得力于它丰富而珍贵的中文藏书。不仅藏书量达到 6 万册，而其中绝大多数为上世纪的中文古籍。这些图书几乎囊括了各种中国文化的各种领域，比重最大的是百科图书类，如各类丛书、文库、集成，其次便是中印文化共通最多的佛学方面的经典。此外还有大量中国字画、图册，很多为中国近当代艺术家所赠原作，现已成为稀世珍品。值得一提的是，中国学院的这些图书绝大多数来自中国国内的捐赠。

（四）文化教学

泰戈尔在中国学院的开幕式上说："让我们在维护与滋养中印两国各自文化的显著优点上尽到应尽的责任，不要被误导到认为古的肯定过时，而现代的必不可少。"② 在接下来的发言中，他认为没有任何比中国文化

---

① 赵守辉：《印度国际大学中国学院的汉学研究与汉语教学》，《世界汉语教学》1996 年第 1 期。

② 谭中：《父亲谭云山平凡伟大的一生》，载谭中《谭云山与中印文化交流》，香港中文大学出版 1998 年版，第 33 页。

的美丽精神更宝贵的了，这精神使得人们热爱物质却没有丝毫贪婪，使中国人热爱这地球上的一切，使他们披上优美的服装又没有变成物质主义者，他们显然地掌握了事物的旋律——不是像科学那样的威力的奥妙，确是一种表情的奥妙。泰戈尔表示这一点是很伟大的天才，因为只有神才知道此中奥妙，他羡慕中国人这种天才，同时希望印度人民能分享它。泰戈尔的这番话自然而然地把一部分印度知识分子上层吸引到中国文化的周围，把中国学院当作走向学习在中国文化的大门。

谭云山在中国学院所进行的文化传播就是从"中印文化"着手的，结合文化异同，将两国文化完美融合，互相解释。在一篇题为《中印文化中的不杀生》的文章中谭云山写道"中印文化"这一名词是他在创立中印学会时所造的。他说文化在最初阶段它帮助人们认识生活的真实意义与价值；在最终阶段达到永久和平、仁爱、快乐、自由与幸福的日子的。在这一点上印度和中国文化不但相似，而且有很大的共同点，最显著的共同点就在于"不杀生"。"不杀生"这个名词形式似乎消极，意义上却是积极的。它的积极意义就是梵文的"maître"（友爱），中文的"仁"。正因为中国传统习惯于积极方面阐述问题，印度传统喜欢从消极方面阐述问题，所以中印文化变成不可拆散的一对。他在文章中引了大量中国、印度的格言来把论点阐明，用儒家哲学理论解释印度佛教，尽量拉近中印两国文化的距离。文章最后说："我的信念和我的毕生任务就在于使世上两个伟大人民——中国人与印度人，联合起来，凝聚在一起，去创造、建立、发展一个共同文化，叫做中印文化，完全立足于不杀生之上。"谭云山的整体观念，利用"不杀生"这一象征，把耆那教、儒家、佛教、耶稣教，把中国、印度和世界文化都融成了一体，这也是中国"大同"思想应用在中印关系之间的具体表现。

各国文化就好比是统一整体上的不同的脸。谭云山说的中印文化就等于是一个有两个面孔的神，中国文化是她的中国脸，印度文化是她的印度脸。谭云山和泰戈尔共同倡导的中印学就是研究这样一个神。换而言之，中国和印度文化之间的交流就是一个脸和另一个脸之间的共鸣、呼应，用中印学就是用这样一种整体观念来看中国和印度文化的发展英文来说，叫作 interface。[①]

[①]　谭中：《父亲谭云山平凡伟大的一生》，载谭中《谭云山与中印文化交流》，香港中文大学出版 1998 年版，第 33 页。

五 师资来源及培养

（一）广纳中外贤才

中国学院的教师来自三个方面。

其一，国际大学内部从事汉学研究的学者。谭云山在 1957 年中国学院二十周岁时回忆说中国学院刚开始在学术方面只有五个人员。那五个人员中有三位教员，他自己是其中之一，其他两位是印度同事（其中之一是郭克雷）；还有两位研究生，其中之一是巴宙（佛学教授，曾是谭云山的最得意门生），另一名是锡兰（今斯里兰卡）来的和尚。①

其二，从中国国内招聘来的中国学者。中国学院成立不久抗日战争就全面爆发了。谭云山一方面为了中国学院的事，一方面为了抗战而于1938—1939 年在中国待了一阵子。在这期间，他再一次差不多与所有的教育、文化方面的重要人物与机构进行了接触，作了一系列的有关国际大学，特别是中国学院的演说，得到了很多人的欣赏，从接触过的几乎每个人那里都获得同情与支持。谭云山再度筹集了一些捐款和赠书，而中国政府和私人朋友答应了更多的帮助。教育部立刻拨给奖学金使他能带两个中国学者来到印度，其中之一是周达夫。②

其三，运用各种条件来吸引中国和印度的著名学者来到中国学院。常有中外学者在此驻留，或是访问做学术交流、进修，或是来任客座教授，使得学术氛围浓厚。印度著名汉学权威师觉月，佛学专家巴巴特、郭克雷，梵文专家普拉坦都在中国学院担任过研究、教学工作。1938 年后，有接连不断的中国学者应邀来国际大学访问、讲学或长期任教，其中有陶行知、太虚大师、常任侠等。因与中国学院同仁有友谊关系而暂时居住国际大学，有近似于 Associate 的地位者，则有名画家徐悲鸿、国画大师张大千和金克木、陈祚龙、游云山、糜文开、薛雷等。

1945 年，谭教授敦请中国教育部当局设立奖学金，鼓励印度学者前来研究汉学，同时派遣留学生赴印度留学。此举实是"中印文化交流"之实行，从印度赴华的交换教授与学生计有：交换教授，他们均赴北京大学作研究与教授印度文化与语言——师觉月、蒲罗丹、巴帕提博士。印度

---

① 谭中：《父亲谭云山平凡伟大的一生》，载谭中《谭云山与中印文化交流》，香港中文大学出版 1998 年版，第 46 页。

② 谭中：《父亲谭云山平凡伟大的一生》，载谭中《谭云山与中印文化交流》，香港中文大学出版 1998 年版，第 46 页。

学生赴华者计有：泰无量、南希真、白春晖。留华学生都研读于北京大学，学习中国语言。由中国政府派送学生赴印留学者计有：王汉中、沈锜、魏荪等数人，他们均从所住的印度大学获得博士学位，除魏荪仍留印供职于中国学院外，其余则返国任职于中国政府或文教机构。[①]

（二）实现教学相长

谭云山 1928 年到印度就开始"西天讲道"和"西天取经"相结合。谭云山虽然毕业于长沙第一师范，但那一师所受到的训练拿到印度来担任大学教授则是十分不够的，他在学术上的名气和那些正统的、正宗的学者（从欧美某某名牌大学留洋归来的学者）有许多内容上的差异。他基本上是一个被形势所逼出来的学者，就像鲁迅说的"被挤出来的"。他的思路、言论、写作有点像孔子说的"述而不作"，他也没有创造出什么哲理、学说、学派。他只是向印度朋友介绍中国文化、解释中国文化，但他却不墨守成规，常常想用新的观点来看中国的传统文化。1937 年他当了中国学院领导以后，这一"讲道"、"取经"身份在他事业中的由一成二，又最终合二为一的辩证关系始终不变，一直到他 1967 年退休为止。1972 年圣地尼克坦校友会举行祝贺谭云山在国际大学功德圆满的会上，谭云山谈了他如何发扬中国儒家，"教学相长"传统来开始他的教师生涯的，他引用了他平生最喜欢的古书《礼记》第十八章《学记》中的话："古之王者，建国君民，教学为先"，"学然后知不足，教然后知困"，"教学相长"和"学学半"（教师的一半本领是从教书的过程中学到的）。他道出刚到圣地尼克坦的时候，国际大学要他当教员，他自己希望当学生的矛盾。他和两位元老沙斯特里与克提摩亨沈商量得出一个圆满的解决方案。这方案引谭云山自己的话说："我们决定我每星期教三堂中文课，沈教授每星期也教我三堂梵文，沙斯特里教授会经常和我进行自由讨论。他会向我提出有关中国研究的疑问由我解释或互相讨论。我会向他咨询有关印度研究的问题由他讲解。这是一种互助与合作。我声明无论如何他们应该把我当作学生，他们应该永远是我的老师。他们两人听了哈哈大笑起来。"谭云山当教师最懂得和学生打成一片，师生之间取得共鸣，这可能与他一来到印度就和国际大学两位元老、著名梵文学者结成了彼此师生，互相学习的特

---

① 刘程：《孔子学院国内研究现状及走向》，《云南师范大学学报》（对外汉语教学与研究版）2012 年第 1 期。

殊关心是分不开的。①

（三）跨文化交际

谭云山本人是实施跨文化交际最好的例子。他的言辞、他的内心、他的生活习惯、待人接物，既不是纯粹中国式的，又不是纯粹印度式的——是一个印度化的正人君子，是一个没有抛弃中国文化传统的同时又深深融入印度文化的学者。他变成了中印文化之间的两栖动物，既能适应印度的文化环境，又把中国文化的担子挑在自己的肩上。他创造出一种新的中印人生观。谭云山最喜欢的他自己编的《中印箴铭》（他经常用篆字写了送给亲人及得意门生）是这样的："立德立言，救人救世；至刚至大，有守有为；难行能行，难忍能忍；随缘不变，不变随缘。""立德立言"是儒家思想，"救人救主"是佛家思想，"至刚至大，有守有为"是中国文化传统，"随缘不变"是从印度传到中国后变成中国知识分子潮流的。"难行能行"是鲁迅说的"硬骨头"精神，也是"湖南牛"精神。"难忍能忍"则是印度文化传统。在谭云山身上有着孔夫子、佛菩萨、泰戈尔、甘地的影子，但他又不属于其中任何类型。在有教无类这一点上，他有孔夫子的精神；在慈悲为怀这一点上，他有佛菩萨的精神。他追逐泰戈尔的整体观念，像泰戈尔那样既爱祖国，又从不狭隘，希望实现大同世界。他从甘地那儿学到坚持原则而不逞强，不用自己的意志去压倒别人，使别人顺从自己。② 正是由于谭云山这种特点，他才能被当地人承认和敬重，向印度更好地宣传中国文化。

（四）教师人格魅力

Isvarmuti 回忆说，当时参加中国学院的中文班，并不是对中国或中文有兴趣，而是想听谭云山讲课，后来他参加了也并没有对中文产生特别的兴趣，但他一见到谭云山（只是每周教他们一节课而已，还有其他教员上课）就把要退出中文班的念头埋葬了。这样一种心理在敬拜神、以神为中心的印度社会是很可以理解的。可是谭云山并不是神，却有一种超人的魅力。③ 鸠荻卡萨卡回忆说："作为谭教授在国际大学中国学院所教过

---

① 谭中：《父亲谭云山平凡伟大的一生》，载谭中《谭云山与中印文化交流》，香港中文大学出版社 1998 年版，第 33 页。

② 谭中：《父亲谭云山平凡伟大的一生》，载谭中《谭云山与中印文化交流》，香港中文大学出版社 1998 年版，第 38 页。

③ 谭中：《父亲谭云山平凡伟大的一生》，载谭中《谭云山与中印文化交流》，香港中文大学出版社，1998 年版，第 32 页。

的学生之一，我感到荣幸，同时也曾愉快地担任过照顾他所长期举办的中国学院图书馆。那是在我开始研究中国佛教之前学习中文的期间。我还记得他的中国语文课，和他讲解汉字的起源与演变。另一节生动的教学是他如何讲解《论语》。他的教法使我们对孔圣格言得到确切的了解。"① 辛哈先生撰文生动地描述了谭云山作为一位良师益友的形象。他说从 20 世纪 40 年代一直到写文章的今天（1958 年），"我全生的活动都围绕着与集中在完成他（谭云山）的梦想，促进中印文化关系的事业。他习惯于渗透到弟子们的心怀，使每个学生都会骄傲地宣称 '他的思想就是我们的观念，他的计划就是我们的计划，他是我们所有人的灵感的唯一源泉。' 在专注的忠诚和对弟子的无限感情上他仅次于耶稣和罗摩克里希纳（19 世纪印度教改良派领袖）"。辛哈的文章说，谭云山经常说他的学生是他唯一的希望与资本。②

谭云山无论在课堂内外他都是容易接近，为人着想和蔼仁慈，以自己的人格魅力吸引外国人学习中文，并非因为经济等什么实用主义的原因。这种类似于偶像效应，因为对教师有着特殊的感情，从而扩大到喜爱他所热爱的事业，进而激起学习中国语言文化的兴趣。这是一种非工具性、非功利性、融合性的内在动机，是一种积极的情感因素。

六　院长与学院吸引力

（一）营造良好环境

中国学院从前学术上的活跃到如今相对的沉寂，主要在于它过去能吸引中国和印度的著名学者来到这儿，这种吸引力有四个组成部分。③

第一，谭云山主长的时代中国学院的门是敞开着的。凡是学术兴趣是符合中国学院宗旨的，不管有名、无名，都欢迎来长住、短住，时间不够，不一定要念任何课程或做任何指定的研究。这种理由，使中国学院变成许多学者的落脚站。他们的到来和居住使得中国学院的阵营非凡，学术空气浓厚。随时都有许多中国学者在此，印度学者要了解什么，打听什么

---

① 鸠荻卡萨卡：《感激心灵中的永恒记忆》，载谭中《谭云山与中印文化交流》，香港中文大学出版社 1998 年版，第 211 页。

② 谭中：《父亲谭云山平凡伟大的一生》，载谭中《谭云山与中印文化交流》，香港中文大学出版社 1998 年版，第 34 页。

③ 谭中：《父亲谭云山平凡伟大的一生》，载谭中《谭云山与中印文化交流》，香港中文大学出版社 1998 年版，第 41 页。

都很方便。因此，中国学院就变成国际大学同人最喜欢上门的地方。远地的印度学人知道了中国学院有许多中国学者，也纷纷来信来访。

第二，谭云山很会募捐，以奖学金、助学金、宿舍条件来吸引学者（特别是中国学者）。谭云山家成为公共食堂，使外来学者宿食无后顾之忧。对于有经济困难的自费学者，谭云山设法或自己解囊相助。他是个典型的好客的东方人，对人无限信任（虽经常受骗，他不在乎），因此来到中国学院的都感到他温暖的照顾，使中国学院从不门可罗雀。

第三，中国学院就等于一个"中国村"、一条"中国街"。首先，谭云山把自己的家安放在学院中。其次，夫人陈乃蔚很注重中国风俗、文化，常常有华侨从加尔各答及其他地方来，送些过年、过节的食物，她就分赠邻居、友好，让圣地尼克坦人分享中国的文化、风俗。中国人多了，大家都讲中国话（印度学者也如此），造成学中文的最好环境。印度学生学中文，进步也快。泰戈尔在中国学院开幕讲演中就希望中国学院把中国生活方式带进圣地尼克坦，这一点在谭云山的努力下是做到了的。

第四，谭云山很注重精神文明。一方面，他不但严禁不道德的行为，也不许中国人打麻将、酗酒、跳舞，避免了校园文化空气的污染。另一方面，他提倡静坐，做健身体操，并向驻院的中国学者及家属宣扬佛教的高尚人生观。中国学院不但是个中国文化区，并且是个中国文明的典范，避免了海外唐人街所固有的一些陋习。

（二）主动服务社会

母鸡是一种十分有用的动物。它有两个重要功能：一是生蛋，一是孵小鸡。国际大学的中国学院也起着这两种作用。谭云山和学院同人自己的研究成果好比生蛋，至于孵小鸡那就杂七杂八了，是从印度这儿、那儿找上门来要求帮忙的，用现代术语来说，是一种社会工作、社会活动，是尽义务而不取报酬的。谭云山在国际大学的院长办公室简直变成了一个免费咨询所，谭云山实际上是印度许多政府、非政府机构的咨询顾问。比方说，印度文官考试委员会的中文考卷，寄给谭云山审查有没有错误与不妥的地方。其他学校开展中文班，谭云山会推荐适合的汉语教师等。谭云山起着母鸡孵小鸡的作用，还反映在他帮中国学院以外的印度名校的中文课程进行设计。可以这样说，在20世纪60年代以前印度没有那个学术机构的中文课程不是直接征询谭云山的意见而设计的。印度著名历史学家巴隆德教授说他们孟加拉人都用孟加拉语称谭云山为 Tan Sahib（谭老）。可见谭云山被孟加拉知识界作为自己群体中的可敬人物。他在世时，也不知道接到过多少陌生人的来信，接受过多少陌生人的拜访。他总是好不厌烦地推开手边的工作去把时光花在他们身上。[①]

（三）联络各界名流

谭云山的政治嗅觉灵敏，联系了很多印度的精英或上层人物，便于工作。翻开 1943 年中印学会的名单，它的名誉主席是：圣雄甘地、蒋介石、奥罗宾多（由独立运动积极分子后变成超人式的师尊）、戴季陶、尼赫鲁、蒋夫人宋美龄、奈都夫人（有"印度夜莺"盛名的诗人和政治家，紧跟圣雄甘地的杰出女领袖）。它的印度会员都是当时的知名学者或知识分子，圣地尼克坦有 15 人，加尔各答有 26 人，德里有 10 人，孟买有 8 人，还有许多散布于各有名城市，有 18 位是当时的与以前的校长。最值得一提的是：印度独立后的第一任印度总督和 1952 年印度共和国成立后的第一任总统、第二任总统、第三任总统，他们都是普通会员。很多其他普通会员后来也都变成印度政界的重要人物。如当时加尔各答校长罗易，后来变成了西孟加拉邦的首席部长；当时的加尔各答大学比较语言系主任查特济，后来变成西孟邦议长等。换句话说，谭云山从 30 年代开始接触的印度社会精英后来几乎全部变为独立后印度的统治精英。从客观上来看，这么发展中印友好关系是十分有利的。[②]

由于中国学院的存在和桥梁作用，两国之间的名人和代表团的互访也增多了。1940 年中国派了佛教代表团访印，1943 年中国教育代表团访印，都是谭云山教授牵线安排的。谭云山作为中印学会的驻印代表和中国学院院长，在印度除了宣扬中国文化、开展中印文化交流与从事中印学研究外，还起着中国国民政府与印度民族运动领袖以及印度知名人士和社会活动家之间的桥梁作用。尼赫鲁 1939 年 8 月访华和拉达克里希南 1944 年到中国讲学都是由谭云山启动并具体牵线，由中国国民政府通过中印学会的渠道安排的。

---

① 谭中：《父亲谭云山平凡伟大的一生》，载谭中《谭云山与中印文化交流》，香港中文大学出版社 1998 年版，第 42 页。

② 谭中：《父亲谭云山平凡伟大的一生》，载谭中《谭云山与中印文化交流》，香港中文大学出版社 1998 年版，第 43 页。

参考文献整理后汇总

一 中文教材

巴城上海书局：《最新南洋初中国语》第三册，雅加达上海书局 1953 年版。

包思井：《初级马来语读本》，马来西亚印马书店 1951 年版。

陈抚辰：（初等预备班用）《南洋华侨国语教科书》，中华书局 1912 年版。

陈抚辰：（南洋预备班用书）《南洋华侨国语教科书》，印尼巴达维亚掌更岸林木秀 1912 年版。

陈抚辰：《新巫华字典》，印尼巴达维亚振林公司 1926 年版。

陈抚辰：《新巫华字典》，印尼巴达维亚振林公司 1930 年版。

陈涛：《实用马来文》，新加坡马来亚文化出版社 1958 年版。

《初中语文》第五册，香港中华书局、商务印书馆 1954 年版。

［美］丁韪良：《认字新法 识字双千》，上海美华出版社 1867 年版。

［日］东亚同文书院：《华语萃编》初集，全国图书馆文献缩微中心 2009 年版。

［日］东亚同文书院：《华语萃编》三集，全国图书馆文献缩微中心 2009 年版。

冯明之等：《新标准初高中国文：样本》，香港大公书局 1954 年版。

冯明之等：《新标准初中国文》，香港大公书局 1953 年版，新加坡勤奋书局 1938 年版。

冯明之等：《新标准初中国文》，香港大公书局 1954 年版。

冯明之等：《新标准初中国文》第三册，香港大公书局 1953 年版。

冯明之等：《新标准初中国文》第五册，香港大公书局 1953 年版。

冯明之等：《新标准初中国文》第一至第六册，香港大公书局 1953 年版。

冯明之等：《新标准高中国文》，香港大公书局 1954 年版。

冯明之等：《新标准高中国文》第一册，香港大公书局 1954 年版。

冯明之等：《新标准高中国文》第一至第六册，香港大公书局 1954 年版。

傅东华：《国文》，上海商务印书馆 1933 年版。

《高中语文》，雅加达十七出版社 1965 年版。

《高中语文》第五、六册，香港中华书局、商务印书馆 1954 年版。

《高中语文》第一、二册，雅加达十七出版社 1965 年版。

洪颂南：《马来语易通》，星加坡世界书局有限公司 1956 年版。

洪文范、张国基：《国语新读本》（*Chinese National Language*），新加坡陶华学校 1933 年版。

华秋实、江文：《高中语文选讲》第三册，香港侨光书店 1957 年版。

蒋克秋：《高级国语读本》，新加坡勤奋书局 1946 年版。

蒋克秋：《高级汉语读本》，新加坡勤奋书局 1946 年版。

蒋克秋：《国语进阶》，新加坡勤奋书局 1940 年版。

蒋克秋：《中国国语易解》，新加坡勤奋书局 1938 年版。

蒋息岑、沈百英、施颂椒：《新生活教科书国语（初小第一册）》，上海大东书局 1933 年版。

赖群进：《马来语入门》，新加坡群燕书局 1957 年版。

李全寿：《马来语法》，新加坡星洲椰风文化社 1959 年版。

李毓恺：《华巫大辞典》，吉隆坡国泰出版社 1959 年版。

李毓恺：《印度尼西亚中华大辞典》，椰城国民书局 1931 年版。

李卓民：《小学国语读本：测验练习本》，新加坡中华书局 1947 年版。

李卓民：《最新南洋华侨小学国语读本测验练习本》第八册，新加坡中华书局 1947 年版。

廉行：《南洋国语读本》，新加坡世界书局 1939 年版。

卢冠六：《新编南洋华侨高小国语读本教学法》第三册，中华书局 1937 年版。

陆并培：《印度尼西亚文读本》，雅加达世界出版社 1959 年版。

罗之江：《高中文选》，香港侨光出版社 1958 年版。

马精武：《新编南洋华侨高小国语读本教学法》第一册，中华书局 1937 年版。

《民国华侨初等小学国语教科书》，中华书局 1913 年版。

《民众识字课本》第二册，中华书局 1937 年版。

《南洋初中国语》，雅加达上海书局 1953 年版。

Shih Pang Shih：《中国国语教科书》，新加坡 H.B.Pang 1946 年版。

沈百英：《复兴国语教科书》，上海商务印书馆 1933 年版。

沈百英：《复兴国语教科书》，上海商务印书馆 1937 年版。

沈百英：《复兴国语教科书》，上海商务印书馆 1938 年版。

沈百英：《复兴国语教科书》，香港商务印书馆 1937 年版。

沈百英：《复兴国语教科书》，香港商务印书馆 1939 年版。

沈百英：《复兴国语教科书》第二册，香港商务印书馆 1937 年版。

沈百英：《复兴国语教科书》第二册，香港商务印书馆 1938 年版。

沈百英：《复兴国语教科书》第三册，香港商务印书馆 1937 年版。

沈百英：《复兴国语教科书》第三册，香港商务印书馆 1938 年版。

沈百英：《复兴国语教科书》第四册，香港商务印书馆 1937 年版。

沈百英：《复兴国语教科书》第四册，香港商务印书馆 1938 年版。

沈百英：《复兴国语教科书》第一册，香港商务印书馆 1938 年版。

沈百英：《南洋国语教科书》，上海商务印书馆 1932 年版。

沈百英：《小学教科书的改革》，上海商务印书馆 1948 年版。

沈百英、沈秉廉：《初级小学南洋国语教学法》第一、三、五、七册，上海商务印书馆 1935 年版。

沈百英、赵景源：《复兴初中国文》第二册，香港商务印书馆 1940 年版。

沈百英等：《复兴初中国文》第二册，长沙商务印书馆 1940 年版。

宋文翰等：《新编初中国文》，香港中华书局 1939 年版。

宋文翰等：《新编高中国文》，香港中华书局 1938 年版。

宋文翰等：《新编高中国文》，香港中华书局 1948 年版。

孙俍工：《国文教科书》，上海神州国光社 1932 年版。

王梦鸥：《国文》，台北正中书局 1955 年版。

王志成：《新编南洋华侨高小国语读本教学法》第二册，中华书局 1939 年版。

王祖廉、黎锦晖、黎明：初级小学用《南洋华侨国语读本》，上海新民国图书社 1932 年版。

魏冰心、吕伯攸：《新主义教科书后期小学国语读本》，世界书局 1928 年版。

吴曾祺：《重订中学国文教科书》，上海商务印书馆 1913 年版。

《现代初级中学课本语文》，香港上海书局 1958 年版。

《现代初级中学课本语文》，新加坡上海书局 1959 年版。

《现代初级中学课本语文》第一册，香港上海书局 1958 年版。

《现代初级中学课本语文》第一册至第三册，香港上海书局 1958 年版。

新加坡世界书局编译所：《国语：初级》，新加坡世界书局 1948 年版。

新加坡现代书局：《现代小学课本初级国语》第三册，新加坡现代书局 1949 年版。

《印华现代初中文选》，雅加达印华联合出版社 1950 年版。

《印华现代初中文选》第四册、第五册，雅加达印华联合出版社 1950 年版。

俞焕斗：《高小国语科教材和教法》，上海商务印书馆 1948 年版，

俞焕斗：《新编南洋华侨高小国语教学法》第四册，中华书局 1939 年版。

周逸休、陆宝忠：《尺牍：南洋教科书小学初级用》，新加坡众兴出版社 1938 年版。

周肇华、李文渠：《民国华侨初等小学国语教科书》，中华书局 1913 年版。

朱文叔、吕伯攸：《最新南洋华侨小学国语读本》（初级小学用），中华书局 1937 年版。

庄适：《高级小学用（南洋国语教科书）》，商务印书馆 1933 年版。

二　中文专著和论文集

［德］阿尔布莱希特·艾舍：《卫礼贤与巴特·鲍尔》，载孙立新、蒋锐《东西方之间　中外学者论卫礼贤》，山东大学出版社 2004 年版。

班科夫斯卡娅：《曹靖华在列宁格勒汉学家协作小组》，《远东问题》1987 年第 5 期，载张德美、冷柯《曹靖华纪念文集》，湖南教育出版社 1992 年版。

［美］保罗·埃文斯：《费正清看中国》，陈同等译，上海人民出版社 1995 年版。

［美］保罗·柯文、默尔·戈德：《费正清的中国世界——同时代人的回忆》，东方出版中心 2000 年版。

布龙菲尔德：《布龙菲尔德语言学文集》，熊兵译，湖南教育出版社

2006 年版。

蔡仁龙：《华人"马来语之父"李金福》，载李卓辉《印华先驱人物光辉岁月：印尼华人报刊和独立先贤史话》，雅加达联通华文有限公司 2003 年版。

曹靖华：《望断南来雁》，黄河文艺出版社 1988 年版。

曹靖华：《小米的回忆》，安徽教育出版社 1997 年版。

陈碧笙、陈毅明：《陈嘉庚年谱》，福建人民出版社 1986 年版。

陈国华：《先驱者的脚印——海外华人教育三百年》，加拿大安大略省北约克 Royal Kingsway Inc.1992 年版。

陈嘉庚：《辟诬》，新加坡《南洋商报》，1924 年 6 月 16 日第 5 版。

陈嘉庚：《陈嘉庚自述》，安徽文艺出版社 2013 年版。

陈育崧：《林文庆传》，新加坡印行之林文庆诞生百年纪念刊 1969 年版。

程焕文：《裘开明年谱》，广西师范大学出版社 2008 年版。

［英］戴存义及夫人：《内地会创始人戴德生传》，胡宣明译，中国主日学合会 1950 年版。

邓嗣禹、彭靖：《家国万里——邓嗣禹的学术人生》，上海人民出版社 2014 年版。

［美］丁韪良：《花甲忆记》沈泓等译，广西师范大学出版社 2004 年版。

丁亚平：《别离在新世纪之门——萧乾传》，河南人民出版社 2000 年版。

［美］费正清：《费正清自传》，黎鸣等译，天津人民出版社 1993 年版。

［德］福兰阁著，傅复生编：《两个世界的回忆：个人生命的旁白》，欧阳苏译，社会科学文献出版社 2014 年版。

《福建女学校三十周年纪念特刊》，1950 年版。

［德］傅吾康：《为中国着迷——一位汉学家的自传》，欧阳苏译，社会科学文献出版社 2012 年版。

傅子玖：《陈嘉庚传》，花山文艺出版社 1999 年版。

耿素丽、张军：《民国文献资料丛编·民国华侨史料汇编》（4），国家图书馆出版社 2011 年版。

顾黄初：《顾黄初语文教育文集》上册，人民教育出版社 2002 年版。

顾圣皓、金宁：《华文教育教学法研究》，暨南大学出版社 2000

年版。

顾卫民：《基督教与中国近代社会》，上海人民出版社 2010 年版。

何兹全：《何兹全学述》，浙江人民出版社 2000 年版。

洪宗礼等：《母语教材研究》第 9 卷，江苏教育出版社 2011 年版。

胡适：《胡适品人录》，华文出版社 2014 年版。

《华联公学校刊》第一卷第二集，1938 年。

《华联中学十二周年纪念特刊》，1949 年版。

黄昆章：《印度尼西亚华文教育发展史》，外语教学与研究出版社 2017 年版。

[美] 霍凯特：《现代语言学教程》，索振羽、叶蜚声译，北京大学出版社 1986 年版。

《吉兰丹中华中小学校增建校舍特刊》，1955 年版。

暨南大学校史编写组：《暨南校史：1906—1996》，暨南大学出版社 1986 年版。

蒋锐：《东西方之间　中外学者论卫礼贤》，山东大学出版社 2004 年版。

蒋晔：《老舍》，河北人民出版社 2014 年版。

《教育部公报》，第七年第八期，1920 年。

鸠荻卡萨卡：《感激心灵中的永恒记忆》，载谭中《谭云山与中印文化交流》，香港中文大学出版社 1998 年版。

《宽柔校刊》1941 年 6 月版。

《宽柔校刊》1941 年第 6 期。

[美] 拉铁摩尔：《中国的亚洲内陆边疆》，唐晓峰译，江苏人民出版社 1995 年版。

冷柯、毛粹：《年谱》，载林佩云、乔长森《曹靖华研究专集》，黄河文艺出版社 1987 年版。

李光仪：《苦守岗位》，载马来西亚和丰《兴中校刊》1949 年版。

李泉：《对外汉语教学理论研究》，商务印书馆 2006 年版。

李业霖：《犹记当年风吹湖上萍——回忆难以忘怀的饶小园老师》，载李方钧《百年尊孔人与事》，吉隆坡尊孔独立中学 2007 年版。

李元瑾：《林文庆：中华文化复兴者与现代教育家》，载何国忠《马来西亚华人历史与人物文化篇：承袭与抉择》，华社研究中心 2003 年版。

李约瑟：《一个名誉道家的成长》，载李约瑟著、王国忠编《李约瑟文录》，浙江文艺出版社 2004 年版。

李自洪：《忆师篇》，载李芳均《百年尊孔人与事》，吉隆坡尊孔独立中学 2007 年版。

［意大利］利玛窦：《利玛窦中国札记》，何高济等译，中华书局 1983 年版。

梁绍文：《南洋旅行漫记》，上海中华书局 1924 年版。

廖文辉：《华教历史与人物论集》，策略资讯研究中心，Selengor 马来西亚 2007 年版。

［美］列文森：《赵元任传》，焦立为译，河北教育出版社 2010 年版。

林连玉：《全国性学潮》，载李芳均《百年尊孔人与事》，吉隆坡尊孔独立中学 2007 年版。

林伟然：《试论海外华人教育的方向》，载梁初鸿、郑民《华人华侨史研究集》（二），海洋出版社 1989 年版。

林文庆：《孔教大纲》，中华书局 1914 年版。

《令北京大学呈一件送附设华侨国文补习科草案及课程单，请核示由》，《教育部公报》第八年第五期，1921 年。

刘宏谟：《直华最近六七年间复兴工作的总检讨》，载《直葛中华中学卅周年纪念册 1906—1936》，印尼直葛中华中学 1936 年版。

刘士木：《华侨教育论文集》，暨南大学出版社 1929 年版。

刘珣：《对外汉语教育学引论》，北京语言大学出版社 2007 年版。

［日］六角恒广：《日本中国语教育史研究》，北京语言学院出版社 1992 年版。

庐：《选择优良小学教师之标准的商榷》，载英属马六甲华侨公立培风学校《英属马六甲华侨公立培风学校二十周年纪念刊》1935 年版。

《鲁迅全集》第六卷，人民文学出版社 1973 年版。

罗梅君：《汉学界的论争：魏玛共和国时期卫礼贤的文化批评立场和学术地位》，载孙立新、蒋锐《东西方之间——中外学者论卫礼贤》，山东大学出版社 2004 年版。

［瑞典］马悦然：《另一种乡愁》，新星出版社 2015 年版。

［瑞典］马悦然：《我的老师高本汉》，吉林出版集团有限责任公司 2009 年版。

《马来亚吉礁华侨中小学校建校纪念刊》，1941 年版。

马来西亚钟灵校友会联合总会：《钟灵中学校史，1917—2011：History of Chung Ling High School（1917-2011）》，2012 年版。

莫东寅：《汉学发达史》，大象出版社 2006 年版。

《南洋工商补习学校丛刊》，1923 年版。

《南洋工商补习学校丛刊》，1926 年版。

《南洋工商补习学校丛刊》第四集，1926 年 10 月版。

潘懋元：《教育事业家陈嘉庚教育思想新探》，载周远清《陈嘉庚教育思想研究论文集》，厦门大学出版社 2008 年版。

《培风特刊　十二周年纪念号》，马六甲培风学校 1925 年版。

霹雳福建公会附设培南学校：《霹雳福建公会附设培南学校复校特刊》，1946 年版。

皮特·杜斯（Peter Duus）：《科学和中国的拯救：丁韪良的生平和事业》（*Science and Salvation in China：The Life and Work of W. A. P. Martin*），载刘广京（Kwang-ching Liu）《美国教士在华言论论丛》（*American Missionaries in China*），哈佛大学东亚研究中心 1966 年版。

［俄］齐赫文斯基：《我的一生和中国，30—90 年代》，陈之骅等译，社会科学文献出版社 1994 年版。

钱鹤：《南洋华侨学校之调查与统计》，上海暨南大学南洋文化事业部 1930 年版。

钱雯：《蓝碑：她引出了李约瑟》，上海人民出版社 2000 年版。

侨务委员会秘书处文书科：《侨务法规汇编》，侨务委员会秘书处文书科 1940 年版。

秦孝仪：《革命文献》第 55 辑，国民党中央委员会党史委员会 1971 年版。

桑兵：《国学与汉学》，中国人民大学出版社 2010 年版。

《申报月刊》第四卷第十号，1935 年 10 月 15 日。

沈慕卿：《平民学校创办初期之经过及教学回忆录》，载马六甲华侨公立平民学校《马六甲华侨公立平民学校第一届高小毕业特刊》1950 年版。

盛炎：《赵元任先生对汉语教学的贡献》，《语言教学与研究》1987 年第 3 期。

舒乙：《老舍先生》，中国青年出版社 2016 年版。

束世澂：《中英外交史》，商务印书馆 1933 年版。

四川省公民训练委员会各市县商人联合公民训练班编：《国耻小史》，成都励进社 1936 年版。

宋恩荣、阮咸：《中华民国教育法规选编（1912—1949）》，江苏教育出版社 1990 年版。

宋恩荣、章咸：《中华民国教育法规选编》，江苏教育出版社 1990 年版、2005 年版。

苏岛先达中华中学暨附属小学：《苏岛先达中华中学暨附属小学创校四十三周年纪念特刊》1954 年版。

苏培成：《现代汉字学纲要》第 3 版，商务印书馆 2015 年版。

谭云山：《二十年来南洋华侨教育之成绩》，载培风学校《英属马六甲华侨公立培风学校二十周年纪念刊》，1935 年版。

万家安：《李福让访谈录》，载万家安《百年尊孔峰与谷》，吉隆坡尊孔独立中学 2007 年版。

王国忠：《传播中国古代科学文明的使者——李约瑟的故事》，上海科学普及出版社 2006 年版。

王国忠：《传播中国古代文明的使者——李约瑟的故事》，吉林科学技术出版社 2012 年版。

王国忠：《李约瑟传》，载王钱国忠、钟守华《李约瑟大典》（上册），中国科学技术出版社 2012 年版。

王国忠：《李约瑟事典》，载王钱国忠、钟守华《李约瑟大典》（下册），中国科学技术出版社 2012 年版。

王家凤：《我不是汉学家!》，载王钱国忠《李约瑟文献 50 年，1942—1992》（上册），贵州人民出版社 1999 年版。

王慷鼎：《高瞻远瞩的双语政策及其效应》，载陈荣照编《槟城钟灵中学校史论集》，新加坡钟灵中学校友会 2007 年版。

王慷鼎：《文采风流的华文老师》，载陈荣照编《槟城钟灵中学校史论集》，新加坡钟灵中学校友会 2007 年版。

王钱国忠、钟守华：《李约瑟大典》（上册），中国科学技术出版社 2012 年版。

王钱国忠、钟守华：《李约瑟与中国文明图典》，科学出版社 2005 年版

魏唯贤：《新加坡一百五十年来的教育》，新加坡师资训练学院 1972 年版。

［英］文思淼（Simon Winchester）：《揭开中国神秘面纱的人》（*The van Who Loved China*），姜诚、蔡庆慧等译，上海科学技术文献出版社 2009 年版。

吴人俊：《漫谈国文教学》，载福建女学校《福建女学校 30 周年纪念特刊》1950 年版。

吴原元：《走进他者的汉学世界：美国的中国研究及其学术史探研》，上海人民出版社 2016 年版。

吴忠豪：《外国小学语文教学研究》，上海教育出版社 2009 年版。

《昔加末公立中正学校二十三周年纪念特刊》，1941 年版。

夏泉：《明清基督教教会教育与粤港澳社会》，广东人民出版社 2007 年版。

萧公权：《问学谏往录》，黄山书社 2007 年版。

萧乾：《萧乾回忆录》，工人出版社 2005 年版。

新加坡国家图书馆和新加坡文艺协会：《南来作家研究资料》，新加坡国家图书馆和文艺协会 2003 年版。

新加坡宏文学校：《新加坡宏文学校复校十周年纪念特刊》，1955 年版。

新加坡华侨国语学校：《新加坡华侨国语学校第七周年纪念特刊》1937 年版。

新加坡南洋女子中学：《新加坡南洋女子中学校刊》，1935 年版。

新加坡南洋女子中学：《新加坡南洋女子中学校刊》，1948 年 11 月版。

新加坡南洋女子中学：《新加坡南洋女子中学校刊》，1948 年版。

新加坡启发学校：《新加坡启发学校半年刊》，1932 年版。

新加坡启发学校：《新加坡启发学校校刊》，1953 年版。

新加坡星洲静方女学校：《星洲静方女学校八周年纪念刊》，1936 年版。

新加坡应新小学：《应新小学特刊》1938 年版。

《兴中校刊》，1949 年版。

邢济众：《华侨中学创办的经过》，载《新加坡南洋华侨中学创校六十周年纪念特刊》，新加坡华侨中学 1979 年版。

熊文华：《英国汉学史》，学苑出版社 2007 年版。

许光华：《法国汉学史》，学苑出版社 2009 年版。

［俄］亚·季托夫：《我的曹老师》，载张德美、冷柯《曹靖华纪念文集》，河南教育出版社 1992 年版。

严春宝：《大学校长林文庆：一生真伪有谁知》，福建教育出版社 2010 年版。

阎国栋：《俄罗斯汉学三百年》，学苑出版社 2007 年版。

杨进发：《陈嘉庚研究文集》，中国友谊出版公司 1988 年版。

杨联陞：《哈佛遗墨》，商务印书馆 2004 年版。

杨隐侨口述，杨柏志整理：《忆尊孔校友侯聪生老师：故人无恙乎?》，载李方钧《百年尊孔人与事》，吉隆坡尊孔独立中学 2007 年版。

叶钟铃：《陈嘉庚创办南洋华侨师范学校及其所引起反响》，载马来西亚陈嘉庚基金工委会《陈嘉庚与南洋华人》，2013 年版。

叶钟铃、黄佟葆：《新马印华校教科书发展回顾》，新加坡华裔馆 2005 年版。

毅人：《缅怀张荃老师》，载李芳均《百年尊孔人与事》，吉隆坡尊孔独立中学 2007 年版。

尹文涓：《基督教与中国近代中等教育》，上海人民出版社 2007 年版。

印尼巨港中华学校：《巨港中华学校卅周年纪念刊》，1938 年版。

印尼直葛中华中学：《直葛中华中学卅周年纪念册》，1936 年版。

印尼爪哇北加浪岸中华学校：《印尼爪哇北加浪岸中华学校二十周年纪念册》，1925 年版。

游汝杰：《西洋传教士汉语方言学著作书目考述》，黑龙江教育出版社 2002 年版。

张君劢：《卫礼贤——世界公民》，载孙立新、蒋锐《东西方之间中外学者论卫礼贤》，山东大学出版社 2004 年版。

张西平等：《西方人早期汉语学习史调查》，中国大百科全书出版社 2003 年版。

张正藩：《近六十年南洋华侨教育史》，中央文物供应社 1956 年版。

赵新那、黄培云：《赵元任年谱》，商务印书馆 2001 年版。

赵元任：《语言问题》，商务印书馆 2003 年版。

赵元任：《语言问题》，商务印书馆 2014 年版。

郑安伦：《半世纪回眸》，载新加坡华侨中学《华中 90 周年校庆纪念特刊》，新加坡华侨中学 2009 年版。

郑良树：《马来西亚华文教育发展简史》，外语教学与研究出版社 2007 年版。

郑良树：《马来西亚华文教育发展史》第一分册，马来西亚华文教师总会 2003 年版。

郑良树：《马来西亚华文教育发展史》第二分册，马来西亚华文教师总会 2003 年版。

郑良树：《马来西亚华文教育发展史》第三分册，马来西亚华文教师总会 2003 年版。

中国第二历史档案馆：《中华民国史档案资料汇编》第五辑第一编教育（二），江苏古籍出版社 1994 年版。

《钟灵中学高中第十一届高中毕业特刊》，1953 年版。

《钟灵中学校刊》，复兴第四号 1949 年 5 月版。

《钟灵中学校刊》，复兴第五号 1949 年 6 月版。

周健：《汉字教学的理论和方法》，北京大学出版社 2007 年版。

周南京：《华侨华人百科全书·科技教育卷》，华侨出版社 1999 年版。

周清海：《华文教学应走的路向》，新加坡南洋理工大学中华语言文化中心 1998 年版。

周聿峨：《东南亚华文教育》，暨南大学出版社 1995 年版。

周质平：《现代人物与文化反思》，九州出版社 2013 年版。

［台］朱浤源：《李约瑟的成就与困境》，载王钱国忠《李约瑟文献 50 年，1942—1992》（上册）贵州人民出版社 1999 年版。

左人：《侨教之我见》，载《森美兰华联中学十二周年纪念特刊》，1949 年版。

三　中文期刊及报纸文献

蔡丽：《印尼小学华文教材的使用现状分析》，《华文教学与研究》 2011 年第 3 期。

程章灿：《阿瑟.魏理年谱简编》，《国际汉学》2004 年第 2 期。

崔永华：《汉字部件和对外汉字教学》，《语言文字应用》1997 年第 3 期。

陈嘉庚：《辟谣》，新加坡《南洋商报》1924 年 6 月 16 日第 5 版。

冯天瑜：《东亚同文书院的中国旅行调查》，《文史知识》2000 年第 1 期。

傅德元：《丁韪良研究述评（1917—2008）》，《江汉学刊》2008 年第 3 期。

郭传芹：《东亚同文书院 1927—1943 年中国调查资料概述》，《文献》 2017 年第 7 期。

郭熙：《关于华文教学当地化的若干问题》，《世界汉语教学》2008 年第 2 期。

韩莉：《1917 年前的俄国国内汉语教育》，《齐齐哈尔大学学报》（哲学社会科学版）2011 年第 1 期。

　　李博强：《根津一与"兴亚主义"》，《外国问题研究》2013 年第 4 期。

　　李开、肇路：《高本汉和他的汉学名著〈中国音韵学研究〉》《南京社会科学》2002 年第 10 期。

　　李明滨、李淑卿：《俄国蒲松龄研究巡礼》，《蒲松龄研究》2000 年第 1 期。

　　李明滨：《曹靖华先生两三事》，《世界文学》2018 年第 4 期。

　　李泉：《论对外汉语教材的实用性》，《语言教学与研究》2008 年第 3 期。

　　李晓亮：《对外汉语教材的几个问题》，《世界汉语教学》1996 年第 4 期。

　　李孝迁：《北京华文学校述论》，《学术研究》2014 年第 2 期。

　　理查德·T. 汤姆逊：《美国汉语教学综述》，《语言教学与研究》1980 年第 4 期。

　　Lim Boon Keng，"Importance of Mandarin in Chinese Schools"，《厦大周刊》1930 年第 28 期。

　　林立：《泰戈尔与印度国际大学中国学院的建立》，《史学月刊》1994 年第 5 期。

　　刘家峰：《近代来华传教士的中文学习——以金陵大学华言科为中心》，《上海大学学报》（社会科学版）2008 年第 6 期。

　　刘确：《湘人赴南洋》，马来西亚《益群报》1920 年 9 月 7 日第四版。

　　马重奇：《英国传教士戴尔福建漳州方言词汇研究——19 世纪初叶闽南漳州方言音系及其词汇研究》，《古汉语研究》2013 年第 4 期。

　　雷海宗：《书评：The Literary Inquisition of Ch'ien‑Lung，Luther Carrington Goodrich》，《清华学报》1935 年第 10 卷第 4 期。

　　刘程：《孔子学院国内研究现状及走向》，《云南师范大学学报》（对外汉语教学与研究版）2012 年第 1 期。

　　柳若梅：《沙畹与阿列克谢耶夫》，《国际汉学》2014 年第 1 期。

　　吕颖：《〈史记〉在法国的译介与研究》，《国际汉学》2018 年第 4 期。

　　彭恒利：《华文水平测试研发的路线图及相关问题探讨》，《华文教学与研究》2015 年第 1 期。

　　沈国威：《理念与实践：近代汉外辞典的诞生》，《学术月刊》2011

年第 4 期。

盛炎：《赵元任先生对汉语教学的贡献》，《语言教学与研究》1987
年第 3 期。

宋莉华：《19 世纪传教士汉语方言小说述略》，《文学遗产》2012 年
第 4 期。

王汉卫：《华语测试中的阅读研究》，北京大学出版社 2012 年版。

王汉卫：《论"华语测试"的三个基石》，《暨南大学华文学院学报》
2009 年第 1 期。

王宁：《计算机古籍字库的建立与汉字的理论研究》，《语言文字应
用》1994 年第 2 期。

王治理：《早期对俄汉语教学与俄罗斯的汉语教学》，《海外华文教
育》2003 年第 2 期。

吴原元：《民国学者视野中的美国汉学研究》，《华南农业大学学报》
（社会科学版）2014 年第 3 期。

许国璋：《借鉴与拿来》，《外国语》1979 年第 3 期。

杨惠玉：《〈通报〉在西方中国科学史研究中的角色》，博士学位论
文，上海交通大学，2007 年。

叶钟铃：《新加坡华校会考》，马来西亚《益群报》1920 年 9 月 7 日
第四版。

叶钟铃：《新加坡华文师范教育的起源与演进（1915—1942）》，载
新加坡亚洲研究学会《亚洲文化》2011 年第 35 期。

印尼语文社：《印尼语文》1956 年第 12 期。

余椿：《南洋教育》，《南洋研究》1928 年第 1 卷第 1 期。

于锦恩：《民国时期东南亚本地国语教学的开拓者——蒋克秋》，［新
加坡］《亚洲文化》2014 第 38 期。

于锦恩、徐品香：《民国时期黄炎培华侨汉语文教育思想探析》，《阅
江学刊》2009 年第 1 期。

元青：《汉语言与中国文化的海外传道授业——以 20 世纪上半期中
国海外学人为中心》，《社会科学战线》2019 年第 10 期。

张嘉星：《欧洲人汉语辞书编纂始于闽南语辞书说》，《福州大学学
报》2013 年第 3 期。

张亚群、张智玲：《林文庆的办学成就与文化贡献》，《湖南师范大学
教育科学学报》2014 年第 1 期。

赵金铭：《汉语作为第二语言教学：理念与模式》，《世界汉语教学》

2008 年第 1 期。

赵守辉：《印度国际大学中国学院的汉学研究与汉语教学》，《世界汉语教学》1996 年第 1 期。

赵玉华、刘凌霄：《清末天主教和新教在华传教活动的异同》，《山东大学学报》（哲学社会科学版）2003 年第 1 期。

《制度的起源与演进（1930—1934）》，《亚洲文化》2005 年第 29 期。

四 学位论文

郭红：《一生心系儿童中国现代小学教育家沈百英》，硕士学位论文，华东师范大学，2008 年。

何蓓蓓：《〈国际商务汉语教程〉与〈国际商务汉语〉的比较——兼论商务汉语教材的编写》，硕士学位论文，华中科技大学，2006 年。

倪春凤、鲍康宁：《日日新》，硕士学位论文，上海师范大学，2010 年。

史红宇：《从教材看历史上来华外国（族）人的汉语教学》，硕士研学位论文，北京语言文化大学，2002 年。

汪倩倩：《二战美军专用教材〈汉语口语入门〉与〈汉语词汇手册》研究〉，硕士学位论文，中山大学，2015 年。

王绍祥：《西方汉学界的"公敌"——英国汉学家翟理斯（1845—1935）研究》，博士学位论文，福建师范大学，2004 年。

闫峰：《日本明治时期商用汉语教科书研究——以〈士商丛谈便览〉和〈中国商业用文〉为依据》，硕士学位论文，吉林大学，2005 年。

周德喜：《东亚同文书院研究》，博士学位论文，南开大学，2015 年。

五 外文纸质文献

Ang Seow Leng, *Progressive Mandarin readers Selections：early titles from the National Library*, Singapore：National Library Board, 2013.

Basil Gray, "Arthur Waley at the British Museum", in Ivan Morris, eds. *Madly Singing in the Mountains：an Appreciation and Anthology of Arthur Waley*, Creative Arts Book Company, 1981.

DON STARR, Chinese Language Education in Europe：the Confucius Institutes, *European Journal of Education*, Vol.44, No.1, 2009.

鲍康宁（F.W.Baller）：《日日新》（*An Idiom a Lesson*），上海内地会

和传教图书公司（Shanghai China Iniand Mission, And Mission Book Company）1921 年版。

Frederick B.Agard, Robert J.Clements, William S.Hendrix, Elton Hocking, Stephen L.Pitcher, Albert van Eerden and Henry Grattan Doyle, "A Survey of Language Classes in the Army Specialized Training Program Author (s) ", http: //www.istor.org/stable/319348.

H.A.Giles, *Preface to A Chinese-English Diction*, Second Edition Revised & Enlarged, Shanghai, Hongkong, Singapore, &Yokohama: Kelly & Walsh, London: Bernard Quaritch, 1912..

Ivan Morris, "The Genius of Arthur Waley" in Ivan Morris, eds., *Madly Singing in the Mountains: an Appreciation and Anthology of Arthur Waley*, Creative Arts Book Company, 1981.

Lee Tinghui, *Chinese Schools in British Malaya: Policies and Politics*, Singapore: South seas society, 2006.

Leonard Bloomfield, *Outline Guide for the Practical Study of Foreign Languages*, Washington: Linguistic Society of America, 1942.

Luther G.Goodrich, Chinese Studies in the United States, *The Chinese Social and Political Science Reviete*, 1931 (1)

Roy Fuller. "Arthur Waley in Conversation BBC Interview with Roy Fuller", in Ivan Morris, eds., *Madly Singing in the Mountains: an Appreciation and Anthology of Arthur Waley*, Creative Arts Book Company, 1981.

海峡殖民地政府公报（*Strait Settlement Government Gazette*, SSGG）和马来联合邦殖民地政府公报（*Federal Malaya Settlement Government Gazette*, FMSGG）

SSGG.1932 年 5 月 16 日

SSGG.1932 年 6 月 1 日

FMS GG.1933 年 8 月 25 日

FMS GG.1933 年 12 月 1 日

SSGG.1935 年 8 月 2 日

FMS GG.1935 年 8 月 23 日

FMS GG.1937 年 10 月 29 日

SSGG.1937 年 11 月 19 日

SSGG.1940 年 1 月 26 日

Shang-Ling Fu, One Generation of Chinese Studies in Cambridge: An

Appreciation Professor H. A. Giles, *The Chinese Social & Political Science Review*, vol.xv.No.I, April 1931.

Tan Yap Kwang, Chow Hong Kheng, Christine Goh, *Examinations in Singapore*：*change and continuity*（*1891－2007*）, Singapore World Scientific Pub.Co.2008.

William G. Moulton, Linguistics and language teaching in the United States, 1940－1960, *Iral－international Review of Applied Linguistics in Language Teaching*, 1963, Vol.1, No.1.

［日］红粉芳惠：《〈华语萃编〉研究手记——东亚同文书院汉语教材的宝典式定本》,《亚洲文化交流研究》, 第5号, 2020年3月版。

［日］今泉潤太郎：「東亜同文書院における中国語教学——『華語萃編』を中心に」、『愛知大学国際問題研究所紀要』第103号、1995年。

［日］那須清, 旧外地における中国語教育, 东京：不二出版, 1992。

［日］石田卓生, 2009, 東亜同文書院の中国語教材——『華語萃編』以前について, 愛知大学現代中国学会編,『中国21』,東方書店, 32卷。

［日］松田嘉奈子：《关于官话教科书,〈华语萃编〉成立过程的考察》, 庆应义塾大学艺文学会《艺文研究》, 第80卷, 2001.6。

六　电子文献

（一）中文电子文献

教育部：《1932年小学国语课程标准》, http：//www. pep. com. cn/peixun/xkpx/xiaoyu/kbjd/jxdg/201008/t20100818_ 663536.htm.

教育部：《1933年国语课程标准》, http：//www.pep.com.cn/peixun/xkpx/xiaoyu/kbjd/jxdg/201008/t20100818_ 663536.htm.

教育部：《1936年小学国语课程标准》, http：//www. pep. com. cn/peixun/xkpx/xiaoyu/kbjd/jxdg/201008/t20100818_ 663536.htm.

教育部：《20世纪小学语文课程标准教学大纲汇编》, http：//www. ltsbbs.com/thread-658810-2-1.html.

教育部：《1932年高级中学国文课程标准》, http：//www.pep.com. cn/peixun/xkpx/xiaoyu/kbjd/jxdg/201008/t20100818_ 663536.htm.

教育部：《1936年初级中学国文课程标准》, http：//www.pep.com. cn/peixun/xkpx/xiaoyu/kbjd/jxdg/201008/t20100818_ 663536.htm

教育部：《1936 年高级中学国文课程标准》，http：//www.pep.com.cn/peixun/xkpx/xiaoyu/kbjd/jxdg/201008/t20100818_ 663536.htm.

教育部：《1940 年修订高级中学国文课程标准》，http：//www.pep.com.cn/peixun/xkpx/xiaoyu/kbjd/jxdg/201008/t20100818_ 663536.htm.

教育部：《1941 年小学国语科课程标准》，http：//www.pep.com.cn/peixun/xkpx/xiaoyu/kbjd/jxdg/201008/t20100818_ 663536.htm.

教育部：《1948 年修订初级中学国文课程标准》，http：//www.pep.com.cn/peixun/xkpx/xiaoyu/kbjd/jxdg/201008/t20100818_ 663536.htm

陈蒙志：《与上海书局有关的点点滴滴》，http：//blog.sina.com.cn/s/blog_ 69b9182e0100patj.html，2008 年 4 月 5 日.

许燕转：《艾芜的东南亚海外经验与创作》，http：//www.docin.com/p-608316002.html.

佚名：《陈嘉庚与集美师范学校》，http：//www.douban.com/group/topic/4492862/.

陈正祥：《我这一辈子在求知》，http：//www.guojiribao.com/shtml/gjrb/20131002/13384，2013.

陈正祥：《人生风雨路一世巴中情》，http：//blog.sina.com.cn/s/blog_a21dbd8601017gqi.html，2013.

陈正祥：《杨兆骥，我知》，http：//blog.sina.com.cn/s/blog_a21dbd8-60101b2y3.htm，2012.

王文锋：《纪念北京大学首任校长丁韪良》，https：//www.sohu.com/a/232284287_ 607269.

佚名：《痴迷中国文化的德国汉学家卫礼贤》，http：//qdsq.qingdao.gov.cn/n15752132/n20546576/n25030515/n25174023/151215194328626081.html。

谭中：《父亲谭云山平凡伟大的一生》，载谭中《谭云山与中印文化交流》，香港中文大学出版社 1998 年版。http：//www.hanban.edu.cn/confuciousinstitutes/mode_ 1096.htm 2012-3-12.

（二）外文电子文献

Frederick B.Agard，Robert J.Clements，William S.Hendrix，Elton Hocking，Stephen L.Pitcher，Albert van Eerden and Henry Grattan Doyle，"A Survey of Language Classes in the Army Specialized Training Program Author（s）"，http：//www.istor.org/stable/319348.

Frederick B.Agard，etc.，A Survey of language Classes in the Army Specialized Training Program，http：//www.istor.org/stable/319348.

后　记

这是我的第二本专著。现在此书即将出版，有必要对该书的缘起和成书过程做一个回顾，一方面总结一下这些年我事业人生的经验教训，另一方面也为读者了解此书提供一些背景材料。

2004 年夏天我从南开大学博士毕业，之后去华南师范大学国际文化学院，从事留学生汉语教育。到华师工作后，我就开始考虑我的科研着力点。对我来说一下子跳到汉语国际传播的本体研究难度较大。与中国科学技术史的国际大师——李约瑟不同，我这个人不善于在两个截然不同的事物之间架设桥梁，而是一个尽可能利用已有条件小步快走的人。我博士论文做的是民国时期的语言政策研究，对民国时期中国的文化教育历史比较了解，也积累了不少的史料；我在广州的工作是做汉语国际传播的。于是我就想能否把民国历史，尤其是文教史和汉语国际传播结合起来呢？我了解到，当时国内外汉语国际传播史研究的大致情况是：《古代汉语汉字对外传播史》（董明）、《西方人早期汉语学习史调查》（张西平）、《新中国对外汉语教学发展史》（程裕祯）。民国时期的汉语国际传播史虽有一些零星的研究，但大部头的专著尚未出现。后来就决定专攻民国时期的汉语国际传播，尽管这个题目比较冷，但做的人比较少，竞争比较小，有待开垦的处女地比较多，出成果也就比较容易。选择这个题目也跟我的人生态度有关。我这个人做事不喜欢跟风，也不喜欢凑热闹。造汽车、倒房子等大宗生意对国计民生是必要的，做好了利大速发，但种小葱也不见得就不值得做，因为种小葱别说种到世界第一、全国第一，就是全省第一，甚至全市第一，也能成为专业户，过上令芸芸众生羡慕的稳妥日子，山东寿光就是因为种蔬菜而在全中国乃至全世界种出名的。

2008 年 1 月我被从华南师范大学引进到南京信息工程大学。既然是引进人才，就理当为引进学校的科研多做贡献。开始上帝比较照顾，2009 年就拿了一个江苏省社科基金项目，是文学院（当年叫语言文化学院）同年申请到的两个同类项目之一。当时的院长在全院大会上说："我们终于拿到了省社科基金项目。"但以后的几年上帝就不照顾了。从 2010 年到 2014 年连着 5 年尽管申报的题目字面不完全相同，但基本内容没有太大的变化。虽然也做了多方努力，屡战屡败，勇气可嘉，但除了一次上会之外，其他都泥牛入海。这期间，文学院年度和后期资助的国家社科基金项目拿了好几个。作为博士，作为教授，作为引进的人才，每次参加学院国家社科基金项目申报动员会，虽然没有到了希望地上有个洞就马上钻进去的地步，但着急上火真的是确确实实。

虽然申请国家社科基金项目颇不顺利，但 2013 年还是以相关的内容申请国家留学基金委的访问学者项目却是出奇成功。2013 年 3 月到 2014 年 3 月我到新加坡南洋理工大学作访问学者，研究民国时期的华文教育史。虽然去之前就知道研究民国时期的华文教育史，新加坡比较方便，但到了之后才真正意识到新加坡真不愧是研究华文教育的"宝地"，南洋理工大学华裔馆、新加坡国立大学图书馆华文部、新加坡国家图书馆等真不愧是获取民国时期华文教育史料的"宝库"。去新加坡之前，我在全国各大图书馆搜集到的民国时期华文、华语教材只有十来套，但新加坡收集的同类教材就有近百套。新加坡收藏的包括其周边国家，如：马来西亚、印尼等国华文教育史的大量原始资料，如：校刊、校历、纪念刊、档案、实物等在国内根本看不到。这些史料在东南亚其他国家零零散散地也可以见到一些，但远远没有新加坡那么丰富。作为一个外国人，我只要出示一下护照就可以进新加坡任何一家图书馆。那里的工作人员虽然不能说各个都对读者笑脸相迎、服务周到，但绝大部分都能根据读者的具体需求提供力所能及的服务，尤其是那些华人工作人员更是处处表现出了血浓于水的深情。他们中的大部分我已经记不住名字了，这里仅举几位代表：新加坡国家图书馆的王连美、高小行，南洋理工大学华裔馆的周敏、罗必明，新加坡国立大学的李金生等。我每次去新加坡国家图书馆查阅那些民国时期的老书，王连美老师和当值的华文馆员都让我事先提供一份清单，等我到了之后，整箱的书就都给我在一个专用的小屋子里准备好了。想想进我们国内图书馆查书的情形，很多时候，不是馆员对读者笑脸相迎，而往往是读者对馆员笑脸相迎。尽管如此，读者还是经常听到馆员冷冷的声音，"你要的书没有"，"你要的书书架上查不到"，"你要的书烂了"等等。每当此时，我都对"没有比较就没有鉴别"这句话的正确性多了一次真切的体会。在新加坡一年收获很大，可以说奠定了"民国时期汉语国际传播研究"项目的基础，或者叫半壁江山。2015 年申报的项目分两个大部分，第一个部分就是民国时期汉语在华侨华人中的传播。我在新加坡期间，资料比较丰富，又有整年的时间，我就按照我自己的设计框架，一边收集资料，一边写成文章。有的部分来不及写成文章，我就尽量多地收集资料。当时我就想，先把框子搭起来，文章可以回国后再写，但资料的收集过了这个村儿，就没这个店了。

　　2014年从新加坡回国后，我就改变了既往国家社科基金项目的申报策略，两条腿走路。一方面，继续申报年度项目，另一方面，继续完善在新加坡的工作，梳理民国时期汉语在国外异族中传播我做的有关研究，像用预制件盖房子一样，从小部分到大部分，逐一写成文章（确切地说是文字），准备申报后期资助项目。这样我就可以在适当的时候用同样的内容申报后期资助项目，也可以申报年度项目。这里还有一段小故事。2014年申报年度项目之前，我给北京语言大学的施春宏老师发邮件，问他申报国家社科基金项目有什么经验。他回复说，也没什么经验，就是碰，他的国家社科基金项目也是报了几次才中的。我想施兄是语言学界的中年大咖，尚且如此，我乃一介凡人，那也就继续碰吧。着急上火都没用，什么人也不找，什么关系也不托，听天由命。当然，结果照例又是杳无音信。到2015年，申报后期资助项目的整体框架基本搭起来了，有些内容也写成文章了，于是我就申报了该年的后期资助项目。这次还真就碰上了，2015年11月立项成功。2016年又做了一年。2017年9月到2019年8月我到英国的一家孔子学院担任汉语教师，项目的事就基本放下了，因为到了英国后，相关资料不足，再者，因为要学英语而没有足够的时间坐下来搞项目。这里还有一个原因，去英国之前，我听说很多人的国家社科项目都是五六年，甚至七八年才结项的。我当时就想，项目的事等2019年从英国回来以后再搞吧，到那时，我的项目立项还不足四年，再用两年搞搞，结项还来得及。2019年7月10日左右，学院的科研秘书突然给当时还在英国的我发微信，通知我有关部门让我最晚7月20日必须递交结项材料，不然，撤项。啊，真是天有不测风云，心想怎么到了我做项目时结项政策说变就变了呢？7月20日之前结项肯定是不可能的了。这次我可真慌了神儿了。从英国给学校和省里的有关领导打电话，问能否申请延期。领导说，给国家社科基金办写个申请试试吧。后来申请也送上去了，我也绕着弯子托人跟国家社科基金办说了，甚至我自己也打电话过去申述了，但结果都一样：撤项！没商量！人家说的也不无道理：你延期有理由，别人延期也都有理由，都照顾，没完了。听天由命吧，只是想着如何面对撤项后的尴尬。2019年9月初开学后，有人问我项目结项的事，我无可奈何地说："别提了，撤项了。"对方问我："收到撤项通知了没有？"

我说："还没有。"此人接着说："既然这样，抓紧做。如果在你完成项目时还没收到撤项通知，你不就可以结项了吗？"我当时想，也对呀，人家虽然说了撤项，不是还没真撤吗？我就是一根筋！于是开足马力，抓紧做，碰碰运气。到 2019 年 12 月 15 日，学校社科处突然通知，12 月 20 日，必须提交结项材料，不然，撤项。好，太好了！上帝保佑！12 月 20 日，我如期上交了有关材料。接下来又是漫长的等待，3 个月，6 个月，9 个月……没消息，还是没消息，跟我一起递交结项材料的几个同事，甚至是比我还早的同事，也都没收到结项通知。2020 年 10 月 25 日左右，我的一个同事突然打电话祝贺我项目结项。我当时蒙了，我自己怎么不知道啊？同事说，网上已经公布了。我马上去国家社科基金办的网上去看，结果还真是在 10 月 20 日就公布了。要不是同事告诉我，我这颗心还真不知要七上八下多长时间呢。至此这块在我心上压了一年多的大石头终于落地了。好事难成，变幻莫测啊！不过，事后我想想，机会还是给有准备的人的。如果我博士毕业后没有相对准确地选定了我的科研着力点，如果我没有到新加坡实实在在作一年的访问学者，如果没有 2019 年 9 月到 12 月为项目扫尾的车轮大战，……，那些给我带来好运、令我欢呼雀跃的好事很可能就"碰"不上了。这大概就是偶然中的必然吧。

现在我已经 58 岁多了，到 2022 年 10 月 1 日就该退休。但我想退而不休。"退"只是从体制内的学校退下来，但如果身体不出意外，我还是不想彻底休息，还想为我喜欢的汉语国际教育事业做些实实在在的事儿。记得 2004 年我到华南师大工作后，曾经到暨南大学去拜访邵敬敏老师。邵老师问了我的博士专业和当时从事的工作，然后真诚地对我说："你的专业对你现在的工作没有用啊。"从邵老师家出来，我想，从道理上说邵老师的话是很对的，但现实的科研考核体制不允许我在博士专业之外，另起炉灶，搞汉语教学的本体研究，因为我要搞短平快，尽量多地发文章，尽量早地上教授。后来到了南京信息工程大学，现实的科研考核体制仍然要求我多发文章，快拿项目。不然，经济上受影响不说，作为引进的博士教授，面子也没处搁。所以一直就没有静下心来，搞个跟汉语作为第二语言教学本体密切相关的大题目，这可以说是我 2004 年博士毕业至今的一块心病。现在我的国家社科基金项目结项了，成果也要出版了，作为当代在大学工作的中国知识分子，在某种程度上，我的科研水平得到了公认，我不能更不愿为拿第二个国家社科基金项目而拼搏。我在体制内的工作也在软着陆，我再也不用为完成每年的科研考核而搞那些短平快，而要结合具体工作搞些汉语教学的本体研究，以便为提高教学效率有直接的帮助。

说到退休后的具体工作，我还是想到南方山青水美的学校去教外国人学汉语，或者到国外从事相关的工作。在这方面我已经到英国的孔院做了两年的汉语教师，算是为退休后的工作做了点儿准备。继续工作的打算主要基于下面两个考虑。第一个是我的事业还没有达到理想的境界，我还要为达到这个理想的境界尽力而为（不是奋斗，因为再奋斗身体不允许了。）。我是个为理想而活着的人。1977 年之前，我一直下决心要成为无产阶级革命事业的红色接班人，尽管我的三代宗亲有些人是"黑五类"，但随着"四人帮"的垮台上述想法过时了。1977 年到 1979 年上高中，发奋图强，刻苦学习，想要成为一个治病救人的大夫，实现母亲的愿望。但因为物理死活学不进去第一次高考惨败而改学文科。虽然学文科一年成绩还好，但 1980 年第二次高考成绩仍不理想，阴差阳错上了师专中文，而有些总分比我低 20 分的同学竟然上了河北师院，所以当时非常窝火。上师专后又想考个语言类研究生，成为一个小"王力"。为此不分寒暑昼夜地背古代汉语，学现代汉语，攻形式逻辑，尤其是从零开始学了 8 年外语（时代所限，师专毕业前我没学过外语）。1988 年终于考上了河北大学现代汉语专业的研究生。2001 年工作十年之后又上了南开大学语言学及应用语言学专业的博士研究生。虽然 2006 年就当上了教授，但我的人生理想还没达到。我虽然年近六十，但距离那些为事业而终生奋斗的人，如周有光、李约瑟等去世前仍在工作的人，我还相当年轻。太远了不敢说，退休后再工作 10 年到 70 岁还是有可能的。我退休后还要继续工作的第二个考虑是我的工作兴趣变化使然。在体制内工作的这 40 年，我差不多干了一个学中文的知识分子有可能干的所有三大类工作：教学、文秘工作、新闻出版。与教学有关的工作从小学、初中、高中、中专、大专到大学，从中国到国外，就差幼儿园没教过了。虽然三年半的新闻出版工作所取得的成绩胜过所有的教学工作，但不是长久之计，不然很可能因为我擅长写深度报道而踩上哪根红线。现在回头看，在中小学教学也不是我的长项，最适宜我的还是在大学教学，尤其适宜教外国人学汉语。每当我教会一个外国人说一句汉语时，就像一个母亲听到孩子第一次叫妈妈一样，非常兴奋。教外国人学汉语是教给他们实实在在语言技能，很实用，不像教中国学生语言课，多数情况下，教师教了半天，学生学了半天，考试完了也就完了。另外，我这个人是个喜欢求新求异的人，通过教外国人学汉语，可以了解到世界上不同的文化，领略各个社会不同的风情，欣赏各个国家不同的美景，体会各种不同价值观下的人生理念。我这一生物质财富不算富有，但尽量使自己的精神变得富有一些还是大有可为的。

　　这次是我第二次出版专著，我希望还有第三次，将我对汉语教学本体的研究心得与同道分享。当然，这很可能只是美好的愿望。如果这是最后一次出版专著，那我也比较满足了，因为好事已经成双了。而这篇后记就算作我对自己学术事业的一个基本总结吧。